# G. TONELLI · HEINES POLITISCHE PHILOSOPHIE
## (1830-1845)

STUDIEN UND MATERIALIEN
ZUR GESCHICHTE DER PHILOSOPHIE

Herausgegeben von Yvon Belaval, Gerhard Funke,
Heinz Heimsoeth und Giorgio Tonelli

Band 9

GIORGIO TONELLI
HEINRICH HEINES
POLITISCHE PHILOSOPHIE (1830-1845)

1975

GEORG OLMS VERLAG HILDESHEIM · NEW YORK

GIORGIO TONELLI

# HEINRICH HEINES
# POLITISCHE PHILOSOPHIE
# (1830 - 1845)

1975

GEORG OLMS VERLAG HILDESHEIM · NEW YORK

Titel der Originalausgabe: Heine e la Germania.
Aus dem Italienischen übersetzt von Lisel Bisanti-Siebrecht.

© Georg Olms, Hildesheim, 1975
Alle Rechte vorbehalten
Printed in Germany
Herstellung: Strauß & Cramer GmbH, 6901 Leutershausen
ISBN 3 487 05511 2

HERRN PROF. DR. HEINZ HEIMSOETH
IN DANKBARKEIT UND FREUNDSCHAFT ZUGEEIGNET

... Denn die Erzeugnisse unserer schönen Literatur bleiben für sie nur stumme Blumen, der ganze deutsche Gedanke bleibt für sie ein unwirkliches Rätsel, so lange sie die Bedeutung der Religion und der Philosophie in Deutschland nicht kennen.

H. HEINE, aus: *Zur Geschichte der Religion und Philosophie in Deutschland.*

# INHALT

## TEIL I
## DER GEISTESGESCHICHTLICHE HINTERGRUND

# VORWORT

*Atta Troll* und *Deutschland. Ein Wintermärchen* gehören zweifellos zu den größten dichterischen Kunstwerken des 19. Jahrhunderts und sind das Bedeutendste, was jene besonders zwischen 1835 und 1848 in Deutschland blühende *politische Dichtung* hervorgebracht hat. Sie zählen aber auch zu den vielschichtigsten, dunkelsten Werken jener Zeit.

Schon auf der Ebene der literarischen Interpretation war die bisher geleistete, uns vorliegende Forschungsarbeit völlig unbefriedigend. Die symbolischen Bedeutungen des *Atta Troll* blieben zum größten Teil ungeklärt, und für „*Deutschland*", das gewiß leichter zugänglich und daher auch besser erschlossen ist, gab es keine befriedigende Gesamtinterpretation. Diese Situation spiegelte sich in der Beurteilung und Einstufung beider Epen als Dichtungen wider. Sie wurden als freie Streifzüge der Phantasie ohne eine Gesamtbedeutung und ohne einen festen Entwurf betrachtet. Die Gültigkeit dieser Auffassung sah man durch gewisse Äußerungen des Dichters selbst bestätigt, die man allzu wörtlich nahm. So etwa die Bemerkung, der *Atta Troll* sei nur ein „grillenhafter Sommernachtstraum". Und so schienen die beiden Gedichte die alte These zu erhärten, die Schöpferkraft ihres Autors sei auf die Punktualität des Lyrischen beschränkt, und er könne kein umfassenderes Werk mit einem festen, einheitlichen Entwurf und einer echten poetischen Gültigkeit schaffen.

Diesen Zug — oder besser diese Schwäche — Heines glaubte man auch in der Struktur seiner ideologischen, literaturkritischen und politischen Anschauungen zu erkennen, die einmütig als oberflächlich, inkohärent, ohne konstante positive Prinzipien und zerrissen von unüberwindbaren Gegensätzen beurteilt wurden. Man führte dies einfach zurück auf den berüchtigten Opportunismus Heines, der ihn daran gehindert habe, eine feste, klar umrissene Weltanschauung auszuarbeiten und sich unwiderruflich dazu zu bekennen.

Zu unserer großen Überraschung sollten wir zu ganz anderen Schlußfolgerungen kommen. Bei dem Versuch, die Symbolik der beiden Gedichte zu klären, ergab sich bald die Notwendigkeit, einerseits ihre ideologische Struktur zu analysieren und andererseits die realen Hintergründe ihrer Entstehung zu rekonstruieren. Dies ermöglichte uns schließlich, die Interpretationsprobleme zu lösen, die der Ausgangspunkt unserer Arbeit gewesen waren, und vor allem zu erkennen, durch welchen Schaffensprozeß diese realen Anlässe und geistigen Auseinandersetzungen in dichterische Erzählung umgesetzt wurden. So wurde auch das innere Band sichtbar, das in beiden Werken die scheinbar ungeordnete Aneinanderreihung von Symbolen und Bildern verknüpft und diese Werke zu dichterischen Kompositionen werden läßt, die eine starke Dynamik und eine festgefügte, klare Architektonik besitzen. Dies entsprach auch einer inzwischen ausgearbeiteten, neuen Interpretation des Heineschen Ideengebäudes, in dem wir eine unerwartet große Kohärenz und geschichtliche Gültigkeit feststellen konnten.

1

Wir weisen jedoch darauf hin, daß unsere Schlußfolgerungen in diesem letzten Punkt nur für die von uns eingehend untersuchte Periode 1830—1844 gültig zu sein beanspruchen. Bei den beiden Epen, die der Hauptgegenstand unserer Untersuchung waren, wäre es historisch nicht gerechtfertigt, gleichermaßen Positionen und Haltungen des Autors zu berücksichtigen, die sich nicht auf den angegebenen Zeitabschnitt beziehen. Dieser beginnt mit der Übersiedlung Heines nach Paris, dem großen Wendepunkt seines Lebens, Denkens und künstlerischen Schaffens, und muß aus der Sicht unserer Untersuchung logisch mit der Veröffentlichung der beiden Epen enden.

Wir haben zwar häufig auf Werke und Thesen aus der Zeit vor 1830 und nach 1844 verwiesen, jedoch nur, um ein bestimmtes Geschichtsbild zu vervollständigen — soweit dies angebracht erschien —, und ohne sie dabei als entscheidende Argumente für die Interpretation des *Atta Troll* und *Deutschlands* anzuführen. Es ist klar, daß die Grundhaltung Heines vor 1830 und nach 1844 wesentliche Änderungen erfahren hat, auf die wir auch im einzelnen hingewiesen haben.

Als ein gesichertes Ergebnis unserer Arbeit erscheint uns vor allem die prinzipielle Homogenität der Grundhaltung Heines in diesen fünfzehn Jahren. Das schließt gewiß nicht aus, daß es verschiedene Änderungen der Blickrichtung gegeben hat — die sich jedoch einfügen in eine organische Entwicklung der geistigen Perspektiven, wie sie von jedem dynamisch-schöpferischen Autor zu erwarten ist — und daß eine Reihe von vielleicht allzu auffälligen Verlagerungen des Akzents und des Tons zu bemerken sind, die zwar eindeutig von äußeren Umständen diktiert sind, die jedoch keinen wesentlichen Einfluß auf die großen Linien der Weltanschauung des Autors haben.

Haben wir so einen neuen Heine entdeckt, der noch unvermutete dichterische Werte birgt? Der Leser entscheide.

G. T.

# ZITATE

Die nur mit einer römischen, gefolgt von einer arabischen Zahl versehenen Zitate beziehen sich auf die von Oskar Walzel besorgte Edition von H. Heines Sämtlichen Werken; die römische Zahl verweist auf den Band, die arabische auf die Seitenzahl. Wenn aus besonderen Gründen andere Ausgaben von Heines Werken herangezogen wurden, ist die Quelle jeweils vollständig benannt. Die lediglich mit *Briefe*, gefolgt von einer römischen und einer arabischen Zahl, bezeichneten Zitate beziehen sich auf die von F. Hirth besorgte Gesamtausgabe von Heines Briefen; die römische Zahl gibt den Band, die arabische die Seitenzahl an. Die vollständige Literaturangabe der von Walzel herausgegebenen Edition von Heines Sämtlichen Werken und der von Hirth besorgten Gesamtausgabe der *Briefe* findet sich im Anhang unter den Bibliographischen Hinweisen.

# TEIL I

## DER GEISTESGESCHICHTLICHE HINTERGRUND

### KAPITEL I

### NATIONALBESONDERHEITEN

*Einleitung — Heine und Deutschland — Heine und die deutschen Volksstämme — Heine und Frankreich — Heine und England — Heine und die Juden — Topoi der Völkerpsychologie: Kant, Herder, W. v. Humboldt, etc. — Mme de Stael, Michelet, Jouffroy — Heine und Mme de Stael — Zusammenfassung.*

Deutschland und Frankreich — das sind die geistigen und geographischen Pole im Leben Heines; beide von Mal zu Mal geliebt und gehaßt, gepriesen und geschmäht, entsprechend jener Ambivalenz der Gefühle und jener labilen Vielschichtigkeit, die für unseren Autor so bezeichnend sind; er neigte zu leidenschaftlichem Pathos, war aber stets darauf bedacht, die gegensätzlichsten Haltungen miteinander in Einklang zu bringen und ihnen eine perfekte formale Kohärenz zu geben.

In der wechselvollen biographischen und geistigen Entwicklung des Dichters bleiben Deutschland und Frankreich die beiden Bezugspunkte, an denen er sich ·immer wieder orientiert und die er in Prosa und Versen aus den verschiedensten Blickwinkeln beleuchtet, die er jeweils einnehmen soll. Diesen vielfältigen, verschiedenen Standpunkten des Betrachters entspricht ein dichter, vielgestaltiger Gehalt des Betrachteten, indem Deutschland und Frankreich einerseits — zeitlich gesehen — als veränderliche geschichtliche Größen erscheinen und andererseits — horizontal gesehen — differenziert zu bewertende Errungenschaften auf dem Gebiet der Politik, der Kunst, der Religion etc. aufweisen.

Wir wollen uns hier vor allem mit der Frage beschäftigen, ob über diesem Wechsel der Stimmungen und Perspektiven allgemeine Konstanten in der Auffassung Heines von seinen beiden Vaterländern zu erkennen sind, d. h. ob zumindest auf einer allgemeineren Ebene Deutschland und Frankreich für ihn eine einheitliche Gestalt aufweisen. Wir wollen uns deshalb vorläufig auf eine ahistorische Betrachtung beschränken und versuchen, die Fälle zu untersuchen, in denen der Dichter seinen Werturteilen über die beiden Völker einen absoluten Ton verleiht. Es handelt sich hier zumeist um die Beschreibung von Eigentümlichkeiten der Franzosen und Deutschen, die Heine den damaligen Anschauungen gemäß auf eine Urgestalt dieser Völker zurückführt, die als die Grundvoraussetzung für ihre geschichtliche Bestimmung betrachtet wird.

Deutschlands Ruhm will ich besingen,
Höret meinen schönsten Sang!
Höher will mein Geist sich schwingen
Mich durchbebet Wonnedrang.[1])

So schreibt Heine in „Deutschland", einem seiner frühesten Gedichte (1815). Es ist
die Zeit der Befreiungskriege, und der junge Dichter zieht gegen die schlauen,
perfiden Franzosen los, die „das fromme deutsche Land" mit Schande bedeckt
und ihm Tugend, Glauben, Glück geraubt haben. Doch fromm und bieder erhebt
Deutschland sein Haupt:

Alte Sitte, alte Tugend.
Und der alte Heldenmut.
Schwerter schwinget Deutschlands Jugend;
Hermanns Enkel scheut kein Blut.

Die Kraft wird sich mit der Liebe verbinden; der Schmerz hat Deutschland die
christliche Nächstenliebe gelehrt. Alle Deutschen sind Brüder und fühlen sich auch
als Brüder der ganzen Menschheit. „Nur die Menschlichkeit ist schön." So kehrt
„die alte, fromme Minne", die „Sängerlust" wieder, die in dem Rachekrieg
wiedererwacht ist; und die im Vaterland zurückgebliebenen deutschen Frauen sind
schön und gut wie Engel.

Diese extreme, gewiß nicht sehr subtile Idealisierung ist wohl das Ergebnis eines
naiven jugendlichen Glaubens, der sich an der Begeisterung des großen nationalen
Wiedererwachens entzündet. Daß dieser Glaube und diese Begeisterung bald
vergehen sollten, braucht kaum erwähnt zu werden.

Elf Jahre später war die Haltung des Dichters schon eine ganz andere: den
Hannoverschen Adel kritisierend, der plump nachgeahmte französische Formen zur
Schau stellt, bemerkt Heine, daß jeder Durchschnittsfranzose viel eher gewisse gute
Manieren beherrsche als ein deutscher Adliger, der sie „mit deutscher Gründlichkeit und Schwerfälligkeit" anwende und seinen Nachfahren überliefere.[2]) Das ist
ein ganz spezieller Hinweis, der aber eine sehr differenziertere Haltung erkennen
läßt.

Es folgen eine ganze Reihe von besonderen Bemerkungen. 1828—29 hebt der
Dichter etwa den „Gedankenreichtum" der deutschen Kultur hervor, fügt aber
sogleich hinzu, daß Gedanken in Deutschland so häufig seien wie Goldklumpen in
Eldorado.[3]) Damit meint er, daß jeder kleine Poet reichlich über Ideen verfügt, daß
diese aber nicht mehr wert sind als die Goldklumpen in Eldorado, die ja nicht von
den Kieselsteinen zu unterscheiden sind.

---

[1]) „Deutschland" (aus: *Junge Leiden*).
[2]) IV, 113—14.
[3]) IV, 377.

Dennoch haben die Ideen in Deutschland eine große Bedeutung: „Noch nie haben die Deutschen eine Idee aufgegeben, ohne sie bis in allen ihren Konsequenzen durchgefochten zu haben", schreibt er 1832[4]).

Erst *Die romantische Schule* von 1833 soll eine ausführlichere Darstellung des deutschen Nationalcharakters bringen. Es seien hier nur einige Züge erwähnt: die Deutschen haben Mitleid mit unglücklichen Menschen, doch ist ihr Mitleid selbstgefällig und grausam — wie das der alten Weiber, die beim Anblick einer Hinrichtung weinen und den Verurteilten bedauern, die aber sehr enttäuscht wären, wenn dieser im letzten Augenblick begnadigt würde, weil sie dann ja auf das grausige Schauspiel verzichten müßten[5]). Dem deutschen Volk genügt nicht der Geist; es erkennt sich in jenem Faust wieder, dem der Spiritualismus nur dazu dient, die Unzulänglichkeit des Geistes zu empfinden und dem Fleisch seine Rechte wiederzugeben[6]). Sein Geist ist durchdrungen von jenem bitteren deutschen „Ernst"[7]), der aus einer Maske kindlicher Fröhlichkeit hervorschaut[8]).

Ein weiterer Hinweis findet sich in *Zur Geschichte der Religion und Philosophie in Deutschland* (1834), wo Luther als die höchste Verkörperung der so vielfältigen und oft gegensätzlichen Tugenden und Fehler des deutschen Wesens gerühmt wird. Er war zugleich ein träumerischer Mystiker und ein praktischer Mann der Tat, ein kalter scholastischer Wortklauber und ein begeisterter Prophet, konnte grob gewalttätig und auch weiblich weich und sanft sein, einem dunklen, furchtbaren transzendenten Gott zugewandt und sich zugleich einem gesunden Genuß irdischer Freuden hingebend. „Er war ein kompletter Mensch, ich möchte sagen: ein absoluter Mensch, in welchem Geist und Materie nicht getrennt sind"[9]). War Luther die absolute Verwirklichung des deutschen Menschen, oder ist der „ideale" Deutsche identisch mit dem Ideal des Menschen überhaupt? Heine klärt das in diesem Zusammenhang nicht; wir werden aber noch sehen, daß Deutschland in seinen Augen den Keim für das vollkommene Stadium der Menschheit in sich trägt. Doch nur den Keim; denn die Wirklichkeit ist eine ganz andere. „Wir Deutschen", bemerkt Heine, „sind das stärkste und das klügste Volk", aber uns fehlt vor allem die Freiheit[10]).

Ein „methodisches" Volk, bemerkt er später leicht ironisch[11]), in dem aber jene „brutale germanische Kampflust" schlummere, die immer zu erwachen drohe[12]).
Das Bild vervollständigt sich in *Über die französische Bühne* (1837). Heine zieht verschiedene Parallelen zwischen dem französischen und dem deutschen Theater,

---

[4]) VI, 231, wie auch 1834: VII, 311.
[5]) VII, 38.
[6]) VII, 57—58.
[7]) VII, 127.
[8]) VII, 135—36.
[9]) VII, 225—26.
[10]) VII, 231.
[11]) VII, 350.
[12]) VII, 351—52; „Barbaren" hatte er die Deutschen in einem Brief an Moser vom 21.1.1824 genannt *(Briefe,* I, 136)

zwischen dem Geschmack des französischen und des deutschen Publikums. Unverkennbar erhalten dabei die Definitionen und Anspielungen zumeist einen allgemeineren Aussagewert: Das deutsche Publikum duldet keine plötzlichen Gefühlsausbrüche, läßt sich nur von guten Motiven bewegen und verlangt stille Partien; dies alles muß sich ganz allmählich entwickeln und wohldosiert verabreicht werden, denn die Geduld, eine typisch deutsche Tugend — sei sie nun angeboren oder anerzogen — läßt nur eine langsame Entwicklung zu und duldet keine plötzlichen Sprünge. Deshalb bleiben die heftig drängenden Leidenschaften, wie sie für die französische Dichtung typisch sind, den Deutschen unbegreiflich; die Franzosen andererseits können nicht „die stille Heimlichkeit, das ahnungs- und erinnerungssüchtige Traumleben" verstehen, das selbst in den leidenschaftlich bewegtesten Dichtungen der Deutschen beständig hervortritt, und können gar nicht begreifen, wie ein Deutscher sieben Jahre lang die Augen der Geliebten bewundern kann, ehe er es wagt, sie in seine Arme zu schließen[13]).

Dieser Geduld und Langsamkeit steht ein bemerkenswerter Fleiß gegenüber. Die Deutschen, sagt Heine, sind ehrliche Leute, brave Bürger. Was die Natur ihnen versagt hat, erzielen sie durch Fleiß. Sie lieben es nicht, tragische Rollen zu spielen: wenn sie fürchten, daß jemand sie für Löwen halten könnte, so beteuern sie vorsichtshalber gleich, sie trügen nur das Fell eines Löwen, und nennen diese Insinuation dann „Ironie". Helden sind ihnen nicht besonders sympathisch und ihren Königen unterwerfen sie sich demütig, oft heuchlerisch, ohne sie jedoch wirklich zu achten[14]. Im allgemeinen ist der Sinn für das Komische bei den Deutschen noch stärker entwickelt als bei den Franzosen. Zudem findet man in Deutschland — und hier verleitet die polemische Absicht Heine dazu, etwas zu übertreiben — weit mehr Stoff zum Lachen, denn nur in diesem Land können gewisse lächerliche Charaktere emporblühen, die eine titanenhafte Größe erreichen, gewisse kolossale Toren, deren Schellenkappe bis in den Himmel klingt. In Frankreich können sich solche phantastischen Narren gar nicht entwickeln und ausbilden, weil die Persiflage der Gesellschaft jede Lächerlichkeit im Keim erstickt[15]).

An anderer Stelle wird als weitere deutsche Tugend die Treue genannt: ein wenig schwerfällig, aber rührend großmütig. Der Deutsche schlägt sich auch für die schlechteste Sache, wenn er einmal versprochen hat, sie zu unterstützen, — selbst wenn er sein Wort im Rausch gegeben hat. Er ist somit auch fähig, gegen seine eigenen Überzeugungen zu kämpfen, vor allem, wenn er feststellt, daß die Partei, der er seine Unterstützung zugesagt hat, in Gefahr ist unterzugehen. Doch nie wird er gegen den Schwächeren und Wehrlosen das Schwert ziehen oder den am Boden liegenden Feind töten[16]).

Eine andere Tugend der Germanen ist ihre Tapferkeit. Die Deutschen sind das tapferste Volk, sie sind mutig ohne irgendwelche Nebengründe, weder aus Ruhm-

---

13) VIII, 58 ff.
14) VIII, 88—89.
15) VIII, 47.
16) *Über den Denunzianten* (1837), VIII, 15—16.

sucht, noch aus Fanatismus oder aus Unkenntnis der Gefahr. Sie schlagen sich nur um sich zu schlagen, wie sie nur trinken um zu trinken, und auf dem Schlachtfeld stellen sie sich in Reih und Glied und tun ihre Pflicht, ruhig, unerschrocken, zuverlässig. Die gebildeteren Schichten haben außerdem durch die studentischen Duelle ein besonderes Mutgefühl entwickelt[17]).

Der Deutsche pflegt seine Probleme nur langsam zu lösen, er fürchtet alles Neue, dessen Folgen er nicht klar übersieht. So verliert er sich in den Komplikationen jeder politischen Frage und verfängt sich in einem gordischen Knoten, der vielleicht nur mit dem Schwert durchhauen werden kann. All das erklärt sich daraus, daß der Deutsche gebildet und nachdenklich ist. Und es schadet nichts, wenn ihn dies einige Jahrhunderte hinter den Ereignissen zurückbleiben läßt; dem deutschen Volk gehört ja die Zukunft[18]). Und wenn der Deutsche, in seine Träume eingelullt und seinen Problemen verhaftet, friedlich schläft und indessen auf die Freiheit verzichtet, so sind doch unter diesen Träumen viele sehr schöne und manche, die sich schon verwirklicht haben oder sich eines Tages noch verwirklichen werden[19]).

Gewiß übertreibt Heine oft leicht oder konstruiert sogar Charakterzüge um einer bestimmten tagespolitischen Polemik willen, die sich aus dem größeren Zusammenhang ergibt, in den seine Einzelbemerkungen hineingestellt sind. So finden sich bei Heine Aussagen, die zumindest äußerlich gegensätzlich sind. Er behauptet etwa im IV. Buch von *Über Börne* (1839), die Deutschen verstünden keinen Spaß und hätten deshalb das Bündnis zwischen Republikanern und Katholiken für baren Ernst genommen[20]). Doch meint Heine hier nicht so sehr einen mangelnden Sinn für das Lächerliche, als vielmehr jene Gutgläubigkeit, die immer noch dem kalten Intellektualismus und der kritischen Veranlagung der Franzosen vorzuziehen sei.

> O Narrheitsglöcklein, Glaubensglocken,
> Wie klingelt ihr daheim so süß!

Es ist eine grundsätzliche Ehrlichkeit, die sich auch in einer gesunden Grobheit äußern kann.

> Die Grobheit, die ich einst genossen,
> Im Vaterland, das war mein Glück![21])

+ + +

Neben diesen Werturteilen, die sich auf ganz Deutschland beziehen, finden sich Beschreibungen bestimmter landschaftlicher Charaktere. Immer heftig ist die Abneigung gegen das militaristische, zopfige Preußen:

---

[17]) VIII, 18—19.
[18]) *Lutezia* (1840), X, 151.
[19]) V, 81.
[20]) VIII, 480.
[21]) „Anno 1839" (aus: *Neue Gedichte*).

Noch immer das hölzern pedantische Volk,
Noch immer ein rechter Winkel
In jeder Bewegung, und im Gesicht
Der eingefrorene Dünkel.

Sie stelzen noch immer so steif herum,
So kerzengrade geschniegelt,
Als hätten sie verschluckt den Stock,
Womit man sie einst geprügelt[22]).

Doch an ihren Mut glaubt er nicht; darauf läßt zumindest eine Äußerung schließen: Er bemerkt ironisch, die neue Pickelhaube der preußischen Kavalleristen sei etwas unpraktisch, denn ein so schwerer Helm könne beim Laufen hinderlich sein[23]).

Berlin wird oft kritisiert, aber mit Akzenten ironischer Sympathie. Heine hatte dort trotz allem Meister und viele Freunde gefunden.

Verlaß Berlin, mit seinem dicken Sande
Und dünnen Tee und überwitzgen Leuten,
Die Gott und Welt, und was sie selbst bedeuten
Begriffen längst mit Hegelschem Verstande[24]).

Wenn Berlin von den Bären gegründet wurde (Bärlin), so sind die Bären, die heute durch die Stadt ziehen, ganz zahm und einige darunter so gebildet, daß sie die schönsten Tragödien schreiben und die herrlichste Musik komponieren. Es gibt dort auch viele Wölfe, die sich mit einem Schafspelz vor der Kälte schützen. Die Schneegänse singen Bravourarien und die Rentiere rennen als Kunstkenner herum. Ansonsten leben die Berliner sehr mäßig und fleißig, verfassen theologische Schriften und Erbauungsbücher, führen sich sehr moralisch auf, und obgleich sie allzu vernünftig sind, um als wahre Christen zu leben, versuchen sie, doch wenigstens ihre Mitmenschen zu bekehren, da sie nun einmal davon überzeugt sind, daß das Christentum nötig ist für Ordnung und Sicherheit im Staate[25]).

Auch bei der Erwähnung Hamburgs blickt durch den scharfen Spott ein gewisses Gefühl der Sympathie hindurch. Diese Krämerrepublik hat ihre „silberne Seele" in der Bank, ihr Gesetzbuch sind die Kassenbücher. Die Reichen werden immer reicher und die Armen immer ärmer; doch kann man dort wenigstens gut essen und viele gute, alte Freunde treffen. Unter einem etwas scheinheiligen Moralismus trifft man ebenso leicht das Laster an wie in frivoleren Ländern; und man ist im Grunde recht tolerant. Die Atmosphäre ist zwar konservativ, doch ist der Konservativismus durch ein gewisses Laisser-faire gemildert, das sich wenig um die Zukunft sorgt.

---

[22]) *Deutschland. Ein Wintermärchen* (1844), Kaput III.
[23]) Ebd.
[24]) „Friederike" (1823) (aus: *Neue Gedichte*).
[25]) *Reisebilder* II (1828–29), V, 51–52.

Hier herrschen noch Zucht und Sitte,
Und manches stille Vergnügen blüht
Auch hier, in unserer Mitte[26]).

Von dem politischen Mut der Niedersachsen zeigt sich Heine nicht sehr beeindruckt. Sie scheinen ihm eher brave, gefügige Untertanen ihres zweifelhaften Landesherren zu sein[27]). Vielleicht denkt er hier besonders an den Hannoverschen Adel, dessen sklavische Unterwerfung unter die Macht des Königs er schon viele Jahre zuvor kritisiert hatte[28]). Im übrigen ist das kein absolutes Werturteil: wir werden bald sehen, daß Heine die aristokratischen Systeme noch weniger schätzte.

Der Gedanke an Westfalen weckt im Dichter eine Fülle von Erinnerungen an das Land seiner Kindheit und an die studentischen Verbindungen, mit denen er in Göttingen in Berührung kam. Hier ist die Ironie besonders stark von Sympathie gefärbt, und es fehlt ihr fast jede Spitze. Schon der westfälische Tonfall berührt ihn eigenartig.

Ich habe sie immer so lieb gehabt,
Die lieben, guten Westfalen,
Ein Volk, so fest, so sicher, so treu,
Ganz ohne Gleißen und Prahlen[29]).

Treue Freunde, stark und sentimental, einfach und bescheiden, wackere Kämpfer und feste Trinker[30]).

Auch für Ostfriesland findet er verhältnismäßig freundliche Worte: Sein Volk ist flach und nüchtern, wie der Boden, den es bewohnt, doch es besitzt ein großes Talent, die Gabe der Freiheit. Die Aristokratie war dort niemals stark und vorherrschend[31]).

Wir könnten fortfahren: München, Schwaben ... Doch hier wäre die Gefahr zu groß, die Spitzen gegen die Münchner Intellektuellen oder gegen die Dichter des Schwäbischen Kreises als Verspottung regionaler Eigenheiten auszulegen; und dies lag gewiß nicht in der Absicht des Dichters.

---

[26]) *Deutschland ...*, Kaput XXV.
[27]) Ebd., Kaput XIX.
[28]) *Reisebilder* I, (1826) IV, 111.
[29]) *Deutschland ...*, Kaput X.
[30]) Die Ironie ist in diesem Kaput X von *Deutschland* nur oberflächlich. Vgl. dazu *Über den Denunzianten*, VIII, 19: ,,Diese Schlaglust fand ich besonders bei meinen speziellen Landsleuten, den Westfalen, die, von Herzen die gutmütigsten Kinder, aber bei vorfallenden Mißverständnissen den langen Wortwechsel nicht liebend, gewöhnlich geneigt sind den Streit auf einem natürlichen, so zu sagen freundschaftlichen Wege, nämlich durch die Entscheidung des Schwertes, schleunigst zu beendigen''.
[31]) *Reisebilder* I, IV, 111−12.

Die Darstellung Deutschlands und Frankreichs, wie Heine sie herausarbeitet, entwickelt sich oft kontrapunktisch. Die folgenden Bemerkungen über Frankreich sind also ständig auf das schon von Deutschland Gesagte zu beziehen.

Eine Ausnahme bilden die ersten Hinweise, bei denen Frankreich eher als Bezugspunkt der Bestimmung des englischen Charakters dient. So heißt es etwa in den *Englischen Fragmenten* (1828), das französische Volk liebe das Gesellschaftsleben und die Konversation. „Ihr leichtes Champagnerblut und angeborenes Umgangstalent treibt sie zum Gesellschaftsleben, und dessen erste und letzte Bedingung, ja dessen Seele ist: die Gleichheit. Mit der Ausbildung der Gesellschaftlichkeit in Frankreich mußte daher auch das Bedürfnis der Gleichheit entstehen, und wenn auch der Grund der Revolution im Budget zu suchen ist, so wurde ihr doch zuerst Wort und Stimme verliehen von jenen geistreichen Roturiers, die in den Salons von Paris mit der hohen Noblesse scheinbar auf einem Fuße der Gleichheit lebten, und doch dann und wann, sei es auch nur durch ein kaum bemerkbares, aber desto tiefer verletzendes Feudallächeln, an die große, schmachvolle Ungleichheit erinnert wurden; . . .[32]).

Man beachte: Die Gesellschaftlichkeit ist eine *angeborene* Gabe, und dieser Wesenszug der Franzosen hat mit seinen praktischen Konsequenzen den Ton der *philosophes* bestimmt, die wiederum die große Revolution vorbereitet haben. Bei deren Beurteilung scheint die „finanzielle" Theorie jener von Heine vertretenen besonderen Version des historischen Materialismus vorzuherrschen. Wir werden aber noch Gelegenheit haben, ausführlich auf die Bedeutung einzugehen, die der Dichter der Idee als Element der geschichtlichen Entwicklung beimaß.

Es gibt also angeborene Nationalbesonderheiten und solche, die ganz gewiß erworben oder zumindest veränderbar sind. Dies wird bestätigt durch die spätere Bemerkung Heines, die Franzosen würden von Tag zu Tag nachdenklicher, tiefsinniger und ernster — während die Engländer sich genau in der umgekehrten Richtung entwickelten[33].

Dieses Motiv nimmt er auf in *Deutschland*:

> Sie singen nicht mehr, sie springen nicht mehr,
> Sie senken nachdenklich die Köpfe.
>
> Sie philosophieren und sprechen jetzt
> Von Kant, von Fichte und Hegel,
> . . . . . . . . . . . . . . . . . . . . . . . . . . .
> Sie werden Philister ganz wie wir
> Und treiben es endlich noch ärger;
> Sie sind keine Voltairianer mehr, . . .[34])

---

32) V, 78—79.
33) V, 91—92, vgl. *Über die französische Bühne* (1837), VIII, 46—47.
34) *Deutschland* . . ., Kaput V.

Den Gleichheitssinn der Franzosen erwähnt Heine noch an anderer Stelle (1828–1829) und lobt ihn mit der üblichen Boshaftigkeit, indem er ihn bei dieser Gelegenheit mit den kulinarischen Fähigkeiten der Franzosen in Verbindung bringt[35]).

Nach der Übersiedlung Heines nach Paris wird sein Frankreichbild differenzierter, aber auch kritischer. So lesen wir in *Zur Geschichte der Religion und Philosophie in Deutschland* (1834), dieses geräuschvolle, bewegte, vielschwatzende Frankreich sei nie ein geeigneter Boden für Philosophie gewesen[36]).

In *Die romantische Schule* (1833) macht Heine den Franzosen großzügig Komplimente: „Ihr seid ein zierliches, liebenswürdiges, vernünftiges und lebendiges Volk, und nur das Schöne und Edle und Menschliche liegt im Bereiche eurer Kunst"; doch damit sind auch schon die Grenzen genannt: die französische Kunst muß auf das Übernatürliche, das Geheimnisvolle, das Schauerliche verzichten, Genres, die nur in Deutschland gedeihen können[37]). Klar satirisch ist, was Heine über Cousin, den Propheten der deutschen Philosophie in Frankreich, schreibt: Die Franzosen hätten eine glücklichere Veranlagung als die Deutschen, denn sie brauchten nur ein Weniges von einer Theorie oder wissenschaftlichen Ansicht zu wissen, um es so geschickt zu kombinieren und so vortrefflich in ihrem Geist zu verarbeiten, daß sie selbst überzeugt seien, sie hätten diese Theorie oder Ansicht noch weit besser verstanden als der, der sie erdacht hat. „Es will mich manchmal bedünken, als seien die Köpfe der Franzosen, eben so wie ihre Kaffehäuser, inwendig mit lauter Spiegeln versehen, so daß jede Idee, die ihnen in den Kopf gelangt, sich dort unzähligemal reflektiert: eine optische Einrichtung, wodurch sogar die engsten und dürftigsten Köpfe sehr weit und strahlend erscheinen"[38]).

Wir sahen schon, wie Heine bei der Beschreibung des französischen Theaters bemerkte, der „Sturm der Gefühle" der französischen Tragödien, jene ewige Gemütsbewegung sei ganz dem Naturell des Volkes, des französischen Publikums angemessen[39]). Es ist möglich, daß eine solche Interpretation des französischen Dramas unter anderem von der auch in Deutschland allgemein bekannten Theater-Ästhetik Diderots angeregt wurde[40]). Doch allein das, was sich im Abschnitt über Mme de Stael ergeben wird, vermag diesen Punkt zu klären.

Außerdem, fügt Heine hinzu, sind die Franzosen geborene Komödianten, im Theater wie im Leben. Die gesamte französische Geschichte erscheint als eine einzige Komödie, die aber zum Besten der Menschheit aufgeführt wird[41]).

---

[35]) *Reisebilder* II, IV, 299. Heine wirft den Franzosen vor, Gleichheit bedeute ihnen mehr als Freiheit; vgl. dazu V, 78–79 (1823).
[36]) VII, 244.
[37]) VII, 135–36.
[38]) VII, 181–82.
[39]) VIII, 58 ff.
[40]) R. WELLEK, *A History of Modern Criticism:* 1750–1950, I, Yale, 1955, S. 50.
[41]) VIII, 88–89.

Das französische Volk ist glücklich veranlagt: in der Kunst wie im Leben ist es unfähig zu träumen, weshalb es gezwungen ist, der deutschen Literatur, deren eigentliches Element das Traumhafte ist, nicht nur Bilder und Ideen zu entlehnen, sondern auch Empfindungen und Stimmungen. (Dies ist ein weiteres typisches Beispiel für die Umkehrungen der Heineschen Ironie: unter dem anfänglichen Kompliment verbirgt sich eine sarkastische Spitze.) Doch ist es ein erworbener Charakterzug: die Franzosen wurden von ihrer materialistischen Philosophie — denn so versteht Heine die französische Philosophie der Aufklärung — zur Reflexion, zur Passion und zur Sentimentalität erzogen. Die Sentimentalität ist eine dumpfe Empfindung, wodurch der Materialist ahnt, daß es neben der Materialität noch das Geistige gibt; doch bleibt dieses Jenseits ganz unbestimmt. Eine solche Erziehung versagt den Franzosen die Naivität und die intuitive Anschauung, das Aufgehen im angeschauten Gegenstand[42].

Dieser Materialismus sei sehr gefährlich, weil er gewissen spiritualistischen Irrlehren den Boden bereite, die die soziale Lage mit ihren latenten, drohenden Krisen bedenklich stören könnten. Daraus ergibt sich ein Gefühl der Unsicherheit, das die Franzosen daran hindert, ungestört das Bankett des Lebens zu genießen, und sie dazu zwingt, mit ängstlicher Hast die Güter dieser Welt zu nutzen[43], von einem angeborenen Enthusiasmus angetrieben, der sie kaum dazu befähigt, sich realistisch zu verhalten[44].

Zuweilen entschlüpft Heine sogar eine ungeduldige Äußerung über Frankreich, die von der Sehnsucht nach dem Vaterland bestimmt ist, oder diese Sehnsucht weckt.

> O, Deutschland, meine ferne Liebe,
> Gedenk ich deiner, wein ich fast!
> Das muntre Frankreich scheint mir trübe,
> Das leichte Volk wird mir zur Last.
> . . . . . . . . . . . . . . . . . . . . . . . . . . . . . .
> Höfliche Männer! Doch verdrossen
> Geb ich den artgen Gruß zurück . . .[45].

1840 findet sich wieder eine ganze Reihe von Bemerkungen zu diesem Thema in den später in *Lutezia* zusammengefaßten Artikeln. Der Ton ist unmißverständlich scharf. Den Franzosen gehen alle republikanischen Eigenschaften ab, sie sind ihrer Natur nach ganz bonapartistisch; denn es fehlt ihnen die Einfalt, die Selbstgenügsamkeit, die innere und äußere Ruhe. Sie lieben den Krieg um des Krieges willen, selbst im Frieden ist ihr Leben bloß Kampf und Lärm; nichts lieben sie so sehr wie Trommelschlag und Knalleffekte[46].

---

[42] VIII, 63 ff.
[43] VIII, 64 ff.
[44] VIII, 224—25.
[45] „Anno 1839" (aus: *Neue Gedichte*).
[46] IX, 54. Vgl. *Lutezia,* IX, 174. „Die Franzosen haben Geist und Passion, und beides genießen sie am liebsten in einer unruhigen, stürmischen, gehackten, aufreizenden Form".

Das gemeine Volk zeichnet sich durch eine seltsame Verbindung von Leichtgläubigkeit und Skepsis aus[47]), und alle Franzosen haben es eilig, die schwersten Probleme zu lösen. Sie gehen jeder Frage direkt auf den Leib und zerren daran so lange herum, bis sie sie gelöst haben oder sie als unlösbar beiseite schieben. So erscheint ihre Revolution dem Historiker als eine logische, systematische Aufeinanderfolge von Vorgängen: „In diesem Wahnsinn war wirklich Methode". Je unwissender ein Volk ist, desto rascher entschließt es sich zur Tat. Es ist, als lebten die Franzosen mit solcher Eile die Gegenwart, weil sie ahnten, daß die Dämmerung ihrer nationalen Geschichte heranbricht[48]). Das französische Volk hat sich den Leichtsinn der Jugend bewahrt, es stürzt sich in die Tat, als habe es die Vergangenheit keinerlei Vorsicht gelehrt, — es hat diese Vergangenheit einfach vergessen. Vielleicht um sich jung zu erhalten, wollen die Franzosen nicht von den jugendlichen Torheiten, von Sorglosigkeit und Großmut ablassen[49]). So ist ihnen das· Handeln, die Bewegung, die Einführung politischer Änderungen ein Grundbedürfnis[50]), und sie sind fähig, mit erstaunlichem Geschick von einer Beschäftigung zu einer anderen, vielleicht ganz gegensätzlichen überzugehen. Dies ist nicht nur die Folge ihrer angeborenen Beweglichkeit, sondern auch eine geschichtlich erworbene Fähigkeit; denn im Laufe der Zeit haben sie gelernt, sich von Vorurteilen und Pedanterie zu lösen.

Der Franzose ist zu jedem Gewerbe fähig, und alle Franzosen glauben sich einfach zu allem fähig; aus einem mittelmäßigen Theaterschriftsteller kann ein Minister, ein General oder noch anderes werden[51]).

+ + +

Wenn Frankreich und Deutschland den Horizont des Dichters ständig abgrenzen, so erweitert sich die Sicht doch mitunter auf England. Den Anlaß dazu bietet vor allem die nicht sehr glückliche Englandreise, die ihn zu den *Englischen Fragmenten* (1828) anregte und eine anhaltende Abneigung gegen Albion weckte, was jedoch nicht grundsätzlich jedes objektive Urteil ausschließt.

Die Engländer führen gern ein zurückgezogenes Leben, bemerkt Heine, sie lieben das friedliche Familienleben, wozu sie auch ihre gesellschaftliche Unbeholfenheit zwingt; und sie begnügen sich mit jener politischen Freiheit, die ihre ganz persönlichen Rechte anerkennt und verbürgt[52]). Deshalb ertragen sie leicht die Privilegien der Aristokratie, die es ihrerseits vermeidet, jene Vorrechte besonders zur Schau zu tragen[53]). Dieser Charakter ändert sich jedoch allmählich; wie wir schon sahen, bemühen sich die Engländer jetzt, eine heitere, legere Art anzunehmen[54]).

---

47) IX, 103—04.
48) IX, 151.
49) IX, 246.
50) IX, 258.
51) IX, 265 ff.
52) V, 78-79.
53) V, 79.
54) V, 91—92.

Der typische John Bull hat ein ehrliches, aber kaltes und abstoßendes Wesen. Er ist ein Egozentriker, der von niemandem einen Rat annimmt; sein höchstes Streben gilt dem unmittelbaren, persönlichen Komfort. Er schließt nur leicht Freundschaft mit seinesgleichen, wenn er hofft, daraus irgendeinen Vorteil ziehen zu können; ansonsten beschränkt er sich auf eine korrekte, doch kalte Höflichkeit, auf eine mechanische Förmlichkeit, die seinen tiefen Egoismus bloßlegt. Wenn John Bull aber der kälteste Freund ist, so ist er auch der sicherste Nachbar und der gradsinnigste und großmütigste Feind; wenn er eifersüchtig das Seine hütet, so begehrt er andererseits nie den Besitz der anderen. Für ihn sind Komfort und Unabhängigkeit die Hauptsache. Sein Stolz ist nicht aristokratisch begründet, er prahlt mit seinem Wohlstand, aber nicht mit seinen Vorfahren. Er ist vor allem stolz darauf, Engländer zu sein; und England ist für ihn, wenn er im allgemeinen davon spricht, die reichste, gebildetste und mächtigste Nation. Sobald man aber auf Einzelheiten zu sprechen kommt, stellt man fest, daß es in seinem Land nichts gibt, womit er völlig zufrieden wäre — außer ihm selbst. Er kritisiert den König, das Parlament, die Kirche, die öffentliche Meinung, das Klima, die eigenen Reichtümer, die er immer in Gefahr sieht und die ihm nie genügen wollen. Nur eines lobt er vorbehaltslos: die berühmte englische Flotte: Diese kritische Einstellung hat auch ihre positiven Seiten: wenn jemand versucht, ihm seine Freiheit zu rauben, oder wenn eine für das allgemeine Wohl notwendige Maßnahme zu ergreifen ist, weiß John Bull seinen eigenen Willen mannhaft, mutig und unnachgiebig durchzu-setzen[55]).

Auf den englischen Charakter kommt Heine erst wieder in *Lutezia* zurück. Er stellt sich dort die Frage, warum die Engländer ein so beachtliches politisches Geschick haben. Die Antwort ist nicht schwer: Die Engländer sind erzprosaische Geschöpfe, die sich nicht von irgendeiner poetischen Illusion oder Schwärmerei irreführen lassen, die alles ganz nüchtern betrachten, nur nackte Tatsachen gelten lassen und sie unter dem Aspekt der jeweiligen örtlichen und zeitlichen Umstände betrachten. Kurz, sie haben keinerlei Phantasie, sie sind absolute Realisten. Ihre Dichter bilden nur glänzende Ausnahmen und müssen deshalb in ihrem Volk auf Unverständnis stoßen. Die Engländer sind miserable Tänzer, sie haben kein Ohr für Musik, und ihre Vorliebe für Klavierspielen und Gesang ist umso widerwärtiger. Ihre Malerei ist so schrecklich wie ihre Musik, und es ist gar zu bezweifeln, ob sie einen Geruchssinn besitzen. Als Individuen mutig, sind sie als Masse durch den Frieden verweichlicht; denn sie haben in den letzten hundert Jahren in ihrem eigenen Land keinen einzigen Krieg erlebt, während sie die Kriege im Ausland mit Hilfe von Söldnern geführt haben. Ein allzu langer Friede, zu großer Reichtum und zu großes Elend, Korruption als Folge des Repräsentativsystems, industrielle Struktur, ausgeprägter Geschäftssinn, religiöse Heuchelei — dies sind die Gründe, warum der Engländer so unkriegerisch geworden ist. Kaum hunderttausend Franzosen könnten die ganze Insel erobern[56]).

Man sieht, ein düsteres Bild. Es gibt dafür einen Grund: die französisch-englische Allianz (Juli 1840) soll diskreditiert werden. Die Invektiven übersteigen auch in den darauffolgenden Jahren jedes Maß.

---

55) V, 345 ff.
56) IX, 97—98.

So heißt es später, der englische Adel sei der jüngste in Europa und sein Hochmut der des Parvenu; und Adel und Volk beneideten gleichermaßen Frankreich[57]). Der Egoismus sei der Hauptfehler der Engländer. „Es ist gewiß eine schreckliche Ungerechtigkeit, über ein ganzes Volk das Verdammungsurteil auszusprechen. Doch in betreff der Engländer könnte mich der augenblickliche Unmut zu dergleichen verleiten, und beim Anblick der Masse vergesse ich leicht die vielen wackern und edlen Männer, die sich durch Geist und Freiheitsliebe ausgezeichnet." Heine gesteht, daß ihm die Masse des englischen Volkes zuwider ist; er vermag sie fast nicht als seine Mitmenschen zu betrachten, sie erscheinen ihm als aufgezogene Automaten, deren Triebfeder der Egoismus ist. Gute Manieren gehen ihnen völlig ab, diesen rothaarigen Barbaren, die es lieben, blutiges Fleisch zu fressen. Man muß zugeben, daß sie eine brutale Energie besitzen, vergleichbar mit jener Wolfsgier, von der die Politik der alten Römer erfüllt war; aber sie vereinigen mit der römischen Wolfsgier auch die Schlangenlist Karthagos. Im übrigen fehlt es ihnen an großen Ideen, — auf allen Werften Englands gibt es nichts als Dampfmaschinen und Hunger[58]).

+ + +

Auch die Juden werden nicht ganz verschont; so heißt es etwa, sie ließen für Geld und gute Worte alles aus sich machen[59]). Im allgemeinen ist Heines Urteil über die Juden aber weniger negativ, wenn nicht gar positiv und entschuldigend: die Juden, heißt es, neigen zum Abstrakten, und ihre ganze Religion ist ein Versuch, Geist und Materie zu trennen und das Absolute nur in der Form des Geistes anzuerkennen[60]). Sie sind ein sittenreines, enthaltsames, ja fast abstrakt zu nennendes Volk und stehen in dieser ihrer Sittlichkeit den Deutschen sehr nahe. Und das nicht etwa aufgrund historischer Umstände, sondern aus einem tieferen Grund: das alte Palästina kann als orientalisches Deutschland angesehen werden. Die Juden trugen schon damals jenes moderne Prinzip in sich, das sich jetzt erst in Europa sichtbar entfaltet; d. h. sie waren — wie die modernen Republikaner — nicht den Führern, Fürsten oder Feudalherren verpflichtet, wie die Menschen der Antike und des Mittelalters, sondern waren nur dem Gesetz und abstrakten Prinzipien treu. So sind sie in ihrem Wesen Weltbürger und Republikaner, deren einzige Religion Freiheit und Gleichheit ist. Wenn sie durch die Jahrhunderte hindurch gehaßt wurden, so nur deswegen, weil man sie um ihre Reichtümer beneidete[61]).

So haben Sympathien, Antipathien, politische Zweckgründe Heine von Mal zu Mal veranlaßt, gewisse traditionelle Klischees zu übernehmen, abzulehnen oder abzuwandeln. Wo sie ihm nicht angebracht erschienen, argumentierte er: „Die alten stereotypen Charakteristiken der Völker, wie wir solche in gelehrten Kompendien und Bierschenken finden, können uns nicht mehr nutzen und nur zu trostlosen Irrtümern verleiten"[62]). Außerdem betonte er, die europäische Kultur werde im-

---

[57]) IX, 106.
[58]) IX, 249 ff (1842).
[59]) V, 51—52 (1828—29).
[60]) VIII, 389 (1836).
[61]) VIII, 258 ff. (1838), VII, 261 (1834).
[62]) V, 91 (1828)

mer einheitlicher und universeller und führe allmählich zum gewaltsamen Ende der Nationalbesonderheiten, die doch so tief in den Herzen der Menschen verwurzelt seien[63]).

Wir wissen schon, daß diese Besonderheiten für Heine zum Teil angeboren — d. h. natürlich — und zum Teil erworben sind. Die letzteren ganz gewiß und vielleicht auch die ersteren werden von den Ereignissen beeinflußt und sind also veränderbar; deshalb glaubt Heine auch, die üblichen Vorstellungen korrigieren zu können. Er weiß sehr wohl, daß sich seine Werturteile in eine alte Tradition einfügen, und legt Wert darauf, sich bis zu einem gewissen Grad davon zu lösen. Um die Bedeutung dieser Bemühung richtig zu werten, wollen wir die grundlegenden Abschnitte der Entwicklung der vergleichenden Völkerkunde skizzieren, wie sie die moderne Geschichtsforschung herausgearbeitet hat.

Schon in Griechenland vertreten durch Polemon und dann wieder in der Renaissance aufgenommen von Nikolaus von Kues und später von Bodin, Montaigne, Hall und Overbury, sollte diese Thematik ihre klassische Prägung erhalten in dem Icon Animorum John Barclays (1614, mehrfach ins Deutsche übersetzt) und sich durch das ganze 17. Jahrhundert hindurchziehen. Ihre theoretische Formel fand sie im Begriff des *génie du peuple*, der schon bei Barclay aufgetaucht war und dann in der Aufklärung — angefangen bei Montesquieu und Voltaire — zu einem der Hauptthemen der Geschichtsschreibung werden sollte. Überlegungen zu diesem Thema finden sich verstreut in der ganzen Essayistik und in allen Abhandlungen des 18. Jahrhunderts und waren auch Gegenstand von Einzeldarstellungen, so etwa bei Cartaud de la Vilatte, Kant und Feder[64]).

In dieser literarischen Tradition finden sich immer wiederkehrende Topoi, die sich allmählich herausbilden und weiterentwickeln und die Auffassung von den verschiedenen Nationalcharakteren so nachhaltig beeinflussen, daß man sie berücksichtigen muß, um die Haltung der verschiedenen Autoren richtig zu interpretieren.

Um die Bedeutung der von Heine verwendeten Typologie zu erschließen, braucht man nur einige wenige Beispiele aus der jüngeren Vergangenheit heranzuziehen. Bei Kant findet sich 1764[65]) eine Charakterisierung, die besonders auf den ästhetisch-ethischen Sinn der einzelnen Völker eingeht. „Der Franzose hat ein herrschendes Gefühl für das moralisch Schöne. Er ist artig, höflich und gefällig. Er wird sehr geschwinde vertraulich, ist scherzhaft und frei im Umgange . . . Er ist sehr gerne witzig und wird einem Einfalle ohne Bedenken etwas von der Wahrheit aufopfern. Dagegen, wo man nicht witzig sein kann, zeigt er eben sowohl gründliche Einsicht, als jemand aus irgend einem andern Volk, z. B. in der Mathematik und in den übrigen trockenen oder tiefsinnigen Künsten und Wissenschaften. Er ist ein ruhiger Bürger und rächt sich wegen der Bedrückungen der Generalpächter durch Satiren,

---

63) IV, 120 (1826).
64) G. TONELLI, *Kant, dall'estetica metafisica all'estetica psicoempirica*, „Memorie della Accademia delle Scienze di Torino", Serie 3, Band III, Teil II, S. 14 ff.
65) Aus: *Beobachtungen über das Gefühl des Schönen und Erhabenen*, I. KANT, *Gesammelte Schriften*, Preuß. Ak.-Ausg., Bd. II.

oder durch Parlaments-Demonstrationen, welche, nachdem sie ihrer Absicht gemäß den Vätern des Volks ein schönes patriotisches Ansehen gegeben haben, nichts weiter thun, als daß sie durch eine rühmliche Verweisung gekrönt und in sinnreichen Lobgedichten besungen werden . . ." Und in einer Anmerkung fügt er hinzu: „In der Metaphysik, in der Moral und in den Lehren der Religion kann man bei den Schriften dieser Nation nicht behutsam genug sein. Es herrscht darin gemeiniglich viel schönes Blendwerk, welches in einer kalten Untersuchung die Probe nicht hält. Der Franzose liebt das Kühne in seinen Aussprüchen; allein um zur Wahrheit zu gelangen, muß man nicht kühn, sondern behutsam sein"[66]). In der 1798, also nach der französischen Revolution veröffentlichten *Anthropologie in pragmatischer Hinsicht* sollte Kant dieses Urteil etwas abwandeln und den Franzosen neben einer übermäßigen Lebhaftigkeit einen „ansteckenden Freiheitsgeist" zuschreiben, der keine Grenzen kenne und zu Übertreibungen neige[67]).

„Der Engländer", schrieb Kant 1764, „ist im Anfange einer jeden Bekanntschaft kaltsinnig und gegen einen Fremden gleichgültig. Er hat wenig Neigung zu kleinen Gefälligkeiten; dagegen wird er, sobald er ein Freund ist, zu großen Dienstleistungen auferlegt. Er bemüht sich wenig, im Umgange witzig zu sein, oder einen artigen Anstand zu zeigen, dagegen ist er verständig und gesetzt . . . Er ist standhaft, bisweilen bis zur Hartnäckigkeit, kühn und entschlossen, oft bis zur Vermessenheit, und handelt nach Grundsätzen gemeiniglich bis zum Eigensinne . . ."[68]). 1898 erscheint ihm der Engländer allem Fremden abgeneigt und nur nach Geld strebend[69]).

„Der *Deutsche* hat ein gemischtes Gefühl aus dem eines Engländers und dem eines Franzosen, scheint aber dem ersteren am nächsten zu kommen, und die größere Ähnlichkeit mit dem letzteren ist nur gekünstelt und nachgeahmt . . . Er zeigt mehr Gefälligkeit im Umgange als der erstere, und wenn er gleich nicht so viel angenehme Lebhaftigkeit und Witz in die Gesellschaft bringt, als der Franzose, so äußert er doch darin mehr Bescheidenheit und Verstand. Er ist, so wie in aller Art des Geschmacks, also auch in der Liebe ziemlich methodisch, und indem er das Schöne mit dem Edlen verbindet, so ist er in der Empfindung beider kalt genug, um seinen Kopf mit den Überlegungen des Anstandes, der Pracht und des Aufsehens zu beschäftigen. Daher sind Familie, Titel und Rang bei ihm sowohl im bürgerlichen Verhältnisse als in der Liebe Sachen von großer Bedeutung. Er frägt weit mehr als die vorigen danach, *was die Leute von ihm urtheilen möchten*, und . . . so ist es diese Schwachheit, nach welcher er sich nicht erkühnt original zu sein, ob er gleich dazu alle Talente hat . . ."[70]). 1898 hebt er noch stärker die Ehrlichkeit und Einfachheit der Deutschen hervor, ihre Unterwerfung unter die Obrigkeit, ihren Fleiß, ihre Sauberkeit und Sparsamkeit[71]).

---

[66]) a. a. O., S. 246.
[67]) a. a. O., VII, S. 313—14.
[68]) a. a. O., II, S. 247—28.
[69]) a. a. O., VII, S. 314—15.
[70]) a. a. O., II, S. 248.
[71]) a. a. O., VII, S. 317—18.

In der Religion neigen Engländer und Deutsche zur Schwärmerei, zum Fanatismus, während die Franzosen durch Eitelkeit und Leichtsinn eher zur Indifferenz tendieren[72]).

Der größte deutsche Vertreter der Völkerpsychologie des ausgehenden 18. Jahrhunderts war zweifellos Herder. Er hat jedoch seine sehr häufigen Einzelbemerkungen nicht zu einer systematischen Abhandlung zusammengefaßt, und seine Untersuchungen lassen sich, gerade weil sie so vielseitig und oft sehr detailliert sind, kaum auf einige wenige Grundzüge reduzieren. Wir wollen hier nur erwähnen, daß er dem Deutschen „Treue und Einfalt mit Anhänglichkeit und Mut verbunden" zuschreibt[73]) und in seinem Geist mehr Tiefe und Originalität erkennt als in dem der anderen Völker[74]). Er zeichnet sich auch durch „Überlegung, Biederkeit und Herz" aus[75]), durch „Mut und Treue, Freundesgefühl, Einfalt und Stärke"[76]), „Langsamkeit, ... ruhige Überlegung"[77]), „Treue und Glauben, Unschuld der Sitten, Biederkeit und Einfalt"[78]), etc. Die Franzosen hingegen erscheinen ihm oberflächlich, und es fehlt ihnen die Originalität[79]); wegen ihrer Eitelkeit kommt es ihnen vor allem darauf an, „in Andrer Augen zu sein, was man gerne sein möchte". Daraus ergibt sich jene ihnen eigene theatralische Lebenshaltung: „Der Ton der guten Erziehung, des Unterschiedes der Stände, der anständigen Lebensart, des höflichen Ausdrucks, der ganze Charakter der französischen Sprache ist eine Art Repräsentation"[80]). Die Engländer dagegen zeichnen sich durch die Freiheit der Rede und die gleiche Würde aller Klassen aus, eine Voraussetzung für ihren charakteristischen Grundzug, den Humor[81]). Die Juden, ein „sinnreiches, verschlagenes und arbeitsames Volk", wurden entscheidend geprägt von der mosaischen Nomokratie[82]).

Um nicht zu weitschweifig zu werden, wollen wir uns auf wenige weitere Beispiele beschränken: Wilhelm von Humboldt versucht, die von Kant vertretene Ansicht zu korrigieren, die Deutschen besäßen wenig Originalität. Er erklärt, dies treffe zwar momentan zu, doch sei es nur eine vorübergehende Erscheinung[83]). Im übrigen fehle es dem deutschen Volk nicht an Vorzügen: „Abgesondert von dem Politischen, hat der Deutsche sich einen eigenen Wert gegründet, und wenn auch das Imperium unterginge, so bliebe der Deutsche unangefochten. Sie ist eine sittliche Größe, sie wohnt in der Kultur und im Charakter der Nation, der von ihren politischen Schicksalen unabhängig ist ... indem das politische Reich wankt, hat

---

[72]) a. a. O., II, S. 251.
[73]) HERDER, *Werke, hg.* von Kühnemann, Bd. XX, S. 343, Bd. XVIII, S. 115 ff.
[74]) a. a. O., Bd. XVIII, S. 112—14.
[75]) HERDER, *Briefe zur Beförderung der Humanität,* VIII *Samml.,* N. 102.
[76]) Ebd.
[77]) Ebd., N. 105.
[78]) Ebd., N. 106.
[79]) *Werke,* a. a. O., Bd. IV, S. 425 ff., 431 f.; Bd. V, S. 537 ff.
[80]) „*Briefe",* IX Sammlung, N. 109.
[81]) Ebd., VIII Samml., N. 99.
[82]) „Ideen zur Philosophie der Geschichte der Menschheit", XII, B. III, *Die Hebräer.*
[83]) W. VON HUMBOLDT, *Werke,* hg. v. Leitzmann, II. S. 43.

sich das geistige immer fester und vollkommener gebildet". Das deutsche Volk sei dazu berufen, nun das führende Volk der Menschheit zu werden, wie es die Griechen in der Antike waren. Während es dem Engländer nur darauf ankomme, Geld zu raffen und der Franzose nur am gesellschaftlichen Erfolg interessiert sei, verkehre der Deutsche „mit dem Geist der Welten"[84]). Man sieht, das Ideal des Deutschtums gewinnt eine politische Färbung. — Noch stärker sind die Deutschen bei Novalis, für den Deutschtum und Weltbürgertum eins sind, die Römer der modernen Welt, und Frankreich hat mit seiner Revolution lediglich einen Teil des Deutschtums angenommen. Das Deutsche beschränkt sich dabei — wie das Wesen der anderen Nationen — nicht auf das Volk, von dem es den Namen erhalten hat; es handelt sich vielmehr um universelle menschliche Wesenszüge, die sich überall wiederfinden[85]). W. Schlegel vertritt ähnliche Ideen und erkennt in den Deutschen eine strenge Sittlichkeit, Ehrlichkeit und Lauterkeit, neben einer Schlichtheit der Sitten[86]). Je mehr wir uns der Zeit und der Welt Heines nähern, desto stärker zeichnet sich die Tendenz ab, daß diese optimistischen Äußerungen korrigiert werden, indem sie nun das Bewußtsein einer Krise zum Ausdruck bringen. So lesen wir etwa bei dem Junghegelianer Cieszkowski: „Die Deutschen sind das am meisten synthetische aber auch zugleich das am meisten einseitige, also abstrakte Volk. Das *concrete Leben* fehlt ihnen überhaupt. Alles findet in Deutschland einen gesunden und kräftigen Anklang, aber alle diese Elemente entbehren eines organischen und harmonischen Einklanges. Alles zerfließt in Particularitäten, deren Gesamtbild selbst ein Abstractum, ein Hirngespinst, ein caput mortuum trennt. Wissenschaft und Leben, Idealität und Realität sind voneinander getrennt"[87]).

+ + +

Um das charakterologische Bild Heines genau zu bestimmen, ist es nützlich, noch eine andere ihm wohlbekannte Perspektive miteinzubeziehen, das Deutschlandbild, wie es sich jenseits des Rheins darstellte. Dabei müssen wir zunächst auf das hier grundlegende Werk Mme de Staels, *De l'Allemagne* eingehen, das mit einer subtilen, ausführlichen Analyse des deutschen Charakters beginnt. Die Schriftstellerin kritisiert vor allem den übertriebenen Individualismus der Deutschen, — eine Folge der politischen Zersplitterung des Landes, die sich in mangelndem Nationalstolz und in einer übersteigerten Neigung zur Nachahmung fremder Art wiederspiegelt. »La fierté des Anglais sert puissement à leur existence politique; la bonne opinion que les Français ont d'eux-mêmes a toujours beaucoup contribué à leur

[84]) LEITZMANN, *Briefe Humboldts an F. H. Jacobi*, S. 61. Hegel schreibt den Deutschen „Innerlichkeit", „Empfindung", „Treue", „tiefe Gründlichkeit" zu und meint, sie überlegten gründlich, bevor sie handelten, und seien deshalb langsam im Handeln. Den Franzosen schreibt er einen soliden, systematischen Intellekt und geistige Beweglichkeit zu; sie erscheinen ihm als leichtsinnig, eitel und geltungsbedürftig. Vgl. dazu F. DITTMANN, *Der Begriff des Volksgeistes bei Hegel*, Leipzig 1909, S. 25 ff.
[85]) NOVALIS, *Schriften*, hg. v. Heilborn, II, 15, 16, 70.
[86]) R. HAYM, *Die romantische Schule*, Hildesheim 1961, S. 807.
[87]) W. KÜHNE, *Graf Aug. Cieszkowski, ein Schüler Hegels und des deutschen Geistes*, Leipzig 1938, S. 429.

ascendent sur l'Europe ... Les Allemands sont Saxons, Prussiens, Bavarois, Autrichiens; mais le caractère germanique, sur lequel devrait se fonder la force de tous, est morcelé comme la terre même qui a tant de différents maîtres«[88]). Es ist schwer, über die regionalen Unterschiede hinweg überhaupt einen allgemeinen deutschen Nationalcharakter zu erkennen, und man muß sich darauf beschränken, ganz wenige, wirklich allen Deutschen gemeinsame Züge festzuhalten.

»Les Allemands ont en général de la sincérité et de la fidélité; ils ne manquent presque jamais à leur parole, et la tromperie leur est étrangère«. Das deutsche Volk »a presque l'incapacité de cette souplesse hardie qui fait plier toutes les vérités pour tous les intérêts, et sacrifie tous les engagements à tous les calculs. Ses défauts, comme ses qualités, la soumettent à l'honorable nécessité de la justice«[89]).

»La puissance du travail et de la réflexion est aussi l'un des traits distinctifs de la nation allemande. Elle est naturellement littéraire et philosophique.« Doch die »séparation des classes«, die in Deutschland noch schärfer ist als in anderen Ländern, wirkt sich hier nachteilig aus, denn sie führt dazu, daß die Adligen ohne Ideen sind und die Intellektuellen nicht zur Tat finden (90).

Bei den Deutschen ist die Phantasie stärker ausgeprägt als der Intellekt[91]). Es wäre notwendig »de donner un centre et des bornes à cette éminente faculté de penser, qui l'élève et se perd dans le vague, pénètre et disparaît dans la profondeur, s'anéantit à force d'impartialité, se confond à force d'analyse, enfin manque de certains défauts qui puissent servir de circonscription à ses qualités«[92]).

Der bezeichnendste Grundzug der Deutschen ist aber ihre Fähigkeit zur Begeisterung: »L'enthousiasme prête de la vie à ce qui est nuisible, et de l'intérêt à ce qui n'a point d'action immédiate sur notre bien-être dans ce monde; il n'y a donc point de sentiment plus propre à la recherche des vérités abstraites ... les philosophes que l'enthousiasme inspire sont peut-être ceux qui ont le plus d'exactitude et de patience dans leurs travaux; ce sont en même temps ceux qui songent le moins à briller; ils aiment la science pour elle-même, et ne se comptent pour rien, dès qu'il s'agit de l'object de leur culte«[93]).

Charakteristisch für die Deutschen sind Langsamkeit und Trägheit. Der Deutsche hat nie Eile, sieht überall Schwierigkeiten, vermag beim Handeln nicht die Hindernisse aus dem Weg zu räumen und unterwirft sich mit fatalistischer Resignation der Obrigkeit.[94])

Dadurch ist es aber auch schwer, die Deutschen zu bestechen oder einzuschüchtern: »Ils sont très capables enfin de cette fixeté en toute chose, qui est une excellente donnée pour la morale«; und das läßt sie beständig im Handeln und fest

---

88) MME DE STAËL, *De l'Allemagne,* hg. v. Pailleron, Paris (Firmin-Didot), S. 16. (Vgl. dazu I. A. HENNING, *L'Allemagne de Mme de Stael et la polémique romantique,* Bibl. de la Rev. de Litt. Comp., N. 56).
89) Ebd. S. 17.
90) Ebd.
91) Ebd.
92) Ebd. S. 18.
93) Ebd. S. 578.
94) Ebd. S. 18.

in ihren Anschauungen sein[95]). Sie besitzen eine tiefe, spontane poetische Emp-
findsamkeit; diese drückt sich im lebendigen Interesse für Musik und in der Liebe
zum Gesang aus, die in allen Schichten des Volkes anzutreffen sind[96]). Im
gesellschaftlichen Leben fehlen ihnen Grazie und Eleganz. Diesen Mangel versuchen sie auszugleichen durch eine förmliche, respektvolle Höflichkeit, die etwas
schwerfällig wirkt, aber doch jener Reserviertheit und Überheblichkeit vorzuziehen
ist, zu denen sie Zuflucht nehmen könnten, wenn sie sich nicht lieber der
Lächerlichkeit preisgeben würden, als unhöflich zu sein[97]).

»Les poêles, la bière et la fumée du tabac forment autour des gens du peuple, en
Allemagne, une sorte d'atmosphère lourde et chaude dont ils n'aiment pas à
sortir ... L'habitude d'une manière d'être paisible et réglée prépare si mal aux
chances multipliées du hasard, qu'on se soumet plus volontier à la mort qui vient
avec méthode qu'à la vie aventureuse«[98]).

Der Deutsche legt großen Wert auf Unparteilichkeit und Gerechtigkeit, allerdings
in ganz abstraktem Sinn, denn er begeistert sich leichter für Ideen als für
Realien[99]).

Die Religion lebt tief in den Herzen der Deutschen und bewahrt dort »un caractère
de rêverie et d'indépendance«, der es ausschließt, daß sie zu einem alles beherr-
schenden Gefühl wird[100]). Die Freiheitsliebe fehlt fast ganz; dadurch, daß Deutschland immer unabhängig geblieben ist, wissen seine Bewohner den Wert der Freiheit
nicht mehr zu schätzen. Das maßvolle Verhalten der Herrscher und die Einsicht des
Volkes haben in der Praxis einen Zustand des Wohlstandes und der Gleichheit
erhalten, der sie von der Suche nach jenen Garantien abgelenkt hat, die nur die
Freiheit gewähren kann[101]). »Les institutions politiques peuvent seules former le
caractère d'une nation; la nature du gouvernement de l'Allemagne était presque en
opposition avec les lumières philosophiques des Allemands. De là vient qu'ils
réunissent la plus grande audace de pensée au caractère le plus obéissant. La
prééminence de l'état militaire et les distinctions de rang les ont accoutumés à la
soumission la plus exacte dans les rapports de la vie sociale; ce n'est pas servilité,
c'est régularité chez eux que l'obéissance«[102]).

»Les Allemands ... sont peu capables de réussir dans tout ce qui exige de l'adresse
et de l'habilité: tout les inquiète, tout les embarasse, et ils ont autant besoin de
méthode dans les actions, que d'indépendance dans les idées. Les Français, au

---

95) Ebd.
96) Ebd., S. 18—19.
97) Ebd. S. 20.
98) Ebd. S. 21.
99) Ebd. S. 22.
100) Ebd.
101) Ebd., S. 23.
102) Ebd. S. 24.

contraire, considèrent les actions avec la liberté de l'art, et les idées avec l'asservissement de l'usage«[103]).

Bei Mme de Staël finden sich auch einige vergleichende Betrachtungen über das französische und deutsche Theater, wie sie uns schon bei Heine begegnet sind. Danach sind die Franzosen geschickter bei der Erfindung von Theatereffekten und vermeiden sorgsam alle Längen, um nicht zu langweilen. Die Deutschen dagegen, die kaum die Gabe haben, sich zu vergnügen und dem Theater nicht andere, intensivere Freuden opfern, werden nicht so leicht ungeduldig und sind bereit »à donner à l'auteur tout le temps qu'il veut pour préparer les événements et développer les personnages: l'impatience française ne tolère pas cette lenteur«[104]). »Les impressions des Français sont plus promptes«[105]).

Mit Deutschland vergleichend, beschreibt die Autorin auch den Charakter Englands. Dort sind nicht so sehr Konversation und Gesellschaftsleben, als Geschäfte und vor allem Politik prägend. Daraus ergibt sich ein ausschließliches Interesse an unmittelbar konkretisierbaren Resultaten und an Theorien, die auf nützliche Zwecke ausgerichtet sind. Die Engländer sind stolz auf sich und ihre Institutionen, sie sind zufrieden mit der sie umgebenden Wirklichkeit; sie legen großen Wert auf die Übereinstimmung von Maxime und Tat, denn sie sind ein Volk, das Vernunft und Ordnung liebt, dessen Ruhm auf der Vernunft und dessen Freiheit auf der Ordnung basiert[106]).

Ähnliche Anschauungen finden sich häufig bei den französischen Zeitgenossen Heines. In der »Introduction à l'Histoire universelle« von 1831 bezeichnet Michelet z. B. den deutschen Charakter als ehrlich und treu, einfühlsam, zur Mystik und zum Pantheismus neigend. Deutschland erscheint bei ihm als das Indien Europas, weit, vage, ungeordnet, fruchtbar. Es herrscht dort ein ausgeprägter Fatalismus, der die geistig-sittliche Freiheit beschränkt[107]). Diese findet dagegen ihren höchsten Ausdruck im französischen Charakter, dem kompliziertesten und unnatürlichsten, aber auch menschlichsten und freiesten Charakter. In allen seinen besonderen und komplexen Zügen besitzt Frankreich doch eine klare Individualität: gesellig und aktiv, neigt es zu Krieg, Politik und Diskussion. Im Krieg verhält es sich nicht egoistisch, sondern strebt vor allem danach, die Sinne und Herzen zu erobern; sein Geist ist immer zutiefst demokratisch gewesen[108]).

England erscheint dagegen als die Verkörperung des menschlichen Stolzes; es ist vor allem vom Gewinnstreben getrieben, das tiefe Gegensätze aufreißt — vor allem zwischen Feudaladel und Industriebourgeoisie. Seine Geisteshaltung ist aristokratisch, heroisch, und sein langer Freiheitskampf war nicht von einer wirklichen

---

[103]) Ebd.
[104]) Ebd., S. 183.
[105]) Ebd., S. 184.
[106]) Ebd., S. 109—10.
[107]) R. FLINT, *History of the philosophy of History. Historical Philosophy in France, French Belgium and Switzerland,* New York 1894, S. 540.
[108]) Ebd. S. 541.

Liebe zur Freiheit getragen; sein Ideal ist Freiheit ohne Gleichheit, während für Frankreich Gleichheit und Freiheit untrennbar miteinander verbunden sind[109]. Michelets Abneigung gegen England dürfte Heine keineswegs mißfallen haben.

Théodore Jouffroy schreibt in seiner Abhandlung »De l'état actuel de l'humanité« (1833)[110], jedes der drei Länder — Deutschland, Frankreich und England — besitze ganz besondere Fähigkeiten, die sich mit denen der anderen Völker verbinden müßten, um den besten Fortschritt der Menschheit zu verwirklichen. Deutschland sei das gebildete Volk, das sich mit bemerkenswerter Geduld einer mühseligen Forschungsarbeit unterziehe, die das Rohmaterial für die Ausarbeitung neuer Ideen zusammentrage. Frankreich, die philosophische Nation par excellence, zeichne sich durch die Fähigkeit aus, diese Ideen auszuarbeiten und sie klar, präzise, systematisch und scharfsinnig darzustellen und damit allgemein zugänglich zu machen. England schließlich sei das praktisch veranlagte Volk, dessen Stärke in seinem Bürgersinn, seiner Geschäftigkeit und seinen vorbildlichen Institutionen liege; ihm sei es vorbehalten, die erarbeiteten Ideen praktisch anzuwenden[111].

Schließen wir diesen Überblick mit einem Zitat Sainte-Beuves ab, dessen Urteil über *Lutezia* sehr bezeichnend ist für die französische Reaktion auf die Wertungen und Charakterisierungen Heines und für die Einstellung zu Heines Person: »Notre juste et droit sens a quelque peine à le (Heine) suivre dans sa logique brisée, saccadée, qu'interceptent à chaque pas les fusées de la métaphore. Pour tout dire. M. Heine sera davantage encore à notre niveau de Français quand il aura un peu moins d'esprit. On lui voudrait un fond d'enthousiasme plus fécond. Sa fantaisie brillante parait quelquefois bien leste à ces Français jadis réputés frivoles . . . Sur le christianisme, M. Heine est beaucoup plus railleur qu'il ne convient à notre indifférence acquise ou à notre réligiosité renaissante . . . S'il nous juge un peuple malin et dénigrant plutôt qu'admiratif, il se trompe: nulle part on ne croit à la gloire comme chez nous . . .«[112].

+ + +

Schon aus den vorangegangenen Ausführungen wird deutlich, daß kaum einer der typischen Grundzüge, die Heine den drei ihn besonders interessierenden Völkern zuschreibt, nicht schon in der ihm zugänglichen Literatur anzutreffen ist. Darin stellt Heine also keine Ausnahme dar: Wie bei fast allen Autoren, die diese Thematik aufnehmen und weiterführen, ergeben sich seine Ansichten nicht so sehr aus unabhängigen, persönlichen Beobachtungen, als vielmehr aus einer Auffassung der Nationalbesonderheiten, die von einer vielfältigen, aber festen Tradition gefärbt und geprägt ist, innerhalb deren man allenfalls zwischen verschiedenen Standpunkten wählen oder sich für ein mehr oder weniger positives Gesamturteil entscheiden kann. Es gibt zwar eine Entwicklung dieser Tradition, doch handelt es

---

[109] Ebd.
[110] In der ersten Reihe seiner „Mélanges philosophiques" erschienen.
[111] FLINT, a. a. O., S. 485—86.
[112] Der Artikel erschien im *National* vom 2. August 1833. Jetzt nachzulesen in »*Premiers Lundis*«, II.

sich dabei entweder um Einzelkorrekturen, die sich summieren und erst, nachdem sie mehrfach weitergegeben wurden, zu erheblichen Modifikationen führen, oder um bedeutende, plötzliche Änderungen, die jedoch eher aus einer Umorientierung infolge irgendeines hervorragenden geschichtlichen Ereignisses resultieren als aus der freien Bemühung eines einzelnen Autors um ein vertieftes Verständnis.

Es würde zu weit führen, wenn wir hier den „inneren Wert" dieser Charakterisierungen erörtern wollten. Im übrigen wäre es sehr schwierig, diesen Wert zu bestimmen, denn er hängt vor allem von der jeweiligen theoretischen Auffassung des „Charakters" ab, die selbst wenn sie den einzelnen Autoren nicht bewußt ist, die Bedeutung oder Verwendung vieler Termini und der zugrundeliegenden allgemeinen Begriffe determiniert – der „Tugenden", „Schwächen", „Haltungen", „Sitten und Gewohnheiten" etc. Weiter ist dieser Weg abhängig von einer bestimmten Perspektive, von dem jeweiligen ganz persönlichen Standort, der die Charaktere der anderen vergleichend bestimmt; und schließlich wird ein solches Werturteil schon dadurch erschwert, daß bis heute noch keine Methodologie für eine vergleichende Völkerpsychologie erarbeitet wurde, die über bescheidene Ansätze hinausginge und gewisse Garantien für objektive Maßstäbe aufwiese. Es wäre auch für den Zweck unserer Untersuchung überflüssig zu klären, wie sich die Ansichten Heines zu dem „wahren" Charakter der europäischen Völker seiner Zeit verhielten.

Bemerkenswert erscheint uns bei Heine die weitgehende Übernahme des von Mme de Stael ausgearbeiteten Deutschlandbildes. (Wir wollen uns hier auf die Frage des deutschen Nationalcharakters beschränken, um die Geduld des Lesers nicht zu überfordern). Dabei versäumt er keine Gelegenheit, um eben jene Mme de Staël, der er doch nacheifert, zu kritisieren, weil sie in besonderem Maße zu einem falschen Verständnis der deutschen Kultur beigetragen habe. Er gesteht ihr zwar gewisse Fähigkeiten und Verdienste zu, deren konkrete Ergebnisse er allerdings stark einschränkt[113]), erklärt schließlich aber mit ironischer Süffisance: „Die gute Dame sah bei uns nur was sie sehen wollte: ein nebelhaftes Geisterland, wo die Menschen ohne Leiber, ganz Tugend, über Schneegefilde wandeln, und sich nur von Moral und Metaphysik unterhalten! Sie ... hörte nur was sie hören und wiedererzählen wollte – und dabei hörte sie doch nur so wenig, und nie das Wahre, einesteils weil sie immer selber sprach, und dann weil sie mit ihren barschen Fragen unsre bescheidenen Gelehrten verwirrte und verblüffte, wenn sie mit ihnen diskurierte ... Sie sieht überall deutschen Spiritualismus, sie preist unsre Ehrlichkeit, unsre Tugend, unsre Geistesbildung – sie sieht nicht unsre Zuchthäuser, unsre Bordelle, unsre Kasernen ..."[114]). Und dann wird der Dichter geradezu sarkastisch. Mit seiner unglaublichen rhetorischen Brillanz, die unerreichbar wird, wenn sie persönlichen Angriffen dient, beginnt er seine Unterstellungen mit allgemeinen Betrachtungen, deren Ton geeignet ist, den in jedem Mann steckenden potentiellen Weiberfeind zu gewinnen: „O die Weiber! Wir müssen ihnen viel verzeihen ..." – und

---

[113]) Die Abneigung gegen Mme de Staël hatte vielleicht schon der Freund Varnhagen in Heine geweckt. Vgl. dazu *Briefe*, II, S. XIV.
[114]) X, 147–48 (1854).

hier legt er sich vorsorglich gleich eine Kavaliersmaske an —, „. . . denn sie lieben viel, und so gar viele . . .“. Nach diesem Auftakt setzt der Dichter nun zu einem jener ironischen Crescendi an, die er so meisterhaft beherrscht. So lesen wir wenig später: „Wenn sie schreiben, haben sie ein Auge auf das Papier und das andre auf einen Mann gerichtet, und dieses gilt von allen Schriftstellerinnen, mit Ausnahme der Gräfin Hahn-Hahn, die nur ein Auge hat . . . “[115]). Nachdem er scheinbar betrübt schließt: „Ja, die Weiber sind gefährlich“, und ganz besonders, fügt er hinzu, wenn sie schön seien, was man aber nicht von Mme de Staël sagen könne — wird Heine nun ganz persönlich: Er spielt mehr oder weniger offen auf die galanten Abenteuer der Schriftstellerin mit Schiller, A. W. Schlegel und Zacharias Werner an und begründet damit ihre Meinungen über die Deutschen und die deutsche Kultur[116]).

Obgleich Heine so hart über die zugleich bewunderte und kritisierte Mme de Staël urteilt, steht doch unbestritten fest, daß das allgemeine Bild, das er vom deutschen Charakter zeichnet, weitgehend mit der Darstellung der Schriftstellerin übereinstimmt. Mitunter ist die Sprache sogar ganz dieselbe.

So erscheinen die Deutschen bei beiden Autoren als ehrlich, gradsinnig und treu; neben diesen ethisch-sittlichen Tugenden stehen die seelischen Anlagen der Geduld, des Fleißes, der Methodik — und auch der Langsamkeit. In ihren gesellschaftlichen Beziehungen sind sie unbeholfen — nach Mme de Staël förmlich bis zur Lächerlichkeit, nach Heine dagegen, der in diesem Punkt — wie wir noch sehen werden — sehr empfindlich war, eher grob und brüsk. (Mme de Staël räumt jedenfalls ein, die Norddeutschen ständen in dem Ruf, ihre Sitten seien »très rudes«)[117].

Auf der geistigen Ebene erscheinen die Deutschen als mystische Träumer, als Schwärmer, die über außergewöhnlich reiche geistige Gaben verfügen, sich aber in abstrakten Gedanken verlieren, unfähig zu handeln und völlig unrealistisch. Das letztere gibt Heine allerdings nur sehr ungern zu und fügt gleich hinzu, daß viele große Träume der deutschen Seele sich schon verwirklicht haben und viele andere sich noch verwirklichen werden, — sei es auch in einer fernen Zukunft, da die Deutschen ja um einige Jahrhunderte hinter den Ereignissen zurückgeblieben sind[118]).

Der „ideale“ Deutsche, wie ihn der Dichter in Luther verkörpert sieht, ist aber auch ein vollkommener Mann der Tat. Und gerade hier stimmt sein Urteil mit dem der französischen Schriftstellerin überein, die Luther in einer Weise charakterisiert,

---

[115]) X, 148—49.
[116]) X, 148—49.
[117]) Mme de STAËL, a. a. O., S. 526.
[118]) Ebd., S. 69: „L'Allemagne ne peut attacher que ceux qui s'occupent des faits passés et des idées abstraites. Le présent et le réel apartiennent à la France, et, jusqu'à nouvel ordre, elle ne parait pas disposée à y renoncer". S. 70: „Les Allemands ont su se créer une république des lettres animée et indépendente. Ils ont suppléé à l'intérêt des énvénements par l'intérêt de idées".

die der bei Heine angetroffenen Beschreibung erstaunlich gleicht: „Luther est, de tous les grands hommes que l'Allemagne a produits, celui dont le caractère était le plus allemand: sa fermeté avait quelque chose de rude; sa conviction allait jusqu'a l'entêtement; le courage de l'esprit était en lui le principe du courage de l'action: ce qu'il avait de passionné dans l'âme ne le détournait point des études abstraites; et quoiqu'il attaquât de certains abus et de certains dogmes comme des préjugés, ce n'était point l'incrédulité philosophique, mais un fanatisme à lui qui l'inspirait«[119]). Die „grobe Gewalt und weibliche Sanftheit", die Heine in Luther zu erkennen glaubt, entspricht jenem »caractère idéal et doux«, den Mme de Stael der Religion der Norddeutschen zuschreibt, »qui surprend singulièrement, dans un pays dont on est accoutumé à croire les moeurs très rudes«[120]).

Die große praktische Leistung der Reformation wird von Mme de Staël nicht nur anerkannt, sondern ausdrücklich hervorgehoben. »C'était chez les Allemands qu'une révolution opérée par les idées devait avoir lieu; car le trait saillant de cette nation méditative est l'énergie de la conviction intérieure. Quand une fois une opinion s'est emparée des têtes allemandes, leur patience et leur persévérance à la soutenir font singulièrement honneur à la force de la volonté dans l'homme«[121]). Fast den gleichen Worten sind wir — wenn auch in einem anderen Zusammenhang — bei Heine begegnet.

Und die Bedeutung der Reformation? Mme de Staël erklärt, die freie Forschung sei die Quelle der »conviction éclairée« und habe den »lumières« den Weg gebahnt. So sollte der Protestantismus dem Fortschritt des menschlichen Geistes folgen, während der Katholizismus zurückblieb, »immuable au milieu des vagues du temps«[122]). Von diesem Urteil zu Heines Interpretation der Reformation als Sieg des Freiheitsprinzips, als Ansatz zur späteren Verwirklichung dieses Prinzips ist es offensichtlich nur ein kleiner Schritt.

Die Wirklichkeit der Gegenwart ist aber eine ganz andere, und Heine muß zugeben, daß seine Landsleute sich in verschwommenen, komplizierten Ideen verlieren und indessen auf jene Freiheit verzichten, die doch tief in ihrem Wesen begründet ist. Wir wissen schon, daß er Juden und Deutsche als die Völker betrachtet, die ganz durchdrungen sind von der Religion der Freiheit, weil sie mehr an abstrakten Ideen als an der Person ihrer Führer hängen. Diese Treue zu den Prinzipien läßt, wie wir sahen, auch Mme de Staël gelten, nur hält sie dem entgegen, daß die Deutschen sich im praktischen Leben vorbehaltlos der etablierten Macht unterwerfen. Und Heine muß nicht nur einräumen, daß es eine solche Unterwürfigkeit der Deutschen gibt, sondern wird nie müde, sie zu brandmarken, wobei er allenfalls argwöhnt, daß ihr keine wahre Achtung vor den Herrschenden zugrundeliegt.

---

[119]) Ebd., S. 520.
[120]) Ebd., S. 526.
[121]) Ebd., S. 519.
[122]) Ebd., S. 521 u. 528.

Nur in wenigen Punkten entfernt sich Heine von der Darstellung Mme de Staëls. Vor allem hebt er den Mut, ja die „brutale germanische Kampflust" seiner Landsleute hervor. Die französische Schriftstellerin schien nicht ganz davon überzeugt[123]), jedenfalls hütete sie sich davor, ihn zu rühmen. Heine dagegen erhebt — in polemischem Ton - die Deutschen gar zum tapfersten aller Völker.

Auch sieht der Dichter in den Deutschen die Emanzipation des Fleisches verwirklicht. Von Luther selbst sagt er, er habe das Streben nach den geistigen Freuden mit einem gesunden Genuß der fleischlichen Freuden zu verbinden gewußt. Außerdem erklärte er das deutsche Volk, wie wir noch sehen werden, zu dem pantheistischen Volk schlechthin, in dem Geist und Materie auf der religiösen wie der realen Ebene ganz zusammenfließen. In diesem Sinn ist auch seine Auffassung vom Mittelalter als einem vorwiegend vom Germanischen bestimmten Phänomen zu verstehen, an dem er ganz moderne, ja barbarisch materialistische Züge hervorhebt. Eben darauf bezieht sich Heine bei der oben erwähnten offenen Kritik an Mme de Staël (wo er — neben der charakterologischen Kritik — der Autorin vorwarf, sie habe ein idyllisches Bild von den realen Zuständen in Deutschland gezeichnet, während das Land in Wahrheit unter Armut und Unterdrückung leide; — doch das geht über die Perspektive hinaus, die uns in diesem Kapitel interessiert). Und hier könnte der Gegensatz zu Mme de Staël gar nicht stärker sein[124]). Im übrigen gründet sich Mme des Staëls Interpretation des deutschen Wesens auf den Charakter der idealistischen Philosophie, der Heine den Pantheismus als die typisch deutsche Philosophie gegenüberstellt.

Schließlich verteidigt Heine — trotz einiger Bedenken — entschieden den Sinn der Deutschen für Ironie, indem er behauptet, dieser sei bei ihnen noch stärker ausgeprägt als bei den Franzosen. Es ist klar, daß ein überlegener Ironiker wie Heine nicht zugeben konnte, einem humorlosen Volk anzugehören.

Mme de Staël gesteht den Deutschen wohl eine gewisse innere Heiterkeit zu: »Les Allemands ont plutôt la gaité du caractère que celle de l'esprit; ils sont gais comme ils sont honnêtes, pour la satisfaction de leur propre conscience, et rient de ce qu'ils disent, longtemps avant même d'avoir songé à en faire rire les autres«[125]); doch sei es mehr ein gedanklicher Humor. Der Sinn für das Lächerliche sei etwas ganz anderes: »La susceptibilité, qui est un trait distinctif de leur nature, leur rend très difficile de manier avec légèreté la plaisanterie: souvent ils ne l'entendent pas, et quand ils l'entendent, ils s'en fachent, et n'osent pas n'en servir à leur tour«[126]). Empfindlichkeit, Schwerfälligkeit, Schüchternheit, — in all dem drücke sich eine vorwiegend ernste Grundstimmung aus: »Ils veulent un résultat sérieux à tout«[127]). Auch Heine erwähnt jenen „bitteren Ernst", der noch durch die Freude seiner Landsleute hindurchscheine.

---

123) Ebd., S. 30: »toutes les classes du peuple ne participent pas, comme en France, au sentiment de la bravoure«.
124) Vgl. dazu a. a. O., S. 481. Mme de Staël sagt hier von der idealistischen Philosophie, sie vernachlässige ganz die materiellen Bedürfnisse.
125) Ebd., S. 63.
126) Ebd., S. 315, Vgl. S. 579—80.
127) Ebd., S. 55.

Abschließend läßt sich feststellen: die polemische Auseinandersetzung Heines mit Mme de Staël ist gewiß begründet durch zahlreiche divergierende Urteile über die politischen Verhältnisse wie auch über die Bedeutung der deutschen Literatur, Philosophie und Religion und vor allem durch die gegensätzliche Beurteilung vieler Persönlichkeiten — besonders der Zeitgenossen —; bei dem allgemeinen Deutschlandbild zeigt Heines Darstellung aber in ihrem überwiegenden Teil eine erstaunliche Übereinstimmung mit der Charakterisierung der französischen Schriftstellerin. Zu den divergierenden Punkten ist festzustellen, daß zwischen der Abfassung von *De l'Allemagne* und dem Beginn der literarischen Tätigkeit Heines die Fanfaren der Freiheitskriege ertönt waren und sich der deutsche Nationalismus durchgesetzt hatte: „Schwerter schwinget Deutschlands Jugend". Es ist deshalb verständlich, daß das Selbstgefühl der Deutschen auf militärischem Gebiet inzwischen erheblich gestiegen war, ja eine grundlegende Bedeutung erlangen sollte. Was die „Rechte des Körpers" anbelangt, so werden wir noch später die Entstehung des Heineschen „Pantheismus" untersuchen, der diesem Gedanken zugrundeliegt. Bei dem „Sinn für das Lächerliche" ist der eigentliche Grund für die Haltung des Dichters wohl in seinem eigenen Charakter zu suchen.

Der deutsche Charakter, wie Heine ihn darstellt, ist reich an Gegensätzen und Widersprüchen. Das gibt der Dichter selbst zu, doch gerade in der Vereinigung so vieler gegensätzlicher Haltungen sieht er die Größe, die aus dem Deutschen eine ideale Verwirklichung des Menschlichen macht. Allerdings ist das eben nur ein Ideal, — zumindest vorläufig. Luther ist das einzige Beispiel einer vollkommenen Verkörperung des Ideals. Das ideale und das reale Deutschland trennt eine tiefe Kluft. Diese Unterscheidung vermag auch zum Teil die wechselnde Stimmung zu erklären, in der Heine sein Volk beschreibt. Die Ambivalenz der Gefühle, die Spannung Haß-Liebe, Polemik-Verherrlichung, die einander abwechseln oder gar nebeneinander bestehen, — das ist einer der typischsten Züge der Persönlichkeit des Dichters, der auch hier ganz deutlich hervortritt. Seine Beurteilung des deutschen Charakters ist im Grund sehr positiv, — doch wieviel Einschränkungen, Kritik und Sarkasmus enthält sie! Die letzteren gewinnen zuweilen sogar die Oberhand, wenn Heine den Boden der eigentlichen Charakterisierung verläßt und sich mit den konkreten Ereignissen und den Figuren der Politik und Kulturgeschichte Deutschlands auseinandersetzt und diese beurteilt; d. h. wenn er sich ganz auf die Ebene des realen Deutschlands oder — um ein Modewort seiner Zeit zu gebrauchen — : des „empirischen" Deutschlands begibt. Wir meinen aber nicht, daß sich daraus einfach schließen läßt, jede kritische und sarkastische Bemerkung über den deutschen Charakter sei als ein Hinweis auf das empirische Deutschland zu verstehen, während das ideale Deutschland in einem Empyreum der Vollkommenheit schwebe. Die Unterscheidung zwischen den beiden Deutschlandbegriffen, die notwendig ist für das Verständnis vieler Einzelbemerkungen und die zuweilen ausdrücklich hervorgehoben wird, ist dem Schriftsteller ja gewiß nicht in jedem Augenblick klar bewußt. Außerdem sind auch gewisse zweifellos „ideale" Charakterzüge gelegentlich Tadel und Spott ausgesetzt: Hier offenbart sich die Bedeutung der Heineschen Ambivalenz, die einen besonders typischen und klar vom persönlichen Erleben gefärbten Ausdruck in seinem inneren Verhältnis zum Vaterland findet, das er so liebte und an dem er so litt[128]).

---

128) Vgl. E. WOHLHAUPTER, *Dichterjuristen*, Tübingen 1955, II, S. 488.

„Ich weiß", schrieb er 1824 an Christiani, „daß ich eine der deutschesten Bestien bin, ich weiß nur zugut, daß mir das Deutsche das ist, was dem Fische das Wasser ist ... Ich liebe sogar im Grunde das Deutsche mehr als alles auf der Welt, ich habe meine Lust und Freude daran, und meine Brust ist ein Archiv deutschen Gefühls"[129].

Die gleiche Ambivalenz, die von der Stimmung oder den jeweiligen Ereignissen in der einen oder anderen Richtung akzentuiert wird, ist uns schon in dem Bild begegnet, das Heine von seiner zweiten Heimat, Frankreich, zeichnet. England dagegen wird nur selten eine andere Rolle zuteil als die des schwarzen Schafes in der Herde der europäischen Völker. Hier spielen politische Gründe mit, die wir schon angedeutet haben und auf die wir später noch zurückkommen werden[130].

---

[129] *Briefe,* I, S. 150, Heine an Christiani, 7.3.1824.
[130] Hinzu kommen vorwiegend biographische Faktoren: Bei seinem Englandaufenthalt 1827 hatte Heine sehr negative Eindrücke erhalten. Dennoch scheinen uns die politischen Faktoren ausschlaggebend: in den *Englischen Fragmenten,* die 1828 veröffentlicht wurden, als die persönlichen Eindrücke noch frisch im Gedächtnis waren, war das Urteil über England weitaus milder als im Jahre 1840, als Heine die englisch-französische Allianz diskreditieren wollte.

# KAPITEL II

## POLITISCHE PHILOSOPHIE

*Einleitung — Das Volk, seine Feinde und seine Mission; die große Menge und die „auserlesenen Geister"; kosmopolitischer Patriotismus — Der Fortschritt: Fatalität oder Freiheit — Die wirtschaftlichen Faktoren und ihr Einfluß auf die Geschichte — Die Funktion der Idee in der Geschichte und ihre soziale Bedeutung — Das Verhältnis Gedanke-Tat; Intellektuelle und Dichter: politisches Engagement, aber kein Parteigeist — Gedankenmann und Mann der Tat; die „Elite" der hohen Geister — Die geschichtlichen Faktoren und ihre Spannungen; „Transaktion" und Genius — Die Revolution und der Mythos des Rächers — Aberglaube, Egoismus und „neuer Glaube"; Republik, konstitutionelle Monarchie und Ideal des Cäsarismus (Napoleon und der Bonapartismus); wahre und falsche Gleichheit — Gleichheit und Freiheit; Universalismus und ewiger Frieden — Das „Reich des Geistes"; das irdische Paradies. Pantheismus aber nicht Indifferentismus. Gott und Welt. Saint-Simon und Hegel — Glaube und Zweifel, Fatalität und Freiheit. Allgemeiner Optimismus und besonderer Pessimismus. Das Problem des Bösen. Historische Schule und Humanitätsschule. Sein und Sein-sollen; die Aufgabe des Apostels — Das deutsche Volk als Hort des Pantheismus: altes germanisches Heidentum, Reformation, deutsche Philosophie, Spinoza und Saint-Simon. „Volksgeist", „Zeitgeist" und „Spirale des Fortschritts".*

Wir haben gesehen, wie Heine die drei europäischen Nationen charakterisiert, zu denen er ein besonders lebendiges, unmittelbares Verhältnis hat. Bei der Behandlung Deutschlands ergab sich eine grundlegende Unterscheidung — auf die besonders hingewiesen wurde — zwischen dem „idealen" und dem „empirischen" Deutschland. Das erstere ist ein Phänomen, das sich im Bereich des Sein-sollens bewegt, das zweite eine Realität der Vergangenheit und Gegenwart. Ein so verstandenes Deutschland ist gewiß kein geographischer oder politischer Begriff, sondern eine geistige Gemeinschaft, eine geistige Einheit, die in einem empirischen Sinne Fleisch, konkrete, leidende und triumphierende Präsenz einer menschlichen Gemeinschaft ist und zugleich in den Mythos eines irdischen Jerusalem hineingetragen wird.

Eine solche Gemeinschaft ist das deutsche Volk; ähnlich werden auch das französische oder das englische Volk verstanden. „Volk" ist ein umfassender Begriff; er beinhaltet die ethnischen Besonderheiten, die in ihrer Gesamtheit die „Menschheit" bilden. Ihrem Ideal scheint das deutsche Volk am nächsten zu kommen. So müssen wir wiederum unterscheiden zwischen der idealen und der empirischen Menschheit, die sich in den einzelnen Völkern mit verschiedener Ausprägung verwirklicht, wie jedes Volk sich in den Individuen konkretisiert, aus denen es sich zusammensetzt. Diese zeigen in ihrer Person eine gewisse Partikularisierung oder wenigstens einige Aspekte ihres Volkgeistes, verbunden mit dem jeweiligen Zeitgeist.

Nebenbei sei erwähnt, daß der Begriff „Menschheit" praktisch nicht die Gesamtheit aller Völker der Erde umfaßt. Die Menschheit schließt in diesem historisch-sittlichen Sinne nur die Völker ein, die eine gleichgerichtete, wenn nicht gleichgestaltete Entwicklung durchmachen, die sie zum Fortschritt führt. Konkret sind „Menschheit" und „Europa" für Heine oft gleichbedeutend; die Bewohner der anderen Kontinente sind entweder nicht an der geschichtlichen Entwicklung beteiligt oder kommen in einer späteren Phase passiv in den Genuß dieser Entwicklung.

Der Begriff „Volk" spielt jedenfalls eine zentrale Rolle in der Welt Heines: Zwischen der zu allgemeinen Menschheit und dem zu besonderen Individuum ist die Ebene, auf der sich die Bedeutung der Ereignisse äußert und sich am deutlichsten fassen läßt — nach dem Längsschnitt der chronologischen Dimension — der Begriff des Volkes, wie es — nach einem Querschnitt — der Zeitgeist ist.

Die Erkenntnisse, die wir im ersten Kapitel gewonnen haben, können für uns nur fruchtbar sein, wenn wir die Nationalbesonderheiten auf die geschichtliche Entwicklung Europas beziehen, wie Heine sie sah. Wenn wir uns nun auf die zeitliche Dimension umstellen, müssen wir zunächst die allgemeine Frage klären: wie formt der ethnische Charakter die Entwicklung der Ereignisse, wie entsteht er und wie setzt er sich durch; anders ausgedrückt: was ist ein Volk, wenn man die nationalen Unterschiede beiseite läßt, und welche geschichtliche Funktion kommt ihm in der Vorstellung unseres Autors zu?

+ + +

Ideales Volk und empirisches Volk — beide trennt oft eine Kluft, die aber überbrückt werden muß und kann. „Denn Nationalerinnerungen liegen tiefer in der Menschen Brust", schreibt der Dichter um 1826, „als man gewöhnlich glaubt. Man wage nur, die alten Bilder wieder auszugraben, und über Nacht blüht hervor auch die alte Liebe mit ihren Blumen"[1]). Zwar können die Menschen die alten Traditionen vergessen, in denen sich der Volksgeist manifestiert und seine Kontinuität nach außen wirkt; doch braucht man nur daran zu erinnern, um in ihnen das Bewußtsein der nationalen Berufung zu wecken.

Das ist in der Tat eine bedeutende Aufgabe. Ein Volk, das sich selbst vergessen hat, verfehlt seinen höchsten Auftrag; denn das Volk, schreibt Heine 1828, ist der wahre Kaiser, sein Wille souverän und legitim, es ist die einzige Quelle der Macht, auch wenn es noch in Fesseln daniederliegt[2]), auch wenn die Könige so töricht sind, dem Geist des Volkes zu widerstreben oder so unedel, den Organen desselben entgegenzutreten[3]).

---

[1]) IV, S. 120.
[2]) V, S. 168.
[3]) V, S. 56 (1828—29).

Das Volk, der alleinig rechtmäßige Herrscher, kann aber selbst zum Tyrannen werden, „wo der widerwärtigste aller Tyrannen, der Pöbel, seine rohe Herrschaft ausübt"[4]. Eben das geschieht, wenn die Revolution ausbricht: „Man muß in wirklichen Revolutionszeiten das Volk mit eignen Augen gesehen, mit eigner Nase gerochen haben, man muß mit eignen Ohren anhören, wie dieser souveräne Rattenkönig sich ausspricht, um zu begreifen, was Mirabeau andeuten will mit den Worten: Man macht keine Revolution mit Lavendelöl"[5]. Was ist der „Pöbel"? Gemeint sind die *unteren Klassen*, die untersten Schichten der Bevölkerung[6], verachtungswürdig, aber sehr gefährlich. Sie zeigen noch in ihren unschuldigsten und albernsten Formen — etwa wenn sie die Tänze der besseren Gesellschaft nachahmen wollen — eine massive Präsenz, deren Realität umso trauriger ist, je verwirrender sie ist. „Ihr Tanzen hat noch Realität, aber leider eine sehr bedauernswürdige"[7]. In diesem Zusammenhang erscheint neben dem Begriff *Klasse* noch ein anderer, der eine große Zukunft haben soll: *Die Masse*[8]; jene Masse, jene unteren Klassen, die nur auf die elementaren Bedürfnisse — vor allem Hunger — reagieren, die jedoch, wenn sie zur Verzweiflung getrieben werden, eine Katastrophe herbeiführen können[9].

Eine solche *Masse* besitzt gewiß keine großen Tugenden: rasend und blutgierig, wenn sie entfesselt, ist sie ebenso knechtisch und plump und mißachtet die „hohen Geister"[10]. „Die große Menge hat nicht Weitblick genug, um die Kreise zu überschauen, innerhalb derselben sich jene hohen Geister bewegen"[11]. Daraus folgt: „Es ist immer ein Zeichen von Borniertheit, wenn man von der bornierten Menge leicht begriffen und ausdrücklich als Charakter gefeiert wird"[12]. Heine bezieht das hier auf sich selbst, doch gilt das gleiche auch beispielsweise für die großen englischen Dichter, die isoliert sind in einem rohen Volk[13]. Hier ist jedoch *große Menge* nicht identisch mit *Pöbel*, sondern entspricht eher dem *großen Publikum*, ganz gleich, aus welcher Gesellschaftsschicht es sich zusammensetzt.

Das Volk auf seiner niedrigsten Stufe kennt also Formen der Degeneration, die sich in rasenden Aufruhr verwandeln können. Die Ursache dieser Degeneration ist eine Auflösung des wahren, größeren Volksgeistes, die aus dem Kult

---

4) VIII, S. 386 (1830).
5) VIII, S. 433 (1839).
6) IX, S. 191 (1840).
7) IX, S. 215—16 (1842).
8) IX, S. 249.
9) IX, S. 252.
10) IX, S. 277—78 (1843).
11) VIII, S. 502 (1839).
12) VIII, S. 503
13) IX, S. 249 (1842).

der materiellen Interessen entstehen kann: „diese Zersplitterung, diese Auflösung aller Gedankenbande, dieser Partikularismus, dieses Erlöschen alles Gemeingeistes, welches der moralische Tod eines Volks ist"[14]. Die Einheit des
Volkes muß bewahrt werden, auf der geistigen wie der materiellen Ebene, in
einer Gemeinsamkeit des Wollens und Denkens, damit das geistige Gut der
*auserlesenen Geister* in die Massen übergehen, sie befruchten und die Ideale in
der Wirklichkeit eines Volkes verkörpern kann: „Die Saat der liberalen Prinzipien ist erst grünlich abstrakt emporgeschossen, und das muß erst ruhig ein-
wachsen in die konkret knorrigste Wirklichkeit. Die Freiheit, die bisher nur
hie und da Mensch geworden, muß auch in die Massen selbst, in die untersten
Schichten der Gesellschaft, übergehen und Volk werden. Diese Volkwerdung
der Freiheit, dieser geheimnisvolle Prozeß, der, wie jede Geburt, wie jede
Frucht, als notwendige Bedingnis Zeit und Ruhe begehrt, ist gewiß nicht minder wichtig, als es jene Verkündigung der Prinzipien war, womit sich unsre
Vorgänger beschäftigt haben"[15]. Und so können sich nur jene Institutionen
durchsetzen, die nicht isoliert, sondern „aus der Gesinnung der Masse" heraus
entstehen[16].

Wir meinen nicht, daß wir den Sinn der von Heine verwendeten Begriffe
entstellen, wenn wir festhalten, daß der Begriff *Volk* (hier ist natürlich das
*empirische Volk* gemeint) die gesamte Bevölkerung umfaßt, alle nicht privilegierten *Schichten* oder *Klassen*: das Bürgertum und das niedere Volk wie die
Intelligenz, den einfachen Arbeiter wie den Geisteshelden. Und Volk ist es,
wenn es einig ist, Erbe seiner Traditionen und reich an Idealen. Innerhalb
eines Volkes, dem diese Einheit fehlt, unterscheidet man einerseits *die Masse,
den Pöbel* von den begüterten Schichten, andererseits *die Menge*, das große
Publikum (ganz gleich, welcher Gesellschaftsschicht es angehört) von den *auserlesenen Geistern*, den Propheten und Helden. Nicht zum Volk gehören, wie
wir wissen, die Herrscher und Regierungen, sofern sie seinen Geist nicht re-
spektieren und zum Ausdruck bringen können. Ausgeschlossen bleibt auch die
alte Aristokratie, die im Notfall bereit ist, sich mit dem Pöbel gegen die
Liberalen zu verbünden[17], wie der katholische Klerus, der sich wohl zuweilen
als Jakobiner gibt, dies aber nur tut, um desto besser das Volk vergiften zu
können[18]. Und „nicht bloß die römischen, sondern auch die englischen, die
preußischen, kurz alle privilegierten Priester haben sich verbündet mit Cäsar
und Konsorten zur Unterdrückung der Völker"[19]. Eine Ausnahme bilden viele
protestantische — natürlich nicht-preußische — Pfarrer[20]. Zum Volk gehört
ebenfalls nicht jene kapitalistische Großbourgeoisie, welche die neue Geldaristokratie bildet[21].

---

14) IX, S. 205.
15) IX, S. 308—09.
16) IV, S. 224—25 (1826).
17) VI, S. 225 (1833)
18) VII, S. 262 (1834).
19) VII, S. 262.
20) VII, S. 229.
21) s. etwa Heines Bemerkung über Rothschild: VIII, S. 373 (1839).

Der Charakter eines Volkes und die Lage, in der es sich befindet, bedingen unmittelbar die historischen Ereignisse; das gilt sowohl für Friedenszeiten — „Beide, Volk und Regierung, wollen die Konstitution nach ihren Privatgefühlen auslegen und ausbeuten"[22]) — als auch für Revolutionszeiten. So haben sich etwa die geistigen Bedingungen des französischen Volkes auf den Charakter der französischen Revolution ausgewirkt. Durch die lange Knechtschaft unter dem Absolutismus waren die unteren Schichten unwissend, und der gesamten Bevölkerung — auch den aufgeklärten höheren Ständen — fehlte eine wirkliche politische Bildung. Die Franzosen mußten so die „Wissenschaft der Freiheit" mühsam erlernen, und es kostete sie ihr bestes Blut[23]). Auch der Charakter der künftigen deutschen Revolution wird durch den „Zustand der Zivilisation" bestimmt werden, in dem sich Deutschland dann befindet[24]).

Die *hohen Geister* sind berufen, das Volk zu erleuchten; die Menge begegnet ihnen aber im allgemeinen mit Unverständnis und Verachtung. Wie kann also diese Erleuchtung geschehen, durch die sich die Ideale verwirklichen? Zunächst bedeutet die Mißwürdigung der Personen der *hohen Geister* noch keineswegs, daß deren Ideen sich nicht verbreiten und nicht durchdringen könnten. Um dies zu erreichen, müssen sie jedoch der Fassungskraft des großen Publikums gemäß ausgedrückt werden. Arnim etwa, der von Heine als großer Dichter und als einer der genialsten Geister der Romantik gerühmt wird, ist niemals volkstümlich geworden. Denn „etwas fehlte diesem Dichter, und dieses Etwas ist es eben, was das Volk in den Büchern sucht: das Leben. Das Volk verlangt, daß die Schriftsteller seine Tagesleidenschaften mitfühlen, daß sie die Empfindungen seiner eigenen Brust entweder angenehm anregen oder verletzen, das Volk will bewegt werden. Dieses Bedürfnis konnte aber Arnim nicht befriedigen"[25]). Gerade deshalb bedarf es neben den Philosophie — wie wir sehen werden — der Kunst und der Religion: „Wie die Mutter nicht alle Fragen des Kindes mit Wahrheit beantworten kann, weil seine Fassungskraft es nicht erlaubt, so muß auch eine positive Religion, eine Kirche vorhanden sein, die alle übersinnlichen Fragen des Volks, seiner Fassungskraft gemäß. recht sinnlich bestimmt beantworten kann"[26]).

Viel hängt also vom *modus proponendi* der Ideen ab, um mit gewissen alten Ästhetikern zu sprechen; und auch das ist ein Element, das von oben kommt: die hohen Geister geben ihren Ideen ein bestimmtes Gewand, um sie besser verbreiten zu können. Auf der anderen Seite gibt es im Volk selbst eine Art *recta ratio*, die ihm zwar nicht bewußt ist, die es aber auf dem von der Geschichte vorbestimmten Weg leitet. „Die Völker ahnen instinktmäßig, wessen sie bedürfen, um ihre Mission zu erfüllen". So verbreitete sich im Frankreich des 18. Jahrhunderts unter den höheren Schichten des Volkes die „materialisti-

---

22) VI, S. 195 (1833)
23) V, S. 392—93 (1831).
24) V, S. 397-98 (1831).
25) VII, S. 127 (1833).
26) V, S. 53 (1828—29).

sche Philosophie", die ein geistiger Wegbereiter der Revolution war — soweit dies unter dem Ancien Régime möglich war — und den Idealismus diskreditierte[27]. In der Gegenwart ist das republikanische System mehr die „unwillkürliche Richtung" als der „ausgesprochene Wille" des französischen Volkes[28].

Ebenso hat das deutsche Volk — selbst unter dem Joch des katholischen Christentums — durch die Faustsage jene ihm eigene pantheistische Berufung „tiefsinnig geahnt"[29].

Wir haben gesehen, daß viele negative Kräfte der Erfüllung der großen Mission entgegenwirken; vor allem die Tyrannei: die Tyrannei der Herrscher, die das Bewußtsein der Völker abstumpft, und die noch furchtbarere Tyrannei des vom Leiden überreizten Volkes, die wie eine schreckliche Geißel wütet; Egoismus und Partikularismus, der moralische Tod eines Volkes. Hinzu kommt der verderbliche Einfluß gewisser Volkstribunen und falscher Propheten, so daß das Volk „durch seine Schreiber und Sprecher, die, entweder aus Unwissenheit oder Parteisucht, die Begriffe zu verkehren suchen" mißleitet wird[30].

Doch Abstumpfung und Fehler können nicht lange fortbestehen: „Gott verläßt keinen Deutschen, aber auch keinen Franzosen, er verläßt überhaupt kein Volk, und wenn ein Volk aus Ermüdung oder Faulheit einschläft, so bestellt er ihm seine künftigen Wecker, die, verborgen in irgendeiner dunklen Abgeschiedenheit, ihre Stunde erwarten, ihre aufrüttelnde Stunde"[31]. Und am Tage der Herrlichkeit wird der Messias kommen und die ganze leidende Menschheit erlösen[32].

Inzwischen muß jedes Volk seine Aufgabe zur Erreichung des höchsten Zieles erfüllen, muß seinen Beitrag leisten und die Fackel dann an den nächsten Protagonisten weitergeben. Die große Stunde eines Volkes schlägt in dem historischen Augenblick, wenn der „Zeitgeist", d. h. hier jene Lebenshaltung und jener Menschentyp, die den Bedürfnissen einer bestimmten Phase der Gesellschaftsentwicklung der Gesamtmenschheit entsprechen, mit dem Geist eines Volkes übereinstimmt, das auf die geschichtliche Bühne gerufen wird, weil es allein imstande ist, in dieser Phase die Probleme der Menschheit zu lösen und ihre Bestrebungen zu erfüllen. Man muß hinzufügen, daß nicht jedes Volk für diese Aufgabe vorbestimmt scheint: Heine erwähnt nie einen „historischen Augenblick" des gehaßten Englands.

Bei der Erfüllung seines Schicksals beschreibt so jedes Volk eine Parabel, die Heine mit der des menschlichen Lebens vergleicht: sie verläuft von der Jugend

---

[27] VII, S. 248 (1834).
[28] VI, S. 236—37 (1833).
[29] VII, S. 57.
[30] VI, S. 195 (1833).
[31] IX, S. 205 (1842).
[32] VIII, S. 489 (1839).

zum Alter. Die Jugend der Völker ist ihre typische „historische" Epoche, die „große Bewegungsepoche". Später, im reiferen Alter, wenn sie eine Reihe von Erfahrungen gewonnen haben, werden die Völker allzu nachdenklich, sie verlieren sich darin, die möglichen Folgen jeder Tat abzuwägen, sie verfallen in Untätigkeit, und nur eine zwingende Notwendigkeit treibt sie noch einmal in die Arena der Weltgeschichte. Allein die Franzosen vermochten durch ihr wohlbekanntes „kurzes Gedächtnis" auch im reiferen Alter den Leichtsinn und damit auch den Tatendrang der Jugend zu bewahren[33]. Aber vielleicht gibt es noch einen anderen Grund: Frankreich ahnt, daß sein Untergang nahe ist, und es beeilt sich, mit fieberhafter Eile die kurze Zeit auszunutzen, in der ihm noch die Hauptrolle im „großen Weltdrama" zufällt. Das Volk der Zukunft ist das deutsche Volk, das heute noch dahindämmert in allzuviel Wissen, in allzu langem Überlegen vor dem Handeln (hier gleichen seltsamerweise die Merkmale, die Heine Deutschland zuschreibt, sehr denen eines „alten" Volkes, welches seine Mission schon erfüllt hat), das es sich aber erlauben kann, noch ein paar Jahrhunderte zu verschlafen, weil die Zukunft — eine sehr lange Zukunft — ihm gehört. Dennoch ist kein Volk ewig, und die Menschheit selbst ist insgesamt dem Untergang geweiht[34].

Das deutsche Volk — das Volk des „absoluten Menschen" — wird so die höchste Stufe der menschlichen Geschichte bestimmen; und dann wird ganz Europa, ja wird die ganze Welt deutsch sein: „Die ganze Welt wird deutsch werden!" — ruft Heine aus —, „von dieser Sendung und Universalherrschaft Deutschlands träume ich oft, wenn ich unter Eichen wandle. Das ist *mein* Patriotismus"[35].

Aus all dem geht ein fester, unbestreitbarer Glaube an den Fortschritt hervor. Heine bestätigt dies in allen Briefen. Jede Zeit hat ihre Aufgabe, und durch die Lösung dieser Aufgabe rückt die Menschheit weiter[36]. Unsere Nachkommen werden schöner und glücklicher sein als wir. „Denn ich glaube an den Fortschritt, ich glaube, die Menschheit ist zur Glückseligkeit bestimmt . . ."[37].

Dieser Fortschritt vollzieht sich in einer Sphäre über uns. Die *große Menge* betrachtet erstaunt und verstört die Entfesselung der großen geschichtreibenden Mächte, während der Denker, der *auserlesene Geist* betroffen und zugleich geblendet ein Geschehen verfolgt, dessen Folgen er sich oft nicht vorzustellen vermag. „Wir merken bloß, daß unsre ganze Existenz in neue Gleise fortgerissen, fortgeschleudert wird, daß neue Verhältnisse, Freuden und Drangsale uns erwarten, und das Unbekannte übt seinen schauerlichen Reiz, verlockend und zugleich beängstigend". Eines dieser außergewöhnlichen und bedrohlichen Ereignisse ist die Erfindung der Eisenbahn, die eine neue Phase der Weltge-

---

33) IX, S. 246 (1842).
34) IX, S. 151 (1841).
35) *Deutschland. Ein Wintermärchen.* „Vorwort" (1844). II, S. 277.
36) IV, S. 299 (1828—29).
37) VII, S. 201 (1834).

schichte einleitet. Alles soll sich nun ändern: auch unsere Zeit- und Raumbegriffe, die durch die Möglichkeit einer raschen Ortsveränderung zusammenschrumpfen[38]).

Die *hohen Geister* können also die Entwicklung der Ereignisse nur in den Grundlinien voraussehen, während die spezifische Form der bevorstehenden Ereignisse ungewiß und dunkel bleibt. Sie können prophezeien und mahnen, geeignete Maßnahmen empfehlen oder mögliche Gefahren aufzeigen; die Geschichte entwickelt sich aber, bewegt von unkontrollierbaren, verborgenen Kräften, in Bahnen fort, die die schwache Vorstellungskraft auch des weitsichtigsten Menschen übersteigen.

Kann man hier von Fatalismus sprechen? Nur in gewissem Sinne. Heine bezeichnet die Methode der fatalistischen Schule Mignets als geeignet für die französische Revolution und weist auf den Leichtsinn und die Sorglosigkeit, auf das „kurze Gedächtnis" Frankreichs hin, betrachtet dieses Prinzip jedoch nicht als gültig für die deutsche Geschichte, die Geschichte eines gebildeten, nachdenklichen Volkes[39]). Der Lauf der Ereignisse ist offenbar fatal, solange ein Volk „jung" oder „ohne Gedächtnis" ist (wir sahen schon in anderem Zusammenhang, wie Heine dem französischen Volk „mangelnde politische Vorbereitung" bei den revolutionären Ereignissen vorwarf) und den großen, treibenden Kräften unterworfen bleibt. Dabei wird es in seinem unbesonnenen Tatendrang leicht zu einem bloßen Instrument der Geschichte, während ein vorsichtigeres, erfahreneres und nachdenklicheres Volk, auch wenn es noch jung ist, den Weltlauf bis zu einem gewissen Grad lenken, Subjekt und nicht Objekt der geschichtlichen Entwicklung sein kann.

Wenden wir uns nun wieder einem zentralen Problem zu, auf das wir schon mehrfach gestoßen sind: welches ist die geschichtliche Funktion der Idee? Um diese Frage zu klären, müssen wir zunächst versuchen zu erkennen, welches für Heine die Haupttriebkräfte der geschichtlichen Entwicklung sind.

Heine wurde von vorwiegend parteiischen Stimmen als ein Vorkämpfer des historischen Materialismus gefeiert. Es läßt sich nicht leugnen, daß er der Betrachtung der ökonomischen Faktoren eine wesentliche Bedeutung beimißt. Ihre Geltung wird jedoch auf einen bestimmten Abschnitt der Geschichte beschränkt: auf die Neuzeit. Im Mittelalter, erklärt Heine, basierten die sozialen Einrichtungen auf dem „Aberglauben", heute dagegen gründen sie sich auf den Egoismus, d. h. auf eine Art irdischen Utilitarismus, der die Menschheit immerhin einen soliden, praktischen Sinn gewinnen ließ. Es sind gewissermaßen zwei Glaubensformen: den Gott unserer Vorfahren haben wir durch das Geld ersetzt: „die Leute heute glauben nur an das Geld; das Geld ist der Anfang und das Ende aller ihrer Werke". Ist das nun eine Geldwerdung Gottes oder eine Gottwerdung des Geldes? ? Doch die Frage ist müßig.[40])

---

38) IX, S. 292 (1842).
39) IX, S. 151 (1841).
40) VII, S. 145 (1833) u. VII, S. 263 (1834).

Wir sahen schon, wie gerade der Partikularismus und der Geldkult in Frankreich zur Auflösung des Gemeingeistes führte. Die über die Engländer — die perfiden Engländer! — herrschende Oligarchie, deren Politik auf egoistischen, finanziellen Erwägungen basiert, ist immer bereit, zur Verteidigung ihrer kommerziellen Interessen einen Krieg zu entfesseln, der mit den Steuern des kolossal reichen Mittelstandes finanziert wird und der die unteren Schichten kaufen und sie beschwichtigen soll. Dabei nimmt man sogar übermäßig hohe Defizite in Kauf: England ist einem Geschäftsmann gleich, der kurz vor dem Bankrott steht und der das wenige, ihm verbliebene Geld verschwendet, um sich momentan über Wasser zu halten[41]). Eine solche Analyse könnte gewiß aus der Feder eines Marxisten stammen. Doch obgleich Heine einräumt, daß das Geld die Triebfeder ist, die gegenwärtig alle politischen Intentionen der Menschen bestimmt, erinnert er doch daran, daß in Wahrheit ganz andere Kräfte am Werk sind. Von der Bedeutung des Geldes sind die meisten zu Unrecht überzeugt: die Republikaner, die ihm im Namen der Gleichheit ewige Feindschaft geschworen haben, und ihre Gegner, die in den Republikanern eben das bekämpfen, was ihr Geld gefährdet. Die *neue Doktrin* hingegen, die alle sozialen Fragen von einer höheren Warte betrachtet, ist den meisten noch unbekannt[42]).

Wir werden später noch sehen, welch ganz andere geschichtliche und staatliche Konzeption Heine mit seiner *neuen Doktrin* vertritt. Jetzt wollen wir lediglich festhalten, daß Heine den wirtschaftlichen Faktoren wohl eine bestimmte Funktion in der historischen Entwicklung zuweist, daß diese Faktoren jedoch vor allem von einem psychologischen Phänomen, dem Egoismus abhängig gemacht werden. Dieser ist dem Menschen nicht angeboren, sondern hat sich in der Neuzeit als eine Art Abgötterei entwickelt und kann also auch überwunden werden. Weiter läßt sich feststellen, daß es sich hier um rein finanzielle und kommerzielle Faktoren handelt, die anscheinend völlig unabhängig sind von der Organisation der Produktion[43]).

Wir meinen, daß sich Erscheinungen wie die Erhebung der hungernden Massen nicht, wie Heine dies tut, allein auf ökonomische Faktoren zurückführen lassen; sie sind eher vergleichbar mit biologischen Vorgängen, die völlig irrationale Ausbrüche roher Gewalt zur Folge haben.

+ + +

Übergehen wir vorerst die allgemeine Frage, inwieweit die — sagen wir — „finanzielle" Geschichtsauffassung Heines als überholt gelten kann, und klären wir, welchen Stellenwert Heine der Kultur und der Ideologie in der geschichtlichen Entwicklung zuweist.

---

[41]) IX, S. 250—51 (1842).
[42]) IX, S. 27—28 (1840).
[43]) Nur einige vage Andeutungen lassen andere Möglichkeiten offen, wie etwa die These, daß vor allem die „Männer der Gewerbe" den Sturz des Ancien Regime befördert hätten. Vgl. VI, S. 259 (1832).

Die Ideen können für den Herrscher ein bloßes Instrument zur Konsolidierung der Herrschaft sein — Ausdruck eines Machtwillens („Rom wollte herrschen"). Daß sie vom Volk übernommen werden, ist ein Aspekt der geistigen Verarmung, die sich der versklavten Völker bemächtigt. So ersetzte Rom die fehlenden Legionen durch Dogmen, die es in die Provinzen schickte: „Alle Glaubenszwiste hatten römische Usurpationen zum Grunde; es galt, die Obergewalt des römischen Bischofs zu konsolidieren"[44]).

Die Ideen können also ein bloßes *instrumentum regni* sein. Doch sind das nicht die *großen Ideen*. Wie die großen Ereignisse — und die Ereignisse sind nichts anderes als Ergebnisse der Ideen — entstehen die großen Ideen nicht als große Folgen kleiner Ursachen. Wie kann es nun geschehen, daß gewisse Ideen in bestimmten Augenblicken eine solche Kraft gewinnen, daß sie das menschliche Leben, das Denken, Kunst und Sitten völlig umzugestalten vermögen?

Muß man hier von einer blinden, naturhaften Notwendigkeit sprechen, physikalischen Gesetzen gleich, von einer Art literarischer Astrologie, wonach das Aufkommen gewisser Ideen auf bestimmte Konstellationen zurückzuführen ist? (Hier bezieht sich Heine offenbar auf den Fatalismus Mignets oder die deutsche *Historische Schule*). Oder sollte man nicht eher annehmen, daß das Entstehen dieser Ideen den Bedürfnissen und Bestrebungen entspricht, von denen die Menschheit in jenem Augenblick erfüllt ist und die sie durch diese Ideen zu legitimieren sucht? „In der Tat, die Menschen sind ihrem innersten Wesen nach lauter Doktrinäre: sie wissen immer eine Doktrin zu finden, die alle ihre Entsagungen oder Begehrnisse justifiziert". Diese Ideen bringt die Menschheit durch jene Schriftsteller zum Ausdruck, die sich ihrer Zeit hingeben und so zu ihren Aposteln werden. „In der Brust der Schriftsteller eines Volkes liegt schon das Abbild von dessen Zukunft, und ein Kritiker, der mit hinlänglich scharfem Messer einen neueren Dichter sezierte, könnte, wie aus den Eingeweiden eines Opfertieres, sehr leicht prophezeien, wie sich Deutschland in der Folge gestalten wird."[45]).

Auf der Grundlage dieser Prinzipien arbeitet Heine eine wahre Wissenssoziologie aus. Unter diesem sehr wichtigen Aspekt, der bisher etwas vernachlässigt wurde, ist Heine in der Tat einer der Vorläufer — vielleicht der wichtigste — einer historiographischen Untersuchungsmethode, die lange Zeit hindurch fast ganz der marxistischen Theorie vorbehalten war.

In allen Briefen und auch in der Einleitung zur *Geschichte der Religion und Philosophie in Deutschland* erklärt er, er wolle die *Bedeutsamkeit* der deutschen Theologie und Philosophie für die Gesellschaft herausstellen[46]). Er wiederholt das mehrfach in diesem Buch.

---

44) VII, S. 198—99 (1834).
45) VII, S. 137—38 (1833).
46) VII, S. 198 (1834).

Heine versucht zu klären, auf welche Weise die neu zu verkündende Wahrheit in der Seele des Apostels durchbricht. Der Apostel teilt offenbar die Bedürfnisse und Bestrebungen der Menschen seines Volkes und seiner Zeit; er ist jedoch der einzige, der sie zu artikulieren weiß und die daraus entstehenden Probleme zu lösen vermag. Dieses Durchbrechen der Wahrheit ist anscheinend meist unbewußt, zumindest was die eigentlichen Beweggründe und die reale Bedeutung seiner Folgen angeht. Der ganze Mensch, ja der Volksgeist selbst kommt darin zum Ausdruck, unabhängig von den offen anerkannten Werten, unabhängig vom bloßen Intellekt. „Wirklich, der Leib scheint oft mehr Einsicht zu haben, als der Geist, und der Mensch denkt oft viel richtiger mit dem Rücken und Magen, als mit dem Kopf"[47]. Das könnte auf den ersten Blick als ein offenes Bekenntnis zu einem krassen Materialismus erscheinen, ist aber in Wirklichkeit nur ein polemischer Seitenhieb gegen den Spiritualismus, zugunsten des Pantheismus und des Sensualismus. Wir haben schon wiederholt festgestellt und werden auch später noch sehen, daß es Heine darum geht, den Körper in seine Rechte wiedereinzusetzen, ohne dabei jedoch die Forderungen des Geistes zu leugnen. Der vollkommene Mensch und sein bestes Denken gehen aus der Verbindung beider Momente hervor.

Wir wollen uns nun in einigen Einzelanalysen mit den Beziehungen zwischen sozialer Situation und kulturellem Leben beschäftigen. Dabei können wir einige eher triviale Bemerkungen Heines übergehen, der etwa die theologischen Dispute der Ostkirche auf die Rivalitäten und Intrigen des byzantinischen Hofes zurückführt[48] oder die zentralen Motive der Reformation auf die Feindseligkeit zwischen Romanen und Deutschen oder auf die fleischlichen Begierden der Prälaten reduziert[49]. Etwas allgemein, aber treffender beschreibt Heine den Geist der deutschen Literatur nach Luther. Die Erfindungen, die Entfaltung des wirtschaftlichen Lebens, die neue Philosophie stellen den Spiritualismus des römisch-katholischen Christentums in Frage. Der dritte Stand begehrt auf; die latente Revolution kündigt sich an. „Und was die Zeit fühlt und denkt und bedarf und will, wird ausgesprochen, und das ist der Stoff der modernen Literatur"[50]. Der Parallelismus zwischen der *Kritik der reinen Vernunft* und der Französischen Revolution ist gewiß überzeugend: wie in Frankreich jedes traditionelle, im *Ancien Régime* wurzelnde Recht abgeschafft wird, so stürzt Kant in Deutschland den Deismus, den Schlußstein des geistigen alten Regimes[51]. So war Kant der Robespierre der Philosophie[52]. In der Literatur war Racine „das Organ einer neuen Gesellschaft", in der das Mittelalter unterging und sich das moderne Leben ankündigte[53]. Allerdings kann das politische Engagement den Genius auch hemmen, statt ihn anzuregen. Als Beispiel dafür nennt Heine Ludwig Uhland, über dessen dichterischen Weg und dessen plötzliches Verstummen er eine scharfsinnige Untersuchung schreibt. Uhlands elegische Muse, die eine Vorliebe für die katho-

---

[47] VII, S. 94 (1833).
[48] VII, S. 198 (1834).
[49] VII, S. 223.
[50] VII, S. 242.
[51] VII, S. 291.
[52] VII, S. 297.
[53] VII, S. 74 (1833).

lisch-feudale Vergangenheit hegte, stand im Widerspruch zu den neueñ politischen Erfordernissen, sie widersprach der Verteidigung der Volksrechte, für die Uhland so wirksam eingetreten war. So mußte sie verstummen[54]. Noch heute bedient sich die Wissenssoziologie derartiger Schemata.

Bekanntlich war der Materialismus eine wichtige Vorstufe für die französische Revolution (obgleich Heine einräumt, daß eher die *Männer der Gewerbe* als die *philosophes* das *Ancien Régime* gestürzt haben)[55]. Ebenso hat die Philosophie Kants, Fichtes und der Naturphilosophen die ideellen Voraussetzungen für die künftige deutsche Revolution geschaffen. „Durch diese Doktrinen haben sich revolutionäre Kräfte entwickelt, die nur des Tages harren, wie sie hervorbrechen und die Welt mit Entsetzen und Bewunderung erfüllen können"[56]. Wenn umgekehrt die deutsche Naturphilosophie in Frankreich bekannt gewesen wäre, hätte auch die Julirevolution nicht ausbrechen können; denn sie verlangte eine Konzentration der Gedanken und Kräfte, eine edle Einseitigkeit, ein Maß an Tugend und einen süffisanten Leichtsinn, wie sie nur die alte philosophische Schule einem Volk wie dem französischen bieten konnte[57].

Soziologische Prinzipien wendet Heine auch bei der Interpretation von Kunstwerken an. Die gotischen Kathedralen, die zeitgenössische französische Malerei bieten Stoff für solche Untersuchungen[58].

Diese Sichtweise wird von der kulturellen Welt der Intellektuellen auf die Religion als Massenphänomen übertragen. Bekannt ist Heines Urteil über das mittelalterliche Christentum: die Transzendenz, der Verzicht auf weltliche Güter, das Vertrösten auf das Jenseits erweisen sich als eine Ideologie, die den Völkern die düstere Unterdrückung durch Herrscher und Junker erträglich machen soll[59]. Deshalb bemühen sich die Großen der Erde noch heute, das Christentum zu erhalten und zu stützen[60]. Das Christentum, erklärt Heine — indem er ein zukunftsträchtiges Bild gebraucht, das Marx dann auf jede Religion anwenden soll — ist eine Art geistiges Opium[61].

Der Reformation kommt somit eine ungeheure kulturelle und soziale Bedeutung zu: die für das mittelalterliche katholische Christentum wesentliche hierarchische Struktur der Kirche wurde beseitigt und von einer Vielfalt „religiöser Demokratien" abgelöst. Die Erfordernisse des weltlichen Lebens, die Ansprüche der Materie wurden nicht bloß berücksichtigt, sondern auch legitimiert. Die menschliche Vernunft wurde gegen jede Bevormundung zum höchsten Richter bei der Ausle-

---

54) VII, S. 163—64.
55) VI, S. 259 (1832).
56) VII, S. 350—51 (1834).
57) VII, S. 348.
58) VII, S. 203; IX, S. 334, 366.
59) Vgl. C. PUETZFELD, *H. Heines Verhältnis zur Religion,* Berlin 1912, S. 129—132.
60) VII, S. 201 (1834).
61) PUETZFELD, a. a. O., S. 130.

gung der Heiligen Schrift erkannt; von nun an hatte jeder das Recht zu denken, ohne sich hinter die Lehre von der doppelten Wahrheit zurückziehen zu müssen[62]). Dadurch wurden die Grundlagen für jene Denkfreiheit geschaffen, die zur großen Blüte der deutschen Philosophie bis zu den Freiheitskriegen führte. Seitdem hat sich die Lage allerdings entscheidend geändert, und der Obskurantismus ist wieder übermächtig geworden[63]). Die künftige deutsche Revolution wird also gleichermaßen ein Kind der Reformation[64]) wie der Philosophie sein. Doch „das endliche Schicksal des Christentums ist ... davon abhängig, ob wir dessen noch bedürfen"[65]), — wobei „bedürfen" einen konkreten sozialen Inhalt hat.

+ + +

Wir haben gesehen, welche Funktion Heine dem ideellen Faktor in der geschichtlichen Entwicklung zuweist und wie dieser gewissermaßen um die soziale Wirklichkeit kreist: Die von der sozialen Wirklichkeit bedingten Bedürfnisse und Bestrebungen wecken in der Seele einiger *Auserlesener* neue Ideen und kommen darin zum Ausdruck. Da diese Bedürfnisse und Bestrebungen mehr oder minder deutlich von der *großen Menge* geteilt werden, können die Ideen schließlich von der Menge aufgenommen werden und sie durchdringen, können Volk werden. Von diesem Augenblick an verändern sie aber die soziale Wirklichkeit und schaffen eine neue Situation, in der wieder neue Bedürfnisse und Bestrebungen entstehen.

Wir wissen schon, wie sich für Heine die erste Phase dieses umfassenden Prozesses darstellt, wie die Idee in der Seele des Apostels entsteht, sich verbreitet und schließlich die Menge erreicht. Es gilt nun, die zweite Phase zu untersuchen, ein besonders schwieriger Punkt in der persönlichen Problematik Heines: die Frage des Verhältnisses von Gedanke und Tat. Auch aus biographischer Sicht ist bedeutsam, daß der Dichter sich um 1833 besonders intensiv mit dem Verhältnis Gedanke—Tat zu beschäftigen beginnt.

Es wurde gezeigt, daß Gedanke und Tat sich nicht immer harmonisch ergänzen: die Franzosen etwa sind tatenfroh, aber gedankenarm, die Deutschen dagegen sind große Denker, handeln aber noch zögernd und schwerfällig. Nur in Luther und in wenigen anderen sind beide Haltungen ganz ausgewogen. Diese Mängel und Probleme zeigen, wie schwierig die Umsetzung der Idee in Wirklichkeit ist.

Vor allem ist bemerkenswert, daß der Kreis: „Wirklichkeit — daraus entstehende Idee — von dieser Idee umgeformte Wirklichkeit" nur ein Aspekt der komplexen historischen Entwicklung ist. Die nichtideellen Kräfte sind relativ unabhängig, und ihre innere Entwicklung ist die Grundlage für die Evolution der sozialen Verhältnisse. Ohne eine solche Entwicklung sind die Ideen kraftlos, und nur wenn sie

---

[62] VII, S. 227—28 (1834).
[63] VII, S. 231 (1834), S. 32 (1833).
[64] VII, S. 58 (1833).
[65] VII, S. 202 (1834).

daran teilnehmen, können sie die Entwicklung selbst bis zu einem gewissen Grad lenken und beeinflussen. Gewiß, die *philosophes* seien zu rühmen, daß sie den Ausbruch der Revolution am meisten befördert und deren Charakter bestimmt hätten — bemerkt Heine, indem er eine damals verbreitete These übernimmt. Doch fährt er fort: „Ich rühme sie deshalb, wie man den Arzt rühmt, der eine schnelle Krisis herbeigeführt und die Natur der Krankheit, die tödlich werden konnte, durch seine Kunst gemildert hat". Ohne die Philosophen hätte der Verfallsprozeß Frankreichs noch länger gedauert und wäre durch eine noch gewaltsamere Revolution beendet worden. Statt tragisch und blutig wäre sie gemein und grausam, ja vielleicht lächerlich und dumm gewesen[66]. Bei dem nachdenklicheren deutschen Volk scheint es, daß die kulturelle Vorbereitung sogar eine unerläßliche — wenn auch unzureichende — Voraussetzung für die künftige Revolution ist: ohne Philosophie keine Revolution[67].

Nachdem dies geklärt wurde, wollen wir uns dem Kernproblem zuwenden und uns fragen, welche immanenten Faktoren einen Gedanken reif für die Tat machen (abgesehen von der Wahl einer äußeren Form, die ihm verhilft, in die Volksseele einzudringen, etwa der Thematik, durch die der Gedanke seinen symbolischen Ausdruck findet. Wir wissen schon, daß Arnim gerade daran scheiterte.). Wichtig ist vor allem die Grundhaltung, die den Gedanken prägt. Schiller hat die Seelen begeistert, während die Idealwelt Goethes unfruchtbar geblieben ist. „Die Tat ist das Kind des Wortes, und die Goetheschen schönen Worte sind kinderlos. Das ist der Fluch alles dessen was bloß durch die Kunst entstanden ist"[68]. Der Erbfehler der Goetheaner ist: sie betrachten „die Kunst als eine unabhängige zweite Welt, die sie so hoch stellen, daß alles Treiben der Menschen, ihre Religion und ihre Moral, wechselnd und wandelbar, unter ihr hin sich bewegt". Für Heine gibt es also kein *l'art pour l'art*; wer sich in einen solchen Elfenbeinturm einschließt, dessen Kunst muß unfruchtbar bleiben. Ganz anders war es bei Schiller: „Ihn ... erfaßte lebendig der Geist seiner Zeit, er rang mit ihm, er ward von ihm bezwungen, er folgte ihm zum Kampfe, er trug sein Banner ... Schiller schrieb für die großen Ideen der Revolution, er zerstörte die geistigen Bastillen, er baute an dem Tempel der Freiheit ..."[69]. Ebenso inspirierte Racine noch nach einem Jahrhundert die Helden von Marengo und Austerlitz[70]. Der ideale Künstler, schreibt Heine 1833, muß sich ganz seiner Zeit hingeben, sein Herz muß ganz davon erfüllt sein, wie bei Jean Paul und später bei den Schriftstellern des *Jungen Deutschland*, „die ebenfalls keinen Unterschied machen wollen zwischen Leben und Schreiben, die nimmermehr die Politik trennen von Wissenschaft, Kunst und Religion, und die zu gleicher Zeit Künstler, Tribune und Apostel sind"[71]. Das ist das Ideal des Künstlers, das von der Verbindung von Literatur und Politik, von Wissenschaft, Kunst und Religion ausgeht.

---

[66] VI, S. 257 (1832).
[67] VII, S. 250 (1834).
[68] VII, S. 49 (1833).
[69] VII, S. 46—47.
[70] VII, S. 76.
[71] VII. S. 140.

Wenn Kunst und Religion die Aufgabe haben, die neuen philosophischen und politischen Ideen „spürbar" und dem Volk zugänglich zu machen, und so zu einem wichtigen Mittel der Verwirklichung dieser Ideen werden, so beschränkt sich ihre Funktion doch nicht auf eine bloße Vermittlung und Verbreitung der Gedanken. Die „Wissenschaft" allein läuft Gefahr, zu jener abstrakten *ratio* abzusinken, die einerseits zu Utilitarismus und Egoismus geführt hat und andererseits in Fichtes Idealismus gemündet ist. An die Stelle der *ratio* muß, wie wir noch sehen werden, das Gefühl treten; und die künftige politische Tat gründet letztlich doch nur auf einem Glauben ... So haben Religion und Kunst eine andere, wichtigere Funktion: sie sollen die Vernunft mit dem Zukunftsideal und mit den Forderungen des Gefühls in Einklang bringen und bewirken, daß sie konkret wird und zugleich auf wahren Fortschritt ausgerichtet ist. Dieser darf nicht aus reinen Vernunftsgründen entstehen, sondern muß aus dem „Leben" des Alls erwachsen, das zugleich Geist und Materie, Vernunft und Gefühl, wissenschaftliche Überzeugung und mystischer Drang zur Erfüllung des Menschheitsschicksals ist. Der wahre Glaube geht — wie die wahre Kunst — aus dem Wissen hervor; doch ein Wissen ohne religiöse und künstlerische Substanz ist verderblich.

Vom Intellektuellen wird also vor allem gefordert, daß er sich „engagiert", wie wir heute sagen würden; das ist das wichtigste, wodurch sich der religiöse Erneuerer, der Theologe, Philosoph und Literat auszeichnet. Der Dichter hat also eine wahrhaft prophetische Aufgabe: „Friedrich Schlegel nannte den Geschichtsschreiber einen Propheten, der rückwärts schaue in die Vergangenheit, — man könnte mit größerem Fug von dem Dichter sagen, daß er ein Geschichtsschreiber ist, dessen Auge hinausblicke in die Zukunft"[72]). Dieser Prophet muß *hic et nunc* handeln, ohne die Gefahr zu fürchten, der Kontingenz oder dem vergänglichen Augenblick zu verfallen. Es kommt nicht darauf an, ein „großer", auf dem Kapitol gekrönter Dichter zu sein; entscheidend ist, daß man zur Masse zu sprechen versteht, daß man die Worte findet, die die Leidenschaften aufrühren und besänftigen und immer eine augenblickliche Wirkung erzielen[73]). In der Kunst zählt vor allem „die selbstbewußte Freiheit des Geistes." Diese Freiheit bezieht sich mehr auf die Form als auf den Inhalt; denn eine Freiheit des Inhaltes zeichnet oft eher einen unfreien Geist aus, — wie jene deutschen Dichter, die laut die Freiheit besingen, im Grunde aber nur Philister und Reaktionäre im Jakobinergewand sind: Der wahre Dichter verkündet sein Wort, ohne sich um den Beifall der Menge zu sorgen[74]). Der Dichterprophet muß die Menge aufzurütteln wissen, auch wenn er nicht von ihr geliebt wird.

Diese Bemerkung stammt aus dem Jahr 1843, einem für Heine schicksalhaften Jahr. Wir werden später noch sehen, wie die Öffentlichkeit gegen ihn aufgebracht war, wie er von allen Seiten und vor allem von früheren Freunden und Kampfgefährten heftig angegriffen wurde. Er war nun endgültig isoliert, hatte mit allen politischen Gruppen gebrochen und wußte, daß er nur für sich selbst sprach. Er

---

[72]) „W. Ratcliff", Vorrede (1851).
[73]) VIII, S. 431 (1839).
[74]) IX, S. 277—78 (1843).

machte aus der Not eine Tugend und formulierte seine Poetik so, daß er seine faktische Lage theoretisch untermauerte und rechtfertigte: Der Dichter solle sich wohl engagieren, solle aber den Geist seiner Zeit in seinem ganzen Gehalt zum Ausdruck bringen und dürfe sich nicht mit einer bestimmten Partei identifizieren. (Wir sahen bereits, daß Heine die Parteigänger, die Tribune als falsche Propheten betrachtet, die das Volk verführen). Der Freiheitssänger müsse isoliert bleiben, sich jeder Parteirahme enthalten, wenn er nicht seine Aufgabe verraten wolle. Diese Bedeutung hat „Die Tendenz":

> Deutscher Sänger! sing und preise
> Deutsche Freiheit, daß dein Lied
> Unsrer Seelen sich bemeistre,
> und zu Thaten uns begeistre,
> In Marseillerhymnenweise.
> . . . . . . . . . . . . . . . . . . . . . . .
> Singe nur in dieser Richtung,
> Aber halte deine Dichtung
> Nur so allgemein wie möglich[75]).

Sein *Pegasus*, heißt es in *Atta Troll*,

> Ist kein nützlich tugendhafter
> Karrengaul des Bürgertums,
> Noch ein Schlachtpferd der Parteiwut,
> Das pathetisch stampft und wiehert![76]).

Das ist das zentrale Thema des *Atta Troll*, das sich unverändert in *Deutschland. Ein Wintermärchen* wiederfindet. So konnte Heine nun auf sich selbst beziehen, was er 1833 über Jean Paul geschrieben hatte: „Er steht ganz isoliert in seiner Zeit, eben weil er, im Gegensatz zu den beiden Schulen, sich ganz seiner Zeit hingegeben und sein Herz davon erfüllt war"[77]).

+ + +

Ein solcher Zustand mußte im Dichter das Gefühl der Ohnmacht verstärken, das ihn schon seit langem beherrschte. Sein Wort wollte nicht Tat werden, ja es schien, als solle es gar kein Gehör mehr finden. Doch auch dafür hatte er schon eine rechtfertigende Erklärung, bzw. einen Trost bereit.

Schon 1834 mahnt er den Leser am Ende seiner Untersuchung über die soziale Bedeutung der jüngsten deutschen Philosophie, ihn nicht zu verlachen oder einen Phantasten zu nennen, weil er den realen Ausbruch jener Revolution erwarte, die sich im Reiche des Geistes schon vollzogen habe. „Der Gedanke geht der Tat voraus. wie der Blitz dem Donner. Der deutsche Donner ist freilich auch ein

---

[75]) Aus den *Zeitgedichten.*
[76]) *Atta Troll*, Kaput III.
[77]) VII, S. 139—40.

Deutscher und ist nicht sehr gelenkig, und kommt etwas langsam herangerollt; aber kommen wird er...". Und nun folgen apokalyptische Prophezeiungen: Im Vergleich zur deutschen Revolution wird die französische nur als ein harmloses Idyll erscheinen...[78]).

Hört überhaupt jemand auf die Mahnrufe? Doch darauf kommt es nicht an: wenn die Idee einmal formuliert worden ist, gewinnt sie ein Eigenleben. „Der Gedanke will Tat, das Wort will Fleisch werden". Der Mensch braucht seinen Gedanken nur auszusprechen *et lux facta est,* — es gestaltet sich die Welt, es wird Licht — oder es wird Finsternis. „Die Welt ist die Signatur des Wortes"[79]). Heine bezieht das hier auf die von den *auserlesenen Geistern* verkündeten Worte, die ihre Schöpfer überleben, auch wenn sie von den Zeitgenossen gleichgültig aufgenommen werden. Eines Tages muß der Mann der Tat kommen, der sie zusammenzufassen und zu verwirklichen weiß. Er wird aber in Wirklichkeit nur eine *longa manus* des Gedankenmannes sein. „Dieses merkt Euch, Ihr stolzen Männer der Tat. Ihr seid nichts als unbewußte Handlanger der Gedankenmänner, die oft in demütigster Stille Euch all Eur Tun aufs Bestimmteste vorgezeichnet haben". So war Robespierre nichts als die blutige Hand, die aus dem Schoße der Geschichte den Leib hervorzog, dessen Seele Rousseau geschaffen hatte. Und war das Leben Rousseaus vielleicht deshalb so qualvoll, weil er ahnte, welch furchtbarer Geburtshelfer seine Gedanken ans Licht der Welt bringen sollte? [80]).

Auch die Männer, denen es gegeben ist, Tat und Gedanke miteinander zu verbinden, scheitern oft kläglich: „Napoleon und Fichte repräsentieren das große unerbittliche Ich, bei welchem Gedanke und Tat eins sind, und die kolossalen Gebäude, welche beide zu konstruieren wissen, zeugen von einem kolossalen Willen. Aber durch die Schrankenlosigkeit dieses Willens gehen jene Gebäude gleich wieder zu Grunde, und die Wissenschaftslehre, wie das Kaiserreich, zerfallen und verschwinden eben so schnell, wie sie entstanden"[81]). Napoleon war aber wenigstens nicht, wie Robespierre, ein bloßer *Handlanger.*

Heine weist also dem Individuum, bzw. der großen Individualität in der Geschichte eine eminent wichtige Rolle zu. Wie die Individuen und ihre Ideen nur dann eine entscheidende Aufgabe und ihre Taten nur dann Wirkung haben, wenn sie dem Zeitgeist, d. h. den großen sozialen Kräften ihrer Zeit entsprechen, so bleiben diese sozialen Kräfte latent, wenn sie nicht von denen, die sie in Ideen ausdrücken und denen, die diese Ideen verwirklichen, gefördert und gelenkt werden, — oder aber sie brechen in ungeheuren Katastrophen hervor.

---

[78]) VII, S. 352 (1834).
[79]) VII, S. 294.
[80]) VII, S. 294. Vgl. VI, S. 266: „Maximilian Robespierre heiligen Andenkens war die Inkarnation Rousseaus; er war tief religiös, er glaubte an Gott und Unsterblichkeit, er haßte die voltaireschen Religionsspöttereien, die unwürdigen Possen eines Gobels, die Orgien der Atheisten, und das laxe Treiben der Esprits, und er haßte vielleicht jeden, der witzig war und gern lachte".
[81]) VII, S. 315—16.

Eben diese Überzeugung bekundet sich in Heines Abneigung gegen das republikanische Gleichheitsprinzip, dem ein engstirniger, eifersüchtiger Gleichheitssinn zugrundeliegt, der alle „ausgezeichneten Individualitäten" zurückstößt, wenn nicht unmöglich macht. „Gleichviel von welcher Verfassung ein Staat sei, er erhält sich nicht bloß und allein durch den Gemeinsinn und den Patriotismus der Volksmasse, wie man gewöhnlich glaubt, sondern er erhält sich durch die Geistesmacht der großen Individualitäten, die ihn lenken". Die auf dem Gleichheitsprinzip gründenden Republiken müssen beim ersten Anstoß der Oligarchien oder der von großen Individualitäten gelenkten Oligarchien oder Autokratien unweigerlich zugrundegehen[82]). Solche Ansichten vertrat Heine 1840, als sein Bruch mit den Republikanern bereits vollzogen war. Diese waren übrigens seit vielen Jahren Zielscheibe seiner Kritik gewesen. Seit langem hatte er auch eine klare Vorstellung von der Funktion einer Elite der großen Männer der Geschichte, aristokratisch vereint in einer über den gewöhnlichen Sterblichen schwebenden *unio mystica*. Nur die großen Männer verstehen ganz ihre Vorgänger; „aus einzelnen Funken ihrer irdischen Lichtspur" erkennen sie „ihr geheimstes Thun, . . . und solchermaßen, in einer mystischen Gemeinschaft, leben die großen Männer aller Zeiten, über die Jahrtausende hinweg nicken sie einander zu und sehen sich an bedeutungsvoll . . ."[83]). Doch darf man nicht vergessen, daß sie allein noch keine Geschichte machen können: ohne das *Volkwerden* und, wie Heine an anderer Stelle sagt, ohne die „unaufhörliche Offenbarung, welche sich in jedem Menschenhaupte wiederholt und ein Wissen begründet", kann die Idee, auf wenige *Auserlesene* beschränkt, nicht Wirklichkeit werden[84]).

+ + +

Es ist klar, welche Schlußfolgerungen sich aus den bisherigen Betrachtungen ergeben: Bei der geschichtlichen Entwicklung müssen sich das Volksbewußtsein einerseits und Propheten und Männer der Tat andererseits in einer wechselseitigen, ausgewogenen Aktion ergänzen. Die ideale Lösung ist, daß Prophet und Mann der Tat in einer Person vereint sind. Doch solche optimalen Bedingungen sind sehr selten: die Schwankungen und Stagnationen, an denen die Geschichte so reich ist, können dadurch entstehen, daß die *auserlesenen Geister* fehlen. Das Volksbewußtsein kann sich dann entweder gar nicht ausbilden und die rohe Masse, die sich ihrer Werte und geistig-sittlichen Aufgaben nicht bewußt ist, dämmert stumpf vor sich hin oder verfällt einer blinden Zerstörungswut, — oder der Volksgeist wurde zwar durch das Werk der großen Männer der Vergangenheit geformt, ist aber machtlos geworden, weil es in der Gegenwart an großen Individualitäten fehlt, und geht in der ersten besten Krise unter. Die Schwankungen können aber auch dann entstehen, wenn die Stimme der Apostel und Propheten nur eine *vox clamantis in deserto* ist; die vom Absolutismus eingeschläferte oder vom Egoismus fehlgeleitete Menge ist taub, und großes Unheil steht bevor.

---

82) IX, S. 26—27.
83) IV, S. 117 (1826).
84) V, S. 161 (1828).

Wenn es keine Propheten gibt, bleiben die großen, unbekannten geschichtstreiben-den Kräfte entweder latent oder sie brechen in sinnlosen Unruhen, in „niedrigen und grausamen", „lächerlichen und dummen" Revolutionen hervor, in einer absurden Zerstörung, die keine wahrhafte Erneuerung herbeiführen kann. Eine solche entwicklungslose Geschichte mit ihren völlig negativen Folgen stellt aber im Grunde eine Ausnahme dar. Der Gott Heines verläßt ja die Völker nicht für lange Zeit und sendet bald einen, der das Wort der Sünde verkündet.

Bemerkenswerter ist der zweite Fall, — *vox clamantis in deserto* — der nach Heine viel häufiger vorkommt. Er ist für unseren Dichter besonders bedeutsam; denn Heine ist überzeugt, selbst ein berühmtes Beispiel dafür darzustellen, und unter-sucht eingehend seine Bedingungen und Folgen.

Um Heines Auffassung von diesen Vorgängen vollends zu verstehen, wollen wir uns noch einmal kurz mit der Beziehung Rousseau-Robespierre beschäftigen. Wir sahen bereits, wie die mangelnde Vorbereitung der französischen Massen auf die politischen Ereignisse der Revolution dieser einen tragischen, blutigen Charakter, einen „fatalen" Aspekt verlieh und bewirkte, daß sie mechanisch ablief als eine Kette von Ereignissen.

Heine erklärt das damit, daß — abgesehen von der politischen Unerfahrenheit der Franzosen im allgemeinen — die Versklavung durch den Absolutismus von Unwissenheit und allgemeiner Bildungslosigkeit der untersten Schichten begleitet war. Die Ideen eines Rousseau, eines Voltaire konnten nicht in die unteren Klassen eindringen. Die unmittelbare Folge davon ist die Trennung des Mannes der Tat vom Gedankenmann, wobei der erste zu einem bloßen Instrument, zu einem verantwortungslosen Handlanger wird, während der zweite einfach unbeachtet bleibt. Eine weitere Folge betrifft die Art der Durchführung, die notwendige Form der Verwirklichung der mißachteten Ideen: Die Geburt muß schmerzvoll sein, und Robespierre, der gespenstische Geburtshelfer, soll weniger ein Wohltäter der Menschheit, als ein unerbittlicher, unpersönlicher Rächer für die Mißachtung jener Ideen sein. Die Masse muß es mit ihrem Blut bezahlen, daß sie versäumt hat, zu erwachen und sich darauf vorzubereiten, im rechten Augenblick ohne allzu heftige Erschütterung die befreienden Lehren anzunehmen. Die Befreiung muß kom-men; doch die Diskrepanz, die zwischen den Ideen und den wirkenden Geschichts-kräften entsteht, weil die Masse von den Kräften angetrieben wird, ohne die Ideen zu erfassen, läßt diese Befreiung zu einer Tragödie werden. Die Hauptfigur dieses Dramas ist eines der Grundsymbole von Heines Dichtung zwischen 1841 und 1844: das Symbol des Henkers.

Hier ergibt sich nun eines der zentralen Probleme der politischen Auffassung und poetischen Konzeption Heines: das Verhältnis zwischen *Transaktion* und *Revolu-tion*, das 1840 analysiert wurde. Die Revolution in ihrer gewaltsamsten Form ist ein Übel, das verhindert werden kann. Das ist wieder die Aufgabe der *außerge-wöhnlichen Individualitäten*. Der Held der „Transaktion" oder der „Fusion" muß über den Parteien stehen, muß ihre Forderungen miteinander in Einklang bringen und ihre Ideen vereinigen. Dieser Ausgleich muß sich gleichzeitig auf der ideellen und auf der materiellen Ebene vollziehen. So gelang es Alexander dem Großen, zwischen Orient und Okzident, zwischen Siegern und Besiegten zu vermitteln, — durch Mischehen, durch Sittentausch und durch die Verschmelzung der Kulturen. Und die Reformation brachte in Deutschland das gleiche zuwege, indem sie einen

Ausgleich herstellte zwischen der römisch-katholischen Überlieferung und der Vernunft. Auch Napoleon versuchte, Menschen und Interessen des Ancien Regime und der Revolution miteinander zu versöhnen; dies mißlang ihm aber, weil er sich ganz auf die Personen und Interessen konzentrierte und sich nicht bemühte, auch die Ideen zu verschmelzen.[85]).

Wahrscheinlich denkt Heine in diesem Zusammenhang auch an sich selbst und seinen Anspruch, *au dessus de la mêlée* zu bleiben und einen höheren Standpunkt zu vertreten. Unglücklicherweise war ihm aber nur die Möglichkeit gegeben, zwischen Ideen zu vermitteln, während ihm — im Gegensatz zu Napoleon ... — die Macht fehlte, zwischen Personen und Interessen zu vermitteln. Es ist also zu beachten, daß *Transaktion* nicht gleichbedeutend ist mit *Kompromiß*, sondern eine neue, höhere Lösung meint, die nach Art der Hegelschen Synthese den Konflikt zweier Gegensätze in sich aufhebt. Es ist im übrigen wohl nicht anzunehmen, daß Heine die Originalität der Reformation in Frage stellen wollte.

Der wirklich große Mann besitzt — nach Heine — nicht einen diskursiven Intellekt, wie die gewöhnlichen Sterblichen, sondern einen intuitiven Geist, der vom synthetischen Universalen zum Besondern, vom Ganzen zum Einzelnen vorgeht. So kann er den Geist seiner Zeit erfassen und ihn nach seinem Willen gestalten, ohne ihm Gewalt anzutun. Diese Thesen aus dem Jahr 1826 scheinen eigens dafür geschaffen, die Theorie der *Transaktion* und die Kritik an der *Tendenzliteratur* zu untermauern, die beide um 1840 und später entstanden sind. Ganz besonders gilt das für folgenden Passus des gleichen Textes aus dem Jahre 1826, der sich direkt auf Napoleon bezieht und dessen Mittlerrolle klärt: „Da aber dieser Geist der Zeit nicht bloß revolutionär ist, sondern durch den Zusammenfluß beider Ansichten, der revolutionären und der contrerevolutionären, gebildet worden, so handelte Napoleon nie ganz revolutionär und nie ganz contrerevolutionär, sondern immer im Sinne beider Ansichten, beider Principien, beider Bestrebungen, die in ihm ihre Vereinigung fanden, und demnach handelte er beständig naturgemäß, einfach, groß, nie krampfhaft barsch, immer ruhig milde"[86]). Man beachte, daß Heine in diesem Text des Jahres 1826 sich selbst den gewöhnlichen Sterblichen zurechnet oder allenfalls den Weitsichtigsten der Masse, die jedenfalls nicht die Genialität der „wirklich großen Männer" erreichen. Im übrigen betrachtet sich Heine zu dieser Zeit noch als ein Parteigänger. Man darf mit Recht argwöhnen, daß er später, als er sich überparteiisch erklärt, gemeint hat, sich in einen höheren Rang, unter die „großen Männer" einstufen zu können.

So wird deutlich, daß sich die *Elite* der führenden Geister in zwei Stufen unterteilt: die untere der allzu parteigebundenen Männer, die nur einen Teil des Zeitgeistes erfassen und nur für diesen Teil schreiben und handeln; und die Stufe der höheren Geister, der Genien, die den Zeitgeist in seiner Gesamtheit erfassen und sich noch stärker *engagieren* in Tagesproblemen, die aber durch ein souveränes, leidenschaftsloses Vermittlungswerk über den Parteien stehen. Wo ein solcher Genius fehlt, wird

---

85) IX, S. 23—24 (1840).
86) IV, S. 119 (1826).

ein Zusammenstoß der verschiedenen Parteien mit ihren Sonderinteressen und Ideologien unvermeidlich und kann eine Katastrophe bedeuten.

Im übrigen ist eine *Transaktion* nicht grundsätzlich in jedem Fall möglich: Wenn etwa die 1830 in Deutschland gemeinsam von *Teutomanen* und Liberalen unternommenen revolutionären Versuche nicht gescheitert wären — bemerkt Heine —, wäre ihnen ein blutiger Kampf zwischen den Siegern gefolgt; denn die Positionen der Liberalen und *Teutomanen* waren so weit voneinander entfernt, daß keine *Transaktion* möglich gewesen wäre[87]).

+ + +

Heine, der „über den Parteien steht", sieht sich so als Prophet der großen *Transaktion* seiner Zeit, als Prophet der *neuen Doktrin,* die die Probleme lösen und die Bestrebungen der gegnerischen Parteien miteinander in Einklang bringen soll. Dadurch soll die Krise verhindert werden, zu der die entgegengesetzten Bestrebungen sonst schließlich führen müßten. Doch die Menge schenkt dem Propheten kein Gehör, ja sie droht, sich mit dem Ruf »*écrasez l'infame*« auf ihn zu stürzen, auf diesen „Infamen", der nach dem berühmten Wort Börnes „ein Talent, doch kein Charakter" ist.

Desto schlimmer sind die Folgen für die Menschheit: Wenn der Apostel der *Transaktion* keine Anhänger findet, die die von ihm verkündeten Wahrheiten annehmen und sie in die Tat umsetzen, dann muß diese moderne Kassandra dem Brand des neuen Troja zusehen: auf Heine muß ein Robespierre folgen, der als ein irdischer Arm der Geschichte an den blinden, uneinsichtigen Menschen Rache übt — der Geist der Zerstörung, der mit seinem rein negativen Werk dem künftigen Napoleon für die Verwirklichung der großen Idee den Weg ebnet. Und dieser kann dann endlich die *Transaktion* herbeiführen.

Es ist bedeutsam, daß Heine in der ersten Hälfte der 30iger Jahre von der künftigen deutschen Revolution als einem furchtbaren, aber unvermeidlichen Ereignis gesprochen hatte, einem notwendigen Übel, das er selbst von ganzem Herzen herbeiwünschte, obgleich er es für möglich hielt, die Gewalt durch eine angemessene kulturelle und politische Belehrung des Volkes einzuschränken[88]). Diese Haltung ist damit zu erklären, daß Heine damals noch eine monarchistisch-konstitutionelle Revolution von der Art der französichen Julirevolution für möglich hielt und zudem mehr oder weniger offen auf der Seite der revolutionären Partei stand. Um 1840 ist die Lage schon eine ganz andere: Die Linke ist in Deutschland sehr viel extremistischer geworden, die von Heine stets bekämpfte republikanische Strömung hat an Bedeutung gewonnen, ja, das Gespenst des Kommunismus beginnt in Europa umzugehen. So betrachtet Heine nun eine Revolution mit gemäßigter Lösung — auch wegen des allmählichen Scheiterns des französischen Juliregimes — als immer unwahrscheinlicher. Zum anderen sagt sich Heine nun von jeder Partei

---

[87]) VIII, S. 452–53 (1837).
[88]) V, S. 396–97 (1831).

los, versteht sich als unparteiischer Mittler und verkündet die theoretische Möglich-keit, die Revolution durch die von ihm vertretene *neue Doktrin* zu vermeiden, die einzige, die eine *Transaktion* herbeiführen könnte und die doch keiner versteht und keiner annehmen will. So hat sich seine Einstellung zur Revolution gewandelt: Er betrachtet die Revolution immer mehr als ein furchtbares Ereignis, das es abzuwenden gilt; und er hält es theoretisch für möglich, daß sie vermieden werden kann. Andererseits betont er aber, daß die Revolution schließlich doch kommen muß; und obgleich er sich in keiner Weise daran beteiligt fühlt, betrachtet er sie als eine gerechte Strafe für die Menschheit, die seine *neue Doktrin* nicht angenommen hat. So ist sie ihm letztlich genehm, ja er spielt mit diesem Schreckgespenst mit makabrem Genuß und der für ihn typischen Schadenfreude.

Was ist nun *die Revolution*? Heine hatte schon viele Jahre zuvor eine Definition gegeben, die einer politologischen Abhandlung entstammen könnte: „Wenn die Geistesbildung und die daraus entstandenen Sitten und Bedürfnisse eines Volks nicht mehr in Einklang sind mit den alten Staatsinstitutionen, so tritt es mit diesen in einen Notkampf, der die Umgestaltung derselben zur Folge hat und eine Revolution genannt wird. Solange die Revolution nicht vollendet ist, solange jene Umgestaltung der Institutionen nicht ganz mit der Geistesbildung und den daraus hervorgegangenen Sitten und Bedürfnissen des Volks übereinstimmt: so lange ist gleichsam das Staatssiechtum nicht völlig geheilt, und das krank überreizte Volk wird zwar manchmal in die schlaffe Ruhe der Abspannung versinken, wird aber bald wieder in Fieberhitze geraten . . .“[89]). Eine Revolution in ihrer gewaltsamsten Form ist ein Unglück; ein noch größeres Unheil ist aber eine mißglückte Revolu-tion[90]). In Revolutionszeiten bleibt jedenfalls nur die Wahl zwischen Töten und Getötet werden[91]). Die volle Bedeutung dieses Wortes erhellt sich aus folgendem Zitat: „Diejenigen, welche eine Revolution anfangen, sind gewöhnlich ihre Opfer, und solches Schicksal trifft vielleicht Völker eben so gut, wie Individuen“[92]). So wird gewiß nicht Heine eine solche Geißel herbeiführen helfen. Umso schlimmer für die Extremisten, die ihm kein Gehör schenken, sondern ihn sogar verdammen und sich als Cato und Brutus aufspielen; sie selbst werden die ersten Opfer der Revolution sein; und nach der großen Geißel, die Reaktionäre wie Linksextremi-sten hinwegrafft, wird die einzige Lösung die neue Doktrin sein, die dann endlich von den Menschen angenommen wird. Was besagt nun diese *neue Doktrin* im einzelnen? Heine hatte schon in den 30iger Jahren die Prämissen dafür geschaffen.

Es gilt vor allem, die Grundlage des menschlichen Verhaltens zu ändern. Die Vernunft hat den mittelalterlichen Aberglauben überwunden, jedoch gleichzeitig eine materialistische Philosophie eingeleitet, die das transzendente Leitbild durch ein immanentes ersetzt, durch Egoismus und Geldgier, die heute die Welt beherrschen. Dieser Egoismus muß jetzt vom Gefühl überwunden werden; alle „großen Herzen“ Europas sind auf der Suche nach einer neuen Grundlage, der

---

[89]) VI, S. 175 (1832).
[90]) VIII, S. 437–38 (1837).
[91]) VIII, S. 453.
[92]) VIII, S. 66 (1837).

menschlichen Gesellschaft, die den Egoismus ablösen soll[93]). Als Heine um 1833 diese Worte schrieb, verband ihn noch eine Ideengemeinschaft mit dem *Jungen Deutschland*, dessen „neuen Glauben" er so formulierte: „Es ist dieses der Glaube an den Fortschritt, ein Glaube, der aus dem Wissen entsprang. Wir haben die Lande gemessen, die Naturkräfte gewogen, die Mittel der Industrie berechnet, und siehe, wir haben herausgefunden: daß diese Erde groß genug ist, daß sie jedem hinlänglichen Raum bietet, die Hütte seines Glückes darauf zu bauen; daß diese Erde uns alle anständig ernähren kann, wenn wir alle arbeiten und nicht Einer auf Kosten des Anderen leben will; und daß wir nicht nötig haben, die größere und ärmere Klasse an den Himmel zu verweisen"[94]). So wird das Glück, das vom Christentum auf das spätere Leben verschoben wurde, schon hier auf Erden möglich. Ob dieser Glaube nur eine leere Hoffnung ist . . .?[95]).

1840 dagegen steht er dem *Jungen Deutschland* fern, das jetzt eindeutig republikanisch orientiert ist. Heine präzisiert seine Theorie, wobei sich seine Angriffe jetzt gegen die Republikaner im allgemeinen richten. Mit ihrem Gleichheitsprinzip drohen sie das Volk zu nivellieren, indem sie die *großen Individualitäten* ausschalten und die Nation schwächen. Außerdem ist ihr unerbittlicher, einseitiger Kampf gegen die Privilegien des Geldes zum Scheitern verurteilt, weil ihr Wort weder vom Bürgertum noch von den unteren Volksschichten angenommen werden kann. Um den Konflikt zu lösen, bedarf es eben der *neuen Doktrin*, „die alle sozialen Fragen von einem höheren Gesichtspunkt betrachtet und von einem banalen Republikanismus sich ebenso glänzend unterscheidet wie ein kaiserliches Purpurgewand von einem grauem Gleichheitskittel"[96]).


Die tiefe Abneigung gegen die Republik ist übrigens schon früher festzustellen. In *Zur Geschichte der Religion und Philosophie in Deutschland* erwähnt Heine die Republikaner mehrmals mit Herablassung, wenn nicht gar Spott. Aus dem Jahr 1838 findet sich eine Definition, in der die verstreut angedeuteten Motive zusammengefaßt sind: die Republikaner, heißt es, seien von engstirnigem Neid erfüllt, von einer Eifersucht, die nichts über sich dulden wolle: sie verteidigten eine kurzsichtige Tugend. Furchtbar ernst und schrecklich beschränkt, seien sie unangreifbar, müßten aber durch ihre Abstraktheit und Engstirnigkeit unvermeidlich scheitern[97].

Der Dichter hatte 1832 die verschiedenen Formen der Republik in einer recht ausführlichen und absolut negativen Analyse untersucht. Die Anfänge Athens seien dem damaligen Zeitalter, der Jugend der Menschheit, angemessen gewesen, und es sei absurd, wenn man dieses Phänomen auf die jetzige „erwachsene" Epoche

---

93) VII, S. 146 (1833). Zum Verhältnis Materialismus-Egoismus (Utilitarismus) vgl. VII, S. 250 (1834).
94) VII, S. 140.
95) VII, S. 201 (1834).
96) IX, S. 27–28.
97) VIII, S. 192.

übertragen wolle. Sparta hingegen stellt Heine als eine langweilige, gigantische Fabrik des Patriotismus hin, als eine Kaserne der republikanischen Tugend, eine miserable Einheitsküche. Auch die amerikanische Demokratie kommt nicht ungeschoren davon: ihr Leben sei monoton und farblos, ihr eigentlicher Charakter die Spießbürgerei. Der Dichter erklärt, aus angeborener Neigung wie aus Überzeugung immer Monarchist gewesen zu sein[98]). Allerdings bezieht sich Heine hier nicht auf die absolute Monarchie, die er keineswegs mit Kritik verschont, sondern denkt an eine Form konstitutioneller Monarchie. Im übrigen erklärt er schon 1828—29, er hasse nicht den Thron, sondern den Adel[99]). Dieser soll für ihn immer ein „schwarzes Schaf" bleiben.

Die konstitutionelle Monarchie definiert er perfekt: „Indem ich das Wesen des Absolutismus dadurch bezeichnete, daß in der absoluten Monarchie der Selbstwille des Königs regiert, bezeichne ich das Wesen der repräsentativen, der konstitutionellen Monarchie um so leichter, wenn ich sage: diese unterscheide sich von jener dadurch, daß an die Stelle des königlichen Selbstwillens die Institutionen getreten ist. An die Stelle des Selbstwillens, der leicht mißleitet werden kann, sehen wir hier eine Institution, ein System von Staatsgrundsätzen, die unveränderlich sind. Der König ist hier eine Art moralischer Person, im juristischen Sinne, und er gehorcht jetzt weniger den Leidenschaften seiner physischen Umgebung als vielmehr den Bedürfnissen seines Volks, er handelt nicht mehr nach den losen Wünschen des Hofes, sondern nach festen Gesetzen." Der König repräsentiert nur die Idee der Macht, er kann zwar die Minister bestimmen, aber nicht selbst regieren. Die Minister wiederum können nur solange regieren, wie sie den Konsensus der Mehrheit der Volksvertreter haben. Der Herrscher ist nicht verantwortlich für die Maßnahmen seiner Regierung. Verantwortlich sind vielmehr die Minister, die unabhängig vom König regieren und jede seiner Richtlinien, mit der sie nicht einverstanden sind, ablehnen und notfalls zurücktreten können[100]). Diese Regierungsform, die schon Mirabeau verwirklichen wollte, wird nun für das damalige Deutschland gefordert[101]). Demokratie und Monarchie seien durchaus keine Gegensätze, wie man gemeinhin glaube: „Die beste Demokratie wird immer diejenige sein, wo ein einziger als Inkarnation des Volkswillens an der Spitze des Staates steht, wie Gott an der Spitze der Weltregierung; unter jenem, dem inkarnierten Volkswillen, blüht die sicherste Menschengleichheit, die echteste Demokratie." Und so ist die Demokratie auch vereinbar mit einer richtig verstandenen Aristrokratie.

Allerdings bezieht sich Heine mit diesen Worten aus dem Jahre 1838 auf das Rom Julius Cäsars[102]). Sein Vertrauen in das französische Juliregime, das kaum den Männern des Regimes gegolten hatte, ist jetzt auch gegenüber den Institutionen

---

98) VI, S. 112—13, Vgl. VIII, S. 10 (1837).
99) V, S. 56.
100) VI, S. 198, 200—202 (1832).
101) VI, S. 264.
102) VIII, S. 191—92.

geschwunden. Die Politik des juste milieu hat in den Augen des Dichters keineswegs eine Transaktion zwischen Monarchie und Demokratie, zwischen Reaktion und Revolution herbeigeführt, sondern ist allmählich zu einem Kompromiß abgesunken. Sie stützt sich ja auf die Interessen des Mittelstandes und übergeht die Bedürfnisse der Masse. Der Dichter sieht jetzt nur noch eine wirkliche Lösung: den konstitutionellen Cäsarismus. Für den herrschenden, aber nicht regierenden Souverän hatte Louis Philippe ein schlechtes Beispiel abgegeben: Der Souverän hatte versucht, selbst zu regieren, er hatte das Alibi der eigenen Nicht-Verantwortlichkeit ausgespielt und mit dem schlechtesten Erfolg gegen den Volkswillen regiert. Notfalls wusch er sich die Hände und übertrug die Staatsführung in Krisenzeiten einem Premierminister. Unsicherheiten, Intrigen, eine unwirksame und inkonsequente Politik. Heine scheint jetzt zu glauben, daß ein Staat der sicheren Lenkung eines regierenden und dem Volk gegenüber voll verantwortlichen Monarchen bedarf, und seine Gedanken kehren natürlich zu einem der großen Idole seiner Jugend, Napoleon, zurück[103]).

Wir fanden ihn schon als einen der Genien der *Transaktion* beschrieben. 1823 bemerkt Heine, die Franzosen hätten unter Napoleons Regierung die vollkommenste Gleichheit, eine ruhmreiche Gleichheit erlebt, doch sei ihnen die Freiheit genommen worden[104]). Wir wissen schon, daß der Hauptfehler Napoleons darin bestand, die *Transaktion* auf Personen und Interessen zu beschränken und dabei die Ideen außer acht zu lassen.

Was heißt Gleichheit? Natürlich bezieht sich die Gleichheit, die die Franzosen in der napoleonischen Ära gekannt haben und die Heine für die konstitutionelle Monarchie fordert, nur auf die rechtliche Situation und die sozialen Möglichkeiten und meint keine sittliche oder wirtschaftliche Nivellierung. Diese ist den Republikanern vorbehalten, und wir sahen schon, wie Heine sie scharf kritisiert. Seine Philippiken zur Verteidigung der hungernden Massen und gegen die Ausbeutung des Menschen durch den Menschen implizieren — wie früher bei den Saint-Simonianern und später etwa bei den Verfechtern des faschistischen Korporativismus — kein sozialistisches Gedankengut.

Die Begeisterung Heines für Napoleon kennt — trotz zeitweiliger Vorbehalte — mitunter keine Grenzen; wir finden Napoleon mit einem Gott oder gar mit Christus[105]) oder Prometheus[106]) verglichen. So glaubt Heine sich 1828—29 entschuldigen zu müssen: „Ich bitte dich, lieber Leser, halte mich nicht für einen unbedingten Bonapartisten . .“ Bonapartist ist er also, wenn auch kein absoluter. Weil Napoleon schließlich die Freiheit verraten hat, kann Heine ihm nur bis zum 18. Brumaire „unbedingt“ zustimmen. In der Schlacht von Marengo berauschte sich Napoleon an Ruhm und Macht, und daraus entsprangen alle seine Fehler[107]).

---

103) IV, S. 170 (1826).
104) V, S. 78—79.
105) V, S. 153 (1828).
106) IV, S. 295 (1828—29).
107) IV, S. 296—97.

Die Julirevolution eröffnet Heine neue Perspektiven und weckt in ihm neue Hoffnungen. Nachdem diese geschwunden sind, kann die frühere Überzeugung wieder hervortreten.

Der Bonapartismus Heines ist nicht unbedingt mit den Ideen der entsprechenden französischen Partei gleichzusetzen. Schon 1832, wenige Monate nach seiner Apologie der konstitutionellen Monarchie, betont Heine den Unterschied zwischen „wahrem" und „falschem" Bonapartismus. Der letztere glaubt an eine Art „Auferstehung des Fleisches", er hängt abergläubisch am Kult einer Person. In Wirklichkeit kommt es aber auf das Prinzip, auf die Auferstehung des Geistes an. Diese „wahren" Bonapartisten vertreten die „Idee einer Alleinherrschaft der höchsten Kraft, angewendet zum Besten des Volkes". Das ist eine neue Form des *Cäsarismus*: hier hat nur der einen Machtanspruch, der die größten Fähigkeiten und die besten Intentionen besitzt. Der Gedanke wird klarer formuliert: „In gewisser Hinsicht war Napoleon ein saintsimonistischer Kaiser; wie er selbst vermöge seiner geistigen Superiorität zur Obergewalt befugt war, so beförderte er nur die Herrschaft der Kapazitäten und erzielte die physische und moralische Wohlfahrt der zahlreichern und ärmern Klassen. Er herrschte weniger zum Besten des dritten Standes, des Mittelstandes, des Justemilieu, als vielmehr zum Besten der Männer, deren Vermögen nur in Herz und Hand besteht; und gar seine Armee war eine Hierarchie, deren Ehrenstufen nur durch Eigenwert und Fähigkeit erstiegen wurden. Der geringste Bauernsohn konnte dort, ebensogut wie der Junker aus dem ältesten Hause, die höchsten Würden erlangen und Gold und Sterne erwerben"[108]). Das verdeutlicht den Begriff der „Gleichheit": Es gilt, allen Bürgern die gleiche Möglichkeit zu geben, ihre persönlichen Fähigkeiten zu entfalten und Hervorragendes zu leisten. Dabei muß sich eine neue Aristokratie ohne ererbte Privilegien herausbilden, die auf das Verdienst des Einzelnen gegründet ist und sich im Laufe der Generationen beständig durch frische Kräfte erneuert. Gleichzeitig soll aber der Lebensstandard der unteren Klassen gehoben werden. Es ist denkbar, daß die wirtschaftlichen Unterschiede verringert, aber nicht beseitigt werden, während die geistigen verfeinert und verlagert werden: Die unteren Klassen werden belehrt, damit die *hohen Geister* desto höher streben können. So wird die *Transaktion* zwischen Aristokratie und Demokratie vollzogen. Napoleon — hatte Heine einige Jahre zuvor geschrieben — war ein Aristokrat, ein Feind der „bürgerlichen" Gleichheit, und wenn die alte Aristokratie seiner Zeit das begriffen hätte, dann hätte sie mit ihm zusammenarbeiten und sich dadurch erneuern können[109]). Gleichzeitig mußte die *Transaktion* zwischen Monarchie und Demokratie stattfinden; doch hier versäumt es Heine, eine Frage zu klären, die ihn selbst bedrängte: Wie kann gemeinsam mit einer richtig verstandenen Gleichheit auch die Freiheit verwirklicht werden? Napoleon bemühte sich nicht um die Lösung dieses Problems — ein Fehler der Person oder der Institution? Ferner: welche konkrete Gestalt muß der ideale Cäsarismus annehmen, um einen solchen Fehler zu vermeiden?

---

[108]) VI, S. 302.
[109]) IV, S. 296 (1828—29).

Wenn Heine Napoleon einen *Saintsimonianer* nennt, so kommt das gewiß einem offenen Bekenntnis zum Bonapartismus gleich. Abgesehen von seinen persönlichen Bindungen an die saintsimonistische Schule[110]), erklärt sich Heine offen zum Anhänger der Weltanschauung Saint-Simons: von dieser ist die *neue Doktrin* durchtränkt. Die darin enthaltene Idealvorstellung Heines von der zukünftigen Menschheit wollen wir nun in einem größeren Rahmen, auch auf der metaphysisch-religiösen Ebene untersuchen.

+ + +

Die Zukunft der Menschheit kann nicht allein vom Gleichheitsideal bestimmt sein: die Freiheit ist mindestens ebenso wichtig. Im Grunde sind dies nur zwei Aspekte der gleichen Idee. 1828 erklärt Heine, die Freiheit sei vielleicht die Religion der neuen Zeit, eine Religion der Armen[111]). Dieses Zukunftsideal zeichne sich jedoch bereits in der heutigen geschichtlichen Realität ab, als Losungswort und Ziel des gegenwärtigen Kampfes; und es komme vielleicht der Tag, an dem diese große Aufgabe unserer Zeit als eine gesicherte Errungenschaft der Vergangenheit betrachtet werde[112]). Auch hier ist eine Freiheit von wirtschaftlichem Zwang gemeint, die fast dasselbe bedeutet wie Gleichheit[113]). Der Ruf nach Freiheit ertönt wieder 1844[114]): Die Freiheit wird durch das soziale Leben verwirklicht, kein Mensch ist „ganz liberal", nur die Menschheit insgesamt kann es sein; denn die Einzelnen, die ganz verschiedene Komponenten des Freiheitsgedankens in sich tragen, ergänzen sich gegenseitig zu dieser höheren Gemeinschaft[115]).

Es gibt aber auch eine Freiheit, die nicht einfach Gleichheit bedeutet. Das Volk muß die Möglichkeit haben, nach eigenem Ermessen, durch die Wahl seiner Vertreter die Politik zu bestimmen. Das setzt allerdings eine Reihe von Errungenschaften voraus, die Heine schon im Geist der Reformation vorfindet – vor allem die Denkfreiheit[116]) und die sich daraus ergebende Pressefreiheit, die ein „protestantisches Recht" sei. Gleiches gilt auch für die Lehrfreiheit[117]). Dies sind unerläßliche Voraussetzungen dafür, daß das Volk über seine politischen Rechte aufgeklärt und in die Lage versetzt wird, diese sinnvoll auszuüben, und daß die praktische Anwendung der Rechte gesichert ist. Nicht umsonst beklagte sich Heine immer wieder über die Zensur, die ihn ständig behelligte.

Darüber hinaus können die freien Institutionen, wenn sie auf alle Völker ausgedehnt werden, die Mißverständnisse ausschließen, die jetzt durch die Intrigen der Höfe entstehen, und können durch die Demokratie den Weltfrieden sichern[118]). Der

---

110) s. Kap. III.
111) V, S. 77.
112) IV, S. 299–300.
113) IV, S. 298.
114) *Deutschland. Ein Wintermärchen.* Kaput I. s. auch in *Zeitgedichte:* „Die Tendenz".
115) VI, S. 249 (1832).
116) VII, S. 230 (1834).
117) VII. S. 231–32.
118) IX, S. 146 (1841).

Kriegsruhm wird dadurch zu einem „veralteten Vergnügen"[119]. Der Nationalismus ist nur ein Mittel, um ein Volk durch ein anderes zu knechten. Faktisch gibt es in Europa keine „nationalen" Parteien; es gibt nur zwei große Parteien: die Aristokratie (die den nationalen Mythos für ihre Zwecke nutzt) und die Demokratie[120]: „Täglich verschwinden mehr und mehr die törigten Nationalvorurteile, alle schroffen Besonderheiten gehen unter in der Allgemeinheit der europäischen Zivilisation, es gibt jetzt in Europa keine Nationen mehr, sondern nur Parteien"; an die Stelle der *Staatenpolitik* ist jetzt unwiderruflich eine *Geistespolitik* getreten[121].

Diese Vereinheitlichung der europäischen Kultur hatte Heine auch als ein Negativum, als Verlust der Nationalbesonderheiten gesehen[122]; und er mußte zu dieser Auffassung gelangen, weil er die Vereinheitlichung als entpersönlichend verstand. Andererseits ist nicht zu übersehen, daß die europäische Einigung im liberal-humanitären Sinne für den Dichter gleichbedeutend ist mit einer „Germanisierung" Europas; denn das deutsche Volk ist kraft seines Charakters dazu berufen, durch die Verwirklichung dieses Nationalcharakters die nächste — und höchste — Stufe der Menschheitsgeschichte zu bestimmen. Der Deutsche ist der „absolute Mensch", und die Völker der Erde müssen über ihre eigenen Besonderheiten hinweg in ihm die Berufung der Menschheit zu der sich ankündigenden höchsten Stufe erkennen. In diesem Sinne wird die liberal-humanitäre Einigung Europas keine entpersönlichende Wirkung haben, sondern eine universale Durchsetzung des deutschen Wesens bedeuten.

+ + +

Die Zeit ist reif für die *Geistespolitik:* „Es hat wirklich den Anschein, als ob jetzt mehr geistige Interessen verfochten würden als materielle, und als ob die Welthistorie nicht mehr eine Räubergeschichte, sondern eine Geistergeschichte sein solle"[123]. Die ewigen Rechte des Geistes können auf die Dauer nicht eingedämmt werden[124]. Das Zeitalter, in dem der heute der Menschen beherrschende Egoismus vom *Gefühl* überwunden wird, hat schon begonnen mit einem neuen Spiritualismus. Das ist natürlich nicht der Spiritualismus des mittelalterlichen Christentums, ein geschworener Feind der Materie und Quelle des „Aberglaubens". Die Überwindung des *Egoismus,* der aus der Vernunft entsteht, welche den Aberglauben besiegt hat, und die Überwindung des den Egoismus begleitenden Materialismus wird durch die Versöhnung des Geistes mit der Materie in einer höheren Synthese vollzogen. Dieser neue Spiritualismus nennt sich deshalb „Sensualismus"[125]. „Der nächste Zweck aller unserer neuen Institutionen ist solchermaßen

119) IV, S. 297.
120) H. HEINE, *Werke und Briefe,* hg. v. H. Kaufmann, Bd. 4, Berlin 1961, S. 363 (1832). Vgl. *Zeitgedichte:* „Deutschland".
121) IV, S. 297 (1828—29).
122) s. Kap. I.
123) IV, S. 297 (1828—29).
124) IV, S. 92—93 (1826).
125) VII, S. 219 (1834).

die Rehabilitation der Materie, die Wiedereinsetzung derselben in ihre Würde, ihre moralische Anerkennung, ihre religiöse Heiligung, ihre Versöhnung mit dem Geiste"[126]). Auf der Grundlage dieses Prinzips muß der sich in Europa ankündigende neue Spiritualismus auf ganz besondere und gewiß recht hochgesteckte politische Ziele hingeführt werden. „Wir kämpfen nicht für die Menschenrechte des Volks, sondern für die Gottesrechte des Menschen . . . wir stiften eine Demokratie gleichherrlicher, gleichheiliger, gleichbeseligter Götter . . . wir . . . verlangen Nektar und Ambrosia, Purpurmäntel, kostbare Wohlgerüche, Wollust und Pracht, lachenden Nymphentanz, Musik und Komödien." — Dies alles steht in klarem Gegensatz zu den „Cincinnatus"-Idealen der Republikaner, die bei dieser Gelegenheit wieder einmal verspottet werden[127]). Die Erinnerung an den napoleonischen Prunk und die damals verbreiteten Phantasien über die orientalische Prachtentfaltung in „künstlichen Paradiesen" vereinen sich in diesem Bild, das den Boden jedes konkreten politischen Programms endgültig verläßt, um in den Traum, bzw. in die Religion überzugehen. Ganz bewußt hat Heine uns darauf hingewiesen, daß die neue Religion die Aufgabe habe, das irdische Paradies zu verwirklichen, daß Politik, Wissenschaft, Kunst und Religion untrennbar miteinander verbunden seien und daß der *Glaube* an den Fortschritt aus dem *Wissen* erwachse. Mythos und Wirklichkeit durchdringen sich, und relativ konkrete Diskussionen und Bemerkungen dienen dem Dichter als Ausgangspunkt für eine Art messianischen Mystizismus.

Die wahre Religion der Freiheit und Gleichheit (wie Heine sie verstand), die Geist und Materie auf der metaphysisch-moralischen Ebene versöhnt — wie sie Monarchie, Aristokratie und Demokratie auf der politischen Ebene vereint —, um in einer Art Schlaraffenland, in einem bacchischen Triumph zu gipfeln, in dem die Menschheit ihre höchste Bestimmung erfüllt, heißt: *Pantheismus.*

Auch hier erklärt Heine, daß es sich um einen Pantheismus *sui generis* handelt, der — wie wir sehen werden — tief verwurzelt ist in der deutschen Geschichte bzw. Tradition, sich aber durchaus von der Goetheschen Version unterscheidet. Diese mündet — nach Heine — in einer indifferentistischen Form des Pantheismus, wonach Gott gleichermaßen in allen.Dingen ist, so daß sich der Einzelne in einer untätigen, zerstreuten Betrachtung einer schon gefügten Wirklichkeit verliert und ihn so jeder Fortschrittsdrang verläßt. „Aber das ist eben der Irrtum: Alles ist nicht Gott, sondern Gott ist Alles, Gott manifestiert sich nicht in gleichem Maße in allen Dingen, er manifestiert sich vielmehr nach verschiedenen Graden in den verschiedenen Dingen, und jedes trägt in sich den Drang, einen höheren Grad der Göttlichkeit zu erlangen, und das ist das große Gesetz des Fortschrittes in der Natur." Dieses Gesetz wurde besonders eindringlich von den Saintsimonianern verkündet; es bezeichnet einen Pantheismus, der *zum aufopferungssüchtigsten Fortstreben* führt. Gott ist in der Bewegung, in der Tat, in der Zeit; die Geschichte ist sein großes Buch[128]).

---

126) VII, S. 263—64.
127) VII, S. 266.
128) VII, S. 48 (1833).

Gott ist die Welt. Er manifestiert sich in den Pflanzen, in ihrem „kosmisch-magnetischen" Leben ohne Bewußtsein, er manifestiert sich in den Tieren, in ihrem dumpfen, sinnlichen Traumleben. Er offenbart sich aber vor allem im Menschen, der zugleich fühlt und denkt, der sich selbst individuell zu unterscheiden weiß von der dinglichen Natur und schon in seiner Vernunft die Ideen trägt, die sich ihm in der Erscheinungswelt kundgeben. Im Menschen kommt die Gottheit zum Selbstbewußtsein, und dieses Selbstbewußtsein offenbart sie wieder durch den Menschen. Doch dies geschieht nicht im Einzelnen, sondern in der Menschheit insgesamt; denn jedes Individuum erfaßt und verkörpert nur einen Teil des göttlichen Ganzen, aber alle Menschen zusammen können das Ganze in der Idee und in der Realität auffassen und darstellen. Jedes Volk hat vielleicht die Sendung, einen bestimmten Teil dieses Ganzen zu erkennen, kundzugeben und jenen Völkern zu überliefern, denen die späteren Aufgaben vorbehalten sind: „Gott ist daher der eigentliche Held der Weltgeschichte, diese ist sein beständiges Denken, sein beständiges Handeln, sein Wort, seine Tat, und von der ganzen Menschheit kann man mit Recht sagen, sie ist eine Inkarnation Gottes!"[129]). Der Saintsimonismus, der an anderer Stelle „die neueste Religion" genannt wird[130]), hat solche Wahrheiten begriffen und verkündet. In Frankreich fanden sie keinen günstigen Boden, in Deutschland hingegen wurden sie besser gewürdigt[131]). Neben Saint-Simon übte ein anderer Denker großen Einfluß auf Heine aus. Das war Hegel, den Heine den größten deutschen Philosophen nach Leibniz nennt[132]). Der Dichter erkennt in ihm den Höhepunkt der *Naturphilosophie* — und damit auch des Pantheismus —; trotz gelegentlicher sarkastischer Bemerkungen[133]) und trotz der Verurteilung seiner praktischen politischen Position[134]) sieht er in ihm das philosophische Schicksal des deutschen Volkes vollendet[135]), jene Revolution im Reich der Ideen, die eine unerläßliche Voraussetzung und zugleich ein starker Antrieb für die künftige deutsche Revolution ist[136]).

Die Seiten, auf denen Heine sein pantheistisches Credo darstellt, gehören zu den eindringlichsten und prägnantesten. Sie sind von einem mystischen Feuer durchglüht, das den Dichter — einem Ideal hingegeben, das in einem Empyreum schwebt, wo alle Polemik erlischt — fast alle Ironie und allen Sarkasmus vergessen läßt. Seine Lehren, die kraftvoll und vage, universal und fragmentarisch sind, werden nicht weiter erläutert. Heine drängt es nicht zur reinen Metaphysik; „ich war nie abstrakter Denker", erklärt er Jahre später, als er die Palinodie seines jugendlichen Atheismus schreibt[137]); und der literarische Geist, der sich in ihm mit Kampfgeist und Polemik verbindet, bewahrt ihn vor weiteren pindarischen Flügen poetisch-

129) VII, S. 264—65 (1834).
130) VII, S. 228.
131) VII, S. 266.
132) VII, S. 344.
133) VII, S. 347—48.
134) VII, S. 344.
135) VII, S. 348.
136) VII, S. 350.
137) VII, S. 179 (1854).

philosophischer Art. Dennoch durchdringen sich die von ihm vertretenen Prinzipien faktisch und begründen — soweit sie gültig sind — zwingend seine Geschichtsauffassung und seine politischen Vorstellungen. Die Welt ist für ihn von einer Art vitaler Energie belebt, deren finaler Impuls wohl zunächst blind ist, doch wesenhaft der Erfüllung der höchsten Bestimmungen zugewandt scheint. Ist die Entwicklung in ihren großen Linien schicksalhaft, trotz der durch menschliche Schwäche bedingten Verzögerungen und Abweichungen? Die Religion der Zukunft gründet zwar auf dem Wissen, ist aber trotz allem nur ein Glaube; und der Glaube kann keine absolute Sicherheit geben, so daß Heine schließlich sogar zweifeln kann: „Die Menschheit ist vielleicht zu ewigem Elend bestimmt…"[138]. Ist diese Möglichkeit, wenn sie der Wirklichkeit entspricht, ebenfalls vom Schicksal — einem ungünstigen Schicksal — vorbestimmt? Dann wäre der Gott Heines von Anbeginn an zum Scheitern verurteilt, es wäre ein absurder, in sich verfehlter Selbsterhaltungstrieb. Oder hängt nicht vielmehr das Heil von einer höheren menschlichen Freiheit ab, — nicht von der des Einzelnen, sondern der Gesamtmenschheit, die sich so selbst erretten oder verlieren kann? Die Menschheit in ihrer Gesamtheit ist aber die Inkarnation Gottes. So bleibt schließlich nur eine Frage zu beantworten, in der alles beschlossen ist: Ist Gott frei oder ist er es nicht?

Vielleicht erleben wir auch einen Konflikt zwischen Gott, der idealen Humanität, und den Kräften des Bösen, das die Kluft zwischen „idealer" und „empirischer" Humanität schafft. Der Ausgang des furchtbaren Kampfes wäre dann entweder schon vorbestimmt von einem Kräfteverhältnis kosmischer Gewalten, von einem über Gott selbst stehenden Schicksal, oder würde von einem freien göttlichen Willen entschieden, der zwischen verschiedenen Möglichkeiten wählen kann, — ein fehlbarer Akt eines nicht allwissenden, nicht allmächtigen Gottes —, oder er würde schließlich der Entscheidung einer dritten, unabhängigen Kraft anheimgestellt, des Menschen, der kollektiv zwischen seinem *empirischen* und seinem *idealen* Sein, zwischen dem Verderben und der Inkarnation Gottes schwankt und bewirken kann, daß sich eine der Waagschalen senkt.

Der Pantheismus, zu dem sich Heine bekennt, schließt aus, daß die Kräfte des Bösen eine positive Funktion haben und somit unabhängig sind. Das Böse könnte nur — in einer allgemeinen Relativität der Werte — eine „niedere Stufe" Gottes gegenüber einer „höheren Stufe" sein. Doch die Geschichte, wie Heine sie sieht, kennt das „unnütz Vergängliche", kennt Verzögerungen, Rückschritte, Fehler, kennt Ereignisse, die sich selbst, ihren geschichtlichen Augenblick überleben und andere, die die Gelegenheit ihrer geschichtlichen Verwirklichung versäumen, kennt sinnlose Unterdrückung und Revolutionen, die verhindert oder gemildert werden könnten. Die Ursache für diese Verluste liegt offenbar in der menschlichen Schwachheit und Torheit, in Egoismus, Machtgier, Eitelkeit, Unwissenheit und Groll. Teuflische Laster oder ein bloßer Mangel an Tugend? Bestehen die Leiden, die daraus erwachsen, nur in einem Entzug von Positivem? Und wie kann eine „niedere Stufe" Gottes sich einer „höheren Stufe" seiner selbst widersetzen? —

---

138) VII, S. 201 (1834).

Wenn wir uns auf einen totalen pantheistischen Fatalismus zurückziehen (den Heine ausdrücklich ablehnt), wonach alles Übel und alle Fehler unvermeidbar sind zur Erreichung des Endziels („one partial evil universal good", um mit Pope zu sprechen), dann können wir nicht mehr den Appell zur Tat und das Vertrauen in die Initiative des Individuums verstehen, die sich bei Heine so oft finden.

Der in Heines Geschichtsauffassung vorherrschende *allgemeine Optimismus*, der sich stark abhebt vom weitgehenden *besonderen Pessimismus* gegenüber den Tagesereignissen der Gegenwart und der unmittelbaren Zukunft und der anscheinend vor allem vom Bedürfnis nach einer Kompensation des Pessimismus getragen ist oder zumindest dadurch emotional verstärkt wird, scheint alles in allem — wenn auch nicht ganz eindeutig — zu bestätigen, daß eine Erlösung am Ende doch kommen muß. Er läßt aber die Frage nach dem *Wie* und *Wann* dieser Erlösung offen, denn beides hängt von der Initiative des Menschen ab. Es ergibt sich also eine Fatalität in den großen Linien und eine Kontingenz der Einzelfälle, in denen die menschliche Freiheit wirken kann. Der Mensch kann hier auch als Einzelner die ihm gegebene Möglichkeit, zu einem höheren Moment des Göttlichen zu werden, ausschöpfen oder aber verfehlen. So gibt es keinen Kontrast mehr zwischen „höherer" und „niederer" Stufe des Göttlichen, sondern zwischen Fehlen und Präsenz einer höheren Stufe der Göttlichkeit im Menschen.

Damit wären einige Schwierigkeiten gelöst. Wir müssen uns aber von neuem fragen: wie ist es möglich, daß ein Teil Gottes sich nicht verwirklichen kann? Oder aber: worin bestent diese Unabhängigkeit des Menschen, die ihm die Freiheit läßt, zu entscheiden, ob er Gott in sich verwirklichen oder nicht verwirklichen will?

Die Beziehung zwischen Gott und den Menschen bleibt bei Heine unklar. Gott ist alles. Ist er aber auch Materie? Eher scheint er Leben zu sein. Gibt es demnach ein zweites Prinzip, die Materie, die neutral, wenn nicht negativ ist und die zu prädominieren droht, wenn sie sich mit irgendeinem göttlichen Element verbindet, indem sie dieses dazu verführt, sich selbst aufzugeben? Und wenn dem so wäre, welche Beziehung besteht dann zwischen Gott und diesen seinen Teilen, die so unabhängig sind, daß sie von ihm abfallen können? Das Problem stellt sich unverändert, wenn auch die Materie Gott zugeschrieben wird und jedes höhere göttliche Element der Versuchung ausgesetzt scheint, sich nicht in seiner eigentlichen Gestalt zu verwirklichen, sondern auf eine „niedere Stufe" abzusinken.

Wir wollen diese Analyse hier abschließen, die gewiß über die allgemeinen Vorstellungen Heines hinausgeht und auf deren ungelöste Fragen wir bei Heine vergeblich eine Antwort suchen würden. Wir haben auf diese Tendenzen hingewiesen, weil sie sich ganz verschieden ausgeprägt haben in der geistesgeschichtlichen Tradition, von der Heine geformt wurde. Trotz endloser Diskussionen vermochte sich diese nicht von ihren inneren Widersprüchen zu lösen, im Gegenteil, sie war davon oft zerrissen und wurde dadurch in Frage gestellt. Diese Kontraste bestimmen auch die Persönlichkeit Heines, — und gerade in dem Bereich, der uns hier vor allem interessiert (obschon die eigentliche Problematik Heine teilweise entgeht). So wiederholt sich das klassische Dilemma: Determinismus — historisch-metaphysische Freiheit, das er nicht adäquat als Problem zu analysieren vermag, in seinem Werk als Kontrast zwischen einem voluntaristischen Aktivismus, der seine Lehren bestimmt, oder der ausdrücklichen Ablehnung des „Fatalismus" einerseits

– und jener resignierenden Haltung andererseits, mit der er oft seine Rolle als *vox clamantis in deserto* hinnimmt, mit der er im Mythos des Henkers das unvermeidliche Kommen des Rächers ankündigt und nun geduldig jenen geistigen Samen sät, der nach der Katastrophe aufgehen soll. Dabei ist es schwer, den *allgemeinen Optimismus,* von dem die erste Haltung bestimmt ist, vom *besonderen Pessimismus* zu scheiden, der die zweite Tendenz prägt.

Eine kurze Erörterung dieser Probleme findet sich in der wohl unvollendeten, posthum veröffentlichten Schrift Heines aus dem Jahre 1832: „*Verschiedenartige Geschichtsauffassung*". Auf der einen Seite verwirft Heine den vermeintlichen „Fatalismus" und „Indifferentismus" der Goetheaner und der Historischen Schule, die jede Möglichkeit des Fortschritts ausschließen und sich untätig mit der Vergänglichkeit aller Dinge abfinden. Auf der anderen Seite verurteilt er die „Kulturidee" der Humanitätsschule (Herder, Lessing), die zwar ebenfalls fatalistisch, aber doch aktiv ist und an den Fortschritt glaubt, für die die Gegenwart nur ein Mittel ist, um eine glückliche Zukunft des Menschengeschlechts zu erreichen, und das heutige Leiden hingenommen und behandelt werden muß als ein unvermeidlicher Schritt auf dem Wege zu einem größeren Heil der kommenden Generationen.

Diesen Auffassungen setzt Heine die *freie Geisteskraft* entgegen und kommt zu dem Schluß: „Wir wollen auf der einen Seite nicht umsonst begeistert sein und das Höchste setzen an das unnütz Vergängliche; auf der anderen Seite wollen wir auch, daß die Gegenwart ihren Wert behalte und daß sie nicht bloß als Mittel gelte und die Zukunft ihr Zweck sei … Das Leben ist weder Zweck noch Mittel; das Leben ist ein Recht. Das Leben will dieses Recht geltend machen gegen den erstarrenden Tod, gegen die Vergangenheit, und dieses Geltendmachen ist die Revolution"[139]).

Angesichts der oben erwähnten Schwierigkeiten erscheint uns dies keine wirkliche Lösung. Vielleicht hat Heine diese Gedanken ganz bewußt nicht weitergeführt. Der antideterministischen Komponente der Vorstellungen des Dichters könnte man ganz andere Stellen seines Werks entgegenhalten. Es kündigt sich hier ein Negativum an – Tod, Vergangenheit, unnütz Vergängliches –, das sich, wie wir schon sahen, einfach nicht näher beschreiben und einordnen läßt.

+ + +

Unabhängig von der Geltung des Menschen steht Gott, wenn ihn die Menschheit inkarniert, über den *empirischen* Völkern, denn er vereint in sich alle *idealen Völker,* die die Menschheit in ihrem besten Sinne bilden. Durch sie greift Gott in die *empirische* Geschichte ein und sendet den schlafenden oder verdorbenen Völkern seine Propheten.

---

139) VI, S. 461 ff.

Doch Gott ist mehr als bloße menschliche Inkarnation, Gott ist das Leben des Alls; so manifestiert er sich auch in jenen eher materiell bedingten, großen sozialen Kräften, die den Weltlauf in einem Bereich unterhalb der geistigen Sphäre vorantreiben. Oder er äußert sich in den Kräften des noch keimenden Geistes, in den „unfreiwilligen" historisch-psychologischen Tendenzen, die gewisse Haltungen der Völker bestimmen. Diese Kräfte führt Gott, der sich durch den Mund der Propheten in der Idee offenbart, dem Fortschritt entgegen. Gott braucht die Menschen, denn nur in ihnen kann er sich vollenden, indem er sie zu den Göttern der zukünftigen Gesellschaft macht und sich so aus einer dunklen oder kaum von einem Schimmer des Bewußtseins erhellten Energie in eine selbsterkennende Wirklichkeit verwandelt, die in moralischem und eudämonistischem Sinn Vollendung erreicht. Gott schafft sich selbst also durch die menschliche Geschichte.

Diese fundamentale Immanenz verbindet sich aber — gewissermaßen durch eine *Transaktion* — mit einem Streben zum Transzendenten. Es ist eine Transzendenz des Sein-sollens gegenüber dem Sein, die auf der Spannung zwischen *empirischer* und *idealer* Menschheit gründet. Gott ist schon in allem, er muß aber noch in seiner höchsten Form Wirklichkeit werden. Hierin ist der Pantheismus Heines eben nicht „indifferentistisch"; sein Gott ist in gewissem Sinne ein Gott, der *noch nicht ist* oder als Vorahnung seiner vollendeten Form in den geheimen Kräften der Geschichte und der Idee lebt und wirkt, aber noch nicht in seiner ganzen Größe verwirklicht ist. Oder, wie später ein großer Bewunderer Heines, Arno Holz, sagen wird: „Gott ist nicht: Gott wird"; und wir selbst schaffen ihn. Außerdem können und müssen wir versuchen, ihn jetzt und hier zu „schaffen", entsprechend dem „Stadium", in dem wir uns befinden.

Wenn diese Auffassung alle problematischen Punkte enthält, die wir oben dargestellt haben, so stellt sie doch zweifellos ein konstantes, wirkendes Grundelement der Entwicklung der Heineschen Weltanschauung dar. Sie drückt sich in dem ständigen Bestreben aus, das Heil der Zukunft im Heil der Gegenwart zu suchen, so daß der *besondere Pessimismus* die Bemühungen des Apostels nicht zu lähmen vermag. Dieser kann also immer eine gewisse, wenn auch schwache Hoffnung haben, in der Gegenwart zu triumphieren und so das große Unheil aufzuhalten, das sonst dem Endglück vorausgehen würde; er kann hoffen, nicht erst in ferner Zukunft, sondern schon in der unmittelbaren Gegenwart Bestätigung zu finden. Ohne diese mehr oder weniger offen ausgedrückte Hoffnung fände das Wirken des politischen Dichters Heine keine andere Rechtfertigung als die der Autoapologie oder der Produktion von Bestsellern.

+ + +

Das Thema des Pantheismus, das bisher in seinen allgemeinen Grundzügen und Implikationen betrachtet wurde, führt uns zurück auf das Leitmotiv eines großen Teils des Heineschen Werkes: das Motiv Deutschland. Es hilft uns, endlich die volle Bedeutung der Auffassung vom deutschen Volk als der höchsten Menschheitsstufe, als dem Volk des *absoluten Menschen* zu begreifen. Der Pantheismus ist für Heine die Religion der Zukunft, die auf den egoistischen Materialismus folgen wird, wie dieser zuvor das „abergläubische" Christentum abgelöst hat. Die drei Endphasen der philosophisch-religiösen Geschichte der Menschheit sind also: Christentum, Materialismus und Pantheismus; und die gesamte Menschheit, oder zumindest das jeweilige Führervolk, muß durch diese Stadien hindurchgehen. Jedes Volk erfährt sie aber — oder entzieht sich ihnen — gemäß seinem Nationalcharakter; und dabei entstehen Sonderformen dieser Phänomene, die Heine zuweilen in Einzelheiten beschreibt, welche hier nur teilweise berücksichtigt werden konnten.

Im Nationalcharakter des deutschen Volkes, das zum Führervolk der Endphase bestimmt ist, sind die Grundzüge enthalten, die es zu dieser Aufgabe befähigen. Diese sind ja auch in der Vergangenheit ständig mehr oder weniger deutlich hervorgetreten. Gerade aufgrund dieser Symptome lassen sich die pantheistische Berufung Deutschlands und die „deutsche" Zukunft der Menschheit erkennen und verkünden.

Heine erklärt, daß der Volksglaube Europas, vor allem Nordeuropas, vor der Christianisierung eine Form des Pantheismus war: Anbetung der Natur, in deren Elementen man wunderbare Wesen verehrte. Alles war von Geistern beseelt: Wälder, Wasser, Berge; und die ganze Erscheinungswelt war vom Göttlichen durchdrungen. Die Bekehrung zum Christentum ließ alle diese übernatürlichen Wesen zu furchtbaren Dämonen werden und verdammte zugleich die gesamte Natur als etwas Sündiges[140]. Der anfängliche Pantheismus wurde in einen Pandämonismus umgewandelt, doch der Pantheismus war im Gegensatz zum Christentum tief im deutschen Nationalcharakter verwurzelt. So konnte das Christentum als zeitgemäße, d. h. an eine bestimmte soziale Situation angepaßte Religion sich zwar durchsetzen, indem es den Pantheismus in einen Pandämonismus umformte und zu einem volkstümlichen (negativen) Aberglauben degradierte, es gelang ihm jedoch nicht, ihn völlig auszurotten. Ja, was das Christentum an volkstümlichem (positivem) Aberglauben mitbrachte, wie etwa die Heiligenlegenden, verschwand wieder mit der Reformation, da es dem Nationalcharakter aufgepfropftes Fremdgut war. Der Reformation gelang es andererseits nicht, den Dämonenglauben ganz zu beseitigen, — Luther selbst war ihm ja noch verhaftet[141].

Diese Stelle regt dazu an, kurz den Unterschied von Volksgeist und Zeitgeist bei Heine zu klären: Wenn da, was dem Zeitgeist gemäß ist, bei einem bestimmten Volk nicht mit dem Volksgeist übereinstimmt, setzt es sich dennoch durch und zwingt dem Volk die Ideen der Stunde auf; es kann aber nicht ganz die Äußerungen des Volksgeistes unterdrücken, und während sein Einfluß auf das Volk stark, aber flüchtig ist, ist das Wirken des Volksgeistes hingegen von Dauer. Dieser wird nur allzu bald das Verlorene zurückgewinnen, indem er den Ideen, die dem fremden Zeitgeist entstammen, seinen Stempel aufdrückt (dies trifft etwa — wie wir bald sehen werden — für die Reformation zu), bis er sich schließlich selbst in direkterer Form äußern kann. Dies geschieht, wenn Volksgeist und Zeitgeist übereinstimmen, wenn durch die Änderung der sozialen und kulturellen Situation für das betreffende Volk der Augenblick kommt, zum Führervolk aufzusteigen. Ausgenommen von diesem Gesetz ist das „höchste Stadium", die pangermanische Epoche, weil dann die Nationalbesonderheiten verschwinden und die ganze Welt deutsch wird: Zeitgeist und germanischer Volksgeist, die dann zusammenfallen, werden die gesamte Menschheit durchdringen. Dieses Phänomen scheint einerseits

---

140) VII, S. 206 (1834).
141) VII, S. 214—15.

abhängig von der Entwicklung der materiellen Verhältnisse — häufigere Kontakte und intensiverer Handelsverkehr infolge der „industriellen" Entwicklung — und andererseits von dem besonderen metaphysisch-politischen Charakter des künftigen Germanentums: Liberalismus und Gleichheitsprinzip mit ihren Konsequenzen: kosmopolitischer Universalismus und Weltfrieden.

Kehren wir zum engeren Thema zurück: Heine schreibt unter anderem der Reformation das Verdienst zu, einen — wenn auch begrenzten — Gegensieg des Volksgeistes über das Christentum ermöglicht zu haben. Nach einer kurzen Anfangsphase ließ die Reformation den deutschen *Sensualismus* hervorbrechen, — eine polemische Variante des Pantheismus oder jedenfalls eine Vorstufe desselben.[142]). Luther selbst war ja ein Mensch, in dem die Forderungen des Geistes und die des Fleisches gleich stark ausgeprägt waren und gleichermaßen bejaht wurden.

Die spätere Geschichte des deutschen Volkes bietet weitere Beispiele für die Unterwerfung des Volksgeistes unter den Zeitgeist. Doch auch in solchen Situationen vermag Deutschland Großes zu leisten und sich auf seine künftige Bestimmung vorzubereiten. Kant etwa[143]) wird von Heine nicht der pantheistischen Richtung, ja nicht einmal dem deutschen Geist im allgemeinen zugerechnet, sondern eher dem Zeitalter der Vernunft und der Aufklärung, der großen Epoche, in der vor allem Frankreich bestimmend war, — von Descartes bis zur Revolution und später.

Diese geschichtliche Erfahrung muß auch Deutschland machen, ja sie soll ihm die wesentlichen Voraussetzungen zur Erfüllung seiner eigenen Bestimmung geben[144]). Zu der oben angedeuteten Thematik läßt sich ergänzend herausstellen, daß hier ein dem Volksgeist aufgezwungener, fremder Zeitgeist doch eine höchst positive Wirkung haben kann, denn durch die Beseitigung von Hindernissen schafft er zumindest negativ die Voraussetzung für einen authentischeren Ausdruck des Volksgeistes.

Kant bewältigte in der deutschen Philosophie die Aufgabe, die Robespierre in der französischen Gesellschaft erfüllte, — ein wesentliches Werk, eine unumgängliche Voraussetzung für jede weitere Entwicklung. Doch der Vergleich mit Robespierre zeigt schon die Grenzen Kants, womit der Königsberger Philosoph vielleicht für seinen schwach ausgeprägten „deutschen Charakter" zahlt: Für Heine hat das Werk Kants zunächst eine rein negative Funktion, weil es nur dazu diente, die Grenzen der menschlichen Vernunft aufzuzeigen; darüber hinaus ist es von einem maßlosen Extremismus erfüllt: Kant hat es gewagt, die Gottesbeweise in Frage zu stellen[145]). Genauso hatte Robespierre für Heine nur das Verdienst, daß er Köpfe abschlagen ließ, und er hatte schließlich viel mehr Menschen köpfen lassen, als es notwendig war. Ähnliche Betrachtungen ließen sich bei dem Parallelismus Fichte — Napoleon anstellen.

---

142) VII, S. 222.
143) VII, S. 298 ff.
144) So gibt Heine zu, daß Descartes zur Entstehung der deutschen Philosophie beigetragen hat: VII, S. 244.
145) VII, S. 305—06.

Heine hebt hervor, daß schon Leibniz in einer früheren philosophischen Form die pantheistischen Wahrheiten verkündigt habe, die später in der Naturphilosophie wiedererstanden seien[146]); andere, vielleicht negative Symptome bestätigten mitten im Zeitalter der Aufklärung, daß der Pantheismus „die verborgene Religion Deutschlands" ist[147]). Wir wissen auch, daß Goethe als Prophet einer besonderen Form des Pantheismus betrachtet wird.

Hier soll nicht Heines sehr zwiespältige Einstellung zu Goethe erörtert werden[148]). Auf sein Verhältnis zu den Romantikern werden wir noch später eingehen[149]). Zu dem, was uns in diesem Zusammenhang interessiert, bemerkt Heine: „In der Tat, unsere ersten Romantiker handelten aus einem pantheistischen Instinkt, den sie selbst nicht begriffen. Das Gefühl, das sie für Heimweh nach der katholischen Mutterkirche hielten, war tieferen Ursprungs als sie selbst ahnten, und ihre Verehrung und Vorliebe für die Überlieferungen des Mittelalters, für dessen Volksglauben, Teufeltum, Zauberwesen, Hexerei . . ., alles das war eine bei ihnen plötzlich erwachte, aber unbegriffene Zurückneigung nach dem Pantheismus der alten Germanen"[150]). Schelling, der Begründer der *Naturphilosophie,* und Hegel haben dem Pantheismus nach und nach seine vollkommene philosophische Form gegeben[151]). Trotz der Apostasien, der Abweichungen und Zweifel, denen einige ihrer Schüler und sie selbst ausgesetzt waren[152]) hat die deutsche Philosophie durch sie ihren Höhepunkt erreicht und wurde auch die Revolution vorbereitet[153]). Die Philosophie hat damit einen neuen, großen Kreislauf vollendet; die dem kartesianischen System innewohnenden Möglichkeiten wurden in Lockes *Materialismus* und Leibniz' *Idealismus* ausgeschöpft; als Reaktion darauf entstand der *Pantheismus* Spinozas. Die Deutschen, die sich auf Spinoza berufen, nachdem sie den Materialismus verworfen und mit Fichte den Leibnizschen Idealismus auf die Spitze getrieben haben, sind zum Pantheismus gelangt. So hat sich ein Kreis geschlossen, der dem von der griechischen Philosophie beschriebenen entspricht, mit dem für die Deutschen positiven Unterschied, daß die Bewegung in Deutschland von Kants Kritik der menschlichen Erkenntnisquellen ihren Ausgang nahm[154]).

Es ist auffällig, wie diese Überlegung Heines einem typisch Hegelschen Rhythmus folgt: Ausgangssituation (Descartes), These (Locke), Antithese (Leibniz) und Synthese (Spinoza)[155]); das vollzog sich auf einer unteren Stufe in Griechenland und wird sich auf einer höheren Stufe nach Kant in Deutschland wiederholen. Ein

146) VII, S. 251.
147) VII, S. 267.
148) Vgl. W. DIETZE, *Junges Deutschland und deutsche Klassik,* Berlin 1958, S. 55 ff.
149) S. Kap. V u. VI.
150) VII, S. 326—27.
151) VII, S. 338 ff, 344 ff.
152) VII, S. 349.
153) VII, S. 348.
154) VII, S. 341.
155) Als „große Synthese" bezeichnet Heine Spinozas Philosophie: VII, S. 257.

solches Verfahren, das von entgegengesetzten und in eine höhere Wahrheit „hineingenommenen" Momenten ausgeht, kennzeichnet übrigens die gesamte Geschichtsauffassung Heines und begründet auch die Theorie der *Transaktion*. Daraus ergibt sich die „spiralenhafte" Vorstellung vom Fortschritt, zu der die Romantiker neigten.

Zu diesem Thema noch eine ergänzende Bemerkung: Vertreter des Pantheismus hat es auch außerhalb Deutschlands gegeben, ganz abgesehen von der griechischen Antike. Da ist vor allem Spinoza zu nennen, ein Genius, in dem Philosophie, Theologie und Politik eng mit dem Leben des Philosophen verbunden waren. Sein System wurde nicht aus dem kartesianischen entwickelt, es ging nicht direkt daraus hervor, sondern wurde nur dadurch angeregt. Sein Pantheismus war dem hebräischen Volksgeist fremd und mußte allein deshalb scheitern[156]). Was ist die Quelle des Pantheismus? Heine kann hier nicht den Zeitgeist ins Feld führen. Es wirkt sich offenbar vor allem der oben beschriebene dialektische Prozeß aus, der die beiden Elemente *Volksgeist* und *Zeitgeist* zu überspielen scheint bei der Determinierung einiger besonderer historischer Phänomene. Im übrigen prägen auch ethnische Faktoren bestimmte Momente der Lehre Spinozas: „Der Geist der hebräischen Propheten ruhte vielleicht noch auf ihrem späten Enkel"[157]).

Das zweite bemerkenswerte Beispiel für nicht-deutschen Pantheismus bietet Saint-Simon. Auch er bleibt in seinem Land unverstanden[158]); hätte er in seinem Land wirklich Anhänger gefunden, so hätte das Frankreich nur schaden können, weil der Pantheismus unter den gegebenen Umständen eine lähmende Wirkung gehabt hätte[159]). Der besondere Fall Saint-Simons ist jedenfalls leichter zu erklären: Für den Pantheismus ist die Zeit reif; der Zeitgeist, der daraus schöpfen wird, kündigt sich schon an und wird sich in ganz naher Zukunft real durchsetzen. Wenn die Gegenwart noch Frankreich gehört, so wird die zukünftige Realität ganz deutsch sein. Diese Zukunft ist so nahe, daß schon die Stunde gekommen ist, in der sie durch den Mund der Propheten verkündet wird.

Ein anderer Grundzug der deutschen Kultur kann zu der pantheistischen Bestimmung des deutschen Volkes in Beziehung gesetzt werden: Wie der Pantheismus in einer Synthese von Geist und Materie, Vernunft und Gefühl, Wissen und Glauben besteht, so werden in der deutschen Kultur Religion, Philosophie und Literatur untrennbar miteinander verbunden sein. Die deutsche Literatur kann nicht verstanden werden, wenn nicht Philosophie und Religion bekannt sind[160]). Die deutsche Philosophie ist aus dem Protestantismus hervorgegangen[161]); und die ursprüngliche Religion, der Pantheismus, kann seinen vollkommenen Ausdruck nur in Philosophie und Literatur finden.

---

[156]) VII, S. 254 ff., S. 259 ff., vgl. VII, S. 236, S. 341.
[157]) VII, S. 255.
[158]) VII, S. 266.
[159]) VII, S. 348.
[160]) VII, S. 198–99.
[161]) VII. S. 196.

# KAPITEL III

## HEINES POLITISCHE PHILOSOPHIE IM RAHMEN DER TRADITION

*Menschheit, Volk, Nation. „Volksgeist." Die Klassen, die unteren Schichten, die Masse. Nationalismus und Kosmopolitismus. Die Universalsendung Deutschlands — Fortschritt: Fatalität oder Freiheit — Die wirtschaftlichen Faktoren der Geschichte — Das Wirken der Ideen in der Geschichte und ihre Entstehung unter bestimmten sozialen Verhältnissen. Individuum und Geschichte — Die gesellschaftliche Funktion der Kunst. Der Künstler als Prophet. Poesie und „Tendenzdichtung" — Rousseau und Robespierre. Revolution und Transaktion — Vernunft und Gefühl. Die soziale Frage. Konstitutionalismus, Cäsarismus und Freiheit — Pantheismus, Christentum und Reformation. Die Endphase der Geschichte. Zusammenfassung.*

Nachdem im letzten Kapitel die politischen und religiösen Anschauungen Heines dargestellt wurden, soll nun versucht werden, die dabei herausgearbeiteten Theorien in eine historische Dimension hineinzustellen, ihre Prämissen zu klären und ihren genauen Standort im Ideenstreit der Zeit zu bestimmen. Wir wollen uns dabei so weit wie möglich an die Themenwahl halten, für die wir uns bei der Behandlung von Heines Anschauungen entschieden haben, und die Themen in der gleichen Reihenfolge, möglichst gedrängt darstellen.

Es braucht kaum daran erinnert zu werden, daß die Begriffe *Humanität* und *Volk* am Ende des 18. Jahrhunderts eine neue, tragende Bedeutung erhielten. So wichtig diese Begriffe sind, so vielschichtig und komplex sind sie. Für Herder etwa beinhaltet das Ideal *Humanität* eine Verbindung von Christentum und allgemeinem Nationalgefühl. Im engeren Sinne entspricht es einer allgemein menschlichen Grundhaltung, von der die nationalen Hoffnungen und die kulturellen Leistungen ausgeschlossen sind. Im weiteren Sinne umfaßt es dagegen alle Beiträge, mit denen die verschiedenen *Volksgeister* und ihre geschichtlichen Verwirklichungen die Kultur bereichert haben. So entsteht es aus der Verbindung der für den deutschen Humanismus bezeichnenden tendentiellen Pluralität der Wertungen mit dem Geist der französischen Aufklärung und seiner Betonung gemeinsamer Grundwerte[1]).

In Frankreich erhielt im 18. Jahrhundert der Begriff *humanité*, der ursprünglich „Nächstenliebe" bedeutete, einen neuen Inhalt: „Menschheit", bewahrte jedoch die „humanitäre" Komponente, die von der Überzeugung bestimmt war, daß der Mensch im Grunde gut sei und von seinen Schwächen zu heilen sei durch allgemeine, wirksame Vorkehrungen, die von der grundsätzlichen, naturgegebenen Gleichheit aller Menschen ausgingen. Montesquieu, Diderot, Rousseau, Voltaire, D'Alembert, Turgot und Condorcet waren die berühmtesten Vertreter dieser

---

[1]) M. ROUCHÉ, *Herder et la philosophie de l'histoire,* Paris 1940, S. 537—38.

Richtung[2]) , und ihnen schlossen sich in Deutschland vor allem Moser, Lessing und Kant an[3]). Diese übernationale Auffassung sollte später Schiller verfechten[4]) und Deutschland so im 19. Jahrhundert ein kosmopolitisches Ideal übermitteln, das gültig blieb.

In Frankreich knüpften auch die Saint-Simonianer an diese Tradition an[5]). Heines Freund Leroux war einer der Hauptverfechter einer »religion de l'Humanité«[6]). Und der *Globe* schrieb am 19. September 1831: «*L'Humanité*, voilà ce que les Chrétiens ignorent. Les apôtres de Jésus enseignaient les destinées de *l'homme* ... mais ils ne savaient pas ... la destinée, la vie, le salut de *l'humanité*. Cependant c'est au sein de l'humanité que l'homme accomplit son progrès, comme elle-même accomplit son progrès au sein de l'Univers. C'est pourquoi nous, apôtres de Saint-Simon, nous vous enseignons avant toutes choses les destinées de l'humanité«[7]).

Gleichzeitig entwickelte sich aber eine Tendenz, der wir schon bei Herder begegnet sind (und die sich später von der ersten Richtung trennen sollte): sie neigte eher dazu, die besondere Bestimmung der einzelnen Völker und Nationen in den Vordergrund zu stellen. Wir sahen bereits in Kapitel I, daß die Beschäftigung mit den charakteristischen Eigenschaften der verschiedenen Völker schon auf das Altertum zurückgeht und vor allem im 18. Jahrhundert *en vogue* war[8]). Herder sollte Begriffe wie *poetisch, urtümlich, volkstümlich* und *national* auf eine Stufe stellen[9]); er folgte darin dem Beispiel Hallers, der als erster die alte Tradition des Primitivismus mit der sehr viel jüngeren Tendenz des Nationalstolzes verband[10]).

Herders Auffassung vom *Volksgeist* ist im wesentlichen statisch: Wie in der Naturgeschichte die verschiedenen Arten der Lebewesen entstanden sind, so ähnlich haben sich in der menschlichen Geschichte die verschiedenen Nationalitäten herausbildet, — feste, unveränderliche Charaktere, die ein Volk von Anfang an besitzt. Jedes Volk und jede Nation ist eine notwendige, unabhängige Inkarnation der Menschheit, ein Ganzes und zugleich ein Teil jenes höheren Ganzen, der Menschheit die jeder Nationalität innewohnt. Im Charakter eines Volkes vereinigen sich alle ihre ethnischen und sprachlichen Grundzüge, wie auch ihre Kultur, Religion und optimale politische Struktur[11]).

---

2) H. KOHN, *L'idea del nazionalismo nel suo sviluppo storico*, Florenz 1956, S. 285 ff.
3) Ebd., S. 457 ff., 480 ff., 488 ff.
4) Ebd., S. 503 ff.
5) S. CHARLÉTY, *Histoire du Saint-Simonisme*, Paris 1931, S. 35—38.
6) Ebd., S. 279: R. FLINT, *Historical Philosophy in France*, New York 1894, S. 431 ff.
7) M. A. CLARKE, *Heine et la monarchie de Juillet*, Paris 1927, S. 249.
8) E. FUETER, *Storia della storiografia moderna*, Neapel 1943, II, S. 102 ff.
9) ROUCHÉ, a. a. O., S. 19.
10) Vgl. G. TONELLI, *Poesia e pensiero in A. von Haller*, Turin 1961, S. 8 ff. u. 14 ff. (auch zu den geistesgeschichtlichen Prämissen der Position Hallers).
11) ROUCHÉ, a. a. O., S. 88—89.

Die Lehre vom *Volksgeist* fand eher in Deutschland als in Frankreich berühmte Vertreter, die sie weiterentwickelten. Da ist vor allem Hegel zu nennen; für ihn sind die Volksgeister endlich und vereinigen sich im Weltgeist, dessen „Momente" sie sind. Jeder Volksgeist ist dazu bestimmt, in dem historischen Augenblick, der ihm bei der notwendigen Entwicklung des Weltgeistes zufällt, mit dem Volk, das ihn verkörpert, die Welt zu beherrschen. Nachdem er sich solchermaßen durch eine allmähliche Entwicklung verwirklicht hat, muß er wieder zurücktreten, weil er „überholt" ist. Der Volksgeist hat seinerseits *Momente,* in denen er sich manifestiert. Das sind die Religion, die Philosophie, die politische Struktur usw. einer Nation[12]).

Der Begriff *Nation,* der in dieser Bedeutung ein Grundbegriff der Romantik war, sollte im Werk eines der berühmtesten „Opfer" von Heines Polemik, im Werk Rankes, eine eminent wichtige Rolle spielen. Die Nationalität ist für ihn etwas Mysteriöses, eine geheime, unpersönliche Kraft, die sich durch die Handlungen der Individuen als Aspekt eines allgemeinen Wesens der Menschheit ausdrückt: „Die Idee der Menschheit, Gott gab ihr Ausdruck in den verschiedenen Völkern"[13]).

Der Begriff *Zeitgeist,* wie Heine ihn verwendet, geht dagegen wahrscheinlich auf das *Junge Deutschland* zurück, das diesen alten Herderschen Begriff nicht in dem allgemeinen Sinn aufgenommen hatte, den ihm Hegel und die zeitgenössische rechtsgerichtete Geschichtsschreibung gegeben hatten, sondern ihn spezifisch zur Bezeichnung eines „progressiven" Momentes einer bestimmten historischen Epoche gebrauchte[14]).

Wenn Deutschland also den Hauptbeitrag zu Heines Auffassung vom Volk leistet — obgleich es auch zahlreiche Parallelen im zeitgenössischen französischen Denken gibt[15]) — so werden andererseits in Frankreich jene Begriffe entwickelt, die modernere Kriterien zur Unterscheidung der verschiedenen Bevölkerungsschichten einführen[16]). Die Saint-Simonianer verwenden häufig den Terminus *classe*[17]) und arbeiten jene Abgrenzungen der sozialen Schichten heraus, die auch wieder bei Heine auftauchen. Hier wird der Proletarier sehr oft mit einer Verachtung betrachtet, deren Ursprung in der Aufklärung zu suchen ist: Was Voltaire als „canaille" beurteilt[18]), stellt sich bei Saint-Simon nicht viel anders dar[19]) und

---

12) F. DITTMANN, *Der Begriff des Volksgeistes bei Hegel,* Leipzig 1909, S. 4—6 ff.: F. MEINECKE, *Weltbürgertum und Nationalstaat,* München-Berlin 1907, S. 266 ff.; J. HYPPOLITE, *Introduction à la philosophie de l'histoire de Hegel,* Paris 1948, S. 15 ff.
13) MEINECKE, a. a. O., S. 276 ff.
14) W. DIETZE, *Junges Deutschland und deutsche Klassik,* Berlin 1958, S. 171—72; zum *Zeitgeist* bei Herder, Hegel, Goethe, etc. vgl. F. LÖWITH, *Von Hegel bis Nietzsche,* Zürich, New York 1941, S. 269 ff.
15) z. B. bei Ballanche: vgl. P. STADLER, *Geschichtsschreibung und historisches Denken in Frankreich 1789—1871,* Zürich, 1958, S. 136.
16) A. OMODEO, *La cultura francese nell'età della Restaurazione,* Verona 1946, S. 82 ff.
17) Vgl. H. SÉE, *La notion de classes sociales chez les Saint-Simoniens,* Paris 1925; F. E. MANUEL, *The New World of Henry Saint-Simon,* Cambridge, Mass., 1956, S. 243 ff.
18) FUETER, a. a. O., II, S. 22.
19) M. LEROY, *Histoire des idées sociales en France,* Bd. II, Paris 1950, S. 204.

erscheint bei Thiers als »vile populace«[20]). Nicht so abwertend wird der Terminus *la masse* von den Saint-Simonianern und den anderen französischen Denkern gebraucht[21]). Er taucht aber schon bei Herder auf[22]), der Wert darauf legte, seinen Begriff *Volk* von dem des *Pöbels*[23]) abzugrenzen, während Schleiermacher — vielleicht an W. von Humboldt anknüpfend — *die Masse* den *Hervorragenden*[24]) entgegenstellen sollte[25]).

Wir werden noch die Verfechter jenes negativen „Nationalismus" kennenlernen[26]), die Heine so heftig bekämpfte. Der deutsche Nationalismus kam — von einem frühen Vorspiel abgesehen — zum ersten Mal in Klopstock, Moser, Herder, Schubart, den Schriftstellern des *Göttinger Hains*[27]) und später in Steffens[28]) zum Durchbruch, Heine stand jedoch keineswegs allein bei seinem Kreuzzug gegen den Nationalismus. Neben den Anhängern des aufkommenden Sozialismus und Kommunismus[29]) und einzelnen Romantikern wie Rahel Varnhagen[30]) konnte Heine auf einige Gruppen deutscher Gemäßigter und letzte Vertreter des früheren *Jungen Deutschland*[32]) zählen, wie auch auf die französischen Epigonen des Saint-Simonismus, die der Universalbotschaft ihres Meisters treu geblieben waren[33]). Es ist auch bemerkenswert, daß der Kosmopolitismus Lessings, Kants, Schillers und auch Herders in Deutschland durchaus nicht erloschen war, sondern in einem Friedrich Schlegel, von Gentz, Krause, den Brüdern von Humboldt, in Fichte und Adam Müller fortlebte[34]). Auch Goethe hatte sich offen gegen jede Form des Nationalismus gewandt[35]). Mit einer solchen Haltung konnte sich — wie bei Heine — der Glaube an die Universalsendung Deutschlands als der höchsten Bestimmung der Menschheitsgeschichte verbinden. Von diesem Glauben war auch Hegel durchdrungen, und wir finden ihn, von den in Kapitel I erwähnten Personen abgesehen, auch in Friedrich Schlegel und Adam Müller wieder[36]).

---

20) STADLER, a. a. O., S. 123.
21) CHARLETY, a. a. O., s. etwa S. 40; OMODEO, a. a. O., S. 75 ff.
22) „Die Masse": s. Herders Aufsatz von 1774 über die deutschen Bischöfe.
23) R. WELLEK, *A History of Modern Criticism*, Bd. I, Yale 1955, S. 192.
24) SCHLEIERMACHER, *Sämtliche Werke*, I. Abt., Bd. I, Berlin 1843, „Kurze Darstellung des theologischen Studiums" (1811), §§267—68.
25) MEINECKE, a. a. O., S. 45.
26) Vgl. Kap. IV.
27) KOHN, a. a. O., S. 473, 509, 515 ff. Vgl. F. VALJAVEC, *Die Entstehung der politischen Strömungen in Deutschland, 1770—1815*, München 1951, S. 329 ff., 340 ff.
28) F. FLINT, *La philosophie de l'Histoire en Allemagne*, Paris 1878, S. 182.
29) Vgl. Kap. IV.
30) Vgl. Kap. V.
31) Vgl. Kap. VI.
32) GUTZKOW z. B. hält an seiner Abneigung gegen das Teutonentum fest: Vgl. J. PROELSS, *Das Junge Deutschland*, Stuttgart 1892, S. 297—99. Das ist einer der Gründe, warum seine Beziehungen zu Heine bis etwa 1840 gut blieben.
33) CHARLÉTY, a. a. O., S. 36 u. 149.
34) MEINECKE, a. a. O., S. 68, 84, 92, 146; T. RUYSSEN, *Les sources doctrinales de l'internationalisme*, Bd. III, Paris 1961, S. 152 ff., 181 ff., 189 ff.
35) KOHN, a. a. O., S. 505.
36) MEINECKE, a. a. O., S. 67 u. 146.

Die Völker als Elemente eines untrennbaren Ganzen sind dazu aufgerufen, durch kulturellen Austausch gemeinsam an der Verwirklichung des höchsten Zieles mitzuwirken. Diese alte Lehre Mme de Staëls[37]), die schon Herder angedeutet hatte[38]), fand weite Verbreitung und wurde besonders von den Saint-Simonianern herausgestellt[39]), die sie an Heine weitergaben.

+ + +

Die Auffassung vom Fortschritt in der Menschheitsgeschichte, wie sie bei Heine erscheint, geht unmittelbar auf jenes aufklärerische Ideal zurück, das Frankreich[40]) an Deutschland weitergegeben hatte. Dort gaben ihm Lessing, Iselin, Kant und Herder einen ganz neuen Inhalt[41]): man glaubte an eine spontane Vervollkommnung der Menschheit; Herder betrachtete diese als eine Entwicklung, in der jede einzelne Epoche und jedes einzelne Volk eine vernünftige, positive Bedeutung bei der Verwirklichung des Endziels hat. Diese Auffassung sollte sich dann mit Goethe[42]) und Hegel[43]) durchsetzen.

Die Fortschrittsidee entwickelte und wandelte sich auch in Frankreich — von Condorcet bis Saint-Simon. — Sie wurde zuweilen als unbestimmte oder auf ein Endstadium gerichtete, immanente Möglichkeit der Menschheit zur Vervollkommnung aufgefaßt, zuweilen als Werk der göttlichen Vorsehung verstanden, war aber immer von einem grundsätzlich Optimismus geprägt[44]). Bei Saint-Simon tritt die in der französischen Geistesgeschichte marginale Idee hervor, daß jede Epoche an sich vollkommen sei: »Les institutions et les doctrines doivent être regardées comme ayant été, à toutes les epóques, aussi parfaites que le comportait l'état présent de la civilisation; ce qui ne saurait être autrement, au bout d'un certain temps, du moins, puisqu'elles sont nécessairement déterminées par lui«[45]).

1833 erschien die «*Introduction à la philosophie de l'histoire*» des Saint-Simonianers Buchez: Nach Buchez geht die gesamte Menschheit in einer ununterbrochenen Entwicklung der Verwirklichung eines festen, höchsten Ziels entgegen, in einer komplexen, wechselseitigen Durchdringung physischer, biologischer und geistiger Kräfte, unter denen Rasse und Nation eine besonders wichtige Rolle spielen. Der Fortschritt ist nur ein Aspekt des großen Gesetzes, das die Welt regiert[46]).

---

37) FLINT, *Historical philosophy*, S. 349.
38) ROUCHÉ, a. a. O., S. 462—63.
39) CHARLÉTY, a. a. O., S. 109—110.
40) Vgl. Z. B. BURY, *The Idea of Progress*, New York 1932, Kap. V—IX.
41) Ebd. Kap. XIII; ROUCHÉ, a. a. O., S. 542—544, 546. Zu Kant vgl. KOHN, a. a. O., S. 487.
42) F. MEINECKE, *Die Entstehung des Historismus*, München-Berlin 1936, II, S. 567 ff.
43) R. FLINT, *La philosophie*, S. 311 ff.; LÖWITH, a. a. O., S. 47 ff.
44) LEROY, a. a. O., S. 238 ff.
45) SAINT-SIMON ET ENFANTIN, *Œuvres*, Bd. XXXVIII, Paris 1875, S. 161
46) FLINT, *Historical Philosophy*, S. 423 ff.

Vor jenem Fatalismus, den Heine dem Franzosen Mignet[47]) und der deutschen Historischen Schule[48]) vorwarf (die gleiche Kritik hatte schon Chateaubriand, der den Begriff *école fataliste* geprägt hatte, an Mignet geübt)[49]) und dessen Wurzeln er im *Indifferentismus* Goethes nachwies[50]), konnte eine aufmerksame Lektüre Saint-Simons bewahren. Für diesen sind die Menschen zwar Instrumente eines Geschehens, das über sie hinausgeht, sind aber dennoch dazu aufgerufen, sich der historischen Beziehungen der sie umgebenden Ereignisse bewußt zu werden, statt sich blind davon treiben zu lassen. Das rechtfertigte die Bedeutung, die Saint-Simon den philosophischen Ideen und ihrer aktiven Rolle bei der Umwandlung der Gesellschaft beimißt[51]). Wenn die Geschichtswissenschaft die Beziehungen zwischen den verschiedenen sozialen Vorgängen aufzeigt, enthüllt sie die Bestimmung der Menschheit und wirkt auf ihre Erfüllung hin, sofern die Menschen die Grundsätze annehmen und sie praktisch anwenden, um den Fortschritt voranzutreiben[52]). Wie ist aber diese Theorie mit der unumgänglichen, inneren Notwendigkeit des Fortschritts zu vereinbaren? Das klärt im zitierten Passus Saint-Simons der wesentliche Zusatz: »au bout d'un certain temps, du moins«; es kommt also vor allem darauf an, die Verwirklichung eines jeden Stadiums, das sich früher oder später zwangsläufig durchsetzen muß, zu beschleunigen bzw. zu erleichtern. Die Aufgabe des Individuums besteht demnach darin, jenes *„später"* in ein *„früher"* zu verwandeln[53]). Daß diese Theorien mit unserer Interpretation des Freiheitsproblems bei Heine übereinstimmen, bestärkt uns in der Überzeugung, seine Ideen richtig erfaßt zu haben.

Es sei daran erinnert, daß das Dilemma Fatalität-Freiheit auch in der deutschen Geschichtsphilosophie sehr lebhaft diskutiert wurde. Man denke nur an Schelling, — der es zu einer Kernfrage gemacht hatte und sich nicht mit den bequemen Lösungen zufrieden gab, die ihm seine Zeitgenossen anboten[54]) — oder an das Problem des *Schicksals* bei Hegel[55]). Doch wurden die Dispute in Deutschland auf einer so abstrakten Ebene geführt, daß Heine ihnen schwerlich folgen und davon Gewinn haben konnte.

---

[47]) Zum *Fatalismus* Mignets vgl. STADLER, a. a. O., S. 126.
[48]) Zum *Fatalismus* der Historischen Schule s. die scharfsinnigen Ausführungen von DIETZE, a. a. O., S. 164 ff. (wo er seinen Gegensatz zu Hegel klärt), S. 169; zu Heines Urteil über die Historische Schule: ebd., S. 176 ff. Zur Historischen Schule generell vgl. FUETER, a. a. O., II, S. 130 ff. u. 165 ff.; das Werk enthält auch einen ausführlichen biographischen Teil.
[49]) STADLER, a. a. O., S. 128.
[50]) Vgl. Kap. II.
[51]) F. MUCKLE, *Saint-Simon und die ökonomische Geschichtstheorie*, Diss. Heidelberg, Jena, 1906, S. 3.
[52]) LEROY, a. a. O., II, S. 224. Es gibt aber auch Vertreter der saintsimonistischen Schule, die zu einem strengeren *Fatalismus* tendieren: vgl. CHARLÉTY, a. a. O., S. 18.
[53]) Vgl. auch: SAINT-SIMON ET ENFANTIN, *Œuvres*, Bd. XXXVIII, 1875, S. 110.
[54]) H. KNITTERMEYER, *Schelling und die romantische Schule*, München 1929, S. 226—28.
[55]) HYPPOLITE, a. a. O., S. 39 ff.

Das schließt nicht aus, daß die Geschichte nach Heines Auffassung grundsätzlich von einer Reihe materieller Faktoren abhängig ist, die sich keineswegs auf die geographischen Gegebenheiten (Klima, Bodengestalt und Fruchtbarkeit des Bodens) beschränken, die von den Historikern der Aufklärung so gern angeführt wurden. Die „finanzielle" Geschichtsauffassung Heines ist wahrscheinlich von der vorwiegend finanziellen Wirtschaftstheorie Saint-Simons beeinflußt[56]). Saint-Simon unterstreicht allerdings noch stärker als Heine die geschichtliche Funktion der „Industrie" (der „Produktion" würden wir heute sagen) im Hinblick auf den technischen Fortschritt und unter dem eigentlich wirtschaftlichen Aspekt. Er schreibt der Umwandlung der sozio-ökonomischen Verhältnisse sogar eine größere Bedeutung zu als den Veränderungen der politischen Strukturen[57]).

Eine stärker soziologisch fundierte Theorie des historischen Prozesses findet sich bei Fourier[58]). Guizot räumte den sozialen Faktoren bei seiner Interpretation der Dynamik der Ereignisse einen wichtigen Platz ein[59]), während Charles Comte, der den „physischen" Faktoren in der Geschichtsentwicklung eine vorrangige Bedeutung beimißt, eher zu den „geographischen" Theorien des 18. Jahrhunderts zurückkehrte, die er allerdings viel subtiler formulierte[60]).

Die vorwiegend „soziologische" Ausrichtung der Heineschen Geschichtsauffassung ist also eindeutig auf französische Vorbilder zurückzuführen. An den gleichen Vorbildern sollten sich wenig später Marx und Engels orientieren. Eine „materialistische" Tendenz gab es in der deutschen Geschichtsschreibung lediglich bei A. Heeren (1760—1842), einem Epigonen der „geographischen" Theorie, der diese durch eine stärkere Beachtung der kommerziellen Faktoren erweiterte, unter besonderer Berücksichtigung der Monopolsituation bei Grundstoffen und Produktion[61]). Das *Junge Deutschland* hingegen bewertete die historische Funktion der „materiellen" Faktoren geringer[62]).

+ + +

Neben den sozio-ökonomischen Kräften stellen die *Ideen* für Heine die großen Triebkräfte der Geschichte dar. Schon Fichte hatte die entscheidende Funktion der Idee im Geschichtsprozeß hervorgehoben: die Freiheitsidee, die Rechtsidee, die nationalstaatliche Idee wirken zuweilen als verborgene Kraft der Vernunft, als dunkler Drang, die der Mensch bewußt machen muß[63]). Diese Auffassung gipfelte in der Hegelschen Lehre der Idee in der Geschichte: die Idee ist Substanz und unbegrenzte Energie der Welt, sie äußert sich in der Entwicklung des Geistes, und ihr Erscheinen im menschlichen Bewußtsein ist der eigentliche Gegenstand der

---

56) LEROY, a. a. O., II, S. 210; CHARLÉTY, a. a. O., S. 4.
57) MUCKLE, a. a. O., S. 7—19.
58) FLINT, *Historical philosophy*, S. 416 ff.
59) Ebd., S. 495 ff.
60) Ebd., S. 579 ff.
61) FUETER, a. a. O., S. 63—64.
62) DIETZE, a. a. O., S. 193.
63) MEINECKE, *Weltbürgertum*, a. a. O., S. 134 ff.

Geschichtsschreibung. Ihre Elemente werden von den verschiedenen Völkern und von den großen Männern verkörpert, und ihre Entwicklungsstufen entsprechen dem Prozeß der schrittweisen Verwirklichung der Menschheit[64]).

Einen näheren Bezug zur realen Erfahrung des Historikers hatte die Theorie der „historischen Ideen", die vor allem W. von Humboldt[65]) und Ranke entwickelten: Sie erkannte die Bedeutung der geistigen Kräfte in der Geschichte an (wahrscheinlich unter dem Einfluß der von J. de Maistre und de Bonald [1796] hergestellten und von Saint-Simon[66]) übernommenen Verbindung von *Sensualismus* und Französischer Revolution) und war interessant wegen der Suche nach den theoretischen Grundlagen der großen geschichtlichen Umwälzungen, die als konkrete, bewußt in den Menschen wirkende Impulse verstanden wurden. Dabei wurden die verschiedenen, gegensätzlichen Ideen einer Zeit auf eine Ebene gestellt, ohne daß nach den Begleitumständen der Bildung der Ideen gefragt wurde, und man zeigte eine offene Abneigung gegen den verschwommenen Begriff *Zeitgeist*[67]). Die überindividuelle, doch oft von einem Individuum verkörperte Idee kämpft nach Ranke mit ihrer „bestimmenden Kraft" gegen die allgemeinen historischen Bedingungen einer Zeit[68]). Diese Beziehungen zwischen *Ideen* und *Fakten* waren im übrigen auch den *Jungdeutschen* wohl bewußt[69]).

In Frankreich verstand Guizot die Geschichte als Kampf gegensätzlicher Ideen (»principes«)[70]). Buchez entwickelte sogar eine ausführliche Theorie, wie sich die ideellen Faktoren über drei Stufen in die Geschichte einfügen: emotionale Tendenzen, rationale, theoretische Erfassung und praktische Anwendung[71]). Und nach Cousin, einem Schüler der deutschen Philosophen, wird jede Zeit von einer Idee geleitet, deren vielfältige Aspekte von den verschiedenen Völkern dargestellt werden. Die großen Männer sind die Vertreter der Ideen; die Geschichte einer jeden großen Nation bringt sie notwendig hervor, — ihr Erscheinen ist nicht zufällig. In ihnen verwirklicht sich die Einheit von Individuellem und Universalem[72]). Wir wissen, daß auch Heine überzeugt war, die großen Ideen müßten notwendig durch große Männer zum Ausdruck kommen. Seine Auffassung ist jedoch elastischer im Hinblick auf den Zeitpunkt ihres Erscheinens: dieser kann verfrüht sein, weil das betreffende Volk noch nicht fähig ist, die Lehren der großen Männer anzunehmen, oder kann dem Gebot der Stunde zu spät folgen. Der Erfolg der großen Männer, die unmittelbare Wirkung ihres Denkens auf die Entwicklung der Ereignisse ist natürlich noch ein anderes Problem.

---

64) FLINT, *La philosophie de l'histoire en Allemagne,* a. a. O., S. 311 ff.
65) Vor allem in seinem Aufsatz *Über die Aufgabe des Geschichtsschreibers* (1821).
66) H. GOUHIER, *La jeunesse d' A. Comte et la formation du Positivisme,* Bd. II: *Saint-Simon jusqu'à la Restauration,* Paris 1936, S. 289.
67) FUETER, a. a. O., II, S. 107 ff. Vgl. J. GOLDFRIEDRICH, *Die historische Ideenlehre in Deutschland,* 1922; E. SPRANGER, *W. von Humboldt und die Humanitätsidee,* 1909.
68) F. SCHNABEL, *Deutsche Geschichte im XIX. Jahrhundert,* Freiburg 1954, Bd. III, S. 88 ff.
69) DIETZE, a. a. O., s. etwa S. 209.
70) FUETER, a. a. O., II, S. 207.
71) FLINT, *Historical philosophy,* a. a. O., S. 427 ff.
72) Ebd., S. 469 u. 473.

Das Prinzip der prophetischen Aufgabe der großen Individualitäten wurde im übrigen besonders von Hegel hervorgehoben. Danach ist das Werk der Großen von einer geschichtlichen Notwendigkeit bestimmt, die seinen Erfolg sicherstellt. In dieser Auffassung lebte der napoleonische Mythos mit seinem Nimbus unwiderruflicher Schicksalhaftigkeit fort: dem Individuum, das die *Weltseele* einer bestimmten Zeit verkörpert, kann keine menschliche Kraft widerstehen[73]). Dieser Auffassung schlossen sich auch Goethe[74]) und Krause[75]) an; und Immermann mit seinem Mythos des „schönen Propheten" hatte sie in akzeptabler Form von der Linken übernommen[76]). All dies soll Heines napoleonischen Mythos stützen und dazu beitragen, daß dieser sich 1839 in den Mythos des „schönen Messias" der neuen Menschheit verwandelt, der viel konkretere Ideen enthält, als Heines Sprache vermuten läßt. Der Dichter bezog sich dabei auf eine historische Theorie, die von durchaus ernsthaften Prämissen ausging (vgl. Kapitel VI).

Die Art, wie Heine sich den geistigen Prozeß des genialen, großen Mannes vorstellt, ist wahrscheinlich vom Gebrauch der Termini *Analyse* und *Synthese* bei Saint-Simon beeinflußt[77]). Diese Verwendung entspricht ganz dem Sinn, den die alte Tradition der Logik diesen Begriffen gegeben hatte. Diese Tradition war aber in Deutschland von Kant und von den romantischen Philosophen unterbrochen worden, die die Begriffe *Analyse* und *Synthese* allgemein in einem ganz anderen Sinn gebraucht hatten als Heine.

Im Unterschied zur Historischen Schule beschäftigte sich Heine auch eingehend mit den sozialen Motivationen, die das Entstehen der Ideen bestimmen. Hierin stimmte er wieder weitgehend mit der Tendenz einer bestimmten Richtung der französischen Philosophie überein. Mme de Staël hatte in ihrer Schrift *De la littérature considérée dans ses rapports avec les institutions sociales* aus dem Jahre 1810 die Notwendigkeit hervorgehoben, die literarischen Werke im Zusammenhang mit der sozialen Situation zu untersuchen, in der sie entstanden sind[78]); und Guizot war ein begeisterter Anhänger dieser Idee[79]). Saint-Simon betrachtete die Religion im wesentlichen als eine politische Institution[80]); und für seinen Schüler Buchez (1833) waren die sozialen Verhältnisse die Grundvoraussetzungen für die ideellen Faktoren[81]). So zeichnet sich deutlich bei Saint-Simon und Buchez, den entschiedenen Verfechtern der sozialen Funktion von Wissenschaft und Philosophie[82]), jene Wechselbeziehung von sozialen Verhältnissen und Ideen ab, die

---

73) LÖWITH, a. a. O., S. 286 ff.
74) Ebd., S. 297.
75) FLINT, *La philosophie* . . ., S. 234—36.
76) LÖWITH, a. a. O., S. 274.
77) FLINT, *Historical Philosophy*, S. 403 (Man beachte jedoch, daß die Begriffe in Frankreich noch häufig in diesem Sinn verwendet wurden: vgl. etwa P. JANET, *Victor Cousin et son œuvre*, Paris 1885, S. 321).
78) Ebd. S. 349.
79) FUETER, a. a. O., S. 116.
80) CHARLÉTY, a. a. O., S. 19.
81) FLINT, *Historical philosophy*, a. a. O., S. 426—27.
82) CHARLÉTY, a. a. O., S. 7, 11.

für die Ideen Heines so charakteristisch ist. Das folgende Zitat Saint-Simons kann das illustrieren: »Avant l'introduction des sciences positives en Europe, ou, pour parler plus juste, avant que les sciences fussent passées des mains du clergé dans celles des séculiers (événement qui suivit le premier de très-près), la masse du peuple était organisée spirituellement par rapport à ses chefs théologiques. Le peuple croyait sur leur parole; il les consultait sur tout ... Mais du moment que les sciences positives ont eu acquis un certain développement, cette confiance et ce respect se sont peu à peu retirés du clergé et transportés successivement aux savants. Ce changement a été puissamment secondé par le changement analogue qui s'était déjà effectué dans le temporel. Le peuple, organisé industriellement, s'aperçut bientôt que ses travaux ordinaires d'arts et métiers n'étaient nullement en rapport avec les idées théologiques, qu'il ne pouvait tirer des théologiens aucunes lumières réelles sur les objets de ses occupations journalières, et partout où il put être en contact avec des savants, ... il perdit l'habitude de consulter les prêtres, et prit celle de se mettre en rapport avec ceux qui possédaient les connaissances positives«[83]. Wir stehen hier am Beginn der modernen Wissenssoziologie, deren französischer Ursprung unbestritten ist. Man denke nur daran, daß Deutschland gleichzeitig auf diesem Gebiet nichts anderes zu bieten hatte als die matten Betrachtungen Fr. Chr. von Schlossers[84], die sein Schüler Gervinus später mit größerem Scharfsinn wiederaufnahm[85].

Wir werden bald sehen, wie das von Saint-Simon beschworene „Wissen" entschieden über den Bereich des Rationalen hinausging[86]. Jetzt sei nur vorweggenommen, daß die große Bedeutung, die Saint-Simon der religiösen Eingebung einräumt, von seinem Schüler Eichthal noch stärker hervorgehoben wurde. Dieser vertrat die These, daß die Religion es ermögliche, die Welt von einem göttlichen Plan gelenkt zu sehen, der im übrigen wohl nur eine Hypothese sei[87]. Hier tritt der fideistische Charakter hervor, der die politisch-religiösen Lehren Heines prägt, welche manchmal eben diesen zögernden, hypothetischen Ton annehmen.

+ + +

An dieser Stelle ist das Problem der *sozialen Funktion der Kunst* zu untersuchen. Heine weist der Kunst vor allem die Aufgabe zu, die *Ideen* zu verbreiten und sie „spürbar" zu machen, um so ihre Aufnahme durch die *Masse* zu erleichtern. Das ist im Grunde nur eine Abwandlung der berühmten Theorie des 17. Jahrhunderts vom „schönen Wissen"[88], die Diderot und Schiller[89] dem 19. Jahrhundert übermittel-

---

83) SAINT-SIMON ET ENFANTIN, *Œuvres,* XX, Paris 1869, S. 152–53. Vgl. dazu auch Bd. XXXIX (1875), S. 84, 87 (*philosophes* und Französische Revolution).
84) FUETER, a. a. O., II, S. 94.
85) Ebd., S. 228–29.
86) MANUEL, a. a. O., S. 123 ff.
87) LEROY, a. a. O., II, S. 354.
88) Vgl. G. TONELLI, *Kant, dall'estetica metafisica all'estetica psicoempirica,* »Memorie della Accademica delle Scienze di Torino«, Reihe 3, Bd. 3, Teil II, Turin 1955, S. 135 ff. (Die Bibliographie im Anhang des Werkes enthält alle für die Vertiefung des Problems nützlichen Hinweise.)
89) WELLEK, a. a. O., I, S. 50 u. 251 ff.

ten und die in Deutschland unter anderem A. W. Schlegel und Hegel[90]) und in Frankreich Joubert[91]) übernahmen. Diese spezielle Theorie wurde dann in einem vorwiegend sozio-politischen Sinne in den Ideen des von Heine so bewunderten Lessing weiterentwickelt[92]) und von Goethe angefochten[93]). In Frankreich erklärte Mme de Staël in einem noch allgemeineneren Sinne (der gewiß eine paternalistische Nuance hat): »Les institutions nouvelles doivent former un esprit nouveau dans les pays qu'on veut rendre libres. Mais comment pouvez-vous rien fonder dans l'opinion, sans le secours des écrivains distingués? Il faut faire naître le désir, en lieu de commander l'obéissance; et lors même qu'avec raison le gouvernement souhaite que telles institutions soient établies, il doit ménager assez l'opinion publique, pour avoir l'air d'accorder ce qu'il désire et modifier certaines habitudes nationales«[94]).

Nach einer späten Theorie Saint-Simons sollten die Künstler die Avantgarde der „Verwaltungsdreiheit" des Staates bilden und die besondere Aufgabe haben, die *Ideen* zu verbreiten: »Les sensations persuadent et entrainent«[95]). Saint-Simons Schüler Barrault wiederholte das in seiner Schrift *Aux Artistes. Du Passé et de l'Avenir des Beaux Arts* aus dem Jahr 1830. Er entwarf auch eine Kunstgeschichte, um den „sozialen Wert" der Kunst zu beweisen[96]).

Die Theorie der *sozialen Kunst,* die in Frankreich schon von Quatremère de Quincy angedeutet worden war[97]), sollte auch unter Republikanern und Sozialisten Anhänger finden. Beispiele dafür sind Arago, Marrast, David d'Angers und Blanc[98]). Ihren authentischen Ausdruck sollte sie aber wieder bei den Saint-Simonianern finden[99]). So versuchte Leroux in einer 1831 veröffentlichten Schrift, in der er betonte, die Kunst müsse ein Ausdruck ihrer Zeit sein, die beiden künstlerisch-politischen Tendenzen seiner Zeit zu analysieren. Er unterschied die „Byronsche" Richtung (in die er den Goehte des Werther und des Faust, den jungen Schiller, den Chateaubriand des René, Constant und den Sénancourt des Oberman einordnete) von der Richtung Lamartines und Hugos. Der „Byronismus" »découle naturellement de la philosophie du dix-huitième siècle et de la Révolution Française; elle est le produit le plus vivant d'une ère de crise et de renouvellement, où tout a dû être mis en doute, parce que, sur les ruines du passé, l'Humanité va commencer l'édification d'un monde nouveau«; die zweite Richtung dagegen ist wohl progressiv, ist aber durch die Rückkehr zum Christentum »pour ainsi dire l'inspiration du passé voulant vivre dans le présent, le résultat d'une reprise

90) Ebd., II, S. 42 u. 320.
91) Ebd., II, S. 243.
92) Ebd., I, S. 172.
93) Ebd., I, S. 207.
94) Mme De STAËL, *Œuvres complètes,* Paris 1820, Bd. IV, »De la littérature considérée dans ses rapports avec les institutions sociales«, S. 48.
95) M. THIBERT, *Le rôle social de l'art d'après les Saint-Simoniens,* Paris 1926, S. 9—10.
96) Ebd., S. 28.
97) Ebd., S. 14.
98) G. WEILL, *Histoire du parti républicain en France (1814—1870),* Paris 1928, S. 167.
99) Vgl. CHARLÉTY, a. a. O., S. 40.

momentanée de l'ancien ordre social et religieux dont l'Humanité, inquiète et recoulant d'effroi devant l'enfantement des destinées nouvelles, s'est donnée à elle même une représentation avant de le délaisser à jamais ...«[100]).

Nach Bazard geht es nicht nur darum, eine abstrakte Idee durch die Kunst spürbar und verständlich zu machen; der Künstler hat noch eine andere Aufgabe: Er soll Gefühle wachrufen, die den Menschen helfen, diese Ideen anzunehmen, sie anzuwenden und »dire ... ce qu'il faut aimer pour ne pas contrarier la marche de la civilisation«, während die Betrachtungen der Gelehrten allenfalls eine abstrakte Zustimmung ohne praktische Ergebnisse erzielen können[101]). Buchez geht noch weiter, er formuliert und umreißt eine Theorie, die von Heine übernommen, wenn auch nicht weiterentwickelt wird: danach ist der Künstler nicht nur ein Verbreiter und Propagandist der von den „Wissenschaftlern" ausgearbeiteten Ideen oder ein Vertreter der Auffassungen seiner Zeit, sondern erfüllt ein in sich positives Werk, da er über eine „fast prophetische Gabe" verfügt, die ihn über den allgemeinen Horizont seiner Zeit und über die induktiven Ergebnisse der Wissenschaft hinaus Dinge erahnen und voraussehen läßt. Buchez schreibt dazu: »Il n'est point exact de dire que les littérateurs et les artistes doivent se borner à bien exprimer les sentiments de leur époque; c'est un rôle subalterne qui peut convenir aux âmes faibles et sans énergie, aux imaginations dépourvues d'audace; mais il ne doit point être celui du génie. Sentir le mal de son époque et l'exprimer, concevoir l'avenir, découvrir par l'inspiration ce que les sciences apprennent, et montrer au grand nombre cette voie de bonheur et d'immortalité, voilà ce qui appartient aux grands talents. Le génie des beaux-arts n'est pas un génie vulgaire; ce n'est point un esclave destiné à suivre pas à pas la société; il lui appartient de s'élancer devant elle, pour lui servir de guide; c'est à lui de marcher et à elle de suivre«[102]).

Wenn die saintsimonistische Schule sehr spät die Bedeutung des Künstlers anerkannte, so hätte sie das Unrecht, das sie dieser Gruppe von „Verwaltern", oder — wie wir heute sagen würden — „führenden Persönlichkeiten" zuvor angetan hatte, gar nicht besser ausgleichen können. Wir haben uns bei diesem Punkt etwas länger aufgehalten und lange Zitate angeführt[103]), um zu zeigen, an welchen Vorbildern sich Heine bei seiner „sozialen" Theorie der Kunst und bei seiner Geschichtsinterpretation orientiert; es sind glänzende Seiten der *Literatursoziologie* mit bedeutenden Prämissen, die uns ihre Entstehung erklären. Dazu gehört natürlich auch die Lehre von der prophetischen Mission des Künstlers: In Deutschland war sie in einem allgemeineren Sinne schon von Novalis verkündet[104]) und dann unter

---

100) P. LEROUX, *Œuvres*, Bd. I, Paris 1850, »Aux Artistes« (schon in der »Revue Encyclopédique« von 1831 erschienen), S. 87;
101) ENFANTIN, *Exposition de la doctrine saint-simonienne* (I, August 1830), ed. Bouglé et Halévy, Paris 1924, S. 87, 343—44.
102) Aus: »Le Producteur«, IV, S. 204.
103) Zu weiteren Berührungspunkten Heines mit den Saint-Simonianern in diesem Zusammenhang vgl. CLARKE, a. a. O., S. 253 ff.
104) WELLEK, a. a. O., II, S. 83.

anderem von Herwegh aufgegriffen worden[105]). In Frankreich hatte sie neben den Saint-Simonianern der Haupttheoretiker des *l'art pour l'art,* Victor Hugo, verfochten[106]).

Die Situation, in der sich Deutschland damals befand, die Unterwerfung unter eine relativ strenge Zensur, verändert natürlich das Problem. Die *Jungdeutschen* vermieden es, sich offen am politischen Kampf zu beteiligen, obgleich sie entschieden für die gesellschaftliche Aufgabe der Kunst eintraten. Die literarischen Werke dieser Gruppe, die im Grunde für einen kleinen Leserkreis bestimmt waren, beschränkten sich zumeist auf Andeutungen und bestanden eher auf der Notwendigkeit einer „geistigen", als einer „politischen" Revolution. Das gilt etwa für Wienbarg, der erklärte: „Zum Publicisten und Tribunen bin ich nicht geschaffen... alles Predigen und Überreden ist mir zuwider"; oder für Laube, der sich der Suche nach einem „neuen geistigen Leben" verschrieben hatte[107]) und für Mundt, der eine „höhere Gesinnung" in der politischen Dichtung forderte[108]). Was nicht *expressis verbis* gesagt werden konnte, wurde oft durch Symbole angedeutet: diese Form wählte z. B. Wienbarg, um seine politischen Meinungen zu äußern[109]). Auch Gutzkow, der zunächst die Notwendigkeit eines direkten Engagements betont hatte[110]), verschanzte sich später, nachdem er politischer Verfolgung ausgesetzt war, hinter dem Symbol und der Abstraktion der Idee[111]).

Hierin folgte Heine also den Lehren derer, die einige Zeit lang seine engsten Verbündeten waren. Daraus erklärt sich — abgesehen von offensichtlichen Gründen der Opportunität — seine Position in der Diskussion über die *Tendenzpoesie,* die um 1840 in der Auseinandersetzung Freiligrath-Herwegh besonders heftige Formen annahm. Mit der allgemeinen Radikalisierung wurde ein offenerer Ton angeschlagen. Doch Freiligrath, der durch eine Gunst der Regierung umgestimmt worden war, zog es nun vor, seinen Radikalismus in hermetischer Form auszudrücken und verkündete, die Dichtung dürfe nicht „politisch" sein (die „nationale" Dichtung ausgenommen), sondern habe neutral zu sein:

> Der Dichter steht auf einer höhern Warte
> Als auf den Zinnen der Partei[112]).

Und an L. Schücking schrieb er: „Die politische Poesie, insofern sie eine diplomatische ist, taugt aber nicht, und ist von der patriotisch-politischen wohl zu

---

105) G. HERWEG, *Werke,* hg. Tardel, Berlin, I, S. 67.
106) CHARLÉTY, a. a. O., S. 357.
107) DIETZE, a. a. O.. S. 194—95, B. MARKWARDT, *Geschichte der deutschen Poetik,* Bd. IV, Berlin 1959, S. 175 ff.
108) MARKWARDT, a. a. O., IV, S. 202.
109) PROELSS, a. a. O., S. 300 ff.
110) Ebd., S. 300.
111) Ebd., S. 550—51, 710.
112) A. VOLBERT, F. *Freiligrath als politischer Dichter,* Münster 1907, S. 31 ff.; MARKWARDT, a. a. O., Bd. IV, S. 247.

unterscheiden. Die Poesie soll sich eben an das Ewige, Bleibende halten und nicht immer mit dem verfluchten Dreck und Schund unseres kläglichen, miserablen Menschen- und Staatslebens zu schaffen haben"[113]).

Herwegh (der auf der theoretischen Ebene von Ruge unterstützt wurde[114]) verzieh es ihm aber nicht, daß er sich hinter mittelalterliche Sagen und anderen „modrigen Plunder" flüchtete[115]). So hatte er ihn im Gedicht „Die Partei" folgendermaßen angesprochen:

> Ihr müßt das Herz an eine Karten wagen,
> Die Ruhe über Wolken ziemt Euch nicht;
> Ihr müßt auch mit in diesem Kampfe schlagen,
> Ein Schwert in Eurer Hand ist das Gedicht.
> O wählt ein Banner, und ich bin zufrieden,
> Ob's auch ein andres, als das meine sei;
> Ich hab gewählt, ich habe mich entschieden,
> Und meinen Lorbeer flechtet die Partei![116]).

Heine erklärt dazu, er wolle sich an das Universale halten und sich nicht in kleinliche Meinungskämpfe einmischen. Doch obgleich seine Intentionen denen Freiligraths recht nahe stehen (dessen „nationale" Poesie er ablehnt und ihr die politisch-universale Poesie entgegenhält), verteilt sich seine Abneigung, wie wir sehen werden, in gleichem Maße auf beide Gegner[117]).

+ + +

Heine weiß aber auch, daß es trotz der großen Wirkung, die eine sozial engagierte und von einer angemessenen Poetik geleitete Kunst auf die Massen ausüben kann, oft geschehen ist, daß die Propheten der Menschheit nicht verstanden wurden und sie ihre Zeit nicht recht beeinflussen konnten. Das muß immer zu einer geschichtlichen „Nemesis", zu einem furchtbaren revolutionären Strafgericht führen. Ein Beispiel dafür ist die Beziehung Rousseau-Robespierre, wie Heine sie darstellt. Von den damals verbreiteten Ansichten über den Einfluß der *philosophes* auf die französische Revolution abgesehen (schon 1791 war in Paris eine Abhandlung erschienen: »De J. J. Rousseau considéré comme l'un des premiers auteurs de la Révolution«), ist anzunehmen, daß die Wahl dieser beiden geschichtlichen Figuren und die Beziehung, die Heine zwischen ihnen herstellt, von den 1832 von Laponneraie herausgegebenen gesammelten Werken Robespierres angeregt wurde. Laponneraie schreibt in seinem Vorwort: »Jésus, Rousseau, Robespierre, trois noms qui marchent inséparablement, et qui se déduisent logiquement, les uns des autres, comme les trois termes d'un théorème«[118]).

---

113) W. BUCHNER, *F. Freiligrath. Ein Dichterleben in Briefen,* Lahr 1882, I, S. 411.
114) LÖWITH, a. a. O., S. 406.
115) VOLBERT, a. a. O., S. 36; MARKWARDT, a. a. O., IV, S. 222.
116) E. VOLKMANN, *Um Einheit und Freiheit. 1815—1848,* Leipzig 1936, S. 166—67.
117) Vgl. Kap. IV und V.
118) M. DE ROBESPIERRE, *Œuvres choisies,* Paris 1832.

Hier müssen wir nun versuchen, eines der Hauptthemen der Weltanschauung und Dichtung Heines zu analysieren und richtig einzuordnen: das Thema der Revolution, die er manchmal herbeiwünscht und vor der er manchmal beschwörend warnt, die aber immer bedrohlich und schrecklich erscheint und zumindest in Frankreich als eine unmittelbar drohende Gefahr betrachtet wird.

Dies entspricht einem weit verbreiteten Gefühl des 19. Jahrhunderts, das geprägt war von der Furcht vor dem Gespenst des Jahres 1889 und dauernd erschüttert wurde von mehr oder weniger schweren Unruhen. Die Julirevolution, die in ganz Europa nachhallte, hatte noch einen anderen Aspekt des bedrohlichen Phänomens hervortreten lassen, — seine Tendenz, sich über die Landesgrenzen hinaus zu verbreiten. Paris erlebte unter dem Regime Louis Philippes und schon vorher häufige, oft blutige revolutionäre Versuche der verschiedensten Richtungen. Und die allgemeine Befürchtung, daß eines dieser Strohfeuer in einen großen Brand ausarten könnte, war schließlich nicht ganz unbegründet[119].

Die Erwartungen einer katastrophalen Entwicklung in Europa waren eine in konservativen Kreisen verbreitete Haltung. Metternich glaubte das Ende des „alten Europa" nahe und sah zwischen diesem Ende und dem Beginn eines „neuen Europa" ein wahres Chaos voraus. Friedrich Schlegel gestand 1828 der bestehenden Ordnung noch 40 Jahre zu und erwartete dann eine Katastrophe. Niebuhr sah etwa den gleichen Zeitpunkt und ganz dasselbe Ergebnis voraus; er prophezeite eine Art neuen dreißigjährigen Krieg. Auch Goethe hatte kurz vor seinem Tod keine sehr glückliche Zukunft verkündet, und darin stimmte Hegel mit ihm überein[120]. Diese tiefe Angst ergriff auch zahlreiche Liberale und Radikale: Unter dem Eindruck der Ereignisse von 1830 beurteilte Dahlmann jede Revolution als etwas grundsätzlich Negatives[121]. Wenn die *Jungdeutschen* den Sieg der Freiheit nahe glaubten[122], so erschreckte sie doch die Möglichkeit, daß er aus einer Revolution hervorgehen sollte: Laube, Kühne, Mundt, Wienbarg und Gutzkow sind sich darin einig und lassen sich nicht von dieser Meinung abbringen[123]. Auch Börne behauptet trotz seiner extremistischen Haltung, daß die Revolution vermieden werden könnte[124]. Heine steht also, zumindest zwischen 1830 und 1834, einer möglichen Revolution weniger ablehnend gegenüber als diese Männer. Später sollte er sich ihrer Haltung aber definitiv, unwiderruflich anschließen.

---

[119] Vgl. TH. SCHIEDER, *Das Problem der Revolution im 19. Jahrhundert,* „Historische Zeitschrift", CLXX, 1950, S. 234—36. Zur Entwicklung des Revolutionsbegriffes vgl. E. ROSENSTOCK, *Revolution als politischer Begriff in der Neuzeit,* Breslau 1931.

[120] DIETZE, a. a. O., S. 136—141; SCHIEDER, a. a. O., S. 237, 244 ff.; R. HAYM, *Hegel und seine Zeit,* Nachdruck Hildesheim 1962, S. 455 ff.

[121] SCHIEDER, a. a. O., S. 235—36.

[122] DIETZE, a. a. O., S. 135.

[123] DIETZE, a. a. O., S. 205.

[124] L. BÖRNE, *Gesammelte Schriften,* Leipzig, III, S. 275.

Nur wenige Extremisten wünschen in Europa die befreiende Katastrophe herbei. Dazu gehören um 1830 Mazzini[125]) und einige Vorkämpfer der neuen Linken, die sich nach 1835 in Frankreich und Deutschland bildet[126]), wie z. B. Schuster[127]). 1842 begeisterte sich Bakunin am Gedanken einer Apokalypse, die er sehr nahe glaubte[128]).

Derartige Besorgnisse bedrängten offenbar auch die politischen Denker in Frankreich. Schon 1801 hatte Toulongeon die Unvermeidbarkeit wiederkehrender revolutionärer Ausbrüche hervorgehoben[129]). Joseph de Maistre betrachtete mit sarkastischer Genugtuung Kriege und Revolutionen als unumgängliche Erscheinungen, durch die die Gesellschaft für ihre Schuld und ihren Unglauben büßen mußte[130]). Es ist die alte Lehre von der „Gottesgeißel", ein klassisches Moment der christlichen Geschichtsphilosophie. Ähnlich grausame „Propheten" finden sich zu jener Zeit scharenweise unter den Konservativen. Ein weiteres Beispiel dafür ist die von Esquiros vertretene Theorie der unerbittlichen Logik der Revolution[131]). Es scheint, daß Heine hier, wie so oft[132]) unmittelbar aus der Quelle der extremen Rechten schöpft, wobei er jedoch die These umkehrt: Die Revolution erscheint als Strafe für die Verletzung nicht des göttlichen, christlichen Gesetzes, sondern des Gesetzes der Menschheitsentwicklung. Ferrand hatte auch die These von der Revolution als einer „Krankheit des Sozialkörpers" entwickelt[133]), auf die übrigens gern deutsche und österreichische Reaktionäre zurückgriffen[134]).

Im Frankreich der Restauration sollte der historische Liberalismus die 89er Revolution bald positiv bewerten, — so Thiers 1823 und Mignet 1824[135]). Nachdem die Liberalen aber die Ereignisse der Julirevolution freudig begrüßt hatten, waren sie gewiß nicht zu weiteren Umwälzungen bereit.

Saint-Simons Urteil über die Französische Revolution sollte deutlich das spätere Urteil Heines beeinflussen: er betrachtete einige ihrer Errungenschaften als eindeutig positiv, bemerkte jedoch, daß bei der Erklärung der Menschenrechte versäumt worden sei, das Problem der „sozialen Freiheit" zu lösen[136]). Er verurteilte natürlich den Terror, dessen Ursache er in einem Mangel an gemeinsamen Ideen und Überzeugungen der Erneuerer und in der mangelnden Vorbereitung des Volkes sah. Daraus sei eine allgemeine Verwirrung entstanden, so daß vor allem die Gleichheit statt der Freiheit betont worden sei. Und das alles habe dann zum

---

125) SCHIEDER, a. a. O., S. 237.
126) Vgl. Kap. IV.
127) F. MEHRING, *Storia della socialdemocrazia tedesca,* Rom 1961, I, S. 93.
128) A CORNU, *Marx e Engels dal liberalismo al comunismo,* Mailand 1962, S. 364—65.
129) STADLER, a. a. O. S. 118.
130) LEROY, a. a. O., II, S. 130.
131) Ebd., S. 133.
132) Vgl. Kap. IV.
133) FLINT, *Historical philosophy,* S. 381.
134) SCHIEDER, a. a. O., S. 244 ff.
135) STADLER, a. a. O., S. 122; OMODEO, a. a. O., S. 239.
136) LEROY, a. a. O., II, S. 203.

Despotismus geführt[137]). Daraus schloß er, daß ein weiterer gewaltsamer Ausbruch unvermeidlich sein werde, wenn es nicht einer „neuen Doktrin" gelänge, die Geister zu einen[138]). Er dachte dabei nicht nur an eine Revolution, sondern an die Möglichkeit eines wahren Weltbrandes[139]). Die Einigung durch die *neue Doktrin* sollte durch eine Verbindung von Religion, „Industrie" (sprich Produktion)[140]), Kunst und Literatur erfolgen. Die Reformbewegung sollte von oben, d. h. von einem Herrscher, einem „Befreier der Sklaven" ausgehen[141]). Es ist die Lehre, die Heine dann als Theorie der *Transaktion* definiert. Diese *Transaktion* sollte von einem neuen Cäsar herbeigeführt werden, der seine der saintsimonistischen Lehre verwandte *neue Doktrin* befolgte. Von »transaction« in diesem Sinne spricht auch Enfantin 1836[142]). Saint-Simon ist jedoch eindeutig gegen jede Gewaltanwendung zur Verwirklichung seiner Ziele[143]).

Auch die Saint-Simonianer waren von dem Herannahen eines neuen Zeitalters überzeugt, doch waren sie — ebenso wie die anderen französischen Utopisten ihrer Zeit, weit davon entfernt, Katastrophen herbeizuführen[144]) und erträumten eher einen autoritären Staat[145]). Selbst einige Vertreter des *Jungen Deutschland* vertrauten auf das Werk eines aufgeklärten Fürsten[146]).

Wir werden sehen, wie wichtig in Heines Polemik gegen die extremistischen Republikaner die Überzeugung ist, daß die Volkstribunen selbst die ersten Opfer der Revolution sein werden, die sie entfesselt haben. Heine knüpft hier wohl an jene Tradition an, die von dem schon 1793 in einer Schrift des gemäßigten Mallet du Pan enthaltenen, bald berühmten Sprichwort begründet wurde: »A l'exemple de Saturne la révolution dévore ses enfants«[147]).

+ + +

Heine stellt sich die Verwirklichung des neuen Zeitalters als Übergang der Menschheit vom Stadium des Verstandes (das vom Egoismus bestimmt ist) zu dem des Gefühls vor, — so wie der „Verstand" einst den mittelalterlichen „Aberglauben" abgelöst hatte. Auch hier wird die nahe Verbindung zu den saintsimonistischen Theorien deutlich.

---

[137]) LEROY, a. a. O., S. 206; MANUEL, a. a. O., S. 262 ff.
[138]) LEROY, a. a. O., S. 212, 222; MANUEL, a. a. O., S. 156 ff.
[139]) LEROY, a. a. O., S. 204.
[140]) Zu dem Begriff *industrie*, der in diesem Sinne auch von Heine verwendet wird vgl. LEROY, a. a. O., S. 204—205, 295—205, 295—96. Zu einer klaren Definition des Terminus vgl. SAINT-SIMON ET ENFANTIN, *Oeuvres*, Bd. XXXVIII, 1875, S. 3.
[141]) LEROY, a. a. O., II, S. 223; MANUEL, a. a. O., S. 272.
[142]) Vgl. Kap. IV.
[143]) CHARLÉTY, a. a. O., S. 16.
[144]) Ebd., S. 96.
[145]) Ebd., S. 39.
[146]) DIETZE, a. a. O., S. 193.
[147]) RUYSSEN, a. a. O., II, S. 221—22.

Die Saint-Simonianer verurteilten den „Egoismus", auf den sich die Gesellschaft ihrer Zeit gründete, und forderten eine Ablösung des „Gesetzes des Egoismus" durch das „Gesetz der Arbeit"[148]. Der Irrationalismus prägte jetzt endgültig die saintsimonistische Schule[149]. Er war auch schon in den Ideen des Meisters von der Funktion der „Religion" in der Gesellschaft und über den „sensualistischen" Pantheismus im Keim enthalten. Buchez wurde zum Theoretiker dieser neuen Richtung. Er ließ sich von der „Moral des Gefühls" (oder der „Sympathie", der „Solidarität" etc.) leiten, die im 18. Jahrhundert besonders in England ein viel beachtetes Prinzip war, und von der Lehre der humanité als einem Solidaritätsgefühl der Menschen, das noch bei Condorcet ein wichtiges Moment darstellte[150]. 1833 definierte Buchez das Gefühl als eine Verbindung eines geistigen mit einem materiellen, bzw. nervlichen Zustand[151]. Das Gefühl sei entweder *a priori* Sympathie oder *a posteriori* Egoismus. Und das Gefühlsmoment sei gerade in „kritischen" Zeiten der Geschichte beherrschend[152].

Im übrigen betonten die Saint-Simonianer: im politisch-religiösen Apostolat »on sent plus qu'on ne raisonne«; es gelte, die Liebe durch die vorgeschlagenen Theorien zu läutern, was von einer bestimmten »capacité sympathique« abhänge[153].

Auch in seiner Einstellung zum Problem der Gleichheit ist Heine ein Saint-Simonianer. „Gleichheit" war zum Leitwort der deutschen Emigrantengruppen in Paris geworden, in denen ein Schuster, ein Venedey, ein Börne aktiv waren, die sich gewiß nicht vom religiösen Sozialismus Lamennais' inspirieren ließen[154], nachdem sie sich von den verschwommenen und immer sehr gemäßigten Programmen des *Jungen Deutschland* losgesagt hatten[155]. Dieser Position schloß sich auch Leroux an, der sich vom Saint-Simonianer zum Sozialisten entwickelt hatte[156] und der so auch das Gleichheitsprinzip der neuen sozialistischen und kommunistischen Gruppen vertrat.

Die Konzeption Saint-Simons hingegen fordert bekanntlich einen hierarchischen Staat, der bei einem allgemeinen Wohlstand eine klare Differenzierung der Aufgaben, der Autorität und der sozialen Situation impliziert und die von den Sozialisten propagierte Gütergemeinschaft ablehnt[157]. Die saintsimonistische Schule erklärte später, das Eigentum dürfe nicht individuell sein, sondern müsse gesellschaftlichen Charakter haben, und ließ sich zu pittoresken, mißglückten

---

148) CLARKE, a. a. O., S. 42–43.
149) LEROY, a. a. O., II., S. 347.
150) Ebd., S. 238.
151) P. J.-B. BUCHEZ, *Introduction à la science de l'Histoire*, Paris 1833, S. 247.
152) Ebd. S. 260–65.
153) ENFANTIN etc., *Exposition*, S. 343–44.
154) MEHRING, *Storia*, S. 92–93; vgl. LEROY, a. a. O., II, S. 439.
155) DIETZE, a. a. O., S. 192 ff.
156) FLINT, a. a. O., S. 436.
157) LEROY, a. a. O., II, S. 209.

Experimenten mönchischer Gemeinschaft verleiten. Sie übernahm aber nie die Ideen einer gleichen Güterverteilung („jedem nach seiner Leistung") und vertrat sogar das Prinzip des Erbeigentums[158]. Es ist also verständlich, wenn ein Verfechter des Gleichheitsgedankens wie Börne nur geringe Sympathie für den Saint-Simonismus haben konnte[159].

Das schließt nicht aus, daß Saint-Simonianer wie Heine, wie die *Jungdeutschen* und viele Republikaner das Elend verurteilten, das die bürgerliche Gesellschaft dem Proletariat aufzwang, und dabei sehr scharfe Töne anschlugen und eine Sprache verwandten, die später von Sozialisten und Kommunisten übernommen wurde. Man darf sich hier keinesfalls dazu verleiten lassen, eine damals auch von der ganz gemäßigten Linken bei der sozialen Frage gebrauchte Sprache sozialistischen oder kommunistischen Einflüssen und Sympathien zuzuschreiben.

So kämpft Ballanche für die Befreiung des Proletariats und sieht im Aufstieg desselben den Kernpunkt der Menschheitsgeschichte[160]. Saint-Simon behandelt jene untätigen Schichten, die von der Arbeit anderer leben, als „Diebe"[161], und seine Schüler betonen, die Geschichte sei bisher von der „Ausbeutung des Menschen durch den Menschen" bestimmt gewesen[162]. Der Meister verkündet die Notwendigkeit, die untersten Klassen zu gesellschaftlichen Protagonisten zu machen[163], und weist nach, daß die Französische Revolution im Endeffekt nur das Bürgertum an die Macht gebracht hat, das sich nun mit dem alten Adel die Früchte des Schweißes der Arbeiter teilt[164]. Der Ton seiner Lehren ist entschieden antibürgerlich, wobei jedoch zu beachten ist, daß er mit dem Begriff „Bürgertum" den engstirnigen, philisterhaften „Mittelstand" meint und dabei die Großkapitalisten ausschließt, die das Wirtschaftsleben der Nation lenken, eine Gruppe, die er sehr schätzte[165]. — Hier rückt Heine allerdings eindeutig von ihm ab und nähert sich eher Fourier. —

Ähnliche Töne stimmte Fourier an[166], der aber vor allem gegen den neuen, vom Kapitalismus instaurierten „Feudalismus" zu Felde zog[167]. Hierin folgte ihm bekanntlich Lamennais. Nach der Julirevolution war das auch bei der deutschen Linken eine verbreitete Anschauung[168]. Wienbarg und Gutzkow ließen um 1835 durchblicken, daß sie den Reichtum (nicht das Eigentum generell) als unrechtmäßig betrachteten, und Gentz zog gegen das Bürgertum los[169]. Nach 1840

---

158) CHARLÉTY, a. a. O., S. 97—98.
159) BÖRNE, a. a. O., III, S. 313 ff.
160) LEROY, a. a. O., II, S. 125.
161) Ebd., S. 205—06.
162) Ebd., II, S. 313 ff.
163) Ebd., S. 232.
164) SAINT-SIMON ET ENFANTIN, *Oeuvres*, Bd. XXXVII, 1875, S. 8.
165) MANUEL, a. a. O., S. 269.
166) LEROY, a. a. O., S. 252.
167) MEHRING, *Storia*, S. 9.
168) DIETZE, a. a. O., S. 141.
169) Ebd., S. 203—204.

spricht Gutzkow von Klassenkampf (,,der Widerspruch der arbeitenden gegen die genießenden Klassen") und zeigt genau wie Heine, daß er den Kommunismus ernst nimmt, obgleich er ihn wegen seiner ,,materialistischen" Ausrichtung ablehnt[170]).

Heine hielt, wie wir wissen, am Ideal der konstitutionellen Monarchie fest, das der alte deutsche Liberalismus vertreten hatte und auf das sich auch damals noch gewichtige Stimmen beriefen[171]). Die Enttäuschung durch die Politik Louis Philippes ließ ihn aber bald eine andere Form des Konstitutionalismus entwickeln, den bekannten ,,Cäsarismus", der Saint-Simons Konzeption der Monarchie sehr nahe kommt[172]). Heine hatte diese Theorie zunächst nicht übernommen, weil sie die individuellen Freiheiten gering einstufte[173]), während er selbst noch die Stimme des Schillerschen Marquis Posa in sich vernahm[174]). Sein Cäsarismus entspricht weitgehend jenem Bonapartismus, zu dem sich eine Zeitlang auch die Saint-Simonianer bekannten, obgleich sie sich — wie Heine selbst — *faute de mieux* auf einen Kompromiß mit der Julimonarchie einließen[175]). Saint-Simon wollte außerdem wie Heine, daß die von ihm vorgeschlagene Form der Monarchie von einer Aristokratie *sui generis* gestützt — und begrenzt — werden sollte[176]).

Wir wollen uns nun mit den religiösen Problemen beschäftigen. Der *Pantheismus* und der *Sensualismus* Heines knüpfen bekanntlich an entsprechende saintsimonistische Lehren an, auf die wir hier nicht näher eingehen können. (Wie Heine verurteilten die Saint-Simonianer offen den Eklektizismus Cousins.)[177]). Es sei lediglich darauf hingewiesen, daß die ganze Epoche von Anschauungen geprägt war, wonach die menschliche Geschichte als Ausdruck einer großen geistigen Kraft erschien, sei sie transzendent oder immanent, universal oder kollektiv.

Die romantische Philosophie hatte die schon von Herder vertretene Lehre von einem tiefen, immanenten Lebensdrang der Menschheit übernommen[178]) und sich damit einer von Heine als ,,pantheistisch" definierten Weltanschauung zugewandt[179]). So war die menschliche Geschichte für Schelling die allmähliche Offenbarung des Absoluten[180]), für Hegel die Geschichte der Freiheit[181]), für Steffens die Offenbarung des Göttlichen[182]). Görres sieht in der menschlichen Geschichte vor allem Gott walten[183]), Krause erkennt darin einen einzigen,

170) Ebd., S. 207—08.
171) SCHNABEL, a. a. O., II, S. 176 ff.
172) CHARLÉTY, a. a. O., S. 16—17.
173) Ebd., S. 17, 83, 355; MANUEL, a. a. O., S. 275 ff.
174) KOHN, a. a. O., S. 497.
175) Vgl. Kap. IV.
176) LEROY, a. a. O., II, S. 111; MANUEL, a. a. O., S. 295.
177) H. SÉE, *Les idées politiques de Saint-Simon*, »Revue Historique«, LXXIII, 1900.
178) ROUCHÉ, a. a. O., S. 68.
179) H. A. KORFF, *Geist der Goethezeit*, Leipzig 1956, I, S. 18 ff., II, S. 21 ff., IV, S. 517 ff.
180) KNITTERMEYER, a. a. O., S. 226—28.
181) FUETER, a. a. O., II, S. 124; LÖWITH, a. a. O., S. 47 ff.
182) FLINT, *Philosophie de l'histoire*, S. 182.
183) Ebd., S. 189.

göttlichen Lebensstrom[184]). Ranke räumt in seiner historischen Methodologie dem Wirken der Kollektivkräfte einen wichtigen Platz ein[185]), und Adam Müller gelangt schließlich zu einem wahren politischen „Animismus"[186]), während das *Junge Deutschland* eher die Funktion des Individuums in den Vordergrund stellt[187]), aber auch einen allgemeinen, etwas vagen Begriff des „Lebens" kennt[188]).

In Frankreich betrachtet J. de Maistre die Geschichte als schrittweise Offenbarung der göttlichen Vernunft[189]) und Quinet stellt — in Übereinstimmung mit seinem Freund Michelet[190]) — die Geschichte als Drama der Freiheit dar, das einen allmählichen Sieg der Geistesfreiheit bringt.

In dieser geistigen Atmosphäre entsteht auch Heines Interpretation der deutschen Geschichte: zu dem fundamentalen germanischen *Pantheismus* gab vielleicht Michelet die Anregung[191]), während die Beziehung zwischen Wissenschaft und Mystizismus in Deutschland vielleicht einer negativen Bemerkung Saint-Simons entnommen war[192]). Im übrigen war die enge Verbindung von Religion und Philosophie schon von Hegel hervorgehoben worden[193]).

Heines Darstellung der Reformation ist letztlich ein Erbe Herders, der darin zum erstenmal die Geistesfreiheit zum Durchbruch kommen sah[194]). Das Thema war von Hegel[195]) und anderen aufgegriffen und dann vom *Jungen Deutschland*[196]) und von der Hegelschen Linken[197]) begeistert aufgenommen worden. Saint-Simon sieht in Luther den Begründer einer Bewegung, die „notwendig" zu den *philosophes* und damit zur Französischen Revolution führen mußte[198]).

Daraus leitet sich eine offene Abneigung gegen das mittelalterliche, katholische Christentum ab, dem schon Herder den germanischen Geist entgegengehalten hatte[199]), wobei er — wie Heine — dem Christentum nur das Verdienst ließ, in einer trostlosen Zeit der Sklaverei dem unglücklichen Volk als Trostspender gedient zu haben[200]). Auch für Herder besitzt das germanische Mittelalter, das dem

---

184) Ebd., S. 230.
185) SCHNABEL, a. a. O., III, S. 86 ff.
186) MEINECKE, *Weltbürgertum,* S. 138 ff.
187) DIETZE, a. a. O., S. 174.
188) Ebd., S. 196.
189) FLINT, *Historical philosophy,* S. 372.
190) Ebd., S. 537, 542.
191) Ebd., S. 540.
192) CHARLÉTY, a. a. O., S. 6—7.
193) CORNU, a. a. O., S. 154—55.
194) ROUCHÉ, a. a. O., S. 493.
195) DITTMANN, a. a. O., S. 81.
196) DIETZE, a. a. O., S. 209.
197) CORNU, a. a. O., S. 162.
198) SAINT SIMON ET ENFANTIN, *Œuvres,* Bd. XXXVIII, 1875, S. 15—16.
199) ROUCHÉ, a. a. O., S. 468.
200) Ebd., S. 49 ff.

katholischen gegenübergestellt wird, eine „gesunde Lebenskraft", die es teilweise von der Knechtschaft befreite[201]. So taucht hier wieder die* Interpretation der traditionellen Religionen und besonders des Christentums als „Pfaffentrug" auf, ein Lieblingsthema der Freidenker und der französischen und englischen Aufklärer[202].

Die Gestalt Jesu nimmt jedoch bei Herder wie bei Heine eine besondere Stellung ein[203]. Herder trennt sie deutlich vom mittelalterlichen Christentum[204], wie auch Saint-Simon und dessen Anhänger es taten, die das Urchristentum als eine wahrhaft demokratische Religion betrachteten[205]. Saintsimonistisch ist auch die Verurteilung Rußlands und Englands[206], welch letzteres übrigens auch Michelet aus tiefstem Herzen verabscheut[207]. Hierin rücken Michelet und Heine entschieden von jener traditionellen Vorliebe für England ab, die besonders in Deutschland für den Konstitutionalismus bezeichnend war[208].

Der *Pantheismus* und Deutschland, das ihn verkörpert, bestimmen nach Heine das Endstadium (oder zumindest den Höhepunkt) der Entwicklung der menschlichen Geschichte, so wie die Saint-Simoniäner den Pantheismus als die höchste geistige Stufe des Menschen betrachteten[209] und wie Hegel in seiner Zeit die letzte Phase der Geschichte sah, die vor allem in seiner protestantischen, deutschen Philosophie zum Ausdruck kam[210]. In Deutschland hatten derartige chiliastische Erwartungen schon mit Immermann eine demokratische Note erhalten[211].

Wir können aus all dem schließen, daß das saintsimonistische Gedankengut einen viel größeren Einfluß auf Heine ausgeübt hat, als gemeinhin angenommen wird. Die Parallelen beschränken sich keineswegs auf das religiöse Gebiet, sondern erstrecken sich auch auf viele Aspekte der Geschichtsauffassung (die gesellschaftlichen Klassen, die Bedeutung des finanziellen Faktors, die Beziehung zwischen materiellen und ideellen Kräften, die Freiheit innerhalb einer notwendigen Entwicklung, die Aufgabe der Revolution und die Interpretation der Französischen Revolution) und auf die Politik (die antibürgerliche Polemik, das Staatsideal einer konstitutionellen, aber verantwortungsvollen, effektiv regierenden Monarchie). Ferner entstammt dem saintsimonistischen Gedankengut die Auffassung von der sozialen Rolle des Künstlers und seiner prophetischen Mission und vor allem jener Teil der

---

201) Ebd., S. 51–52.
202) Vgl. F. MAUTHNER, *Der Atheismus und seine Geschichte im Abendlande,* Stuttgart, Berlin 1921, pass. ROUCHÉ, a. a. O., S. 546.
203) Vgl. Kap. VI.
204) ROUCHÉ, a. a. O., S. 470–71.
205) CHARLÉTY, a. a. O., S. 21.
206) CHARLÉTY, a. a. O., S. 110.
207) FLINT, *Historical philosophy,* S. 541.
208) SCHNABEL, a. a. O., II, S. 187.
209) CLARKE, a. a. O., S. 248; MANUEL, a. a. O., S. 151 ff, 165 ff.
210) DITTMANN, a. a. O., S. 84.
211) LÖWITH, a. a. O., S. 274.

Geschichtstheorien Heines, in dem er ganz eigene Gedanken entwickelt: der erste umfassende Versuch einer Wissenssoziologie und einer Literatursoziologie, bei dem er sich von vielen deutlichen Hinweisen der Saint-Simonianer anregen ließ.

Die Polemik gegen die kapitalistische Großbourgeoisie ist dagegen eher von Fourier beeinflußt, während die nicht klar formulierte Auffassung vom Privateigentum sich auf eine Neuauflage der Theorie der klassischen Nationalökonomie beschränkt.

Mit den Saint-Simonianern verbinden Heine außerdem verschiedene Stellungnahmen zu aktuellen politischen Fragen. Andererseits vollzieht sich gerade auf dieser Ebene, wie auch bei einigen theoretischen Punkten (etwa dem Freiheitsgedanken oder der Vorstellung von dem pantheistischen Charakter und der Universalsendung Deutschlands) eine immer deutlichere Distanzierung Heines von den streng orthodoxen Saint-Simonianern. Doch davon soll im nächsten Kapitel die Rede sein.

Es ist klar, daß Heine verschiedene Anschauungen, die er mit den Saint-Simonianern teilt, vor allem der großen deutschen Tradition von der Aufklärung bis zur Romantik entnimmt: so den kosmopolitischen Humanitätsbegriff, die Vorstellungen von Fortschritt, Volk und Revolution, die geschichtliche Funktion der Ideen und des Individuums. Eindeutig deutschen Ursprungs sind die Begriffe *Volksgeist* und *Zeitgeist*, sowie die Formulierung seiner Haltung zur *Tendenzpoesie*. Kurios ist, daß Heine die Lehre von der Revolution als einem „Strafgericht" von konservativen katholischen Ideen ableitet, deren Sinn er allerdings völlig umkehrt.

# TEIL II
## PHILOSOPHIE, POLITIK UND DICHTUNG

### Kapitel IV
### HEINES IDEOLOGIE UND DIE POLITISCHE REALITÄT DER ZEIT

*Theorie, Realität und politische Dichtung — Die Heilige Allianz; Heine in Paris; Freundschaften; Kontakte mit den Saint-Simonianern — Heine und das Junge Deutschland — Die Entstehung des Kommunismus in Frankreich und Deutschland — Die neue Linke nach 1835 und die Oppositionsdichtung — „Französische Zustände" — Überzeugung und Opportunismus; die „Bekehrung" zum Bonapartismus — Kohärenz und journalistischer Stil — Heine und die Bonapartisten, die Saint-Simonianer und Österreich — Kompromisse mit der Rechten und Bruch mit der Linken — Entstehung des Nationalismus — Krieg, Revolution und Kommunismus — Heine und der Kommunismus: Elastizität, Genialität und Naivität des Politikers Heine — Heine und Marx — „Lutezia"; Heine, die Julimonarchie und Österreich.*

In den vorangegangenen Kapiteln wurden die theoretischen Prinzipien untersucht, die Heine vor allem zwischen 1830 und 1844 entwickelte, um seine Tätigkeit als Publizist und politischer Dichter zu rechtfertigen. Seine politische Dichtung nach 1840 ist in ihrer Ausrichtung und im Gehalt so sehr an sein journalistisches und historisch-polemisches Oeuvre gebunden, daß ein Grundverständnis nur möglich ist durch das Studium dieses Werkes und eine genaue Klärung der allgemeinen Kriterien und theoretischen Linien, die der Dichter nach und nach herausarbeitet, um seiner politischen Dichtung ein Fundament und eine Richtung zu geben. Vor allem geht es ihm darum, sie zu rechtfertigen: Man hat wirklich oft den Eindruck, daß die doktrinäre Entwicklung Heines zwar theoretisch eine fast immer perfekte Kohärenz zu bewahren vermag, daß sie aber praktisch aus den wechselnden Ereignissen und dem praktischen Engagement des Dichters resultiert. So entnimmt Heine auch den Tagesereignissen die unmittelbaren Motive seiner politischen Dichtung.

Bevor wir uns dieser zuwenden, muß geklärt werden, aus welcher Quelle Heine konkret schöpft. Dadurch wird es uns möglich, die lebendige Beziehung zwischen dem Ideengebäude, das wir schon rekonstruiert haben, und dessen dichterischem Ausdruck zu erfassen. Dieser ist an sich etwas Individuelles und wurzelt demnach im Zeitlich-Vergänglichen. Der abstrakte Gedanke nimmt in einem künstlerischen Geschehen Gestalt an, in dem jenes *hic et nunc*, aus dem der Gedanke selbst entsprungen war, zurückgewonnen und zugleich umgewertet wird.

Wir werden uns also zunächst mit Heines Beurteilung bestimmter politischer und persönlicher Geschehnisse seiner Zeit beschäftigen und uns mit dem daraus abgeleiteten System von Symbolen befassen, die in der Folge die entstehende politische Poetik wesenhaft bestimmen. Diese Symbole sollen uns auch helfen, die Beziehung zwischen den jeweiligen Ereignissen — in der bildhaften Vorstellung des Dichters — und dem vollendeten literarischen Ausdruck zu erkennen, den sie vor allem im *Atta Troll* und in *Deutschland* finden.

+ + +

Heine wächst in einem Europa auf, dessen Ordnung von den Prinzipien des Wiener Kongresses bestimmt ist, die vor allem von der Heiligen Allianz — Preußen, Österreich und Rußland — verteidigt werden. Die Heilige Allianz bleibt immer ein „schwarzes Schaf" für den Dichter; er umschreibt sie mit einer Reihe von literarischen Dreiersymbolen, wobei er der Dreiergruppe einen negativen Bedeutungswert gibt. In offenem Gegensatz zur Hegelschen Dreiheit (These, Antithese, Synthese) fehlt ihr jeder Charakter einer progressiven Entwicklung; alle ihre Glieder sind einander gleich und haben sich einem historischen Immobilismus verschrieben. Sie vereint sich gelegentlich mit dem christlichen Dreieinigkeitsprinzip und stellt eine typisch reaktionäre Formel dar. So wird der Begriff *Heilige Allianz* ganz allgemein zu einer abwertenden Bezeichnung, und Heine wendet ihn zugleich auf das christliche Kreuz, auf Wanzen, Knoblauch und Tabak an, die nach einem angeblichen Ausspruch Goethes so fatal für Deutschland seien[1]).

Wir wollen nur ganz kurz auf einige biographische Daten und äußere Ereignisse eingehen, die nach 1830 für Heine bedeutsam sind: die Begeisterung für die Julirevolution, die Enttäuschung darüber, daß sie ein so geringes Echo in Deutschland fand[2]), die Emigration nach Paris im Mai 1831[3]). Eine der ersten Schriften der Pariser Zeit ist die Einleitung zu *Kahldorf über den Adel in Briefen an den Grafen M. von Moltke* (1831), in der Heines revolutionäre Begeisterung einen Höhepunkt erreicht[4]).

In Paris, wo Heine auch Verwandte hatte[5]), konnte er Verbindung zur „Gesellschaft"[6]) und auch zu literarischen und künstlerischen Kreisen aufnehmen. Es seien hier nur Philarète Chasles, Philibert Audebrand, Sainte-Beuve, Victor Hugo, Théophile Gautier, Gérard de Nerval, Mignet, Berlioz, Delacroix, Balzac, Dumas,

---

1) VII, S. 50—51 (1833).
2) P. RASSOW, *Deutsche Geschichte im Überblick,* Stuttgart 1953, S. 413 ff.
3) s. E. M. BUTLER, *H. Heine. A Biography,* London 1956, S. 85—86; J. DRESCH, *Heine à Paris (1831—1856),* Paris 1956, Kap. I, »Pourquoi Heine est-il venu a Paris?«, S. 18 ff.
4) BUTLER, a. a. O., S. 92.
5) DRESCH, a. a. O., S. 31 ff.
6) DRESCH, a. a. O., S. 61 ff.

De Musset, Meyerbeer[7]) und George Sand[8]) erwähnt. Wenige der Großen des damaligen Paris zählen nicht zu seinen Freunden und Bekannten.

Auf seine politische Ausrichtung hatten aber zwei Kreise, die einander nahestanden und sich doch deutlich voneinander unterschieden, einen entscheidenden Einfluß: die Saint-Simonianer und die liberalen und republikanischen deutschen Emigranten in Paris.

Im letzten Kapitel sahen wir, wie zahlreich die Berührungspunkte zwischen den Lehren Heines und den Theorien der saintsimonistischen Schule sind; jetzt soll dargestellt werden, wie sich die konkreten Beziehungen zwischen dem Dichter und den Saint-Simonianern entwickelten.

Der Zeitpunkt der „Bekehrung" Heines zum Saint-Simonismus bleibt umstritten. Geschah die entscheidende „Bekehrung" vor oder nach der Ankunft in der französischen Hauptstadt? E. M. Butler vertritt die These, die „saintsimonisti-schen" Stellen in den Briefen aus Helgoland (1. Juli bis 19. August 1830) seien aller Wahrscheinlichkeit nach später hinzugefügt worden[9]). Die Frage ist nicht ganz nebensächlich; denn während Strodtmann und Lichtenberger behaupten, die Geschichtsphilosophie, die Analyse des christlichen Dualismus, der Pantheismus und die Rehabilitation des Fleisches, wie wir sie bei Heine finden, seien von Saint-Simon *übernommen* worden[10]), vertreten Montégut und J. Schmidt hingegen die Ansicht, Heine sei in der deutschen Periode praktisch schon unabhängig von Saint-Simon zu ähnlichen Positionen gelangt, die sich unter dem Einfluß der saintsimonistischen Schule dann zu einem organischen Ganzen gefügt hätten[11]).

Es ist gewiß nicht leicht, anhand des bisher erschlossenen Materials zu einer eindeutigen Lösung zu gelangen. Es ist jedoch nicht zu bestreiten, daß viele der Grundthesen der Zeit nach 1831 in den früheren Werken Heines fehlen, und es steht auch fest, daß viele dieser Theorien den saintsimonistischen entsprechen oder gar völlig damit übereinstimmen[12]). Es scheint uns also sicher, daß Heine sich erst nach 1830 systematisch mit den saint-simonistischen Theorien auseinandersetzen konnte, wobei allerdings die Möglichkeit offen bleibt, daß er noch vor der Abreise nach Paris damit begann.

Was einen möglichen Einfluß Saint-Simons auf ähnliche Theorien angeht, zu denen Heine sich schon früher bekannt hatte, scheint es uns unmöglich zu entscheiden, ob es sich hier um eine stufenweise Übernahme des Gedankengutes Saint-Simons handelte oder vielmehr um eine spontane, selbständige Annäherung.

---

7) DRESCH, a. a. O., S. 41 ff.
8) DRESCH, a. a. O., S. 66 ff.
9) E. M. BUTLER, *Heine and the Saint-Simonians.* „The Modern language Review", XVIII, 1923, vor allem S. 70—85.
10) A. STRODTMANN, *H. Heines Leben und Werke,* Berlin 1873; H. LICHTENBERGER, *H. Heine, penseur,* Paris 1905.
11) E. MONTÉGUT, *H. Heine. Années de jeunesse,* »La Revue des deux Mondes«, 15. Mai 1884; J. SCHMIDT, *Bilder aus dem geistigen Leben unserer Zeit,* II, Leipzig 1871, S. 328.
12) E. M. BUTLER, *The Saint-Simonian Religion in Germany,* Cambridge 1926, S. 131, 134.

Die Verfechter der zweiten These betonen, der Saint-Simonismus habe erst nach 1830 eine weite Verbreitung in Deutschland gefunden und die „Bekehrung" Heines sei der 1829 (Teil I) und 1830 (Teil II) in Paris erschienenen *Exposition de la doctrine saint-simonienne* zuzuschreiben[13]. Doch abgesehen von einer möglichen früheren Verbreitung der Werke Saint-Simons in Deutschland ist zu beachten, daß der Saint-Simonismus sich schon 1825 als Gruppendoktrin durchgesetzt hatte, — mit der Veröffentlichung der *Opinions littéraires, philosophiques et industrielles*[14], die gemeinsam von Saint-Simon, L. Halévy, O. Rodrigues, Duvergier und Bailly verfaßt wurden. Auch die saintsimonistische Gesellschaft war 1825 von Enfantin gegründet worden und hatte bis 1826 die Zeitung *Le Producteur* herausgegeben[15].

Gewiß ist der erste große Erfolg des Saint-Simonismus in Deutschland nicht vor 1830 zu datieren, doch läßt die plötzlich um sich greifende saintsimonistische „Welle' (zwei deutsche Werke über Saint-Simon 1831, ein drittes 1832, dazu unzählige Artikel)[16] vermuten, daß ihr eine weite Verbreitung der saintsimonistischen Theorien in Deutschland vorausgegangen war und sie vorbereitet hatte.

Daß nach 1830 viele *Jungdeutsche* die Lehren Saint-Simons, die sie gewiß vorher nicht gekannt hatten, so rasch übernahmen[17], beweist andererseits, daß in Deutschland unabhängig von den Lehren Saint-Simons ähnliche Theorien heranreifen konnten, die ihnen zugleich den Boden bereiteten.

So könnte Heine vor 1830 Zugang zu Schriften der saintsimonistischen Schule gehabt haben, könnte aber auch selbständig oder einer damaligen deutschen Strömung folgend zu ähnlichen Positionen gelangt sein.

Auf jeden Fall scheint es uns angebracht, die These von der „Bekehrung" Heines zum Saint-Simonismus zu berichtigen. Zwar wurde der Dichter von dieser Lehre stark beeinflußt, doch kann man keinesfalls behaupten, daß er alle Theorien der Schule (die im übrigen von vielen inneren Gegensätzen zerrissen war) insgesamt billigte und übernahm oder sich selbst als Anhänger der Schule betrachtet hätte. Ganz abgesehen von zahlreichen, oft grundlegenden Unterschieden der philos-

---

[13] Ebd., S. 60, 94.

[14] Paris, 1825.

[15] S. CHARLÉTY, *Histoire du Saint-Simonisme*, Paris 1931, S. 30, 45. Nach F. HIRTH kannte Heine die sairtsimonistische Lehre schon um 1826 (*Briefe*, II, S. XI).

[16] SCHIEBLER, *Der Saint-Simonismus und die Lehre Saint-Simons und seiner Anhänger*, Leipzig 1831; Fr. W. CAROVÉ, *Der Saint-Simonismus und die neuere französische Philosophie*, Leipzig 1831; BREITSCHNEIDER, *Der Saint-Simonismus und das Christenthum*, Leipzig 1832. Weitere Hinweise bei BUTLER, *The Saint-Simonian Religion* . . ., S. 52 ff.

[17] s. BUTLER, The Saint-Simonian Religion . . ., pass.; u. W. DIETZE, *Junges Deutschland und deutsche Klassik*, Berlin 1958[2], S. 181 ff.

phisch-religiösen Doktrin und der politischen Praxis (in der Frage der Freiheit wie bei vielen anderen Problemen) sei nur daran erinnert, daß die neue Religion aus der Sicht der saintsimonistischen Schule im wesentlichen eine französische Doktrin ist, die Frankreich in einer zumindest geistigen Vorrangstellung an alle anderen Völker weitergibt[18]. Wir wissen andererseits, daß Heine den Saint-Simonismus als eine Abweichung vom französischen Volksgeist betrachtete, daß er die These vom deutschen Ursprung des Pantheismus vertrat und die deutsche Philosophie der Romantik als dessen höchsten Ausdruck betrachtete und daß er die wesentliche Rolle, ja das absolute Primat Deutschlands bei der Verbreitung des Pantheismus in der ganzen Welt hervorhob. Der einzige Denker, den Heine und die Saint-Simonianer als gemeinsamen Vorgänger betrachteten, ist Spinoza[19].

Dennoch kann nicht in Abrede gestellt werden, daß Heine besonders in der ersten Zeit seines Pariser Aufenthaltes[20] von den Saint-Simonïanern umworben wurde. Besonders enge Beziehungen verbanden ihn mit Michel Chevalier; Enfantin, von dem er sagte, er betrachte ihn als den größten Geist seiner Zeit, widmete er noch 1835 *De L'Allemagne* (Titel der französischen Ausgabe der *Romantischen Schule)*[21] und erhielt als Antwort aus Ägypten einen berühmten Pamphlet-Brief, der voller Lob, aber in Wahrheit ohne großes Verständnis war[22]. 1832 hatte Heine sogar ein Werk über den Saint-Simonismus geplant; dazu erklärte er im Mai jenes Jahres, sein Interesse gelte nur den religiösen Ideen Saint-Simons[23].

Um diesen Ausspruch richtig zu werten, muß man aber wissen, in welch umfassenden Sinn Heine den Begriff *Religion* verwendete. Religion ist hier gleichbedeutend mit *Pantheismus* und umfaßt Philosophie, Religion und die allgemeinen Prinzipien der Geschichts- und Kunstphilosophie. Ausgeschlossen bleibt vor allem die Politik und der eigentlich politische Aspekt der Geschichtsphilosophie (deutsches Primat). Was die politische Praxis angeht, entschied sich Heine erst im Mai 1834 eindeutig für konkrete Positionen, die den saintsimonistischen entsprachen[24]. Hinzu kommt, daß Heine im Bereich der eher spekulativen Philosophie noch ein Anhänger Hegels war, er plante sogar, eine populärwissenschaftliche Darstellung von Hegels Lehren in französischer Sprache herauszugeben[25].

---

18) SAINT-SIMON et ENFANTIN, *Œuvres,* Bd. XXXIX, Paris 1875, S. 33; CHARLÉTY, a. a. O., S. 109.
19) BUTLER, *The Saint-Simonian Religion . . .*, S. 149; CHARLÉTY, a. a. O., S. 246. 1835 betonte Heine, er sei kein Anhänger Saint-Simons: vgl. *Briefe*, II, S. 71.
20) BUTLER, a. a. O., S. 96.
21) DRESCH, a. a. O., S. 86—87.
22) [P. ENFANTIN], *De l'Allemagne, P. Enfantin à M. Heine,* Paris, 4. Jan. 1836.
23) BUTLER, *The Saint-Simonian Religion . . .*, S. 99.
24) M. A. CLARKE, *Heine et la monarchie de Juillet,* Paris 1927, S. 266—68.
25) VII, 173.

Noch 1845 sprach Heine mit Achtung und Wohlwollen vom Saint-Simonismus[26]); doch schon 1843 hatte er den Verfall der saintsimoni_tischen Schule beklagt, die, endgültig zerstreut und in abstrakten Diskussionen zerstritten, bereits ihre historische Funktion verloren habe[27]).

Daß eine engere Verbindung zwischen Heine und den Saint-Simonisten zustandekam, verhinderten unter anderem gewisse Eigenheiten der Schule, die dem Dichter einfach unerträglich waren. Heines Haltung in der konkreten Politik war gewiß alles andere als praktisch und realistisch, doch konnte ihm der offene Utopismus der saintsimonistischen Politik nicht entgehen[28]). Außerdem mußte sein scharfer Blick für alles Lächerliche von gewissen Haltungen und bestimmten äußeren Aspekten gereizt werden, mit denen Enfantin und dessen Anhänger ihre Propaganda und die Versuche einer Reform der Gesellschaft und der Sitten betrieben[29]). Seine Sympathie für die saintsimonistischen Theorien muß schon sehr groß gewesen sein, wenn sie ihn davon zurückhielt, die Schule mit einer Satire über einige ihrer Praktiken lächerlich zu machen, wie er über Personen und Gruppen hergezogen war, die viel weniger Angriffsmöglichkeiten boten. (Man kann höchstens feststellen, daß sich in Heine allmählich eine ironische Haltung gegenüber den Saint-Simonianern herausbildet, die sich aber stets in Grenzen hält.)[30]).

+ + +

Die zweite Gruppe, die in diesen Jahren die politische Entwicklung Heines entscheidend beeinflußte, war der Kreis der in Paris lebenden deutschen Emigranten und ihrer in Deutschland gebliebenen Freunde, mit denen sie noch engen Kontakt hatten. Wir meinen hier vor allem die Gruppe des *Jungen Deutschland*.

In Paris traf Heine Börne wieder, der dieser Gruppe nahestand. Zwischen ihnen, den einstigen Freunden[31]), sollte sich bald ein immer stärkerer Gegensatz entwickeln. Börne versuchte zunächst (1831), gemeinsam mit Heine eine journalistische Tätigkeit zu beginnen, und wäre noch 1836 zu einer solchen Zusammenarbeit bereit gewesen[32]). Es scheint, daß Heine diese Pläne zum Scheitern brachte; im übrigen hegte Börne selbst seit der ersten Begegnung in Paris eine so tiefe Abneigung gegen den, der er zu seinem Sozius machen wollte, daß gewisse Reaktionen Heines nur deshalb übertrieben erscheinen, weil sie eher publik wurden[33]). Heines erster öffentlicher Angriff gegen Börne findet sich in *Aus den Memoiren des Herrn von Schnabelewopski* (1833)[34]). Börnes Antwort sollte nicht lange auf sich warten lassen.[35])

---

26) BUTLER, *The Saint-Simonian Religion* . . ., S. 114.
27) IX, 357.
28) BUTLER, *The Saint-Simonian Religion* . . ., S. 101.
29) CHARLETY, a. a. O., S. 68.
30) BUTLER, *The Saint-Simonian Religion* . . ., S. 98.
31) F. HIRTH, *Heinrich Heine, Bausteine zu einer Biographie*, Mainz 1950, S. 26; s. auch B. OTT, *La querelle Heine-Börne*, Lyon 1935.
32) HIRTH, a. a. O., S. 30, 35.
33) Ebd., S. 28 ff.
34) BUTLER, *H. Heine*, S. 100 (vgl. *Aus den Memoiren* . . ., Kap. IX ff., 1831).
35) Ebd., S. 102.

Abgesehen von gewissen charakterlichen Unterschieden und von anderen ganz persönlichen Motiven der Auseinandersetzung[36]) sind die Meinungsverschiedenheiten zwischen Heine und Börne bezeichnend für das Verhältnis unseres Autors zur ganzen Gruppe. Börne war radikal und republikanisch, ein entschiedener Extremist, während Heine noch ein konstitutioneller Monarchist, d. h. ein Gemäßigter war[37]). Außerdem mußten die vielen mehr oder weniger geheimen persönlichen Kontakte Heines mit der Rechten und der Mitte, die teilweise bekannt waren oder zumindest vermutet wurden, bei den unnachgiebigen Radikalen Entrüstung hervorrufen. – Auf diese Kontakte werden wir bald noch näher eingehen.

Allerdings mußte die Verschärfung des politischen Kampfes nach 1835 in Frankreich und Deutschland Heine bis zu einem gewissen Grad in seiner Bereitschaft zu derartigen Kompromissen bestärken. Viele Liberale und Saint-Simonianer schlossen sich der extremen Linken an und traten zum Republikanismus, wenn nicht gar zum Sozialismus und Kommuismus über; und jene künftige deutsche Revolution, die Heine bis dahin mit Sympathie als ein düsteres, aber heilsames Ereignis betrachtet hatte – heilsam insofern, als sie eine konstitutionalistische Staatsform begründen konnte – mußte ihm nun als eine unmittelbar drohende geschichtliche Katastrophe erscheinen, die allenfalls in ferner Zukunft günstige Folgen haben konnte. So entstand der Mythos des „Henkers". Auf jeden Fall legte er jetzt Wert darauf, sich deutlich von den Revolutionären zu distanzieren, und erklärte, er wünschte – wenn auch ohne allzu große Hoffnung – daß diese Katastrophe vermieden werden könnte. Dazu hätte es eigentlich nur der Anerkennung seiner Doktrin der *Transaktion* bedurft (s. Kap. II).

Es ist also verständlich, daß die Beziehungen zwischen Heine und den deutschen Emigranten im allgemeinen recht gespannt waren. Wenn sie ihn 1833 bloß als ein verdächtiges Element betrachteten[38]), so wurde der Dichter 1834 vom Gros der Linken als Verräter gebrandmarkt[39]). Heine schloß sich auch nicht der republikanischen *Fédération des Bannis*, dem Bund der Geächteten an, der 1834 in Paris von Venedey gegründet wurde[40]).

In der *Romantischen Schule* von 1833 hatte Heine das Junge Deutschland, und besonders Laube, Gutzkow, Wienbarg und Schlesier[41]), verherrlicht; doch zwischen 1833 und 1836 sollte es zum Bruch kommen[42]). In eben dieser Zeit verschärfte sich auch in Deutschland die Repression der subversiven Tätigkeit der *Jungdeut-*

36) HIRTH, a. a. O., S. 26–28.
37) Ebd., S. 25.
38) W. ROSE, *H. Heine, Two Studies in his Thought and Feeling*, Oxford 1956, S. 32.
39) Ebd., S. 31.
40) STRODTMANN, a. a. O., II, S. 219–21; HIRTH, a. a. O. S. 150 ff.
41) VII, 140.
42) DIETZE, a. a. O.. S. 67.

*schen.* Sie gipfelte in der 1835 vom Bundestag erlassenen Zensurverordnung[43]); danach setzten nur Gutzkow und Wienbar den Kampf fort, während Mundt, Kühne, Laube und andere sich auf verschiedene Kompromisse mit der Reaktion einließen[44]). Als diese Verordnung erlassen wurde, in der auch Heine ausdrücklich verurteilt und den Jungdeutschen zugerechnet wurde, hatte sich der Dichter großmütig mit den Unglücksgefährten solidarisch erklärt und einen Protestbrief veröffentlicht, dessen Ton allerdings sehr versöhnlich gehalten war[45]). Man kann sich aber denken, mit welcher Genugtuung er dann diejenigen „umfallen" sah, die ihm zuerst Mangel an Reformgesinnung und dann Verrat vorgeworfen hatten. Übrigens stammte eben der, welcher den Skandal und die Verurteilung veranlaßt hatte, der „Denunziant" W. Menzel, aus den Reihen des liberalen Nationalismus und war obendrein ein Freund Börnes und Gutzkows gewesen[46]).

+ + +

Um diese Zeit begannen die sozialistischen und kommunistischen Gruppen in Frankreich und Deutschland eine gewisse Bedeutung zu erlangen; ihre Gefolgschaft verstärkte sich durch viele Republikaner, die nach 1832 extremere Positionen bezogen[47]). Unter den Saint-Simonianern sollte bald Pierre Leroux zum Sozialismus übertreten. Später folgten ihm Pecqueur und Vidal[48]). Um 1840 wurden die Arbeiterproduktionsgenossenschaften Buchez' zu einem Modell proletarischer Gruppen; sie unterstützten die Zeitung *Atelier*[49]). 1832 war in Frankreich die sozialistisch-kommunistische Partei gegründet worden, die den Gleichheitsgedanken Babeufs übernahm[50]). Blanqui begann zu dieser Zeit seine Tätigkeit als Schriftsteller und Agitator und organisierte die ersten sozialistisch-revolutionären Geheimbünde[51]). Cabet leitete zwischen 1833 und 1835 die Zeitung *Le Populaire*, mit republikanisch-sozialistischer Tendenz; 1841 gab er das Blatt neu heraus mit der Orientierung eines antiliberalen, antidemokratischen Kommunismus[52]). L. Blanc veröffentlichte 1839 seine *Organisation du Travail*, die eine liberale Version des Kommunismus propagierte[53]); und die erste berühmte Schrift Proudhons stammt aus dem Jahr 1840. Zur ersten Verfolgung der kommunistischen Geheimbünde kam es in Frankreich 1836[54]); 1839 gelang es diesen, einen Aufstandsversuch zu organisieren[55]).

---

[43]) Ebd., S. 82. PROELSS, *Das junge Deutschland,* Stuttgart 1892, S. 611 ff. H. H. HOUBEN, *Jungdeutscher Sturm und Drang,* Leipzig 1911, S. 42 ff.
[44]) DIETZE, a. a. O., S. 84.
[45]) PROELSS, a. a. O., S. 673 ff.
[46]) Ebd., S. 118 ff.
[47]) M. LEROY, *Histoire des idées sociales en France,* II, Paris 1950, S. 399.
[48]) CHARLÉTY, a. a. O., S. 279—80.
[49]) F. MEHRING, *Storia della socialdemocrazia tedesca,* Rom 1961, I, S. 29.
[50]) LEROY, a. a. O., S. 407.
[51]) Ebd., S. 409.
[52]) Ebd., S. 450—52.
[53]) Ebd., S. 455.
[54]) G. WEILL, *Histoire du parti républicain en France (1814—1870),* Paris 1928, S. 126.
[55]) Ebd., S. 133.

In Deutschland und unter den deutschen Emigranten in Paris zeichneten sich ähnliche Entwicklungen ab. Schon die Gruppe um Venedey, die unterstützt wurde von Th. Schuster und Börne, zeigte ausgeprägte Gleichheitstendenzen[56]). 1836 trennte sich Schuster, gefolgt von extremistischen Elementen, von der Gruppe und gründete den *Bund der Gerechten,* der sich vor allem aus Handwerkern und Lehrlingen zusammensetzte und ein deutscher Zweig der *Jahreszeitengesellschaft* war. 1838 wurde Weitling zum offiziellen Theoretiker der Gruppe: er vertrat kommunistische, von den Ideen der utopischen Sozialisten und Lamennais' beeinflußte Lehren. 1839 kam es zum ersten Aufstandsversuch in Deutschland, nach dessen Scheitern der Vorstand des *Bundes der Gerechten* 1840 von Paris nach London verlegt wurde, während Weitling sich in die Schweiz begab, wo ihm die dort geltende Vereinsfreiheit eine Fortführung seiner Propagandaarbeit ermöglichte. Es gelang ihm, einige Anhänger des *Jungen Deutschland* für seine Ideen zu gewinnen, doch das Gros der Schweizer Sektion der Gruppe hegte eine offene Abneigung gegen den Kommunismus[57]). Ebenso bewahrte auch später das *Junge Deutschland,* das doch inzwischen eine immer eindeutiger proletarische und revolutionäre Position bezogen hatte, eine klar ablehnende Haltung gegenüber dem Kommunismus[58]). Einer der ganz Unnachgiebigen, Gutzkow, sprach sich noch 1842 unzweideutig gegen den Kommunismus aus[59]).

Schon 1841 hatte die preußische Regierung die Gefahr erkannt und nahm in ihrem Land die Verfolgung der Anhänger dieser Bewegung auf[60]). Und 1843 ergriffen die Schweizer Behörden, durch den Erfolg der Kommunisten beunruhigt, repressive Maßnahmen, die den Verfolgten zwar zunächst eher als Propaganda dienten, auf lange Sicht aber eine allmähliche Schwächung der Gruppe bewirkten[61]).

Die Verbreitung der radikalen Theorien entsprach einem realen Bedürfnis des deutschen Proletariats, dessen materielle Lage denkbar schwierig war. Überall flackerten Aufstände auf, die oft spontan waren und keine bestimmte politische Färbung hatten. Die schwerste Erhebung war der schlesische Weberaufstand im Jahre 1844, dem übrigens jegliche kommunistische Tendenz fehlte[62]).

Seit Anfang 1844 wurde schließlich in Paris *Vorwärts* publiziert. Mitte des Jahres wandte es sich radikaleren Positionen zu und nahm neben Artikeln Ruges auch Artikel jenes Karl Marx auf, der schon an den *Deutsch-französischen Jahrbüchern* mitgearbeitet hatte, von denen später noch die Rede sein wird[63]).

---

56) MEHRING, a. a. O., S. 92 ff.
57) Ebd., S. 97—99; A. CORNU, *Marx e Engels dal liberalismo al comunismo,* Mailand 1962, S. 473 ff.
58) MEHRING, a. a. O., S. 211.
59) DIETZE, a. a. O., S. 207.
60) CORNU, a. a. O., S. 476.
61) MEHRING, a. a. O., S. 215 ff.
62) Ebd., S. 203 ff.
63) CORNU, a. a. O., S. 149 ff., S. 161 ff, 187 ff, 249 ff.

Diese sozialen Spannungen und unklaren Bestrebungen der Massen spiegelten sich in der immer radikaleren Haltung wieder, die viele Literaten nach 1835 einnahmen, auch wenn sie keine Beziehung zur kommunistischen Bewegung hatten oder sich dieser *noch nicht* angeschlossen hatten. In dieser Zeit bildete sich auch die Gruppe der *Junghegelianer*, bürgerlich-liberaler Tendenz, die, von einigen Ausnahmen wie Cieszkowski und Gans abgesehen, dem Sozialismus fernblieben[64]). So traten Dichter wie Karl Beck, Meißner, Lenau für die Befreiung des Proletariats von Elend und Sklaverei ein[65]). Die Radikalen unter den *Jungdeutschen* wurden wieder aktiv: Gutzkow erlebte seine schöpferisch fruchtbarste Periode; er wandte sich jetzt vor allem dem Theater zu, und jedes seiner Werke beschäftigte sich eindringlich mit einem aktuellen Problem[66]).

Indessen setzte sich mit wechselndem Erfolg eine Gruppe von linksgerichteten Dichtern durch, von denen einige später zum Sozialismus übertraten. Unter ihnen interessieren uns hier vor allem Freiligrath und Herwegh wegen der besonderen, polemischen Beziehung, die Heine zu ihnen entwickelte.

Freiligrath galt nach einer Phase jugendlicher Revolutionsbegeisterung[67]) 1830 gegen seinen Willen als ein Konservativer[68]). In der Tat sollte er einige Jahre später eine Pension des preußischen Staates beziehen[69]). Wie viele andere vertraute er aufrichtig den liberalen Intentionen, die Friedrich Wilhelm IV. unmittelbar nach seiner Thronbesteigung (1840) an den Tag legte[70]). Doch sollte schon 1841 die Kehrtwendung des Königs diese Illusionen zerstören[71]). Gerade 1841 wird aber die vermeintliche konservative Gesinnung Freiligraths kritisiert[72]). Im August 1844 geht er schließlich mit seinem *Glaubensbekenntnis* entschlossen zum Radikalismus über[73]).

Herweghs radikale Entwicklung war nicht ganz so schwankend. 1841 hatte er die *Gedichte eines Lebendigen* veröffentlicht, die voll demokratischen Bekennermutes waren. Er hatte auch die unentschlossene Haltung Freiligraths scharf kritisiert[74]). Nur allzu bald sollte er aber ein tragikomisches Abenteuer eingehen: Auf einer triumphalen Reise durch Deutschland, die er unternahm, um Mitarbeiter für seine geplante Zeitschrift zu finden, ließ er sich von den Avancen Friedrich Wilhelms IV. ködern, der noch gewisse liberale Sympathien hegte. Im November 1842 wurde er

---

64) MEHRING, a. a. O., S. 228 ff.
65) Ebd., S. 268 ff.
66) PROELSS, a. a. O., S. 757 ff.
67) F. MEHRING, *Aufsätze zur deutschen Literatur von Klopstock bis Weerth,* Berlin 1961, S. 406 ff.
68) A. VOLBERT, *Ferd. Freiligrath als politischer Dichter,* Münster 1907, S. 55.
69) Ebd., S. 38.
70) TH. ZIEGLER, *Die geistigen und sozialen Strömungen des neunzehnten Jahrhunderts,* Berlin 1899, S. 240 ff.; S. PRAWER, *Heine, the Tragic Satirist. A Study of his Later Poetry,* 1827–57, Cambridge 1961, S. 6.
71) VOLBERT, a. a. O., S. 30.
72) Ebd., S. 31.
73) Ebd., S. 71.
74) Ebd., S. 45 u. 30 ff.

dem König vorgestellt, der offenbar versuchte, ihn mit Aussicht auf besondere Begünstigungen einzufangen. Diese und andere Kompromißversuche, die Herwegh teils aus Naivität, teils aus Charakterschwäche unternahm, riefen bei seinen preußischen Bewunderern Zorn und Entrüstung hervor. Um seinen Ruf als Radikaler wiederzugewinnen, ließ sich der Dichter dazu verleiten, einen nicht sehr respektvollen Brief an den König zu richten, worin er sich darüber beklagte, daß seine Zeitschrift inzwischen verboten worden sei. Der Brief sollte eigentlich privat bleiben; seine Freunde beeilten sich jedoch, ihn der Presse zu übergeben und riefen so einen großen Skandal hervor, der eine sensationelle Ausweisung des Dichters aus dem preußischen Gebiet nach sich zog, — was von Freiligrath und Heine mit hämischer Schadenfreude registriert wurde. Herwegh war dann gezwungen, in der Schweiz Asyl zu suchen[75]. Im Herbst 1843 siedelte er nach Paris über, wo er an der kurzlebigen Zeitschrift Ruges mitarbeitete. Schon bald überwarf er sich mit Marx und gab damit Anlaß zum Streit zwischen Marx und Ruge[76].

Eine andere beherrschende Figur der Gruppe war Hoffmann von Fallersleben. Seine *Unpolitischen Lieder* (1840—41) trugen ihm die Ausweisung aus dem Deutschen Bund und verschiedene polizeiliche Verfolgungen ein. Doch sollte auch er seinen Heldenmut später etwas mäßigen[77]. Der Kompromiß wurde in der Tat den meisten radikalen Dichtern der Zeit zum Schicksal. In Österreich verstummte nach einem Gespräch mit Metternich Anastasius Grün (d. i. A. A. Graf Auersperg), der schon 1831 und 1835 ein wichtiger Vertreter der Oppositionsdichtung gewesen war. In Deutschland hatte Dingelstedt, nachdem er das herrschende politische System in seinen *Liedern eines kosmopolitischen Nachtwächters* verspottet hatte, schon 1843 die Fahne gewechselt und das Amt eines Hofrates des Hauses Württemberg angetreten. Auch Karl Beck und Rudolf Gottschall ließen sich leicht einfangen. Nur Herwegh, Freiligrath und Moritz Hartmann sollten trotz zeitweiliger Abweichungen in der Opposition bleiben oder gar zum Sozialismus übertreten. An ihre Seite ist Georg Büchner zu stellen, der erste sozialistische Schriftsteller, der seit 1834 von den Spalten des *Hessischen Landboten* aus politische Propaganda betrieb und bis zu seinem frühen Tod (1837) der Sache des Sozialismus treu blieb[78].

Eine andere bemerkenswerte Gestalt eines schillernden, wandlungsfähigen Radikalen ist Arnold Ruge. Aus den Reihen der Burschenschaft kommend, hatte ihn sein radikales Ungestüm sechs Jahre Haft gekostet. Als er 1830 freigelassen wurde, schien er völlig „domestiziert" und konnte es sogar zu einer bescheidenen sozialen Position in Halle bringen. 1837 begann er zusammen mit Th. Eichmeyer die Herausgabe der *Halle'schen Jahrbücher für Kunst und Wissenschaft*, die bald zu einem Sprachrohr der damaligen Hegelschen Linken werden sollten. Die Zeitschrift hatte einen liberalen Ton, doch war sie zunächst christlicher und preußischer Observanz, so daß sie sogar Heine angriff. Ruge ließ sich jedoch in eine

75) MEHRING, *Storia della Socialdemocrazia,* S. 126 ff.; MEHRING, *Aufsätze,* S. 398 ff., 507 ff.
76) MEHRING, Aufsätze, S. 401 ff.
77) CORNU, a. a. O., S. 186.
78) PROELSS, a. a. O., S. 585 ff. Vgl. G. V. AMORETTI, *Saggi Critici,* Turin 1962, S. 67 ff.

antiromantische Polemik hineinziehen und machte sich dadurch im Kreis des damaligen Erbprinzen Friedrich Wilhelm unbeliebt, der vage liberal eingestellt war und eine Vorliebe für die Romantik hatte. So wure Ruge dann jede Gunst verweigert, als er versuchte, aus seiner grundsätzlichen Regierungstreue einen konkreten Vorteil zu ziehen.

Empört wechselte er mit seiner Zeitschrift in das Lager der Opposition über. Doch zwang ihn schon 1841 die Haltung der preußischen Zensur, nach Dresden überzusiedeln, wo die Zeitschrift unter dem Titel *Deutsche Jahrbücher* neu erschien[79]). Bruno Bauer, Feuerbach[80]), Bakunin und Marx gehörten zu den Mitarbeitern Ruges, der jetzt nicht nur Christentum und Romantik, sondern auch Hegel angriff. Nachdem er sich Herwegh angeschlossen hatte, den er auf seiner unglücklichen Reise durch Preußen begleitete, kam es zu einer polemischen Auseinandersetzung mit den Brüdern Bauer, die sich nicht zu extremen Positionen hinführen lassen wollten. Nach dem von Herwegh verursachten Skandal verbot die inzwischen mißtrauisch gewordene sächsische Zensur 1843 die *Deutschen Jahrbücher*, die so unter dem tragikomischen Protest ihres Herausgebers ein unrühmliches Ende fanden[81]).

Ruge siedelte noch im selben Jahr nach Paris über, wo er ohne allzu großen Erfolg die *Deutsch-Französischen Jahrbücher* gründete, an denen auch Marx mitarbeitete, der ihn vorher schon bei seiner Auseinandersetzung mit den Brüdern Bauer unterstützt hatte und kurz nach ihm in Paris eintraf. Die neue Zeitschrift stellte aber bald die Veröffentlichung ein, vor allem wegen der Meinungsverschiedenheiten zwischen Ruge und Marx, deren Motive noch nicht ganz geklärt sind[82]). Wir sahen schon, daß beide unmittelbar danach — wenn auch mit ganz verschiedenen Intentionen — am *Vorwärts* mitarbeiteten.

1842 übernahm Marx, der bis dahin der Hegelschen Linken nahegestanden hatte und an der Zeitschrift Ruges mitarbeitete, die Leitung der damals größten liberalen Zeitung, der *Rheinischen Zeitung* und polemisierte bald mit seinen einstigen Freunden, indem er extremere Positionen bezog[83]). Die Berliner Junghegelianer, die B. Bauer und M. Stirner folgten, führten indessen unabhängig den Kampf gegen die Reaktion fort, als deren Hauptstütze sie die Religion betrachteten. Dieser erklärte Atheismus konnte allerdings ihrem Glauben an die historische Sendung Preußens keinen Abbruch tun[84]).

Marx hatten sich Feuerbach, E. Bauer und Engels angeschlossen[85]). Seine Zeitung hatte bald Erfolg[86]), sie vertrat eine immer radikalere oppositionelle Haltung, die

---

79) MEHRING, a. a. O., S. 88 ff.; CORNU, a. a. O., S. 162 ff.
80) C. CESA, *Il giovane Feuerbach,* Bari 1963.
81) MEHRING, a. a. O., S. 123 ff.; CORNU, a. a. O., S. 390 ff.
82) MEHRING, a. a. O., S. 146 ff.
83) CORNU, a. a. O., S. 323 ff.
84) Ebd., S. 354 ff.
85) Ebd., S. 365 ff.
86) Ebd., S. 403 ff.

jedoch geschickt getarnt wurde, um den Eingriffen der Zensur zu entgehen. So wurde ihr von gewissen noch extremistischeren Gruppen sogar Lauheit und Nachgiebigkeit vorgeworfen[87]), was die preußische Regierung aber nicht davon abhielt, sie im Januar 1843 zu verbieten[88]). Marx sah sich daraufhin gezwungen, Deutschland zu verlassen. Wie wir wissen, gehörte er bald danach in Paris zu den Mitarbeitern des *Vorwärts*.

+ + +

Nachdem versucht wurde, die Situation darzustellen, in der sich jene Linksgruppen in Frankreich und Deutschland befanden, die für Heine als Anhänger der Linken maßgeblich waren, soll nun die politische Entwicklung des Dichters in den Jahren nach seiner Übersiedlung nach Paris untersucht werden und zu diesen Gruppen, wie auch zu anderen politischen Kräften und zu den Ereignissen der Zeit in Beziehung gesetzt werden.

Ein reiches Quellenmaterial über die Anschauungen Heines von Dezember 1831 bis September—Oktober 1832 enthält die Serie von Artikeln, die an die Augsburger *Allgemeine Zeitung* gesandt und 1832 in dem Band *Französische Zustände* zusammengefaßt wurden. Dieses Werk wurde in einer ausführlichen, ausgezeichneten Studie Margaret A. Clarkes analysiert[89]), die mit viel Geduld die Quellen in der zeitgenössischen Presse erforscht hat.

Wir können die allgemeinen Schlüsse, zu denen Margaret A. Clarke gelangt, nur teilweise akzeptieren; sie scheinen uns durch den Charakter ihrer Untersuchung bedingt, die den kleinsten Einzelheiten nachgeht, aber vielleicht gerade deshalb Gefahr läuft, einige nicht minder wichtige große Linien aus den Augen zu verlieren. Es ist nur allzu leicht, die Schwankungen und Rückzieher des Dichter-Journalisten nachzuweisen, der schon von den Ergebnissen der Julirevolution enttäuscht ist und erkennen muß, daß das Regime Louis Philippes sich aus der Nähe betrachtet deutlich von dem erträumten Ideal der konstitutionellen Monarchie unterscheidet. So hebt M. A. Clarke hervor, daß die Artikelserie mit einer scharfen Polemik gegen das *juste milieu* beginne, im Ton eines extremistischen Radikalismus, der sich jedoch bestimmter Argumente bediene, die gemeinsam von den in der Kritik am herrschenden System verbündeten Republikanern und Legitimisten vertreten würden[90]). Wenig später kritisiere Heine aber auch Legitimisten und Republikaner, wobei er von der Regierung verwendete Argumente aufgreife[91]). Letztlich sei er also gegen alle, ohne daß es ihm gelänge, ein eigenes positives Programm zu formulieren. Er verberge seine Inkonsequenz hinter Ausflüchten und Unwahrheiten[92]).

---

87) Ebd., S. 409 ff.
88) Ebd., S. 424.
89) CLARKE, a. a. O.
90) Ebd., S. 19 ff.
91) Ebd., S. 37 ff., 47.
92) Ebd., S. 67, 70, 77.

Der V. Artikel (März 1832) zeige eine gewisse Sympathie für die Republikaner[93]). Das Regime erscheine ihm in den Grundfesten erschüttert, die Pfeiler des
*juste milieu* jedenfalls morsch[94]). Dennoch hüte sich Heine, eine klare Position zu
beziehen[95]). In Artikel VI übernehme er die Motive der legitimistischen Propaganda und greife die Liberalen an[96]). Im VIII. Artikel (Mai 1832) vollführe er eine
neue Kehrtwendung: er nehme wohl die Argumente der rechten wie der linken
Opposition auf, doch nur, um sie ad absurdum zu führen. Er werde so zum
Apologeten der Julimonarchie, die er als das kleinere Übel verteidige, ohne sie
deshalb jedoch mit Kritik zu verschonen[97]). Die konstitutionelle Monarchie erscheine ihm in der gegebenen politischen Situation noch die beste Lösung; doch
die Regierungsführung Louis Philippes verrate nach Heines Auffassung die konstitutionellen Grundziele[98]). Die Aristokratie aber, die er heftig angreife, diene ihm
als Sündenbock für die Fehler des Regimes[99]).

Im Juni 1832 kommt es in Paris zu einer Erhebung. Es gelingt dem Regime, sie zu
unterdrücken; Heine stellt diesen Sieg aber als sehr bedingt hin: die Linksopposi-
tion sei dadurch keineswegs geschwächt worden[100]). Und er räumt schließlich
sogar ein, daß die Republik die beste Regierungsform für Frankreich sei, obgleich
er an der Meinung festhält, daß die Lage in Deutschland eine konstitutionelle
Monarchie erfordere[101]).

M. A. Clarke kommt zu dem Schluß, die Artikel Heines brächten nicht seine
„wahre Meinung" zum Ausdruck. Der eigentliche Grund für den Gesinnungswandel
des Dichter-Journalisten sei, daß die *Allgemeine Zeitung* ein Propagandaorgan
Österreichs gewesen sei und daß es genau in das Konzept gewisser österreichischer
Minister gepaßt habe, linke Polemik gegen das Regime Louis Philippes zu
provozieren. Die *Allgemeine Zeitung* sei zu eben diesem Zweck finanziert worden[102]). Metternich habe einen bestimmten Plan verfolgt, als er der Regierung des
*juste milieu* mit dem Gespenst der Linken drohte: Er habe sie blockieren und
daran hindern wollen, sich in die Angelegenheiten Italiens und Polens einzumischen[103]). Heine wurde in dieser Zeit effektiv beschuldigt, insgeheim mit der
Wiener Kanzlei zu kollaborieren[104]).

Gentz, der rechte Arm Metternichs, habe diese Taktik jedoch nicht gebilligt: in
einem Brief vom 21. April 1832 an Cotta, den Verleger der *Allgemeinen Zeitung*,

---

93) Ebd., S. 78 ff., 82.
94) Ebd., S. 84, 93.
95) Ebd., S. 105.
96) Ebd., S. 123.
97) Ebd., S. 134 ff.
98) Ebd., S. 165—67.
99) Ebd., S. 148 ff., 176.
100) Ebd., S. 190.
101) Ebd., S. 208 ff., 211—12.
102) Ebd., S. 213 ff. (1832 schreibt Heine an Cotta, er werde nicht „immediat influenziert"
    von der österreichischen Regierung; das ist ein halbes Geständnis. Vgl. *Briefe,* II, S. 11.)
103) Ebd., S. 223—24 (Zur Pressepolitik Metternichs vgl. PROELSS, a. a. O., S. 67, 75, 105).
104) Ebd., S. 223.

beklagte er sich über den extremistischen Ton der Zeitung und besonders Heines. Deshalb sei der VIII. Artikel vom Mai in einem viel gemäßigteren Ton gegenüber der französischen Regierung gehalten[105]). Der letzte Teil der Artikelserie sei beeinflußt von den am 28. Juni und 5. Juli 1832 vom Bundestag erlassenen Verordnungen zur Verschärfung der Zensurmaßnahmen gegen die Opposition, die es der österreichischen Regierung nicht zweckmäßig erscheinen ließen, die Linke weiter für ihre machiavellistischen Ziele einzuspannen und aufzuwiegeln[106]).

Demnach sei Heine also ein gekaufter Agent des österreichischen Botschafters in Paris gewesen. Es gebe noch andere Symptome, die eine solche Verbindung Heines zum Wiener Hof zur Zeit der *Französischen Zustände* und vielleicht auch der *Lutezia* vermuten ließen[107]). Diese These werde schließlich auch bekräftigt durch das vorsichtige Urteil, das Heine im Oktober 1832 im Vorwort zur Artikelsammlung über Österreich abgegeben hatte: im Gegensatz zu Preußen — heißt es dort — sei Österreich ein ehrlicher und konsequenter Feind[108]).

Weiter zeichnet sich im VII. Artikel — nach Clarke — der Übergang vom anfänglichen Jakobinertum zu einem saintsimonistischen politischen Ideal ab, das auf einem idealisierten Bonapartismus in Form einer autoritären Demokratie basierte. Dadurch war es der Schule möglich, sich mit der Kompromißlösung des Juliregimes abzufinden. Zumindest war dies schon 1831 der Ton der saintsimonistischen Zeitung *Le Globe*. Die gleiche Position bezieht, wie wir bereits in Kapitel II sahen, auch Heine in diesem Dilemma, indem er Napoleon zu einem saintsimonistischen Kaiser erklärt und so jenen 18. Brumaire rechtfertigt, den er Jahre zuvor scharf verurteilt hatte. Das dient ihm auch als Vorwand, um sich Ende 1832 von der aktiven Politik zurückzuziehen[109]).

+ + +

Das Gesamturteil der Clarke scheint uns, wie gesagt, durch das Fehlen einer klaren Gesamtsicht verfälscht. Die These der Verbindung Heines zu Österreich ist gewiß sehr glaubhaft. Der Dichter war schon vorher zu verschiedenen mehr oder weniger gelungenen, mehr oder weniger geheimen, bedenkenlosen Kompromissen dieser Art fähig gewesen und sollte auch später noch dazu bereit sein. Solch leichtfertiges Vorgehen war übrigens nichts Außergewöhnliches in einer Zeit, in der sich die

---

105) Ebd., S. 214 ff., 225 ff.
106) Ebd., S. 228.
107) Ebd., S. 230—31. Vgl. H. H. HOUBEN, *Gespräche mit Heine*, Potsdam 1948, S. 243.
108) VI, 84: „In der Tat, wir können gegen Östreich kämpfen, und todeskühn kämpfen, mit dem Schwert in der Hand; aber wir fühlen in tiefster Brust, daß wir nicht berechtigt sind, mit Scheltworten diese Macht zu schmähen. Östreich war immer ein offner ehrlicher Feind, der nie seinen Ankampf gegen den Liberalismus geleugnet oder auf eine kurze Zeit eingestellt hätte. Metternich . . . war immer ein sicherer Mann, der uns weder durch gnädige Blicke täuschte noch durch Privatmalicen empörte. Man wußte, daß er weder aus Liebe noch aus kleinlichem Hasse, sondern großartig im Geiste eines Systems handelte, welchem Östreich seit drei Jahrhunderten treu geblieben . . .".
109) CLARKE. a. a. O., S. 265—70;

Kabinettspolitik, besonders die der absolutistischen Systeme, noch weitgehend in einer Sphäre der Geheimhaltung abspielen konnte. Wir wissen außerdem, wie kompromißbereit die Mehrheit der oppositionellen Intellektuellen in Deutschland damals war.

Es ist auch keineswegs zu bestreiten, daß dieser geheime Pakt Heine oft veranlaßte, einen gemäßigteren — oder schärferen — Ton anzuschlagen und gewisse sehr zweifelhafte Kunstgriffe zu gebrauchen. Ferner steht fest, daß seine „Bekehrung" zum Bonapartismus — man vergesse jedoch nicht seine früheren Sympathien für Napoleon, die allerdings dem Napoleon *vor* dem 18. Brumaire galten — zur Zeit der Veröffentlichung des VII. Artikels erfolgte und daß sie eine offensichtliche Wandlung seiner Ideen implizierte, die sich bis dahin lediglich an der konstitutionellen Monarchie orientiert hatten. Das alles ist unbestritten. Wir können es aber nicht akzeptieren, wenn behauptet wird, die *Französischen Zustände* seien eine bloße Häufung heuchlerischer, doppelsinniger Unwahrheiten oder die Ideen Heines entsprängen einem unlogischen, inkohärenten Eklektizismus und es liege ihnen kein klares politisches Programm zugrunde[110].

Zu diesem letzten Punkt haben wir schon in Kapitel II gesehen, daß viele der vermeintlichen Widersprüche in Heines Ideen sich bei näherer Betrachtung als inkonsistent erweisen. Und was das politische Programm anbelangt, war der *ideale* Bonapartismus oder *Cäsarismus*, die Transaktion von Absolutismus und Demokratie, von Gleichheitsprinzip und Aristokratie, von Gleichheit und Ungleichheit, von Autorität und Freiheit, eine Lösung, die zwar nicht bis ins einzelne durchformuliert, doch klar durchdacht und klar umrissen war. Sie war gewiß in der damaligen Situation unzeitgemäß, wenn nicht utopisch, doch sollten später, im 19. und auch im 20. Jahrhundert, nicht wenige politische Systeme ihre Anwendung für sinnvoll halten.

Es ist wahr, daß Heine alle politischen Positionen kritisierte, die es damals in Frankreich gab, und daß er sich keiner Partei anschloß. Doch darf man ihm deshalb noch keinen künstlichen Universalpessimismus, Inkohärenz oder gar Mangel an eigenen Idealen vorwerfen. Es stand Heine doch wohl frei, an ein Ideal zu glauben, das sich von denen der etablierten Parteien unterschied, und diese Parteien an seinem Ideal zu messen. Es ist ein — wenn man so will — utopisches Ideal, das aber (das sei wiederholt) in seiner Einfachheit ganz klar umrissen ist. Es beinhaltet zunächst die konstitutionelle Monarchie, die zwei Attribute aufweisen muß: 1) Der Souverän ist nicht verantwortlich für die Maßnahmen seiner Regierung, denn er herrscht, aber er regiert nicht. 2) Diese Form der Monarchie muß wirklich dem Volk dienen, sie muß eine Monarchie aller Klassen sein und besonders darum bemüht sein, die Lebensbedingungen der Massen zu heben und eine Art „Wohlfahrtsstaat" zu begründen. Die Julimonarchie wies aber de facto nicht diese beiden Bedingungen auf, die bei ihrer Gründung fundamental gewesen waren. So kritisiert Heine einerseits die Einmischung Louis Philippes in die Regierungspolitik und andererseits die ausschließlich bürgerlichen Grundlagen der Politik des *juste milieu*, die die Leiden der Arbeiterklasse ignorierte. Was die anderen Parteien angeht, so ist

---

110) Ebd., S. 7—15.

klar, daß die legitimistische Opposition Heine verhaßt sein mußte. Bei den Republikanern konnte Heine sich nicht mit dem nivellierenden Gleichheitsprinzip befreunden. Und die von den Saint-Simonianern gepredigte soziale Technokratie war in seinen Augen gewiß zu wenig von einem wirklichen Streben nach politischer Freiheit erfüllt, — ein Element, das der Schule überhaupt fehlte.

Die „Bekehrung" zum Bonapartismus scheint uns von ehrlicher Überzeugung getragen; sie bleibt auch für viele Jahre gültig, unabhängig von den Umständen, die sie verursacht haben mögen. Sie wurde wohl von den Ereignissen diktiert, stellt aber nicht bloß einen opportunistischen Ausweg dar. Heine hat aus der täglichen Beobachtung der französischen Politik den Schluß gezogen, daß der parlamentarische Konstitutionalismus mit allzu vielen Strukturmängeln behaftet ist: Die Exekutive ist schwach, und ihre Abhängigkeit von den Launen der Versammlungen zwingt sie, von Kompromissen zu leben, sich auf bestimmte Kräfte zu stützen und so eine Politik der Sonderinteressen und nicht des nationalen Interesses zu betreiben. Die mehr oder weniger geheimen Einmischungen der Krone treiben andererseits die unsicheren, labilen Verhältnisse und die Unordnung zum Äußersten. So kann das System der konstitutionellen Monarchie, das in der Realität derartige Grundschwächen an den Tag gelegt hat, zwar vorläufig als das kleinere Übel gelten, es kann Heine aber kein politisches Ideal mehr bedeuten. Als positive Alternative wird auf das System des *Cäsarismus* verwiesen, in dem der Souverän die Exekutive vollverantwortlich leitet. Dadurch erhält die Exekutive einerseits die notwendige Stabilität und Macht, um eine langfristige Politik im Interesse der ganzen Nation zu betreiben; andererseits untersteht die Krone durch ihre volle Verantwortlichkeit dem Urteil und dem Willen des Volkes. Das alles setzt eine richtige Wahl des Souveräns voraus, der eine Persönlichkeit mit hervorragenden Fähigkeiten sein muß, über den Parteien zu stehen hat und auf das Wohl der Massen bedacht sein muß. Doch nicht hier liegt für Heine die Hauptschwierigkeit; er vertraut ja auf das schicksalhafte Erscheinen der großen historischen Figuren und auf die entscheidende Macht des Individuums. Das Problem besteht für ihn vielmehr darin, — hier bezieht sich Heine auf die negativen Erfahrungen mit dem napoleonischen System — besondere Garantien für die Erhaltung der Freiheitskomponente einzubauen. Diesen Punkt klärt der Dichter nicht selbst. Wenn man aber bedenkt, daß dieses Problem in den Demokratien mit Präsidalsystem als durchaus lösbar betrachtet wurde, scheint uns die Haltung Heines keineswegs absurd. Wenn man ferner bedenkt, daß Heine schon die Endform des *Second Empire* ankündigt, so erscheinen seine politischen Theorien keineswegs abstrakt, sondern scheinen eher ihrer Zeit vorauszueilen. Dennoch bleiben sie utopistisch; denn dieser Regierungstypus erweist sich in den konkreten historischen Formen, die er in der Folge annehmen soll, als grundverschieden von jenem Allheilmittel, das der Dichter darin erkannte. Darin ist er allerdings nicht utopistischer als die verbreiteteren und erfolgreicheren Verfassungsformen, deren Wirklichkeit sich offensichtlich immer krass unterscheidet von den Formeln der Theoretiker, der Initiatoren und Apologeten.

Die allgemeinen Überzeugungen Heines scheinen uns also durchaus fundiert und im wesentlichen ehrlich und ernst gemeint auf der politischen Ebene, wenn sie auch der damaligen spezifischen Situation nicht angepaßt waren. Davon muß man ausgehen, wenn man die Bedeutung der Stimmungsschwankungen und -wandlungen verstehen will, die sich in jedem einzelnen Artikel erkennen lassen. Die allgemeinen, festen Überzeugungen bereiteten den Boden für die faktische Übereinstimmung des Dichters mit der österreichischen Politik, in derem Interesse es war, das Juliregime und die gesamte politische Situation in Frankreich zu diskreditieren. Da diese Überzeugungen so allgemein und vage waren, ließen sie dem Dichter die Freiheit, in konkreten Tagesproblemen ganz andere, besondere Positionen einzunehmen. Diese Positionen waren allerdings — das wollen wir nicht leugnen — von verschiedenen opportunistischen Erwägungen bestimmt.

An dieser Stelle sind aber noch zwei Punkte zu klären: Wenn man von dem Übertritt zum Bonapartismus absieht — doch wird wohl niemand behaupten, daß ein Übertritt notwendig als ein innerer Widerspruch anzusehen ist — entwickeln und klären sich Heines Ideen mit jener bemerkenswerten Folgerichtigkeit, auf die wir schon in Kapitel II hingewiesen haben. Es gelingt dem Dichter jedenfalls immer, die Schwankungen und Wandlungen bei der Beurteilung der jeweiligen politischen Lage auf gewisse Grundprinzipien zurückzuführen, die zu ihrer Rechtfertigung herangezogen und entsprechend weiterentwickelt werden. Dies wird durch eine ganz geschickte Methode erzielt: Zunächst formuliert der Dichter seine Prinzipien ganz vage und unvollständig und leitet davon bestimmte Werturteile ab (oder versucht es zumindest). Wenn diese Urteile sich nun ändern, rechtfertigt er die neuen Positionen durch die Einführung einer Unterscheidung, Präzisierung oder Ergänzung bei den Prinzipien, wodurch diese nun „in diesem spezifischen Fall' zu der betreffenden anderen Position hinführen. Es ist natürlich schwer zu entscheiden, inwieweit diese Entwicklungen „ehrlich" sind. Der Begriffsmechanismus, der sie stützen soll, ist jedenfalls so perfekt, daß der Dichter selbst von einer rein zufälligen Übereinstimmung seiner Theorien mit gewissen persönlichen, konkreten Interessen überzeugt sein konnte. Heine besaß überhaupt ein besonderes Talent, sich selbst zu rechtfertigen: In seinen persönlichen, familiären Beziehungen wie auch in der Politik verschwendete er im Laufe seines Lebens ein wahres Vermögen an genialen Einfällen, um Argumente zur Wiedergutmachung oder wenigstens zur Rechtfertigung gewisser praktischer Fehler zu finden, die ein Mensch mit normalem gesunden Menschenverstand gar nicht gemacht hätte. Dies ist ein ganz typischer Charakterzug Heines. Und gewiß war er oft der erste, der sich von diesen Argumenten überzeugen ließ, und fühlte sich dann als Opfer des Schicksals oder glaubte sich unverstanden. Das ist ein anderer konstanter Zug an ihm. Dies erschwert natürlich ein Urteil über den „ehrlichen, offenen Charakter" einer so vielschichtigen Person und macht es uns vor allem unmöglich, viele seiner Taten und Einstellungen, die von außen betrachtet eindeutig als unmoralisch gelten können, pauschal zu verurteilen.

Weiter scheint uns, daß es an sich noch nichts Verwerfliches ist, wenn Heine für seine polemischen Zwecke unterschiedslos bei der Presse der Linken, der Rechten und der Mitte Argumente entlehnt. Heine ist an keine Partei gebunden, und er kann es sich erlauben, politischen Urteilen verschiedenster Provenienz Positives zu entnehmen. Außerdem wirkt er als Journalist, und er tut das mit einer Gewandtheit und Erfahrung, die ihn zweifellos zu einem der größten Publizisten seiner Zeit machen. Dabei kommt ihm nicht nur seine außergewöhnliche literarische Begabung zu Hilfe, sondern auch seine hervorragende Sprachbeherrschung. Indem er zeigt, daß er die verschiedensten Meinungen gelten lassen will, gewinnt er das Vertrauen des Lesers und macht ihn so für seine eigene Meinung empfänglich. Ähnlich übernimmt er zunächst die Ideen der anderen, um sie ad absurdum zu führen und gegen ihre Verfechter zu kehren. Er leitet Wasser der verschiedensten Bäche auf seine Mühle. Wenn dies Heuchelei ist, dann bleibt kein großer Redner und kein großer Journalist davor bewahrt.

+ + +

Der Bonapartismus Heines ist nicht gleichzusetzen mit der Ideologie der damaligen bonapartistischen Partei. Wir sahen schon in Kapitel II, wie der Dichter sich von den „üblichen Bonapartisten" unterscheidet, die dem dynastischen Mythos verhaftet sind. Es ist aber anzunehmen, daß die Entstehung des Bonapartismus nach der Julirevolution, in der die Werte der napoleonischen Ära weitgehend übernommen und wiederbelebt wurden[111]), den Dichter beeinflußt hat und den *Cäsarismus* als eine wohl nicht aktuelle, doch potentielle politische Alternative erscheinen ließ. In dieser Zeit erlebte auch der napoleonische Mythos eine Renaissance in der französischen Kultur, — besonders in der Geschichtsschreibung und Literatur (Béranger, Hugo)[112]).

Der *Cäsarismus* Heines ist jedenfalls nur bedingt an die Figur Napoleons gebunden, und der Dichter vergißt nie die dunklen Seiten der napoleonischen Ära[113]). 1840 vertritt er im übrigen die Ansicht, daß der wahre Bonapartismus keine konkreten Hoffnungen beinhalte, und verurteilt den von Louis Napoleon im August des Jahres unternommenen Umsturzversuch. Seine Begeisterung für Napoleon war inzwischen merklich abgekühlt[114]). Der Bonapartismus Heines entsprach also nicht der offiziellen Version. Das gilt übrigens auch für die Saint-Simonianer, die sich nur schwer mit Louis Philippe abfinden konnten. Sie setzten schließlich sogar ihre *cäsaristischen* Hoffnungen auf den jungen Herzog von Orleans[115]), den auch Heine rühmte und dessen frühen Tod der Dichter beklagte[116]). Die eigentlich politischen Berührungspunkte zwischen Heine und den Saint-Simonianern sind also zahlreicher, als man gemeinhin annimmt. Sie können auch zum Teil das geheime Einvernehmen Heines mit der österreichischen Regierung rechtfertigen. Seit dem Beginn der Regierungszeit Louis Philippes hatten die Saint-Simonianer nämlich eine Vorliebe für Österreich gezeigt, das sie als eine Nation bewunderten, in der Ruhe und Ordnung herrschte und die mit fester Hand von einem Kaiser regiert wurde, der den materiellen Wohlstand des Landes zu fördern suchte und ein Feind des Presselärms war[117]). Noch 1836 erklärte Enfantin in einem offenen Brief an Heine,

---

111) G. WEILL, *Histoire du parti républicain en France (1814—1870)*, Paris 1928, S. 55 ff.; J. CALMETTE, *Les Révolutions*, Paris 1952, S. 444; H. FISCHER, *Bonapartism*, Oxford 1903, pass.

112) s. den in der »Revue des Etudes Napoléoniennes«, I, 1912, erschienenen Aufsatz Driaults über Napoleonische Studien; P. STADLER, *Geschichtsschreibung und historisches Denken in Frankreich, 1789—1871*, Zürich 1958, pass.; TH. RUYSSEN, *Les sources doctrinales de l'internationalisme*, III, Paris 1961, S. 383 ff. Zu der ironischen Version, die Laube vom Heineschen „Cäsarismus" um 1840 gab, vgl. H. H. HOUBEN, *Gespräche mit Heine*, Potsdam 1948, S. 404.

113) LICHTENBERGER, a. a. O., S. 144.

114) Ebd., S. 167.

115) G. WEILL, *L'école Saint-Simonienne, son histoire, son influence jusqu'à nos jours*, Paris 1896, S. 209. Zu der Beziehung Heines zum Herzog von Orléans s. *Briefe*, II, S. XII.

116) IX 236—39 (1842).

117) WEILL, *L'école Saint-Simonienne*, S. 191.

Österreich sei die führende Nation des deutschsprachigen Raums, da es Sinn für Ordnung, hierarchische Führung und Pflicht besitze und eine friedliebende Nation sei, was man von Preußen nicht sagen könne. Da es die letzten Reste des Feudalrechts verteidige, sei Österreich ein unerläßliches Element jener *Transaktion* (Enfantin gebraucht diesen Begriff) von Altem und Neuen, die einen ungehinderten Fortschritt der Gesellschaft ermögliche. Die direkte Konfrontation mit der Heiligen Allianz sei nicht mehr aktuell, und es genüge ein Nachhutgefecht weniger angriffslustiger Journalisten, um gewisse Werte der Linken zu verteidigen, die im Grunde schon gesichert seien[118]). 1832 hatte der *Globe* eine pazifistische Haltung eingenommen[119]), vergleichbar mit der Heines. Wie Heine griff der *Globe* 1831 auch alle damaligen Parteien an[120]); die Julirevolution wurde von den Saint-Simonianern als eine berechtigte Auflehnung gegen die Kräfte der Vergangenheit gewertet, die jedoch nichts an der sozialen Ordnung geändert habe[121]). Dennoch versuchten sie später, nach einer ziemlich glimpflichen Verfolgung, sich mit der Julimonarchie auszusöhnen.

+ + +

Die Verbindung Heines zum Wiener Hof findet also unabhängig von rein persönlichen Interessen und engstirnigem Opportunismus eine gewisse theoretisch-politische Rechtfertigung. Sie entspricht einer Tendenz, die offiziell von einer dem Dichter nahestehenden Gruppe vertreten wird, für die Heine selbst aber nicht offen eintreten konnte, weil seine Freunde ihn nicht verstanden hätten. Die Theorie der *Transaktion* kündigt schon die Überwindung gewisser revolutinärer Ideen an, denen Heine noch 1833 anhing. Die politische Situation spitzt sich immer mehr zu, und Heine erkennt jetzt, daß eine Revolution in Deutschland schwerlich zu einer konstitutionellen Monarchie oder einer zäsaristischen Staatsform führen würde, sondern eher die Gründung jener Republik zur Folge hätte, für die er sich nie begeistern konnte. Dennoch bleibt die Revolution für den Dichter eine Realität (die sich in Frankreich schon ankündigt, in Deutschland hingegen noch fern ist), eine Realität, die aber nur noch als furchtbares Ereignis erscheint und höchstens indirekt positive Folgen haben kann. Es scheint deshalb notwendig, alles zu unternehmen, um eine solche Katastrophe zu verhindern, obgleich Heine kaum Hoffnung hat, daß sein Werk erfolgreich sein wird. Im Zeichen eines radikalen, aber nicht revolutionären Reformismus, den er — abgesehen von den letzten Saint-Simonianern und einigen anderen Gruppen französischer Utopisten — wie immer ganz allein vertritt, sieht er sich dazu getrieben, sich an die mehr oder

---

118) [P. ENFANTIN], *De l'Allemagne*, a. a. O., S. 12—13: »Dieu n'a pas dit encore son dernier mot sur la forme de transaction par laquelle l'humanité annulle un vieux droit et lui en substitue un nouveau ...«. »La guerre contre la Sainte Alliance, contre la Diète de Francfort, contre l'obscurantisme des cabinets, me paraît donc chose usée, du moins pour les hommes de forte trempe; il est bon sans doute, qu'il y ait encore une masse de publicistes quotidiens et autres, qui criaillent contre les jésuites et pour les biens nationaux sous la Restauration; mais c'est une petite guerre et une triste chanson«.
119) CHARLÉTY, a. a. O., S. 148.
120) Ebd., S. 84, 101.
121) Ebd., S. 82.

weniger scharf kritisierten Regierungen wiederanzunähern. In einem Brief an Campe und Lewald, in dem er 1837 von seinen Versuchen berichtet, einen Kompromiß mit den Regierungen zu finden, betont er, daß es ihm fast gelungen sei, das Vertrauen Preußens und Österreichs zu gewinnen, ohne sich deshalb ihrem Willen zu unterwerfen. Denn er hoffe, die anderen davon zu überzeugen, daß sein „revolutionärer Geist" nicht danach strebe, die Menge aufzuhetzen, sondern die Fürsten umzustimmen. Er nennt sich selbst einen Revolutionär der Philosophie und nicht der Politik: es komme ihm eher auf den Geist als auf die Gesellschafts-form an; und er weist darauf hin, daß seine Beziehungen zu den ‚Jakobinern" denkbar schlecht seien[122]).

Diese Tendenz zeichnet sich schon 1835, 1836 ab, als der Dichter von der französischen Regierung eine Pension empfängt[123]), auf die er allerdings 1837 verzichtet[124]). Gleichzeitig unterhält er enge Beziehungen zum preußischen Botschafter in Paris und zu Metternich. Er zeigt noch immer Sympathie für Österreich, und seine Abneigung gegen Preußen hat nicht nachgelassen[125]). Sein Protestschreiben nach der Verurteilung durch den Bundestag 1836 ist versöhnlich gehalten. Schon 1835 hatte er den jungdeutschen Freunden geraten, sich flexibler zu zeigen in den eigentlich politischen Fragen[126]). Das 1836 veröffentlichte Gedicht „Tannhäuser" ist eine Art persönlicher Rechtfertigung in diesem Sinne. Die politische Lethargie Deutschlands, die in der Erzählung des Helden vor Venus verspottet wird, lasse denen, die sich agitatorisch betätigen wollten, keinerlei Hoffnung; man tue deshalb besser daran, das Leben auf dem Pariser „Venusberg" zu genießen und sich nicht um die Forderungen der Zeit zu kümmern[127]). In *Über den Denunzianten* greift Heine aber 1837 heftig jenen Menzel an, der die Zensur-Verordnung des Bundestages angestiftet hatte. In diese Jahre fällt auch die Polemik mit den Dichtern des Schwäbischen Kreises, vor allem mit Mayer und Pfizer (die ihn heftig kritisiert hatten). Die Auseinandersetzung erreicht 1838 ihren Höhepunkt im *Schwabenspiegel*[128]). Noch im selben Jahr nimmt Heine über Varnhagen Verbindung zur preußischen Regierung auf, um zu erreichen, daß diese sich zu dem Plan der Gründung einer deutschen Zeitung in Paris neutral verhält. Bei dieser Gelegenheit bekennt er sich erneut zum monarchistischen Gedanken und versichert, er werde keine Nachrichten, die Preußen beträfen, ohne Einwilligung der Berliner Zensoren weitergeben. Später bekennt er in zwei verschiedenen Briefen, daß er sich zu diesem Kompromiß als der einzig möglichen Lösung seiner Probleme bereitgefunden habe[129]). Der Zeitungsplan scheitert, doch die preußi-

---

122) DRESCH, a. a. O., S. 64—65. Vgl. *Briefe,* II, S. 43.
123) LICHTENBERGER, a. a. O., S. 158—59.
124) BUTLER, *H, Heine,* a. a. O., S. 148.
125) LICHTENBERGER, a. a. O., S. 158—59; BUTLER, *H. Heine,* S. 143.
126) BUTLER, a. a. O. Vgl. H. H. HOUBEN, *Gespräche mit Heine,* Potsdam 1948, S. 313, 319.
127) PRAWER, *Heine, the Tragic Satirist,* S. 44.
128) BUTLER, a. a. O., S. 154.
129) ROSE, *Two Studies,* S. 51—52. Die beiden Briefe sind an Campe (23. Januar 1837) und an Lewald (25. Januar 1837) gerichtet; vgl. DRESCH, a. a. O.. S. 63—64.

sche Zensur zeigt sich eine gewisse Zeit lang nachsichtig mit seinen Wer-ken[130]). Das Mißtrauen der Regierungen hatte er aber nur teilweise überwinden können[131]).

Diese Annäherungsversuche waren bedingt durch die schwierigen Verhältnisse, in denen der Dichter damals lebte: schwere Geldsorgen, Krankheit, ungünstige Zukunftsaussichten, unglückliche Liebe. Der Bundestagsbeschluß blockierte den Absatz seiner Bücher in Deutschland, eine seiner Haupteinnahmequellen. Heine wurde von panischer Angst ergriffen; aus Furcht vor dem zu erwartenden großen Schaden versuchte er, die deutschen Regierungen milde zu stimmen und verfaßte deshalb Jahre lang kein einziges politisches Werk mehr[132]). Da er gleichzeitig versuchte, auch mit der deutschen Linken in gutem Einvernehmen zu bleiben, setzte er sich unweigerlich dem Vorwurf aus, er treibe ein doppeltes Spiel. Er selbst war sich dessen sehr wohl bewußt, und es kamen ihm zuweilen auch Skrupel. Am 30. Oktober 1836 schrieb er an die Prinzessin di Belgiojoso: »Est-ce que, Madame, je ferai bientôt ma paix, pais ignoble, avec les autorités d'Outre-Rhin, pour pouvoir sortir des ennuis de l'exil, de cette gêne fastidieuse qui est pire d'une pauvreté complète? Hélas! les tentations deviennent grandes depuis quelque temps ... N'est-ce pas, j'ai plus de franchise des autres, qui se disent des Brutus es des Regulus! ...«[133]). Politische Kompromisse, familiäre Kompromisse: 1837 unter-nimmt er einen neuen, diesmal erfolgreichen Versuch, sich mit Onkel Salomon auszusöhnen[134]).

Diese nicht sehr erbaulichen Manöver, die sich beim besten Willen schwer moralisch oder politisch rechtfertigen lassen, waren schließlich teilweise publik geworden[135]) und bedingten jedenfalls gewisse Haltungen des Dichters, die suspekt erscheinen mußten. Bei den deutschen Emigranten in Paris war Heine fast von Anfang an verrufen gewesen, und nun begann er auch in Deutschland bei der Linken an Ansehen zu verlieren. 1834 war Wienbarg in seinen *Ästhetischen Feldzügen* für Heines Ideen eingetreten[136]) und noch 1836 feierte Gutzkow den Dichter öffentlich[137]). Doch die schweren Anschuldigungen – der Frivolität, der politischen Skepsis und des Opportunismus –, die Börne in seinen *Briefen aus Paris* und später, bis zu seinem Tod (1836) gegen ihn erhoben hatte (unter der berühmten Formel „ein Talent, doch kein Charakter"), begannen zu wirken. Daß Heine in die Verurteilung des Jungen Deutschland miteinbezogen worden war, nützte ihm bei der Linken nicht, denn es war klar, daß dieses Urteil eher dem Zufall zuzuschreiben war. Bis 1838 blieben die Beziehungen zu Gutzkow gut; dann führten einige Mißverständnisse, vor allem die Veröffentlichung von Börnes Leben

130) LICHTENBERGER, a. a. O., S. 150. Vgl. *Briefe,* II, S. 247.
131) DRESCH, a. a. O., S. 65.
132) Ebd., S. 63, 65–66. Vgl. *Briefe,* II, S. 115, 123, 125, 128, 230, 235–37, 248.
133) Brief an die Prinzessin Belgioioso vom 30. Okt. 1836.
134) BUTLER, *H. Heine,* S. 148–50.
135) DRESCH, a. a. O., S. 64.
136) BUTLER, *H. Heine,* S. 140.
137) DRESCH, a. a. O., S. 47–48.

durch Gutzkow 1838 (eine sehr positive Darstellung) zu einem Bruch, der endgültig sein sollte[138]).

1840 veröffentlichte Heine den berühmten Band *Über Börne*, in dem er der Linken entgegenzukommen suchte. Die Beziehungen zur Rechten hatten ja nicht viel gefruchtet, abgesehen von der erneuten Mitarbeit an der Augsburger *Allgemeinen Zeitung* von Februar 1840 bis Mai/Juni 1843. In seinem neuen Buch bekräftigte Heine seine demokratischen Überzeugungen und verteidigte sich gegen die Angriffe Börnes, mit dem er sehr großmütig zu verfahren meinte[139]). Doch der Dichter hatte sich sehr im Ton vergriffen, den er in diesem Buch anschlug. Er rief damit bei der Linken Wut und Empörung hervor und verursachte einen schweren Skandal, der mit einem Duell endete[140]). Die Wirkung in Deutschland war katastrophal: die Angriffe gegen Heine mehrten sich[141]). Neben dem ehrlichen Gutzkow und den radikalen *Jungdeutschen* attackierten ihn nun die Dichter der neuen Linken: Freiligrath, Herwegh, Hoffmann von Fallersleben, unterstützt von Ruge, — uneingedenk des Bibelwortes „wer ohne Sünde ist, werfe den ersten Stein". Nicht zu Unrecht war Heine empört, von dieser Kanzel herab verdammt zu werden und antwortete 1843 mit dem *Atta Troll*, an dem er seit 1841 arbeitete[142]).

+ + +

Nach 1840 weist die Entwicklung der politischen Lage in Europa für den Dichter zwei drohende Gefahren auf: die Gefahr des militaristischen Nationalismus und die ganz neue Gefahr des Kommunismus.

Als überzeugter Pazifist, der jeden Krieg fürchtet, weil Kriege nur der Reaktion nützen, hatte Heine schon früher die Franzosen ermahnt, sich nicht durch eine von deutschen Liberalen herbeigerufene Intervention in die inneren Angelegenheiten Deuschlands einzumischen[143]). 1840 bezog der deutsche Liberalismus aber eindeutig patriotische, antifranzösische Positionen, vor allem infolge der wilden Drohungen Thiers'[144]). Die Teutomanie ist jetzt bei der Linken en vogue, die bei dieser Gelegenheit in das Horn der Rechten bläst[145]). Unter den Dichtern hatten Radikale wie Hoffmann von Fallersleben[146]), Prutz[147]) und Herwegh[148]) in das

138) Ebd., S. 97—98; MEHRING, *Aufsätze,* a. a. O., S. 356 ff., 371 ff. HOUBEN, a. a. O., S. 119 ff., 165 ff. Vgl. *Briefe,* II, S. 287 ff.
139) BUTLER, *H. Heine,* S. 157.
140) DRESCH, a. a. O., S. 89—90.
141) HIRTH, a. a. O., S. 26—27.
142) DRESCH, a. a. O., S. 99—101. Zu Ruges Angriffen gegen Heine vgl. HOUBEN, a. a. O., u. G. HERWEGH, *Werke,* hg. Tardel, Berlin etc., II, S. 28—29.
143) VII, 353 (1834). Heine verurteilte den Nationalismus im allgemeinen: vgl. *Briefe,* II, S. 71.
144) ROSE, a. a. O., S. 56.
145) CORNU, a. a. O., S. 273 ff.; RUYSSEN, *Les sources,* a. a. O., S. 196 ff., 346 ff., ZIEGLER, a. a. O., S. 257 ff. Vgl. VIII, 451 (1839).
146) Vor allem „Der deutsche Zollverein" (1840), „Das Lied der Deutschen" (1841), „Uralte Nationalhymne" (1844). Vgl. E. VOLKMANN, *Um Einheit und Freiheit, 1815—1848,* Leipzig 1936, S. 132, 148, 226.

Kriegsgeschrei eingestimmt, während N. Becker für sein 1848 verfaßtes Gedicht „Der deutsche Rhein"[149]) von zwei deutschen Fürsten belohnt wurde, E. M. Arndt[150]) zum Kreis um den Preußischen König gehörte und Moritz Graf von Strachwitz[151]) schließlich ein Erzreaktionär war; auch eine Droste-Hülshoff[152]) war gewiß nicht revolutinär gesinnt. Es ließen sich auf beiden Seiten noch viele Namen nennen[153]). Die beliebtesten Symbole waren der Rhein, der Kölner Dom und die Barbarossasage, deren Grundelemente und deren Verwendung bei Heine wir in Kapitel VI noch eingehender untersuchen werden.

Der Geist der alten Burschenschaften war lärmend wiedererstanden[154]). Es erhoben sich Stimmen, die Heines Protest unterstützten. Neben den kosmopolitisch gesinnten Liberalen Süddeutschlands versuchte eine Richtung der Junghegelianer, die sich an Börne und Hegel orientierte, dem engen Nationalismus der Teutomanen ein nationales und zugleich liberales Konzept entgegenzuhalten[155]). Und innerhalb der Linken warnte Engels vor den Gefahren der damaligen Tendenz und veröffentlichte 1841 eine schonungslose Analyse des Nationalismus und seiner politisch-sozialen Tendenz[156]).

Heine hatte schon seit langem das Herannahen diese Unheils wahrgenommen. In *Über den Denunzianten* (1837) hatte er vor dem demagogischen Franzosenhaß Menzels gewarnt[157]), und im 1839 verfaßten Vierten Buch von *Über Börne* zog er gegen die Teutomanen insgesamt zu Felde[158]). Die Polemik fand 1844 ihren Höhepunkt in *Deutschland. Ein Wintermärchen,* das der Dichter bei zwei verschiedenen Gelegenheiten ausdrücklich als eine Herausforderung an die Teutomanen und als ein nicht nur revolutionäres, sondern auch antinationalistisches Werk bezeichnete[159]). In *Lutezia* bemerkt er, ein eventueller deutsch-französischer Krieg sei der Anfang vom Ende, das Vorspiel zur Weltrevolution, die größte Katastrophe, die man sich nur vorstellen könne[160]).

---

147) Vor allem „Der Rhein" (1840) und „Dem Könige von Preußen" (1842); VOLKMANN, a. a. O., S. 145, 173.
148) Vor allem „Dem Deutschen Volke" (1841), „Aufruf" (1841), „Die deutsche Flotte" (1841); VOLKMANN, a. a. O., S. 150, 153, 162. Vgl. MEHRING, *Aufsätze,* a. a. O., S. 518 ff.
149) VOLKMANN, a. a. O., S. 141.
150) Vor allem „Das Lied vom Rhein an Niklas Becker" (1840); VOLKMANN, a. a. O., S. 142.
151) Vor allem „Germania" (1844); VOLKMANN, a. a. O., S. 219.
152) Vor allem „Die Stadt und der Dom" (1842); VOLKMANN, a. a. O., S. 177.
153) VOLKMANN, a. a. O., S. 130 ff.
154) F. SCHNABEL, *Deutsche Geschichte im neunzehnten Jahrhundert,* II, Freiburg 1949, S. 96, 243—47.
155) CORNU, a. a. O., S. 275.
156) Ebd., S. 273.
157) VIII, 24—25.
158) VIII, 450.
159) ROSE, a. a. O., S. 67.
160) IX, 234—35 (1842). Vgl. das Vorwort zu *Deutschland. Ein Wintermärchen.*

Die Weltrevolution: als geschichtliche Nemesis erhebt sie sich über den nationalistischen Stolz der verführten Völker. Sie wird aus der ganzen Welt ein einziges Vaterland machen, das Vaterland der Arbeiter. Doch um welchen Preis? In der Revolution wird es nur einen Sieger geben: den Kommunismus. — Damit kommen wir zum zweiten Motiv, das in diesen Jahren die politischen Ideen beherrscht und in *Lutezia* besonders stark hervortritt.

Zwischen 1839 und 1841 betrachten einige Regierungen den Kommunismus nicht mehr als eine bedauerliche Richtung einiger kleiner Gruppen von Sonderlingen; der Kommunismus nimmt vielmehr die Gestalt einer öffentlichen Gefahr an. Besonders bedrohlich wird die Situation — nach Heine —, wenn die Gefahr eines Krieges hinzukommt. Diejenigen, die glaubten, der Krieg könne ein gutes Ableitungsmittel gegen soziale Unzufriedenheit sein, irrten sich gewaltig. Im Gegenteil würde der Krieg eine Katastrophe nur beschleunigen, und die subversive Propaganda, die jetzt nur an Frankreich nage, würde im Nu über die ganze Erde verbreitet werden; denn sie besitze eine Sprache, die der Krieg überall hintrüge, die Sprache des Hungers, des Neids, des Todes[161]). In die Furcht vor dem Kommunismus mischt sich manchmal Mitleid mit den verführten Massen: die Kommunisten seien die „jüngsten und verzweiflungsvollsten Kinder der Revolution, . . . jene verwahrlosten und enterbten Kinder, deren Elend ebenso groß ist wie ihr Wahnsinn"[162]).

Krieg oder nicht Krieg, schreibt der Dichter später, die Kommunisten harrten nur eines Zeichens, um gegen das Bürgertum loszuschlagen; ihnen sei eine große, wenn auch vorübergehende Aufgabe in der neueren Geschichte zugedacht. Man dürfe sie nicht aus den Augen lassen und müsse aufmerksam die Symptome der großen herannahenden Krise verfolgen. Diese Symptome seien wichtiger für eine Diagnose der Ereignisse der nahen Zukunft als Mitteilungen über Wahlumtriebe, Parteihader und Kabinettsintrigen[163]).

Angesichts dieser Gefahr suchten die adligen und geistlichen Feinde der Bourgeoisie, die Julimonarchie zu erhalten; denn eine republikanische Lösung könnte sich nicht mit einer gemäßigten Politik zufriedengeben, sondern müßte unmittelbar zum Kommunismus und damit zum Chaos führen: „nur die ganz beschränkten, die Spieler und Falschspieler unter den Aristokraten und Klerikalen, sind Pessimisten und spekulieren auf die Republik oder vielmehr auf das

---

161) IX, 191 (Dez. 1841): „Die zerstörenden Doktrinen haben in Frankreich zu sehr die unteren Klassen ergriffen — es handelt sich nicht mehr um Gleichheit der Rechte. sondern um Gleichheit des Genusses auf dieser Erde, und es gibt in Paris etwa 400 000 rohe Fäuste, welche nur des Losungsworts harren, um die Idee der absoluten Gleichheit zu verwirklichen, die in ihren Köpfen brütet. Von mehren Seiten hört man, der Krieg sei ein gutes Ableitungsmittel gegen solchen Zerstörungsstoff. Aber hieße das nicht Satan durch Beelzebub beschwören? Der Krieg würde nur die Katastrophe beschleunigen und über den ganzen Erdboden das Übel verbreiten, das jetzt nur an Frankreich nagt; — die Propaganda des Kommunismus besitzt eine Sprache, die jedes Volk versteht: die Elemente dieser Universalsprache sind so einfach, wie der Hunger, wie der Neid, wie der Tod, Das lernt sich so leicht!"
162) IX, 206 (Dez. 1841).
163) IX, 233—34 (Juni 1842).

Chaos, das unmittelbar nach der Republik eintreten dürfte". Jeder realistisch denkende Mensch erkenne aber, „daß die Republik heutzutage nicht mehr die Prinzipien der Neunziger Jahre vertreten möchte, sondern nur die Form wäre, worin sich eine neue, unerhörte Proletarierherrschaft mit allen Glaubenssätzen der Gütergemeischaft geltend machen würde"[164]).

Und jene deutschen Radikalen, die sich der nationalistischen Rechten anschlössen, um einen Kreuzzug gegen Frankreich zu predigen, weil sie hofften, ein Konflikt könne die innere politisch-soziale Lage in Bewegung bringen und ihrer Partei zum Vorteil gereichen, gäben sich gefährlichen Illusionen hin[165]). Bedrohliche Symptome seien auch in England erkennbar, das den gleichen Gefahren ausgesetzt sei[166]).

Die Position Heines ist klar: er verteidigt jetzt Louis Philippe als das kleinere Übel. Und alle, die wie er der alten antibürgerlichen Linken angehörten, müßten ihre radikalen Bestrebungen mäßigen, da ihre Lösung nun unmöglich geworden sei. Wer von ihnen für eine republikanische Lösung eintrete, trage zum Ausbruch der großen, unheilvollen Revolution bei. In ihr werde aber die neue Linke triumphieren, die neue Linke mit ihren monströsen Prinzipien.

Später fügt Heine hinzu, der Kommunismus sei in Frankreich die einzige Partei, die wirklich Beachtung verdiene. Die saint-simonistische Schule habe sich aufgelöst, die Fourieristen seien zwar noch aktiv, doch würden schließlich sowohl die letzten Anhänger des Saint-Simonismus als auch die Fourieristen zum Kommunismus übertreten, der einzigen Partei, die eine „dämonische Notwendigkeit" vorantreibe[167]). Heine steht in dieser Zeit in Verbindung mit Leroux und mit den Pariser Fourieristen[168]).

Für Heine steht also fest, daß die gemäßigten Republikaner unumgänglich den Kommunisten das Feld räumen müssen, denen sie ungewollt mit ihrer revolutionären Propaganda den Weg zur Macht gebahnt haben. Nun hegten die gemäßigten Republikaner damals und auch später in Wahrheit ganz andere Hoffnungen, zu denen sie die Ereignisse in gewisser Weise berechtigten. Für Heine sind diese Hoffnungen aber leere Illusionen, und er betrachtet es als seine Pflicht, vor dem Gespenst des Kommunismus zu warnen, zu einer Zeit, als die Öffentlichkeit und die politische Führungsschicht in ihrer Mehrheit die kommunistische Gefahr noch nicht erkannten. Die '48er Revolution in Frankreich sollte ihm jedenfalls bis zu einem gewissen Grad Recht geben. Man darf wohl die Frage stellen, ob Heine selbst ganz von dem überzeugt war, was er prophezeite, oder ob er absichtlich etwas übertrieb, um einerseits seine eigene, gemäßigte Haltung zu rechtfertigen und andererseits die Position der Republikaner und Teutomanen zu diskreditieren, indem er eine heilsame Angst vor ihren Folgen hervorrief. Der Kommunismus

---

164) IX, 245—46 (Juli 1842).
165) IX, 142 (Jan. 1841).
166) IX, 252 ff. (Sept. 1842).
167) IX, 357 ff. (Juni 1843).
168) DRESCH, a. a. O., S. 90—91.

eliminiere schließlich Republikaner wie Nationalisten. Letztere, ganz gleich ob rechter oder linker Observanz, seien nicht weniger verantwortlich für das Aufkommen des Kommunismus als die Republikaner, da sie jenen Krieg vorbereiteten, durch den die Kommunisten an die Macht gelangen müßten. Und sie würden noch eher als die Republikaner davon hinweggefegt. Auch hier sollte später die französische Geschichte mit der Pariser Kommune die Erwartungen Heines in gewisser Weise bestätigen.

So erscheint der Kommunismus als ein furchtbares Ungeheuer, das dennoch willkommen ist, weil es sich anschickt, die verhaßten Feinde des Dichters zu verschlingen, von den absoluten Herrschern bis zu den Teutomanen der republikanischen Linken. Daher jenes Vergnügen, oder besser, jene Schadenfreude, mit der Heine zuweilen davon spricht, — manchmal sogar begleitet von einer gewissen Sympathie.

Diese vielschichtigen Motive und ambivalenten Stimmungen, die mit Gewißheit schon um 1841 bestehen, dauern noch lange fort und werden 1855 mit bewundernswerter Klarheit im französischen Vorwort zu *Lutezia* ausgedrückt, der Sammlung von Heines Artikeln aus den Jahren 1840—43: »En effet, ce n'est qu'avec horreur que je pense à l'époque où ces sombres iconoclastes parviendront à la domination: de leur mains calleuses ils briseront sans merci toutes les statues de marbre de la beauté, si chères à mon coeur ... et je suis saisi d'une indicible tristesse en pensant à la ruine dont le prolétariat vainqueur menace mes vers, qui périront avec tout l'ancien monde romantique. Et pourtant, je l'avoue avec franchise, ce même communisme, si hostile à tous mes intérêts et mes penchants, exerce sur mon âme un charme dont je ne puis me défendre«. Zwei entscheidende Elemente des so geschmähten Kommunismus zögen ihn an, fügt er hinzu: Vor allem der Grundsatz, daß alle Menschen das Recht haben zu essen, ein Prinzip, das die Zerstörung der bestehenden Sozialordnung verlange. »Que justice se fasse! Qu'il soit brisé, ce vieux monde, où l'innocence a péri, où l'égoisme a prospéré, où l'homme a été exploité par l'homme! Qu'ils soient détruits de fond en comble, ces sépulcres blanchis, où résidaient le mensonge et l'iniquité ... — *fiat justitia, pereat mundus!*«. Das zweite Element ist der Haß der Kommunisten auf die deutschen Nationalisten, die furchtbarsten Feinde Heines: »Je les ai détestés et combattus pendant toute ma vie, et maintenant que l'épée tombe de la main du moribond, je me sens consolé par la conviction que le communisme, que les trouvera les premiers sur son chemin, leur donnera le coup de grâce ... Ce sera son début. Par haine contre les partisans du nationalisme, je pourrais presque me prendre d'amour pour les communistes«[169]. Heine rühmt sich sogar, selbst — wenn auch zu seinem eigenen Entsetzen — dazu beigetragen zu haben, daß er nach seinem Tode gerächt werde; denn schon 1840—43, in einer Zeit, zu der die Kommunisten noch verstreut und sich ihrer Stärke noch nicht bewußt waren, habe er erkannt und in der Presse verkündet, daß die Zukunft ihnen gehöre, und dadurch habe er mit dazu beigetragen, sie zu einigen und in ihren Überzeugungen zu bestärken[170].

---

169) H. HEINE, *Werke und Briefe*, hrsg. v. *H. Kaufmann*, Bd. 6, Berlin 1961, S. 238—40.
170) Ebd., S. 238.

Diese Sätze, die nach ohnmächtiger Verzweiflung und makabrem Spott schmecken – der Dichter schrieb sie auf dem Sterbebett, fünf Jahre nach seiner recht zweifelhaften „Bekehrung" zum Christentum[171]) – haben zur Entstehung des Mythos vom „Kryptokommunismus" Heines beigetragen.

+ + +

Wenn einzelne, extreme Stimmen der marxistischen Literaturkritik dazu neigen, Heine dem Kommunismus seiner Zeit nahezustellen[172]), so ist die offizielle Haltung doch nie so weit gegangen[173]). Häufig wird aber hier die Ansicht vertreten, Heine sei zwar kein Vertreter des „wissenschaftlichen Sozialismus" gewesen, viele seiner Theorien näherten sich diesem jedoch sehr[174]). Eine ganze Reihe von Elementen spricht für diese These, – vor allem die Position Heines in den *Zeitgedichten* und seine Begegnung mit Marx.

Zweifellos verstärkte sich Heines Interesse für soziale Probleme um 1835[175]). In dieser Zeit begann die soziale Frage ganz allgemein akut zu werden. Außerdem bezeugen die 1844 im *Vorwärts* erschienenen *Zeitgedichte* eine eindeutig linke Grundhaltung in der sozialen Frage[176]).

Diese Haltung war gewiß bedingt durch die Verschärfung der Reaktion in Deutschland nach 1842[177]) und die sozialen Unruhen, die das Land in den darauffolgenden Jahren erschütterten, wie auch durch die besonders nach der Veröffentlichung von *Über Börne* immer häufiger von der Linken gegen Heine erhobenen Anschuldigungen der geheimen Kollaboration mit der Reaktion. Um sich hier ein Alibi zu verschaffen, vertrat er die fortschrittlichsten, radikalsten Thesen. Auch *Deutschland. Ein Wintermärchen* wurde im Grunde zu diesem Zweck geschrieben, – ohne daß es Heine jedoch gelang, seine Ankläger zum Schweigen zu bringen[178]).

In Wahrheit leugnet der Dichter trotz seiner Invektiven gegen die bestehende Ordnung und die Bourgeoisie keineswegs seine monarchistischen Ideen, die genauer formuliert werden im Ideal des aristokratisch-proletarischen *Cäsarismus,* und er bewahrt auch seine Aversion gegen die Republikaner, seine Unabhängigkeit von den

---

171) BUTLER, *H. Heine,* S. 208.
172) s. z. B. H. G. WERNER, *Heinrich Heine. Seine weltanschauliche Entwicklung und sein Deutschlandbild,* Bukarest 1958.
173) HIRTH, a. a. O., S. 117.
174) s. z. B. G. SCHMITZ, *Über die ökonomischen Anschauungen in Heines Werken,* Weimar 1960, S. 120, u. pass., zu einem Vergleich der Heineschen Lehren mit den Theorien des „wissenschaftlichen Sozialismus"; u. A. FUHRMANN, *Recht und Staat bei H. Heine,* Bonn 1961, S. 193 ff.
175) LICHTENBERGER, a. a. O., S. 160–61.
176) ROSE, a. a. O., S. 68; S. S. PRAWER, a. a. O., S. 92 ff.; HIRTH, a. a. O., S. 141 ff., 118 ff.
177) LICHTENBERGER, a. a. O., S. 174.
178) BUTLER, *H. Heine,* S. 183.

Parteien und seinen der Julimonarchie so willkommenen Pazifismus. Seine radikalen Töne eines Sozialreformers und Volkstribunen unterscheiden sich auch kaum von der seit langem von Saint-Simonianern und *Jungdeutschen* geführten Sprache, die sich in jenen Jahren auch häufig bei den französischen Fourieristen und den deutschen Dichtern der republikanischen Opposition wiederfindet. Sie alle waren keine — oder *noch* keine — eigentlichen Sozialisten und Kommunisten. Wir kommen also bei der Beurteilung dieser Episode subversiver Propaganda zu dem gleichen Schluß wie bei der Beurteilung der historischen und sozialen Anschauungen Heines: Die mehr oder weniger häufigen Berührungspunkte mit dem späteren Marxismus erklären sich *ad abundantiam* aus den gemeinsamen Quellen, vor allem den saint-simonistischen und jung-deutschen Theorien auf der Grundlage der Hegelschen Philosophie.

Im übrigen war der Pariser *Vorwärts* von 1844 wohl ein Blatt der extremen Linken, doch waren nur wenige Mitarbeiter, wie Heß und Bakunin, schon eindeutige Kommunisten. Marx war noch ein Neuling, und Herwegh und Ruge gehörten damals der republikanischen Linken an[179]). Diese Gesellschaft von Extremisten war genau das, was Heine brauchte, um sein Alibi zu erhärten: sie befriedigte ihn aber nicht allzu sehr, wie die durchsichtige Allegorie der „Lebensfahrt", eines der „Zeitgedichte" zeigt[180]): Der Kahn des Dichters ist zerbrochen, seine Gefährten sind im Nationalismus untergegangen. Er konnte sich retten:

> Ich hab' ein neues Schiff bestiegen
> Mit neuen Genossen; es wogen und wiegen
> Die fremden Fluten mich hin und her —
> Wie fern die Heimat! mein Herz wie schwer!

Das Gedicht schließt mit der Vorahnung einer neuen Katastrophe. Heine beklagt sich auch bei Marx über die übertrieben extremistische Haltung des *Vorwärts*. Der schlechte Ruf, der Heine damals verfolgte, ließ ihm übrigens keine allzu große Wahl, in welcher Gesellschaft er sich bewegen sollte[181]).

Es ist auch nicht ausgeschlossen, daß Heine, der so lange vor dem Gespenst des Kommunismus gewarnt hatte, schließlich selbst an den unmittelbar bevorstehenden Ausbruch einer kommunistischen Revolution glaubte und nun versuchte, sich mit der üblichen Wendigkeit auch in diesem politischen Lager Verdienste zu erwerben, um das Schlimmste zu vermeiden. Er hätte dann nur einige Stellen aus Werken wie *Lutezia, Atta Troll, Zeitgedichte* und *Deutschland* vorzulegen brauchen, um als alter Sypathisant der Bewegung dazustehen, der die kommunistischen Lehren in das Schafskleid der Angst vor der roten Gefahr gehüllt hatte, um sie desto besser verbreiten zu können. Und so hätte er vor allem jenes Verdienst eines kommunistischen Propandisten für sich beanspruchen können, das er sich —

179) MEHRING, *Storia della socialdemocrazia,* a. a. O., S. 203 ff. Die Behauptung HIRTHs trifft also nicht zu: HIRTH, a. a. O., S. 121 ff. u. 132.
180) PRAWER, a. a. O., S. 99—100.
181) ROSE, a. a. O., S. 70—71. Vgl. *Briefe,* II, S. 554.

allerdings nur polemisch-herausfordernd — im Jahr 1855 zuschreibt. Auf diese Weise mag er damals bei einigen Freunden gewisse falsche Hoffnungen geweckt haben. Das erklärt vielleicht auch, wie Ruge sich später rühmen konnte, Heine sei durch ihn selbst und durch Marx auf die politische Satire gestoßen[182]). Und die Ambivalenz seiner Position verfehlte auch hier nicht ganz ihre Wirkung, wenn Owen 1844 behaupten konnte, Heine habe sich zum Sozialismus bekehrt[183]). Heine wäre es auch nicht schwergefallen, aus seinen eigenen allgemeinen historisch-politischen Prinzipien eine Rechtfertigung für eine solche politische Wandlung abzuleiten . . . Seine lange Erfahrung als Doktrinär befähigte ihn, sich zumindest auf der rein theoretischen Ebene gleichzeitig immer mehrere Türen offenzuhalten. Wir können hier eine psychologisch sehr scharfsinnige Bemerkung, mit der Heine 1843 die Gestalt Guizots charakterisiert, auf Heine selbst anwenden: „Das ist eben das Wesen eines Doktrinärs, daß er für alles, was er tun will, eine Doktrin findet. Er steht vielleicht mit seinen geheimsten Überzeugungen über dieser Doktrin, vielleicht auch drunter, was weiß ich? Er ist zu geistesbegabt und vielseitig wissend, als daß er nicht im Grunde ein Skeptiker wäre, und eine solche Skepsis verträgt sich mit dem Dienst, den er dem Systeme widmet, dem er sich einmal ergeben hat"[184]).

Diese Worte Heines weisen eine bezeichnende potentielle Vieldeutigkeit auf und lassen verschiedene Auslegungen zu; sie wurden auch in der Tat verschieden interpretiert. Im geheimen hegte der Dichter wohl die Hoffnung, daß verschiedene politische Strömungen, wenn er jetzt allen recht gab, jetzt alle kritisierte, seine Schriften im Sinne ihrer Theorien auslegen und ihn sich als Koryphäe streitig machen würden. Das Gegenteil trat ein: jede der betreffenden Tendenzen gab seinen Werken die negativste Deutung! Das zeigt, daß Heine sowohl die Intelligenz als auch die naive Gutgläubigkeit seiner Leser weit überschätzte; denn diese übersahen oder ignorierten offenbar einerseits die subtilen Feinheiten seiner Symbole und die eleganten Verschlingungen seiner Theorien und waren andererseits nur allzu realistisch, um nicht zu erkennen, wie isoliert er war, um seine Ambivalenzen nicht unzuverlässig und unsicher zu finden und sein polemisches Talent nicht als zumindest gefährlich zu betrachten.
Abgesehen von vielen ganz individuellen Charakterzügen ist Heine der Prototyp des sehr differnzierten, spekulativen Intellektuellen, dem die sichere Überlegenheit über seine Umwelt Klarsicht und Weitblick gewährt. (Es steht außer Zweifel, daß viele seiner Erwartungen sich auf mehr oder weniger lange Sicht weitgehend bewahrheitet haben und daß sie — obschon auch der Zufall mitgewirkt haben mag — zumindest gültige Hypothesen waren.) Diese Klarsicht ist jedoch eher hinderlich oder untauglich, wenn es darum geht, unmittelbar in einer gegebenen Situation zu handeln, in der von viel begrenzteren Perspektiven abhängige Kräfte am Werke

---

182) *Gespräche mit Heine,* hrsg. v. H. H. Houben, Frankfurt/Main 1926, 476. Ruge zweifelte aber mit Recht an diesem Extremismus Heines: vgl. H. H. HOUBEN, *Gespräche mit Heine,* Potsdam 1948, S. 457. S. auch HIRTH, a. a. O., S. 123.
183) ROSE, a. a. O., S. 72.
184) IX, 268—69.

sind. Wer in die Ferne blickt, kann diese schwer abschätzen und sich noch weniger mit der nötigen Energie und Einseitigkeit für praktische Resultate einsetzen.

Durch die allzu komplizierte, subtile Taktik einerseits und das bekannte polemische Ungestüm andererseits waren dem Dichter als praktischem Politiker Grenzen gesetzt. Dessen ungeachtet ist sein geschickt und einwandfrei konstruiertes Gedankengebäude zu bewundern, mit all seinen tiefen Einsichten und begründeten Vorahnungen und nicht zuletzt auch mit seiner vorsichtigen Vielschichtigkeit und Anwendbarkeit auf verschiedene Situationen. Man könnte meinen, Heine sei ständig darauf bedacht gewesen, sich die Möglichkeit offenzuhalten, vor einem künftigen Gericht die eigene „Kohärenz" verteidigen zu können. Ein solches Gericht müßte ihn in der Tat — wenn es nur von seinen veröffentlichten Schriften ausginge — wegen Mangels an Beweisen freisprechen. Voraussetzung wäre allerdings, daß Professoren der politischen Wissenschaften zu Gericht säßen und keine Richter oder Volkstribunen, die sich nicht so leicht von brillanten dialektischen Formeln entwaffnen lassen. Doch die konkreten politischen Abläufe folgen leider einem anderen Gesetz. Und diese ständige Distanz des Dichters zu der jeweiligen realen Situation kam ihn immer teuer zu stehen.

+ + +

Nach allem, was wir bislang festgestellt haben, scheint uns nicht, daß die kurze Verbindung und die Freundschaft zwischen Heine und Marx die Bedeutung hatten, die man ihnen oft zugeschrieben hat. Schließlich standen Heine in Paris noch ganz andere Lehrer des Sozialismus und Kommunismus zur Verfügung als der um zwanzig Jahre jüngere, gerade erst in Frankreich angekommene junge Emigrant, — falls Heine das Bedürfnis gehabt hätte, sich doktrinär schulen zu lassen. Die beiden Männer lernten sich im Dezember 1843 kennen und hatten kurze, wenn auch sehr freundschaftliche Kontakte bis zur Entstehung von *Deutschland. Ein Wintermärchen*, der letzten Schrift Heines aus der hier untersuchten Periode[185]). Doch jener Marx, der Heine so bewunderte, daß er ihm seine Extravaganzen verzieh[186]), scheint keinen großen Einfluß auf ihn gehabt zu haben[187]). Außerdem befand sich Marx, als er in Paris ankam, noch im Lager der Liberalen und wandte sich gerade in der Zeit seiner Begegnung mit Heine dem Kommunismus zu[188]). Er mag ein begeisterter Neuanhänger gewesen sein, doch begannen seine Ideen sich gerade erst in den neuen Positionen herauszubilden. Er beeinflußte Heine wohl höchstens in dem Sinne, daß er ihn auf gewisse damals in Frankreich verbreitete Theorien aufmerksam machte.

---

185) ROSE, a. a. O., S. 69; HIRTH, a. a. O., S. 124 ff.; DRESCH, a. a. O., S. 93 u. 102.
186) Ebd., u. ROSE, a. a. O., S. 73.
187) ROSE, a. a. O., S. 71.
188) CORNU, a. a. O., S. 550, 579, 581, 604. H. KAUFMANN, *Politisches Gedicht und klassische Dichtung,* Berlin 1958, S. 57.

Die spätere Begegnung Heines mit Lassalle war gewiß entscheidender für den Dichter; doch sie fällt nicht in die hier untersuchte Zeit[189]).

+ + +

Wir wollen dieses Kapitel mit einer kurzen Betrachtung von Lutezia abschließen, den von Februar 1840 bis Juni 1843 in der Augsburger *Allgemeinen Zeitung* veröffentlichten Pariser Berichten Heines. Dem bei der Behandlung der *Französischen Zustände* Festgestellten ist wenig hinzuzufügen, was die Grundlinien des Werkes angeht; die Technik der politischen Argumentation ist die gleiche. *Lutezia* zeigt vielleicht eine geradlinigere Haltung, und diese ist zweifellos konservativer als die Grundhaltung vor 10 Jahren. Das Gespenst des Kommunismus und die Attacken gegen die Republikaner[190]) sind bloße Mittel zur Rechtfertigung der Apologie der Julimonarchie, die Heine hinter einem scheinbar objektiven Urteil systematisch betreibt und die getragen ist von der damals formulierten Theorie des *Cäsarismus* (s. Kap. II). Ausgehend von der Gefahr der Linken, wird ein absoluter Pazifismus gepredigt, der ganz auf der Linie der königlichen Politik liegt und als weiteres Argument für eine Befürwortung dieser Politik dient. Dem Dichter ist zweifellos daran gelegen, gute Beziehungen zur französischen Regierung zu bewahren; gleichzeitig handelt er im Interesse Metternichs, der ebenfalls den Frieden erhalten will und in jener Zeit die Julimonarchie als den Hauptgaranten des europäischen Friedens unterstützt. Es ist also anzunehmen, daß Heine wieder in Abhängigkeit von Metternich geraten war. Das ging so weit, daß der Dichter sich genötigt sah, seine konziliante Haltung gegenüber der französischen Regierung mit dem Scheinargument zu rechtfertigen: Es sei sinnlos, wenn ein Ausländer, der in einer ausländischen Zeitung schreibe, zu seinem Privatvergnügen Opposition betreibe — dies sei nur eine ungeziemende, dumme Rodomontade; ein Korrespondent dürfe die politischen Positionen der Regierung des Gastlandes nur insoweit beurteilen, als sie für sein eigenes Vaterland von Bedeutung sein könnten. In der Innenpolitik solle er nur berichten und sich jedes Urteils enthalten[191]).

Es waren sehr unruhige Zeiten für Frankreich; und die konkreten Gründe zur Besorgnis wurden von jener Atmosphäre der Angst übersteigert, die wir in Kapitel II beschrieben haben. Die Guillotine von 1793 wirft ihre Schatten über das ganze neunzehnte Jahrhundert. 1840 hatte Palmerston, um zu verhindern, daß die Dardanellen im türkisch-ägyptischen Krieg Rußland zufielen, mit einem geschickten diplomatischen Schachzug Mohammed Ali um die Früchte seiner militärischen Erfolge über den Sultan gebracht. Frankreich, das auf Seiten Ägyptens stand, war ein Opfer dieses englischen Manövers geworden. Der damalige Kabinettschef Thiers mußte seine Kriegsgelüste unter dem Druck Louis Philippes mäßigen. Die Orientkrise hatte aber in Deutschland, das mit dem Sultan sympathisierte, eine Welle von Ressentiments gegen Frankreich hervorgerufen, die bald die Form der wohlbekannten nationalistischen und antifranzösischen Tendenz annahm. Thiers ließ die

---

189) ROSE, a. a. O., S. 73.
190) Vor allem im IV. Artikel (30. April 1840).
191) IX, 305—06 (Mai 1843).

Kriegstrommel rühren, doch der überzeugte Pazifist Louis Philippe griff erneut ein. Das Kabinett trat zurück, und Guizot, ein Mann des Friedens, gelangte an die Macht[192]). Damit begann die Zeit der Korruption, in der viele Parlamentsmandate leicht manövrierbaren Regierungsbeamten zugeschoben wurden. So gewann das Kabinett, dessen Position zunächst gefährdet war, eine bemerkenswerte Stabilität und betrieb eine fundamental konservative Politik. Es ignorierte die reale Unzufriedenheit der Massen, verließ sich darauf, daß der Kampfgeist der Republikaner inzwischen geschwunden war, die in der Vergangenheit so viele Komplotte angestiftet hatten, und maß auch dem Kampf der Sozialisten keine große Bedeutung bei, die in unzählige Splittergruppen zerspalten waren und allzu vagen und verschwommenen Programmen folgten. Der Regierung ging es nur darum, daß sich die Kanten abstießen, die Gegensätze abschwächten; sie versuchte, eine „Transaktion" zwischen den Interessen der verschiedenen das Regime stützenden Gruppen herzustellen. Es war die klassische Politik des *juste milieu* im Inneren, begleitet von einer erklärt pazifistischen Außenpolitik, durch die nicht wenige schwierige internationale Probleme gelöst werden konnten. Im September 1843 wurde die *Entente cordiale* mit England gegründet, die bis 1847 bestand[193]).

Wie wir sahen, weist Heine beständig auf die latente Gefahr eines Konfliktes hin und warnt davor[194]). Auch die anfängliche Instabilität der Regierung Guizot scheint ihm drohende Gefahren mit sich zu bringen. Die soziale Situation könne auch nach den für die Regierung günstigen Wahlen von 1842 jeden Augenblick explodieren und Frankreich in einen Abgrund stürzen[195]). Darin stimmt Heine übrigens mit Thiers überein[196]).

Die Apologie des französischen Regimes wird, wie immer, von Heine sehr geschickt entwickelt und dargestellt. Seine Plädoyers beginnen in der Regel in einem herablassenden, wenn nicht verächtlichen Ton, sind voller Kritik, Ironie und Sarkasmus. Dann setzt sich ganz allmählich, nach entsprechenden Überlegungen, der Gedanke durch, das bestehende Regime sei im Grunde doch das kleinere Übel, — bis der Dichter schließlich im geeigneten Moment eine Lobeshymne auf die Machthaber anstimmt. Man denke an das im I. Artikel enthaltene Porträt Louis Philippes, das in dieser Beziehung typisch ist[197]). Später wird der König als „Friedensnapoleon" gefeiert[198]); gewisse Verleumder des Königs werden verurteilt[199]) und der freie, liberale Geist des Herrschers wird gerühmt[200]), — obgleich ihm auch vorgeworfen wird, er mißachte die Interessen seines Volkes[201]). Thiers,

---

192) CALMETTE, a. a. O., S. 468—472.
193) Ebd., S. 471—485.
194) IX, 94—95 (Juli 1840), 118 (Okt. 1840), 142 (Jan. 1841).
195) IX, 303 (Mai 1843).
196) IX, 268 (Febr. 1843).
197) IX, 13—14 (Febr. 1840).
198) IX, 123 (Okt. 1840).
199) IX, 177 (April 1841).
200) IX, 344 (Juni 1843).
201) IX, 271 (Febr. 1843).

dessen Kriegsgelüste Heine doch als sehr gefährlich betrachtet[202]), wird ebenfalls gelobt[203]). Guizot schließlich wird vorsichtig, mit Maßen gepriesen: er sei ein Ehrenmann[204]), die Zukunft werde ihm den gebührenden Ruhm bescheren[205]); er sei konservativ, doch nicht reaktionär, und sein Werk sei wertvoll in der gegenwärtigen verworrenen Situation[206]). Das alles ist untermischt mit wohldosierten negativen Bemerkungen: „Armer Guizot, armer Schulmeister, armer Rector magnificus von Frankreich!"[207]), die ihn einmal sogar als eine Art opportunistischen Technokraten erscheinen lassen[208]). Heine verteidigte sogar Cousin[209]), den offiziellen Philosophen der Julimonarchie[210]). (Früher hatte er diesen verabscheut, geschmäht und lächerlich gemacht und in Übereinstimmung mit den Saint-Simonianern sein Desinteresse für soziale Fragen und nicht zuletzt seine berühmte „Rechtfertigung des Krieges" kritisiert.)[211]).

Man sieht, es gab genug Gründe, die die deutsche Linke zu dem Vorwurf berechtigten, Heine sei ein Diener der Macht. Andererseits können sich diese Anschuldigungen streng genommen nicht auf nachweisbare, unwiderlegbare Aussagen des Dichters stützen; denn dieser hält sich — formal — ganz an seine allgemeinen Prinzipien, die theoretisch ebenso konstant bleiben, wie sie praktisch dehnbar sind. All dies entkräftet noch mehr die These vom „Kryptokommunismus" Heines.

---

202) IX, 22 (April 1840), 120 (Okt. 1840).
203) IX, 52 (Mai 1840).
204) IX, 96—97 (Juli 1840).
205) IX, 141—42 (Jan. 1841).
206) IX, 180—81 (April 1841).
207) IX, 208 (Jan. 1842).
208) IX, 268 ff. (Febr. 1843).
209) IX, 182 ff. (Mai 1841), 359 ff. (Juni 1843).
210) LEROY, *Histoire*, a. a. O., II, S. 107: »Le propos exprès de Cousin, c'est de proposer à la bourgeoisie une philosophie n'irritant pas la religion, tout en donnant satisfaction au besoin de libre examen, dont, il le sait bien, nul, en dépit des ultras, n'aura raison«. Sein Einfluß war sehr groß.
211) VII 102, 176 (1833), 348 (1834). Vgl. LEROY, a. a. O., II, S. 111; RUYSSEN, a. a. O., III, S. 251.

# KAPITEL V

## POETISCHER AUSDRUCK: „ATTA TROLL"

Wenn mit *Deutschland. Ein Wintermärchen* Heines Wirken als politischer Dichter seinen Höhepunkt erreicht, so ist *Atta Troll* ein Meilenstein auf diesem Weg, der erste große Versuch eines politisch-satirischen Versepos.

Die poetischen Theorien, die diesen Werken, wie den um die gleiche Zeit entstandenen *Zeitgedichten* zugrundeliegen, leiten sich aus den in Kapitel II untersuchten Prinzipien ab: Die Kunst muß einen vorwiegend politisch-sozialen Gehalt haben, ja sie ist das wichtigste Mittel zur Verbreitung der allgemeinen Richtlinien für jedes politisch-soziale Handeln. Der wahre Dichter darf jedoch kein „Parteigänger" sein, seine Dichtung darf nicht an die etablierten Parteien gebunden sein, sondern muß von einer allgemeinen Fortschrittsidee erfüllt sein, die nur dann authentisch und effektiv wirksam ist, wenn sie über den „Tendenzen", den vergänglichen Formen der großen Geschichtskräfte steht. So entgeht sie der Gefahr einer kurzsichtigen, fanatischen Parteilichkeit, die alle großen Perspektiven verzerrt und zu politischen Katastrophen führt. Unter anderem entzieht sich eine solche Haltung auch leichter dem Zugriff der Zensur. Sie muß also Symbole verwenden, sich in Sagen und Mythen kleiden, um die Wirklichkeit anzudeuten, die sich, unverhüllt dargestellt, nicht vom Zeitgebundenen und der Willkür der Parteilichkeit befreien könnte. Wir sahen schon in Kapitel II, wie sich diese Polemik gegen die *Tendenzpoesie* in die Auseinandersetzung zwischen Freiligrath und Herwegh einfügt.

Wenn dies die allgemeinen Intentionen des Dichters sind, so verfolgt er in den beiden erwähnten Epen auch ganz präzise polemische Ziele. Dabei schafft er aber oft vieldeutige Figuren, die aus einer Mischung von Charakterzügen verschiedener Gegner entstehen und so gleich mehrere von ihnen treffen, ohne sich ganz mit einem einzigen zu decken. Dadurch wird auch eine gewisse kulturell-dichterische Universalität angestrebt.

Dieses Grundelement seiner Gestaltungstechnik, das sich aus einer präzisen Ästhetik ableitet, muß immer berücksichtigt werden, denn es ist eine wesentliche

Komponente des dichterischen Schaffensvorgangs in diesen Jahren. Wenn man es außer acht läßt, verfehlt man unweigerlich eine der zentralen Bedeutungen und verliert sich in fruchtlosen, abwegigen Hypothesen.

+ + +

*Atta Troll* wurde zwischen 1841 und Januar 1843 verfaßt, erfuhr zahlreiche spätere Änderungen und wurde für die Ausgabe von 1847 umgestaltet, in der die jetzigen Kapitel VI, VII und IX hinzugefügt wurden. Der Autor selbst betrachtete das Epos als ein gelungenes Werk, das er einen „grillenhaften Mittsommernachtstraum" nannte. Es wurde angeregt durch eine Reise in die Pyrenäen und durch P. J. Stahls um 1842 veröffentlichtes Werk *Vie privée et publique des animaux* und erschien zum erstenmal von Januar bis März 1843 in Laubes *Zeitung für die elegante Welt*[1]).

In der Vorrede (von 1846), die Heine der 1847er Ausgabe des Gedichtes voranstellt, kommen ziemlich getreu die Ziele zum Ausdruck, die der Dichter mit dem Werk verfolgt: „Der Atta Troll entstand, wie gesagt, im Spätherbste 1841, zu einer Zeit, als die große Emeute, wo die verschiedenfarbigsten Feinde sich gegen mich zusammengerottet, noch nicht ganz ausgelärmt hatte." Heine wurde zu dieser Zeit bekanntlich nicht nur von der Rechten, sondern auch von der deutschen Linken angegriffen. Das Gedicht fügt sich in das Konzept einer Selbstverteidigung; es geht offenbar von dem Prinzip aus, daß Angriff noch die beste Verteidigung ist. Der Dichter bemerkt, daß die Anschuldigungen, womit man den „Pöbel" gegen ihn aufgehetzt habe (d. h. die von der Linken, von den Volkstribunen gegen ihn erhobenen Vorwürfe) inzwischen (1836) verklungen seien, ohne daß er sich zu einer Widerrede habe herabzulassen brauchen. Sie seien durch die Haftbefehle widerlegt worden, die noch immer gegen ihn in Deutschland vorlägen und ihn hinderten, das Vaterland zu betreten. (Diese Haftbefehle waren nach der Veröffentlichung von *Deutschland* und aufgrund der Mitarbeit am *Vorwärts* gegen ihn erlassen worden.)[2]) „Die wackern Kämpen für Licht und Wahrheit, die mich der Wankelmütigkeit und des Knechtsinns beschuldigten, gehen unterdessen im Vaterlande sehr sicher umher, als wohlbestallte Staatsdiener, oder als Würdeträger einer Gilde, oder als Stammgäste eines Klubs . . .". Hier wird ein schon häufig angedeutetes Motiv aufgegriffen: Die Linke teile mit der Rechten nicht nur ihre Gegnerschaft gegen Heine, sondern es bestehe zwischen beiden Gruppen ein prinzipielles, geheimes Einverständnis, so daß die „Bruti" und „Cassii" Pfründe von der Macht empfingen, während der, den sie des Verrats beschuldigten, verfolgt werde, da er im Unterschied zu ihnen ein wahrer Liberaler sei. Die Theorie von einem geheimen Zusammengehen der Linken und der Rechten ist — neben der Polemik gegen den Nationalismus und den Prophezeiungen über das Aufkommen des Kommunismus — eines der Hauptmotive der damaligen Ideen Heines. All diesen Motiven begegnen wir im *Atta Troll* wieder.

Der Nationalismus wird unmittelbar mit dem Problem dieser geheimen Rechts-Links-Koalition in Verbindung gebracht. So wird in der Vorrede hervorgehoben,

1) J. DRESCH, *Heine à Paris (1831–1856)*, Paris 1956, S. 99–100.
2) F. MEHRING, *Storia della socialdemocrazia tedesca*, Roma 1961, I, S. 206.

daß eben in der Zeit der Entstehung des *Atta Troll* (1841) die patriotische Dichtung in Deutschland blühte. (Der Nationalismus war ja der Hauptberührungspunkt zwischen der Linken und Rechten.) Und nun ergeht sich Heine in Andeutungen über die Mittelmäßigkeit der zeitgenössischen Dichter und spielt polemisch auf die berühmte Antithese Börnes von „Talent" und „Charakter" an.

Dieses Motiv beeinflußt auch den dichterischen Stil des *Atta Troll:* „Ich schrieb dasselbe", erklärte Heine, „in der grillenhaften Traumweise jener romantischen Schule, wo ich meine angenehmsten Jugendjahre verlebt, und zuletzt den Schulmeister geprügelt habe". (Anspielung auf A. W. Schlegel). Gerade die Romantik war der Boden gewesen, auf dem der Nationalismus und besonders die patriotische Lyrik gewachsen waren, mit ihrer Verherrlichung der nationalen Ruhmesseiten des deutschen Mittelalters.

Seine Gegner — fährt der Dichter fort — hätten Atta Troll als eine unwürdige Verhöhnung der höchsten und heiligsten Menschheitsideen ausgelegt: „Nein, eben weil dem Dichter jene Ideen in herrlichster Klarheit und Größe beständig vorschweben, ergreift ihn desto unwiderstehlicher die Lachlust, wenn er sieht, wie roh, plump und täppisch von der beschränkten Zeitgenossenschaft jene Ideen aufgefaßt werden können." Heine kritisierte also nur die Entstellung dieser Ideen in der *Tendenzliteratur* und nicht etwa die Ideen an sich in ihrer wahren, überparteilichen und universalen Form. Genau das versuchten wir bereits zu zeigen.

Die Vorrede schließt mit einer Bemerkung über Freiligrath. Heine beteuert ironisch, er habe große Achtung vor ihm: „Ich schätze denselben hoch, zumal jetzt", (damit spielt er auf ein „*früher*" an, als Freiligrath noch als ein gefügiger Diener der Macht weniger Achtung verdiente) auch wenn er im *Atta Troll* sein Gedicht „Der Mohrenfürst" parodiert habe, dessen Thema er karikaturistisch darstellt: Ein Mohrenkönig wird von seinen Feinden besiegt und als Sklave an die Weißen verkauft, die ihn nach Europa schleppen, wo er gezwungen ist, im Dienste einer herumziehenden Reitergesellschaft die Trommel zu schlagen. Beim Trommeln wird er plötzlich an seine frühere Größe erinnert, und er schlägt die Trommel so heftig, daß sie zerspringt. — Dies ist, wie wir noch sehen werden, nicht das einzige Werk Freiligraths, auf das Heine ironisch anspielt.

+ + +

Das Thema der geheimen Zusammenarbeit der Linken mit der Rechten ist eines der zentralen Motive in Heines Dichtung dieser Jahre. Es war schon einige Jahre zuvor angedeutet worden, als der Dichter in der *Romantischen Schule* von 1833 die Angriffe gegen Goethe wiedergegeben hatte: „Die äußerste Rechte und die äußerste Linke verbanden sich gegen ihn; und während der schwarze Pfaffe mit dem Kruzifix gegen ihn losschlug, rannte gegen ihn zu gleicher Zeit der wütende Sansculotte mit der Pike"[3]. Schon bald sollte Heine das gleiche widerfahren; in einem brillanten Passus von *Über Börne* erklärt er — natürlich aus seiner Sicht — dieses betrübliche Phänomen. „Die aristokratische Partei in Deutschland, wohl

---

[3] VII, S. 51.

wissend, daß ihr die Mäßigung meiner Rede weit gefährlicher sei als die Berserker-wut Börnes, suchte mich gern als einen gleichgesinnten Kumpan desselben zu verschreien, um mir eine gewisse Solidarität seiner politischen Tollheiten aufzubürden." Die radikale Partei ihrerseits dachte nicht daran, diese List zu entlarven, sondern versuchte, sich ihrer zu bedienen, um den Dichter als ihren Vertreter hinzustellen und um den Klang seines Namens und das Gewicht seiner Autorität auszunutzen. Doch Börne selbst sorgte im VI. Band seiner *Briefe aus Paris* (1830—33) und in zwei in *Le Réformateur* erschienenen Artikeln dafür, das Mißverständnis aufzuklären — mit dem Ergebnis, daß die „Aristokraten" Heine „mit den perfidesten Lobsprüchen" überhäuften („sie priesen mich fast zu Grunde"), nachdem es ihnen nun nicht mehr möglich war, ihm die Rolle des Radikalen aufzudrängen. Die Radikalen hingegen begannen, öffentlich gegen ihn loszuziehen, wie sie es übrigens privat immer getan hatten[4]).

Dies betraf den spezifischen Fall Heines. Das Zusammengehen der beiden Extremen geht aber sehr viel weiter, es ist ein generelles Phänomen. Die beiden scheinbar so erbitterten Gegner leben in Wirklichkeit in Frieden und Eintracht und leiten im Endeffekt Wasser auf die gleiche Mühle, nämlich die der Reaktion. Heine erklärt 1843, daß „die zügellos trotzigsten Freiheitsänger, beim Licht betrachtet, meist nur bornierte Naturen sind, Philister, deren Zopf unter der roten Mütze hervorlauscht"[5].

Für ein solches Zusammengehen glaubte Heine genügend Beweise zu haben. Vor allem hatte er jahrelang miterlebt, wie in Frankreich Legitimisten und Demokraten gemeinsam Louis Philippe angriffen[6]). Und wenn es sich hierbei nur um ein taktisches Bündnis handelte, so war man in Deutschland noch sehr viel weiter gegangen. Schon 1834 hatte Heine darauf hingewiesen, daß es in der jüngsten deutschen Vergangenheit und auch in der Gegenwart keineswegs an Gesinnungsverrätern fehlte. Er hatte versucht, dieses Phänomen psychologisch zu erklären: Der Initiator einer revolutionären Idee müsse zwangsläufig (Heine spricht von einem „Naturgesetz"), nachdem er alle seine Kräfte für die Formulierung oder die Ausführung des Gedankens verbraucht habe, „entweder in die Arme des Todes oder in die Arme seiner ehemaligen Gegner" sinken[7].

Der Gesinnungsverrat fast aller prominenten *Jungdeutschen* nach dem Bundestagserlaß hatte gezeigt, wie leicht sich diese „Progressiven" auf Kompromisse einließen. Ganz ähnliche Wege gingen ein Auersperg, ein Ruge, ein Freiligrath. Und später liefern Herwegh selbst und vor allem Dingelstedt, der nach 1843 zum Hofrat ernannt wird, weitere Beispiele für eine wankelmütige Haltung[8]). Gegen Dingelstedt, den Verfasser der *Lieder eines kosmopolitischen Nachtwächters*, richtet sich Heines Gedicht „An den Nachtwächter"[9]):

4) VIII, S. 501 (1839).
5) IX, S. 277—78 (Lutezia, März 1843).
6) M. A. CLARKE, *Heine et la monarchie de Juillet*, Paris 1927, S. 21.
7) VII, S. 346.
8) s. dazu Kap. IV.
9) „Zeitgedichte", Nr. 19.

Verschlechtert sich nicht dein Herz und dein Stil,
So magst du treiben jedwedes Spiel;
Mein Freund, ich werde dich nie verkennen,
Und sollt ich dich auch Herr Hofrat nennen.

Sie machen jetzt ein großes Geschrei,
Von wegen deiner Verhofräterei,
Vom Seinestrand bis an der Elbe
Hört ich seit Monden immer dasselbe:

Die Fortschrittsbeine hätten sich
in Rückschrittsbeine verwandelt . . .

Der Dichter versäumt es auch nicht, das preußische Abenteuer Herweghs zu verspotten, dem er 1842 diese Worte in den Mund legt:[10])

„Er (der preußische König) hat mir Beifall zugenickt,
Als ich gespielt den Marquis Posa;
In Versen hab ich ihn entzückt,
Doch ihm gefiel nicht meine Prosa".

Dem ließe sich noch — etwas boshaft — hinzufügen, Heine hätte, wenn er einen schlagenden Beweis für das Zusammengehen von Radikalen und Reaktion suchte, nur an seine eigenen Beziehungen zu Österreich zu denken brauchen . . . Während dies jedoch nur persönliche Kompromisse waren, sollte die 1840 aufkommende nationalistische Welle zeigen, daß extreme Linke und extreme Rechte auch dazu fähig waren, generell eine gemeinsame Politik zu betreiben, die zumindest dieselben taktischen Ziele verfolgte. Wir sahen schon in Kapitel IV, wie Dichter der Rechten und der Linken „in dasselbe Horn" bliesen und denselben Mythen huldigten.

+ + +

Atta Troll, der Held des gleichnamigen Epos, ist ein Bär der Pyrenäen, der zusammen mit der Bärin Mumma auf den Dorfmärkten tanzt. Er gehört einem Bärenführer, der zunächst Mönch war, dann Räuberhauptmann und später Soldat bei Don Carlos wurde und nach der militärischen Niederlage seiner Partei sein Brot als Bärenführer verdienen mußte. Eine Anspielung („Herr Schnapphahnski wurde Autor", Kaput I) läßt vermuten, daß Heine in diesem Vagabunden den Prinzen Fel. Mar. Lichnowski sieht, der, österreichisch-katholischer Herkunft, 1834 in das preußische Heer eingetreten war und 1838 bei Don Carlos Dienste nahm, wo er zum Stabsadjutanten ernannt wurde. Nach der Niederlage der Karlisten ging er

---

10) „Zeitgedichte", Nr. 12.

1840 nach Brüssel und dann nach Paris, wo er seine *Erinnerungen aus den Jahren 1837—39* schrieb[11]).

Der Tanzbär ist unzufrieden mit seinem Los, er will nicht für „schnödes Geld" tanzen und denkt melancholisch an sein früheres, unabhängiges Leben zurück. Und die Französin Juliette, die Gefährtin des Dichters, die hier in erster Person erscheint, lacht über die plumpen, täppischen Sprünge des rasenden Bären, der im Dorf Cauterets, in den französischen Pyrenäen seine Künste vorführt. (Juliette steht für Eugénie Clémence Mirat, von den Freunden Juliette und Mathilde genannt. Sie war zunächst Heines Geliebte und dann seine Frau.) Der Bär, der ausdrücklich mit dem Mohrenfürsten Freiligraths verglichen wird (Kaput I und II), treibt es noch ärger als jener: Er begnügt sich nicht damit, wütend seine Trommel zu zerschlagen, sondern reißt sich von der Kette los, an die er gebunden ist, und flieht in seine Berge zurück (Kaput II).

Die Anspielungen auf Freiligrath beschränken sich nicht auf die ausdrücklichen Hinweise: Freiligrath, der sich nach seiner jugendlichen Revolutionsbegeisterung mit den Mächtigen ausgesöhnt hatte und eine Pension des preußischen Staates bezog, antwortete auf den vor allem von Herwegh gegen ihn erhobenen Vorwurf der politischen Laschheit, indem er mit dem 1841 im *Morgenblatt* erschienenen Gedicht „Aus Spanien"[12]) sein radikales Glaubensbekenntnis erneuerte und mit der preußischen Regierung brach. Das Gedicht war angeregt worden durch ganz aktuelle Ereignisse: durch das tragische Ende des Generals Diego León. Dieser hatte an der Seite jenes liberalen Generals Espartero, der später von der Linken zum Thronregenten ernannt wurde, gegen die Karlisten gekämpft. Denn nach dem gemeinsam mit den „Gemäßigten" errungenen Sieg über die Karlisten hatte die Linke eben jene Gemäßigten wegen angeblicher reaktionärer Machenschaften ausgeschaltet und die Königin Maria Christina veranlaßt, auf die Regentschaft zu verzichten (1840). Maria Christina, die im Exil in Marseille lebte, schmiedete Pläne und Ränke, um wieder an die Macht zu kommen. Im Oktober 1841 führten die Generale Manuel de la Concha und Diego León eine von ihr organisierte Revolte an und stürmten den Königspalast in Madrid, um sich der minderjährigen Königin Isabella II. zu bemächtigen. Die Revolte wurde aber niedergeschlagen und Diego León auf Befehl Esparteros erschossen[13]).

Das ist in Heines Augen ein hervorragendes Beispiel für das Schicksal eines Gemäßigten: nachdem dieser an der Seite der Linken kämpfend die Reaktion besiegt hat, wird er von derselben Linken, die nun das Feld beherrscht, eliminiert. Daß Freiligrath gerade dieses Thema gewählt hatte, um sein radikales Credo zu bekräftigen, mußte Heine symbolisch erscheinen für dessen späteres Schicksal.

---

11) Das Buch erschien 1841—42 in Frankfurt am Main. Von *Atta Troll* angeregt, veröffentlichte G. Weerth 1849 in Hamburg: *Leben und Taten des berühmten Ritters Schnapphahnski,* in dem er auf seine Art das Leben Lichnowskis beschreibt; vgl. F. MEHRING, *Aufsätze zur deutschen Literatur von Klopstock bis Weerth,* Berlin 1961, S. 620.
12) A. VOLBERT, *Ferd. Freiligrath als politischer Dichter,* Münster 1907, S. 31.
13) R. ALTAMIRA, *A History of Spain,* Princeton 1955, S. 556 ff.

Heine bezieht sich also auf die radikale Rebellion Freiligraths und vielleicht auch auf die Abenteuer Ruges, der sich unverhofft in der Opposition wiederfand[14]), und beginnt das Epos dort, wo der „Mohrenfürst" Freiligraths endet, nämlich bei der Revolte des Sklaven. Beide Gedichte Freiligraths, „der Mohrenfürst" und „Aus Spanien" werden also von Heine ironisch und ganz anders interpretiert, als es ihr Verfasser beabsichtigt hatte. Beim ersten Gedicht wird der Mohrenfürst mit Freiligrath selbst gleichgesetzt und als ein Diener der Reaktion hingestellt (wie wir noch sehen werden, wird der Vergleich auch auf Herwegh ausgedehnt), beim zweiten Gedicht wird das Schicksal Leons zum Symbol gemacht für das Ende, das Freiligrath infolge seiner neuen radikalen Bestrebungen beschieden sein wird.

Freiligrath wird oft im Gedicht genannt[15]); er gibt zweifellos eine der Hauptkomponenten der Figur des Atta Troll ab, freilich nur *eine* Komponente neben anderen. Die ausdrückliche Erwähnung seines Namens war wohl eine Revanche für die Attacken, die Freiligrath gerade in dieser Zeit gegen Heine richtete[16]).

Atta Troll ist ganz allgemein der Prototyp des republikanisch und nationalistisch gesinnten deutschen Radikalen, der allerdings nicht der extremen, d. h. kommunistischen Linken angehört. Sein Name ist symbolisch für diese Rolle. „Atta" bedeutet im Gotischen „Vater" (s. auch das griechische αττα, Väterchen); „Troll" ist ein Kobold der nordischen, germanischen Sage. Durch die Verbindung eines griechischen mit einem germanischen Namen wollte Heine wahrscheinlich auf die Verschmelzung von republikanischer Überzeugung und deutschem Nationalismus in den vom Bären dargestellten Personen anspielen. Die Namensverbindung „Väterchen Troll" hat außerdem eine deutlich satirische Nuance. Das Thema des Tanzbären als Symbol für einen bestimmten Menschenschlag existierte schon in der deutschen Literatur; bei Gellert finden wir einen solchen Bären als Symbol für einen verfeinerten Menschen, der kein Verständnis hat für die Mittelmäßigkeit seiner Mitmenschen; bei Lessing erscheint ein weiterer Tanzbär, der den typischen Höfling des damaligen Deutschland verkörpern soll[17]). 1826 nimmt Heine das Motiv auf und macht daraus ein Symbol für den deutschen Adligen, der die französische Art schwerfällig nachzuahmen versucht[18]).

In mehreren Kapita des Epos stellt der Verfasser die Anschauungen des Bären dar, in Form von Predigten, mit denen dieser nach der Rückkehr nach Ronceval („der edle Réfugié"[19]) — Anspielung auf das Pariser Exil vieler deutscher Republikaner, die sich nicht den Fürsten unterwerfen wollten — die Bärenjungen belehrt.

---

14) Vgl. Kap. IV.
15) Kaput I, II, V, IX (später ausgelassene Strophen).
16) Vgl. Kap. IV.
17) S. S. PRAWER, *Heine, the Tragic Satirist. A Study of the Later Poetry 1827—1857,* Cambridge 1961, S. 63 ff.
18) IV, S. 114.
19) In einer später gestrichenen Strophe des Kaput II.

Atta Troll erzählt vor allem von seiner Wanderschaft und rühmt sich seiner Tanzkunst, von der er auch eine Kostprobe liefert vor der in Bewunderung hingerissenen Nachkommenschaft (Kaput IV), — eine deutliche Anspielung auf die hohe Meinung, die die mittelmäßigen Oppositionsdichter von ihrer Kunst hatten. In Kaput V trauert der Bär seiner Mumma nach, die in der Gefangenschaft geblieben ist, und das veranlaßt ihn zu einer langen Schmährede auf die „Menschen", diese „Erzaristokraten", die sich im Namen ihrer „Menschenrechte" den anderen Tieren überlegen fühlen, sie gefangen halten, mißhandeln und töten. Der Dichter unterbricht schließlich die Rede Attas, indem er erklärt, er wolle den Schlußteil nicht wiedergeben, denn als „Mensch" könne er nicht billigen, was der Bär „in seinem frechen Gleichheitsschwindel" über die Menschen gesagt habe. (Genauso hatte er in *Über Börne* eine aufrührerische Rede abgebrochen, die er seinem Gegner in den Mund gelegt hatte.)[20]. Der Dichter verkündet, er werde immer kämpfen

> Für die Menschheit, für die heil'gen
> Angebornen Menschenrechte.

Der Bär ist also einer jener Gleichheitsrepublikaner, die Heine, der von ihnen aristokratischer Tendenzen und Allüren beschuldigt wurde — so oft attackiert hat[21]. Um aber zu verstehen, daß hier von nichts anderem als von „Menschen" die Rede ist, muß man Kaput II und die Fabel heranziehen, die der Dichter den Fährmann erzählen läßt. In der Vorzeit stritten Riesen und Bären um die Herrschaft des Landes; bei der Ankunft der Menschen flohen die Riesen, und als sie ans Meer kamen, glaubten sie wohl, es sei der Himmel, der sich darin spiegelte, — sie stürzten sich hinein mit Gottvertrauen und ertranken allesamt. Die Bären aber vertilgt jetzt allmählich der Mensch, und sie werden bald ganz aus dem Gebirge verschwinden. Doch im Innern der Erde hausen Zwerge, die ihr heimlich Gold entlocken; vor der Macht ihres Geldes werden auch die Menschen eines Tages weichen müssen und sich zum Schluß vielleicht wie die dummen Riesen ins Meer, in den „Wasserhimmel", stürzen.

Die Fabel soll das typische Schema der damaligen politischen Kämpfe darstellen: zunächst die Auseinandersetzung zwischen Aristokraten („Riesen") und Republikanern („Bären"), dann den von den konstitutionellen Monarchisten (den „Menschen") vollzogenen Ausgleich, wodurch der Absolutismus der Aristokraten überwunden wird (die Riesen fliehen) und die republikanische Partei allmählich ihren Kampfgeist verliert (die Zahl der Bären schwindet). Doch die konstitutionelle Monarchie birgt eine Gefahr in sich: sie kann sich nicht nur zu einem *cäsaristischen* System entwickeln (Volksmonarchie), sondern auch zu einer Herrschaft des *juste milieu* (des Bürgerkönigtums), in dem die wahre Macht von Tag zu Tag mehr in die Hände der Kapitalisten (Zwerge) übergeht, die, im Dunkeln arbeitend, heimlich die Hebel der Macht an sich reißen. Heine hatte die Tätigkeit der „neuen Aristokratie" der bürgerlichen Ära schon oft kritisiert, die er in einem Freund der Familie — in keinem Geringeren als Baron Rothschild — perfekt verkörpert sah. Er erklärte,

---

20) VIII, S. 428.
21) Vgl. Kap. II und IV.

diese neue Geldaristokratie beherrsche immer mehr die politische Bühne, sie manövriere hinter den Kulissen mit der Macht des Geldes, indem sie Zeitungen aufkaufe und mundtot mache und die demokratischen Freiheiten zu einer Farce mache[22]. Das Motiv des „Wasserhimmels" spielt auf die Frage der deutschen Flotte an, die von den Nationalisten hochgespielt wurde, und knüpft besonders an „Die deutsche Flotte" Herweghs an (1841), wo das Meer mit dem Himmel verglichen wird („So zwischen zwei Himmeln hinzufliegen ... O blick hinaus ins Schrankenlose! ... Die Sonne zittert in des Meeres Schoße ...").

Kehren wir zu Kaput V zurück: Bei der Verteidigung der Menschenrechte gegen die von Atta Troll gepredigte tierische Gleichheit vertritt Heine also seine auf dem Prinzip der Aristokratie der Fähigkeit und des Verdienstes begründete zäsaristische Auffassung, die dem „Gleichheitskittel" der Republikaner entgegengehalten wird[23].

In Kaput VI fährt der Bär fort, mit grotesken Beispielen das Thema der Gleichheit zu erläutern: Die Gleichheit solle sich *sogar* auf die Juden erstrecken; nur das Tanzen auf den Märkten dürfe ihnen nicht gestattet sein, denn diese Kunst des Bären sei ihnen von Natur aus versagt. Hier deutet Heine auf den auch bei vielen Linken anzutreffenden Antisemitismus hin[24].

Außerdem müßten sich alle Tiere vereinigen, meint Atta Troll, um gemeinsam die Tyrannen zu bekämpfen: „Einheit, Einheit ist das erste — Zeitbedürfnis ...". Der Ruf nach Einheit wurde von Zeit zu Zeit in den Kreisen der Opposition laut: ein typisches Beispiel dafür ist die *Union des Oppositions* (von Katholiken und Liberalen), die 1828 unter der Führung Potters in Belgien gegründet wurde. Hier sind jedoch eher die in Deutschland lebendigen politischen Einheitsbestrebungen gemeint, ein Lieblingsthema der nationalistischen Linken (und ein weiterer Berührungspunkt mit der Rechten), die sich davon eine Schwächung der Konservativen versprach. Herwegh hatte diese Bestrebungen in einem kurz zuvor erschienenen Gedicht gelobt[25].

In Kaput VII erbost sich der Bär über das ständige Lächeln der „Menschen", die in der Liebe, vor Begeisterung und ... sogar beim Tanzen lachen. — Die Republikaner verziehen Heine noch weniger als alle anderen seine Spottlust und seine scherzhafte Art, auch die ernstesten Probleme zu behandeln; sie konnten es vor allem nicht verwinden, daß er sie als fade Moralisten ohne Sinn für Humor hinstellte.

Es folgen in Kaput VIII Invektiven des Bären gegen den Atheismus — wobei ausdrücklich Feuerbach und Bauer als Verfechter dieser skandalösen Lehre genannt

---

22) Vgl. G. SCHMITZ, *Über die ökonomischen Anschauungen in Heines Werken,* Weimar 1960, S. 39—54; F. HIRTH, *H. Heine, Bausteine zu einer Biographie,* Mainz 1950, S. 101 ff.
23) Vgl. Kap. II.
24) Vgl. F. LEWALD, *Zwölf Bilder nach dem Leben,* Berlin 1888, S. 206.
25) A. DE MEEÜS, *Histoire des Belges,* Paris 1958, S. 335; G. HERWEGH, *Werke,* ed. Tardel, Berlin etc., I, S. 10).

werden — und ein groteskes Glaubensbekenntnis zu einem großen Eisbären, dem angeblichen Schöpfer der Welt. Das ist sehr wahrscheinlich eine boshafte Anspielung auf gewisse Artikel Ruges, die vor dem Übertritt zur extremen Linken in den *Halle'schen Jahrbüchern* erschienen waren. Sie verteidigten das protestantische Christentum und den preußischen Staat, griffen Heine an und wiesen den Vorwurf des Atheismus zurück, den die Hegelianer gegen Ruge erhoben hatten[26]). In der Hegelschen Linken hatte B. Bauer 1838 häretische Positionen vertreten, und Feuerbach hatte sich 1839 zum Materialismus bekannt[27]).

Abgesehen von diesem Hinweis auf Ruge denkt Heine hier gewiß auch an den Religionseifer der schwäbischen Dichter, von deren „religiösem Bettelmantel" er in Kaput XII spricht, und auch an den „Deismus" Börnes, den er schon früher verspottet hatte[28]). Kaput IX enthält eine nationalistische Tirade: Atta Troll ist Bär, er ist stolz auf seine Abstammung und schmäht alle, die seine Rasse verachten.

Die letzte Schimpfrede Attas (Kaput X) richtet sich gegen das bei den Menschen geltende Eigentumsrecht: „Eigentum! Recht des Besitzes! — O des Diebstahls! . . . — Keine Eigentümer schuf — Die Natur . . .". »La propriété, c'est le vol«, hatte Proudhon, der damals in den Pariser Linkskreisen Furore machte, in seinem ersten *Mémoire sur la propriété* 1840 behauptet[29]). — Heine war, wie auch die *Jungdeutschen* und die Saint-Simonianer, ein Verfechter der Rechte des Proletariats und ein geschworener Feind der „Ausbeutung des Menschen durch den Menschen"; er war aber nie für eine Nivellierung oder gar für eine Abschaffung des Eigentums eingetreten.

In Atta Troll fließen also, wie sich aus den bisherigen Betrachtungen ergibt, vor allem die Figuren Freiligraths und Ruges zusammen; hinzu kommen gewisse Parallelen zu Börne. Die Hauptthemen der „Ideologie" des Bären sind: Gleichheit, Religiösität, Moralismus, Nationalismus, die Forderung nach nationaler Einheit und der utopistische Sozialismus. Daneben finden sich Hinweise auf seine dumme Künstlereitelkeit (der Bär ist ein schlechter Tänzer, wie die Republikaner schlechte Dichter waren) und auf seinen mangelnden Sinn für Humor.

All diese Momente werden zusammengefaßt im Epitaph, das Ludwig von Bayern in seinem „Lapidarstil" für das Denkmal des Tanzbären verfaßt, womit dieser in Walhalla verewigt werden soll (Kaput XXIV). Ludwig I. hatte bekanntlich bei Regensburg eine „Walhalla" getaufte Ruhmeshalle im dorischen Stil erbauen lassen, in der die Statuen der nationalen Helden vereinigt werden sollten. Außerdem hatte der König, der gewisse dichterische Ambitionen hatte, 1842 das Werk *Walhallas Genossen* zur Verherrlichung dieser großen Deutschen veröffentlicht.

---

[26]) MEHRING, *Storia*, S. 90; A. CORNU, *Marx e Engels dal liberalismo al comunismo*, Mailand 1962, S. 164.

[27]) CORNU, a. a. O., S. 173 ff., 168 ff.

[28]) Der Ausdruck wurde von Goethe geprägt, der ihn auf den schwäbischen Dichter Pfizer anwandte; er findet sich in einem Brief Goethes an Zelter vom 4. Okt. 1831; vgl. auch VIII, S. 192.

[29]) M. LEROY, *Histoire des idées sociales en France*, II, Paris 1962, S. 477.

Die Inschrift schließt mit dem Wort: „Kein Talent, doch ein Charakter!", das Börnes berühmten Ausspruch über Heine umkehrt. So wird die Anspielung auf Börne verdeutlicht, dem Heine schon früher mit dieser Formel zurückgezahlt hatte[30]. Auch die Religiösität, der philisterhafte Moralismus und die sentimentale Verliebtheit, die Heine an Börne kritisierte (was den zweiten Punkt betrifft, nicht ganz ohne Grund)[31], entsprechen den Eigenschaften des Bären („als Gatte brünstig", heißt es in der Inschrift) — ganz abgesehen vom Gleichheitsideal und anderen Berührungspunkten.

Zum Schluß soll noch die Figur des Bärenjungen erwähnt werden, der Sprößling Atta Trolls mit dem abgebissenen Ohr (Kaput IV), der noch vollkommener als der Vater den Prototyp des deutschen Nationalisten darstellt („Blüte autochtoner Bildung — Liebt er nur die Muttersprache") und alles ignoriert, was sich jenseits der Grenzen abspielt. „Frisch und frei und fromm und fröhlich", hat er eine Vorliebe für Gymnastik und eine Abneigung gegen Seife[32]. Heine vergleicht ihn ausdrücklich mit H. F. Maßmann, der sich mit mittelalterlichen Studien und der Organisation von Turnvereinen beschäftigte und sich vom liberalen Burschenschaftler zum Vertreter eines regierungstreuen Nationalismus entwickelt hatte, wobei er auch zu Gunst und Ämtern gelangte. Der Dichter hatte ihn schon viele Jahre zuvor als Demagogen und Poltron hingestellt[33].

+ + +

Kaput XI leitet den zweiten Teil des Epos ein. Es wird geschildert, wie der Erzähler vom Ort Cauterets auf Bärenjagd auszieht. Atta Troll muß für die Menschenrechte sterben (Kaput X). Der Erzähler wird von der geheimnisvollsten Figur des Werkes begleitet, dem Jäger Laskaro. Über die symbolische Funktion dieser Gestalt hat die Kritik sich entweder nicht geäußert oder sich in Mutmaßungen ergangen, die uns abwegig erscheinen.

Der Dichter-Protagonist geht also auf Bärenjagd, um die von Atta Troll verletzten Menschrechte zu verteidigen. Wir haben schon gesehen, welche Bedeutung diese Antithese „Mensch"-Bär hat. Atta Troll wird jedoch nicht vom Erzähler, sondern von Laskaro mit der Hilfe seiner Mutter Uraka getötet (Kaput XXIII—XXIV), und es wird nicht erklärt, warum Laskaro an der Jagd teilnimmt und ihm dabei sogar die Hauptrolle zufällt (Kaput XI).

Die angedeuteten Beschreibungen des geheimnisvollen Jägers finden sich verstreut an verschiedenen Stellen (Kaput XII):

---

30) VIII, S. 501 ff.
31) VIII, S. 379—80, 362—63. Zur unaufrichtigen Haltung Börnes gegenüber Heine vgl. HIRTH, a. a. O., S. 27 ff.
32) Vgl. auch die später gestrichenen Strophen von Kaput X.
33) IV, S. 229—30 (1828—29).

> Neben mir schritt der Laskaro,
> Blaß und lang, wie eine Kerze;
> Niemals spricht er, niemals lacht er,
> Er, der tote Sohn der Hexe.
>
> Ja, es heißt, er sei ein Toter,
> Längstverstorben, doch der Mutter,
> Der Uraka, Zauberkünste
> Hielten scheinbar ihn am Leben. —

Später erscheint er wieder „wie gewöhnlich blaß und schweigsam", und der Erzähler fragt sich: „Ist er wirklich nur ein Toter? ", und gleich darauf: „Bin ich etwa selbst gestorben . . .? ". Er überwindet dieses Gefühl der Angst aber gleich und versichert sich der eignen Lebensfülle (Kaput XIII). Daraus ließe sich schließen, daß auch Laskaro kein Toter ist, wie es scheinen will. In Kaput XV bemerkt Heine:

> Ich selber
> Mag wohl wie der Wahnsinn aussehn,
> Den der leidge Tod begleitet.

Da der Erzähler natürlich nicht meint, ein Wahnsinniger zu sein, müssen wir auch annehmen, daß Laskaro ihm in Wahrheit als ein Lebender erscheint. In Kaput XVI schießt der Jäger einen symbolischen Geier; wir werden noch sehen, welche Bedeutung dieser Tat zukommt. Jetzt sei nur daran erinnert, daß Laskaro (Kaput XVII) sich mit seiner Mutter berät, wie der Bär am besten aus der Höhle zu locken sei, daß sie zusammen das Blei kochen und die Kugeln gießen, mit denen er getötet werden soll. Dabei kichert die Alte und nickt ihrem Sohn zu; dieser aber:

> Fördert sein Geschäft so ernsthaft
> Und so schweigsam wie der Tod. —

Der Erzähler ist indes in Gedanken versunken, müßig und träumerisch. Vom Fenster aus beobachtet er seltsame, phantastische Gestalten und versucht „die Zeit zu töten — Mit Gedanken".

Am nächsten Morgen steigen der Dichter und Laskaro ins Tal hinab. Während der Jäger die Spur des Bären verfolgt, gibt sich der Erzähler schwärmerischen Gedanken hin, läßt sich auf dem Moos nieder und denkt an die Phantasmen der vergangenen Nacht zurück. Dann wird er aber von einem Gewitter überrascht, und die beiden Wanderer kehren durchnäßt und fiebernd in die Hütte Urakas zurück (Kapita XVIII—XX). Mutter und Sohn beschäftigen sich wieder mit ihren Zauberkünsten, nachdem die Hexe dem Erzähler ein Lager bereitet und ihm beim Entkleiden geholfen hat, wobei sie ihm nur das nasse Hemd am Leibe läßt. Uraka salbt den knöchernen Körper des bleichen Sohnes, und dem Erzähler kommt im Fieberhalbschlaf diesmal der Zweifel, ob Laskaro nicht wirklich ein lebender Leichnam sei (Kaput XXI). Dann übermannt ihn der Schlaf, und er hat einen seltsamen Traum. Als er spät am Morgen erwacht, findet er sich allein; die Hexe und der Sohn sind längst aufgebrochen zum zweiten Jagdtag. Wieder gibt er sich während des langen Wartens seinen Phantasien hin und läßt seine Gedanken schweifen (Kaput XXII).

Am nächsten Tag folgt der Erzähler (Kaput XXIII) den beiden auf der abenteuerlichen Jagd. So berührt er nach dem Spuk der Hexenwirtschaft wieder den Boden den Wirklichkeit:

> Unsre Füße fassen wieder
> Boden in dem Positiven.

Er befreit sich von den Gespenstern und Fieberträumen:

> Wir beschäftgen uns vernünftig
> Wieder mit dem Atta Troll.

Endlich spüren sie den Bären auf. Uraka lockt ihn aus der Höhle, indem sie das Gebrumm der Bärin Mumma nachahmt, und Atta Troll, der Mumma entgegenzulaufen meint, findet stattdessen durch einen Schuß Laskaros den Tod (Kaput XXV). Der tote Bär wird nach Frankreich getragen, und es folgen ihm als erste (man beachte!) „wie Anverwandte — Des Verstorbnen" Uraka und Laskaro. Uraka grüßt die jubelnde Menge, wenn auch etwas verlegen. Der Adjunkt des Bürgermeisters, ein begeisterter Anhänger Louis Philippes, hält eine lange Rede, in der er zum Schluß die Heldentat Laskaros feiert. Als dieser sich so offiziell rühmen hört, „lacht er vergnügt im Barte", errötet vor Freude und dankt in abgehackten, hastig hervorgebrachten Worten für die große Ehre:

> Und in abgebrochnen Lauten,
> Die sich seltsam überstürzten,
> Hat er seinen Dank gestottert
> Für die große, große Ehre!

Alle sind verwundert, daß dieser angebliche Tote sprechen kann, und die alten Weiber entsetzen sich (Kap. XXV).

+ + +

Es war unerläßlich, diese Elemente einzeln zusammenzutragen, um den symbolischen Gehalt der Figur des Jägers zu erschließen, über die seltsame Thesen aufgestellt worden sind. Rose etwa wollte darin ein Symbol der Reaktion sehen[34]).

„Lascar" wurde aus dem indischen und persischen *lashkari* bzw. *laskhar* (= Soldat, Heckenschütze) abgeleitet und ins Englische übernommen, wo es auf englischen

---

34) W. ROSE, *Heinrich Heine, Two Studies in his Thought and Feeling*, Oxford 1956, S. 64.

Schiffen fahrende indische Matrosen bezeichnete. Mit dieser Bedeutung ist der Terminus in den deutschen und französischen Sprachgebrauch eingegangen. Im französischen Militärjargon wurde er im letzten Jahrhundert gebraucht, um einen „Haudegen" oder einen „alten Fuchs" zu bezeichnen. Ganz allgemein hat er im französischen Argot die Bedeutung „Schlaukopf", „Gauner" angenommen (Littré).

Die Überschneidung der verschiedenen Bedeutungen von „lascar" im Französischen brachte Heine wahrscheinlich auf den Gedanken, seiner literarischen Figur diesen Namen zu geben, mit den Nuancen „Haudegen", „Eigenbrötler" und: ein Soldat, der zwar im gleichen Kampf mitkämpft, der aber einer „anderen Rasse" angehört. Das entspricht in der Tat der Symbolik des Jägers, der uns den Kommunismus darzustellen scheint: unerbittlich, ein dunkles Wesen, Heine zutiefst fremd.

Laskaro ist die erste und wichtigste Verwirklichung der Gestalt des „Henkers", die später auch in *Deutschland. Ein Wintermärchen* wiederauftaucht. Das Thema war schon theoretisch behandelt worden in Heines Gegenüberstellung Rousseau-Robespierre, die wir in Kapitel II erläutert haben: Rousseau ist der machtlose, unbeachtete Prophet, Robespierre der grausame, anonyme Rächer, der das Volk mit Recht dafür bestraft, daß es dem Propheten nicht gefolgt ist. Beide Gestalten sind grundverschieden und einander fremd, und doch macht die unerbittliche Logik der Geschichte aus dem zweiten den Henker, der diejenigen köpfen läßt, die das vom ersten verkündete Gesetz der Brüderlichkeit mißachtet oder verletzt haben. Die gleiche Beziehung wird — wie wir in Kapitel IV sahen — auf Heine und den Kommunismus übertragen: Der Kommunismus wird ein schreckliches, aber heilsames Gericht halten über die Generation, die die Ratschläge und Warnrufe des Dichter-Propheten nicht vernommen oder nicht befolgt hat.

Das Bild, das Heine in den Artikeln jener Zeit vom Kommunismus zeichnet, bestätigt deutlich die Richtigkeit unserer These: „Wie immer", schreibt er, „erwartet die Revolution eine parlamentarische Initiative. Das entsetzliche Rad käme dann wieder in Bewegung, und wir sähen diesmal einen Antagonisten auftreten, welcher der schrecklichste sein dürfte von allen, die bisher mit dem Bestehenden in die Schranken getreten. Dieser Antagonist bewahrt noch sein schreckliches Inkognito und residiert wie ein dürftiger Prätendent in jenem Erdgeschoß der offiziellen Gesellschaft, in jenen Katakomben, wo unter Tod und Verwesung das neue Leben keimt und knospet. Kommunismus ist der geheime Name des furchtbaren Antagonisten ... der Kommunismus, obgleich er jetzt wenig besprochen wird und in verborgenen Dachstuben auf seinem elenden Strohlager hinlungert, so ist er doch der düstre Held, dem eine große, wenn auch nur vorübergehende Rolle beschieden in der modernen Tragödie ..."[35]). Die Kommunisten — und nur sie — werden „die prädestinierten Knechte" sein, „womit der höchste Weltwille seine ungeheuren Beschlüsse durchsetzt". Sogar einen potentiel-

---

35) IX, S. 233—34 (Juni 1842).

len, leibhaftigen Robespierre gab es für Heine: Der Dichter glaubte ihn damals in Louis Blanc zu erkennen, den er ausdrücklich mit dem Protagonisten der Schrekkensherrschaft verglich[36]).

Laskaro ist es vorbehalten, den Bären zu töten: Wir sahen in Kapitel II und IV, daß die Revolution die falschen Propheten, die Volkstribunen, von denen sie ausgelöst wurde, eliminiert und daß aus jener Revolution, die von Radikalen und Republikanern herbeigeführt wird, bald der Kommunismus aufsteigen muß und Radikale und Republikaner die ersten Opfer der Revolution sein werden. So wird der Kommunismus ungewollt die wahren Menschenrechte rächen, über die sich die Gleichheitsideologie der Republikaner hinweggesetzt hat, und wird durch die Beseitigung der Feinde der konstitutionellen Monarchie dem *Cäsarismus* den Weg bahnen. Denn wenn dieser in der Gegenwart nicht verwirklicht wird, muß er sich in der Zukunft unvermeidlich durch ein schreckliches Blutbad durchsetzen.

Heine, der Prophet des Zäsarismus, und Laskaro, die kummunistische Hydra, gehen also einen gemeinsamen Weg, wenn der Erzähler auch oft Entsetzen empfindet vor diesem düstern Gefährten. − Der offizielle Optimismus der Regierung Guizot maß den sozialistischen und kommunistischen Bewegungen keine Bedeutung bei und betrachtete das Jakobinertum von 1793 als tot und begraben. Doch Laskaro, den alle tot glauben, *lebt* in Wirklichkeit, und er braucht in der Schlußszene nur wenige Worte zu sprechen, um die braven Bürger (die Weiber) erzittern zu lassen. Damit aus ihm wirklich ein Toter wird − der Erzähler zweifelt zuweilen, ob er nicht ein solcher sei −, müßten jene Sozialreformen verwirklicht werden, die ihn daran hinderten, sich weiterzuentwickeln und die das Gespenst von 1793 verjagten. Das ist die große Hoffnung Heines, eine Hoffnung, die allerdings oft ins Wanken gerät und von der Prophezeiung der unmittelbar bevorstehenden Katastrophe verdrängt wird.

Der Erzähler träumt mit offenen Augen oder schläft, während die beiden düsteren Gestalten den Racheplan einleiten. An der Tötung des Bären ist er nur als Zuschauer beteiligt, − er beschränkt sich darauf, später das Bärenfell als Bettvorleger zu verwenden (Kaput XXV). Heine hatte schon früher erklärt, daß er kein Politiker, sondern nur ein machtloser Prophet sei: seine Lage drückt sich in der in Kap. II dargestellten Beziehung Gedanke-Tat aus. 1834 hatte er geschrieben: „Lächelt nicht über meinen Rat, über den Rat eines Träumers, der Euch vor Kantianern, Fichteanern und Naturphilosophen warnt. Lächelt nicht über den Phantasten, der im Reiche der Erscheinungen dieselbe Revolution erwartet, die im Gebiete des Geistes stattgefunden. Der Gedanke geht der Tat voraus, wie der Blitz dem Donner. Der deutsche Donner ist freilich auch ein Deutscher und ist nicht sehr gelenkig, und kommt etwas langsam herangerollt; aber kommen wird er . . ."[37]).

Die Hexe Uraka aber ist das Symbol der *Revolution*. Wir sahen im letzten Kapitel, wie Heine die Kommunisten als die jüngsten, enterbten Kinder der Revolution bezeichnete. Der Name „Uraka" ist offenbar von „Urach", d. h. „brutaler, wilder

---

36) IX, S. 357 (Juni 1843).
37) VII, S. 352.

Mann" abgeleitet; wahrscheinlich besteht auch eine Verbindung zum lateinischen *Uragus* oder *Urgus* (= *Orcus*, d. h. Pluto, „Gott der Unterwelt" und von daher allgemein „Unterwelt", „Tod"). Die furchtbaren Farben, in denen der Dichter die Revolution malt, passen zu dieser Personifizierung und zu ihrem Namen „Königin der Unterwelt" oder „des Todes". (Man denke auch an die Erwähnung Persephones in Kaput XIII, bei der Überfahrt über den See, als der Erzähler sich zu Uraka begibt: „Läßt Proserpine, — In Ermangelung des Charon, — Mich durch ihre Zofen holen? "). Sie „lockt" Republikaner und Radikale, die sich ihr verblendet in die Arme stürzen, sie für ihre treue Gattin haltend, um dann unvermeidlich unter den Schlägen des Kommunismus zu fallen. Dieser ist der wahre Held der Stunde, schweigsam, unergründlich und unfehlbar, während sich Republikaner und Radikale in törichten Disputen und absurden Utopien verlieren. Deshalb folgen Uraka und Laskaro dem toten Bären „wie Anverwandte des Toten": Republikaner und Radikale gehören ja auch zur Linken und teilen mit ihr die revolutionären Intentionen, die allerdings in einem ganz anderen Sinn verstanden werden als die Ziele des Kommunismus.

Der Dichter erzählt (Kaput XVII), Uraka sei zuweilen als Hexe beschuldigt und vor Gericht angeklagt worden. Der Richter sei aber „ein Voltairianer" gewesen, der den Aberglauben der Kläger verlacht und verspottet und Uraka freigesprochen habe. Heine spielt hier zweifellos auf Guizot an: ein Liberaler, der den Idealen von 1789 treu geblieben war, in der französischen Revolution nur das heilsame Ende des Absolutismus sah, nicht an eine Wiederholung der Exzesse glaubte, die für ihn nur jakobinische Entgleisungen waren, und den Kampf gegen die Legitimisten als die vordringlichste Aufgabe betrachtete.

Die Szene der Rückkehr nach Cauterets ist die Krönung der politischen Satire: Der Adjunkt des Bürgermeisters, ein Orleanist, lobt und rühmt Laskaro und erklärt ihn zum „Pyrenäen-Lafayette". Heine bezieht sich hier auf das geschickte Taktieren Louis Philippes während der Julirevolution, auf die leeren Versprechungen, die er an die Linke verteilte, auf die historische, offizielle Umarmung Lafayettes am Fenster des Hotel de Ville. Indem die Bourgeoisie dem Volk, dem wahren Helden der Revolution, schmeichelte und es besänftigte, war es ihr gelungen, ihm die Früchte seines Sieges zu entreißen[38]). (Über Lafayette hatte sich Heine schon in *Über Börne* ironisch ausgelassen)[39]).

Louis Philippe hatte Lafayette zugleich als Vertreter des siegreichen Volkes und als den umarmt, der es verstanden hatte, die Forderungen der Republikaner zu umgehen; ebenso will der Adjunkt des Bürgermeisters in Laskaro den Sieg des Volkes und zugleich die Tötung des republikanischen Bären feiern. Laskaro hatten dreiunddreißig alte Weiber, mit scharlachroten baskischen Kapuzen auf dem Kopf, am Eingang des Dorfes empfangen, — als Revolutionäre verkleidete Bürger, solche, die aus dem Volkssieg der Julirevolution ihren Vorteil gezogen haben. Eben deshalb antwortet Laskaro auf die Lobreden mit einem Grinsen: Er ist durchaus

[38] CALMETTE, *Les Révolutions*, Paris 1952, S. 437 ff.
[39] VII, S. 413—14.

kein Lafayette und hat den lärmenden, dummen Radikalen mit einem ganz anderen Ziel als der Konsolidierung des *juste milieu* getötet. Er spricht Worte des Dankes (und die bloße Tatsache, daß er spricht, daß er kein Gespenst ist, läßt die Bürger erzittern), zwar verlegen, doch nicht ohne eine gewisse Genugtuung. Ob dies ein Hinweis sein soll auf eine Schwäche der Unerbittlichen für Schmeicheleien, auf die allgemeine Leichtgläubigkeit auch der rasenden Menge?

+ + +

Nachdem so das Hauptmotiv des *Atta Troll* herausgestellt wurde, wollen wir anhand der Schlußfolgerungen, zu denen wir gelangt sind, die anderen Motive des Epos betrachten. Kehren wir also zum Beginn der Reise zurück (Kaput XI): der Erzähler und Laskaro überschreiten die französisch-spanische Grenze: auf der Brücke über dem Grenzfluß sitzt ein armer, elend aussehender Spanier, ein seltsames Liebeslied singend, das von „kleinen Dämchen" erzählt, die auf „güldnen Stühlchen" sitzen und Karten spielen; nur eine von ihnen, Klara, gewinnt immer. Sie wird auch immer in seinem (des Sängers) Herzen siegen. Heine selbst deutet die Vieldeutigkeit des Symbols an: Ist der Mann ein Sinnbild für den Ideentausch der Länder, oder ist er ein „sinnverrücktes" Zeichen seines Volkes? Im ersten Fall stellen die Mädchen offensichtlich die verschiedenen Länder dar; und nur eines von ihnen profitiert eigentlich von einem kulturellen Austausch, das nämlich, dessen Volksgeist dem Zeitgeist der jeweiligen historischen Epoche entspricht. Und so feiert der arme Spanier als Sohn eines Landes, das um tausend Jahre zurückgeblieben ist, wie der Dichter kurz zuvor bemerkt hat, ohne Neid die bevorzugte Stellung Frankreichs, „dieses Vaterlands der Freiheit", das den Höhepunkt, ja fast das Ende seiner historischen Bestimmung erreicht hat. Im zweiten Fall spielt Heine wahrscheinlich auf die dynastischen Kämpfe im damaligen Spanien an: Die Karlisten, die Anhänger Maria Christinas und die Isabellas kämpfen um die Macht, doch wie immer der Kampf ausgehen mag, die Bourbonen werden auf jeden Fall im Besitz der Krone bleiben, und nichts wird sich ändern. Das von Armut und Elend gezeichnete spanische Volk bleibt dem alten monarchischen Geist unterworfen und kann sich nicht von der Vergangenheit befreien.

Nachdem der Erzähler die Grenze überschritten hat, erreicht er eine Posada, wo er übernachtet und in einem Bett voller Wanzen schlafen muß. Er kämpft mit diesen kleinen, unsäglich lästigen Feinden, die man unmöglich vernichten kann, weil sie einen entsetzlichen Gestank verbreiten, wenn man sie zerdrückt (Kaput XI):

> Ja, das Schrecklichste auf Erden
> Ist der Kampf mit Ungeziefer,
> Dem Gestank als Waffe dient —
> Das Duell mit einer Wanze!

Heine bezieht das offenbar auf die Auseinandersetzung mit seinen Verleumdern.

Die beiden Gefährten setzen die Reise fort: Mühsam steigen sie einen unwegsamen Pfad empor, bis sie schließlich den Lac-de-Gobe erreichen und sich vor dem Unwetter in die Hütte des Fährmanns flüchten, eines „grauen" Alten, der von zwei schönen rotblonden Nichten umgeben ist. Die eine will den Gästen einen Lindenblütentee reichen (als Beruhigungsmittel), die andere einen Holundersaft (als Abführmittel). Doch der Alte protestiert und läßt Wein holen, der jedoch eher nach Braunschweiger Bier schmeckt (Kaput XII). Der Fährmann verkörpert wohl die Julimonarchie, d. h. den alten, müden Louis Philippe, und die beiden Nichten die linke und rechte Mitte, die beiden um 1840 von Thiers und Guizot angeführten Richtungen, in die das orleanistische Bürgertum gespalten war. Die eine war progressiv, die andere konservativ, je nach der Art der Waren, die sie anzubieten hatten. Der Alte dagegen bietet den Wein der wahren konstitutionellen Monarchie an, der nach deutschem Bier schmeckt; denn auf der Ebene der Sozialreformen tat das Juliregime nicht mehr als die absolutistischen deutschen Monarchien.

Der Fährmann erzählt dann die Geschichte von den Bären, Riesen, Menschen und Zwergen (Kaput XII), die wir schon interpretiert haben.

In der Nacht lassen sich der Erzähler und Laskaro über den See setzen (Kaput XIII). Die beiden Mädchen rudern, während sich der Erzähler in der finsteren Nacht angstvoll fragt, ob etwa nicht nur Laskaro (von dem man es behauptet), sondern auch er selbst tot sei und ob die Mädchen vielleicht „Zofen" Persephones seien, die ihn ins Reich der Schatten begleiten sollten. Doch bald faßt er sich, küßt die beiden Mädchen (nach Descartes: „ja ich küsse, also leb ich") und berührt wieder den Boden der Wirklichkeit.

In bildlicher Form taucht hier wieder der oft ausgedrückte Zweifel auf, der Heine in diesen Jahren beunruhigt: Führt die Politik des *juste milieu* vielleicht in die Katastrophe der Revolution? Wird er unvermeidlich ins Reich Urakas verschlagen? — Dann gewinnt aber die immer wieder bekräftigte Gewißheit die Oberhand, das *juste milieu* mit allen seinen Fehlern sei dennoch das geringere Übel, weil es der einzige Garant gegen die Katastrophe sei, und es sei durchaus lebensfähig. Die beiden Mädchen sind Menschen von Fleisch und Blut und keine Botinnen der Todesgöttin.

So gestärkt, nähert sich der Erzähler dem phantastischen Reich der Hexe, das er immer als einen Ort der Wahnbilder und Phantasmen beschreibt, wo er sich wie in einem Alptraum bewegt. Die Revolution könnte vermieden werden, wiederholt er ständig in diesen Jahren, — wenn nur seine Lehren angenommen und angewandt würden. Er verliert nie ganz die Hoffnung, daß die Katastrophe, die vorläufig bloß als ein böser Taum erscheint, zu vermeiden sei, auch wenn er ständig, um seinen Worten Nachdruck zu verleihen, vor dem Gespenst von 1793 und dem aufkommenden Kommunismus warnt[40]). Ob Uraka nun wirklich eine so furchtbare Hexe sei, wie behauptet wird, bemerkt Heine in Kaput XVII, könne er nicht entscheiden; sie erscheine ihm jedenfalls sehr suspekt.

+ + +

Die beiden Wanderer setzen ihre Reise fort und erreichen ein Dorf, in dem es keine Erwachsenen gibt. Sie werden von den allein gelassenen Kindern empfangen, die

---

40) Vgl. Kap. II u. IV.

mit einem seltsamen Spiel beschäftigt sind: Vermummt in scharlachrote oder weiße Wollkappen, feiern sie die Hochzeit des Mäuseprinzen mit der Tochter des Katzenkaisers: Gleich nach der Vermählung packt die Braut den armen Prinzen und verschlingt ihn (Kaput XIV).

Nach dem Hinweis auf das *juste milieu* wird hier das Bild Frankreichs vervollständigt. (Der von den Kindern gesungene Refrain „Giroflino, Giroflette" ist eine deutliche Anspielung auf damals in Frankreich gesungene politische Lieder, die reich an solchen Refrains waren. »Giroflé, giroflà« war schon der Refrain eines alten Volksliedes gewesen.) Von jenem Frankreich hatte Heine gesagt, es sei von ewigen Kindern bewohnt (s. Kap. I), stürmisch und unbedacht im Handeln, immer bereit zur Rebellion. Die einzigen Erwachsenen seien die Anhänger der Julimonarchie, die allein für politische Stabilität und Frieden einträten. Hier dagegen werden die Legitimisten (weiße Mäntel) und Republikaner (rote Mäntel) dargestellt, und Heine greift das Motiv der geheimen Kollaboration der Linken mit der Rechten auf (Hochzeit), eine Zusammenarbeit, von der natürlich nur die Rechte unmittelbar profitiert. So verschlingt die Tochter des Katzenkaisers (Legitimisten) den Mäuseprinzen (Republikaner). (Einen „souveränen Rattenkönig" hatte Heine 1839 das revolutionäre Volk genannt.)[41] Heine hatte selbst miterlebt, wie die beiden extremistischen Parteien sich im Grunde einig waren, und hatte festgestellt, daß sie bei ihrer Propaganda gegen das *juste milieu* oft die gleichen Argumente verwandten (s. Kap. IV). Weiter heißt es in der Erzählung (Kaput XIV): Die Kinder fragen den Erzähler, was ihn in ihr Dorf treibe. Er antwortet, er habe in Deutschland schon viele Bären gejagt und sei nun hierher gekommen, um den Kampf mit dem größten Bären, Atta Troll, aufzunehmen. In der Tat sollte Heine in Frankreich seinen unerbittlichsten linken Gegner finden: Ludwig Börne. Das kleinste Mädchen tritt vor, knickst und singt ein kurzes Lied:

> „Wenn der König mir begegnet,
> Mach ich ihm zwei Reverenzen,
> Und begegnet mir die Köngin,
> Mach ich Reverenzen drei.
>
> Aber kommt mir gar der Teufel
> In den Weg mit seinen Hörnern,
> Knicks ich zweimal, dreimal, viermal . . ."

Heine bezieht das auf Herwegh, der von den deutschen Emigranten als letzter nach Paris gekommen war (der Jüngste), und auf dessen jüngste Abenteuer: Nach der ehrenvollen Begegnung mit Friedrich Wilhelm IV. hatte er mit dem König gebrochen, als ihn seine radikalen Freunde zur Ordnung riefen[42]. Der arme Herwegh wird hier nicht einmal als Bär behandelt.

---

41) VIII, S. 433.
42) Vgl. Kap. II u. IV.

Sie steigen weiter: die Landschaft wird immer gespenstischer. Schließlich gelangen sie zu einer Hütte der Cagoten. (Es gibt noch Überreste dieses Volksstammes in Südfrankreich und Spanien. Von den Cagoten wird berichtet, sie seien als unrein von der übrigen menschlichen Gesellschaft ausgeschlossen worden; sie seien erblich leprakrank.) Der Dichter tritt ein und begrüßt den Cagoten als Bruder, während Laskaro draußen wartet (Kaput XV). Das ist ein deutlicher Vergleich mit dem Schicksal des jüdischen Volkes. Der Antisemitismus hatte in Deutschland auch unter der Linken Anhänger.

Die Cagoten-Juden werden von Heine in die phantastische Gegend versetzt, durch die der Weg zu Urakas Hütte, d. h. zur Revolution führt. Heine hatte in *Über Börne* geschrieben, der Messias, der Deutschland und die ganze Welt befreie, werde auch das jüdische Volk erlösen[43]). Er ist der neue *Cäsar* der großen *Transaktion*, für die die Zeit noch nicht reif ist und dem wahrscheinlich die Revolution vorangehen und den Weg ebnen muß, so wie die Französische Revolution Napoleon den Weg gebahnt hat. Die deutschen Juden hatten noch nicht vergessen, daß Napoleon ihnen in den deutschen Gebieten, die unter französischer Verwaltung standen, die Bürgerrechte gewährt hatte.

Auf den Berggipfeln glitzert der Schnee. Doch dieser Schnee, der aus der Nähe betrachtet einfach weiß ist, seufzt und klagt: dort oben langweile er sich, er wäre lieber ins Tal auf die Blumen gefallen. Dann wäre er bald geschmolzen und ins Meer geflossen und dort vielleicht zu einer Perle geworden. Der Erzähler tröstet ihn mit der Bemerkung, Schnee verwandele sich schwerlich in eine Perle, doch leicht in eine schmutzige Pfütze (Kaput XVI). Hier wird ein Sonett Herweghs abgewandelt, das mit der gleichen Moral schließt[44]). An diese Weisheit erinnert Heine nun Herwegh selbst, der sie inzwischen vergessen hat. Der tugendvolle Republikaner, dessen fruchtlose, langweilige Tugend (die Heine immer, wenn auch oft leicht ironisch, anerkannt hat) der Schnee symbolisiert, muß in seiner Isolierung bleiben. Er ist zur Passivität verurteilt, kann sich aber nur so rein erhalten. Anderenfalls geht er unerfreuliche Abenteuer ein, wie das erwähnte Erlebnis Herweghs zeigt.

Schweigsam wie immer hat Laskaro indessen einen Geier geschossen und schmückt den Hut mit einer Feder, die er aus dem Steiß des Vogels reißt (Kaput XVI). Während die Republikaner seufzen und sich in leeren Reden ergehen, agiert der Kommunismus schweigend. Es sei hier an die Worte erinnert, mit denen Heine 1834 den bevorstehenden Ausbruch der deutschen Revolution beschrieb: „Der deutsche Donner hat endlich sein Ziel erreicht. Bei diesem Geräusche werden die Adler aus der Luft tot niederfallen . . .“[45]).

---

43) VIII, S. 489.
44) G. HERWEGH, *Werke*, ed. Tardel, Berlin, Leipzig, Wien, Stuttgart, o.J.: I, S. 86: „Erreichbar nur dem Sturm und Sonnenbrand, — Von keines Wandrers Fuße umgebogen, — In scheuen Kreisen nur vom Aar umflogen, — Wie ein Johannes in der Wüste, stand — Ein Blümchen einst auf kahler Alpenwand; — Der Himmel hatte, doppelt ihm gewogen, — Es seinem Herzen näher auferzogen, — Doch nur mit Klagen schaut' es in das Land. — „Warum, o Gott, in eines Felsen Schoß? — Warum, o Gott, mir solch ein einsam Los? — Was sterb' ich nicht in holder Schwestern Mitten? " — Still, meine Blume, still! Was klagst du noch? — Wohl bist du einsam, aber sicher doch — Vor Menschenhänden und vor Menschentritten".
45) VII, S. 352.

Endlich erreichen die beiden Wanderer die Hütte der Hexe, wo Mutter und Sohn die Vorbereitungen zur Bärenjagd treffen. Hier taucht wieder das Motiv des Geiers auf: Die Hütte ist voll von ausgestopften Geiern, und der Dichter argwöhnt, daß es in Vögel verzauberte Menschen sind (Kaput XVII). Die Geier haben also eine ähnliche Bedeutung wie der kleine Hund, dem wir bald begegnen werden.

Aus dem Fenster der Hütte sieht der Dichter in das vom Vollmond beschienene Tal und erblickt einen langen Gespensterzug (Kaput XVIII): Da ist Nimrod von Assyrien, der große Jäger, den die Überlieferung mit dem Turm von Babel in Verbindung bringt. Um ihn für seinen Stolz zu strafen, habe Gott seinen Geist verwirrt, heißt es.[46] Neben ihm reitet Karl X., der durch Leichtsinn und allzu großes Selbstvertrauen den Thron verlor. Nachdem er die Verordnungen unterzeichnet hatte, die zum Ausbruch der Julirevolution führten, verließ er Saint-Cloud, um auf die Jagd zu gehen[47]. Die König Artus-Figur verkörpert wahrscheinlich Ludwig I. von Bayern, der auf seinen Kreis romantischer Literaten und Künstler stolz war[48], während der Däne Olgier (der legendäre Paladin Karls des Großen) wohl Friedrich Wilhelm IV. von Preußen darstellt. — Daß der Preußenkönig von einem dänischen Helden vertreten wird, ist wahrscheinlich eine Anspielung auf die Schleswig-Holsteinsche Frage. — So sind hier die typischsten „romantischen" Fürsten vereint: Ludwig I. und Friedrich Wilhelm IV. mit ihrer Kulturpolitik und Karl X., der sich bekanntlich in der Rolle des mittelalterlichen Ritters gefiel.

Den Fürsten folgen die von der Romantik gefeierten „Gedankenhelden"[48b]: Goethe und Shakespeare, begleitet von seinem deutschen Kommentator Franz Horn. Diesen hatte Heine schon einige Jahre früher attackiert und ihm vorgeworfen, er habe mit seiner Engstirnigkeit und pietistischen Frömmelei den Geist seines Ideols verraten und entstellt, fast als wolle er jene Puritaner rächen, die einst gegen Shakespeare zu Felde gezogen waren[49].

Den Zug schließen schöne klassische Nymphen, die, nur von ihren Haaren umhüllt, in kecken Posituren reiten, gefolgt von „zugeknöpften" Ritterfräulein mit Falken und seltsamen Weibspersonen, die die beiden voranreitenden Gruppen mit komischen Gesten nachzuahmen versuchen, auf alten Kleppern reitend, geschminkt und aufgeputzt, anmutig und ein bißchen frech. Diese Gruppen verkörpern offenbar die Romantiker, die sich gern als griechische Helden und mittelalterliche Ritter gaben.

---

46) I. Moses 10; Dante macht ihn zu einem der Giganten der Hölle: Inf., XXXI, 77; Purg., XII, 34.
47) CALMETTE, a. a. O., S. 434—35.
48) T. ZIEGLER, *Die geistigen und sozialen Strömungen des neunzehnten Jahrhunderts,* Berlin 1899, S. 241.
48b)s. auch, was Heine in *Verschiedenartige Geschichtsauffassung* über das Zusammengehen von Regierung und Romantikern in Preußen schreibt, VII, S. 261 ff.
49) VIII, S. 175 (1838).

Wenn Laskaro ein angeblicher Toter ist, der nur allzu lebendig zu sein droht, so begegnen wir hier einer ganzen Reihe von Lebenden, die in Gespenster verwandelt sind (die einzigen ausdrücklich genannten Zeitgenossen, Goethe, Karl X. und Horn, waren 1840 allerdings schon tot). Auch an anderer Stelle verwendet Heine solche Bilder, um die Reaktionäre seiner Zeit als wandelnde Ruinen der Vergangenheit zu beschreiben. „Alte guillotinierte Menschen mit wieder angenähten Köpfen . . . Gespenster, die jeden Hahn hassen und den gallischen am meisten, weil sie aus Erfahrung wissen, wie schnell sein Morgengeschrei ihrem ganzen Spuk ein Ende machen könnte . . .“[50]. Tot in der Seele — auch wenn der Leib einiger noch lebe — hatte Heine 1839 die romantischen Dichter genannt, wobei er Schlegel, Tieck, Fouqué und Uhland erwähnte[51]. Gerade durch die Zauberkünste Urakas, der Revolution, wird einerseits ein Laskaro am Leben erhalten, werden andererseits aber auch viele Lebende zu Phantasmen. Ihr Körper bewegt sich noch in der Welt, doch ihre Seelen schweben schon im Jenseits; in dieses Exil verbannt sie die Realität der geschichtlichen Gegenwart, in derem Licht sie als anachronistischer Plunder erscheinen.

Der Dichter gewahrt nun drei Frauengestalten, die in der Mitte des Zuges reiten. Man darf annehmen, daß sie das Dreigestirn berühmter Berlinerinnen darstellen, die Gutzkow 1839 in einem berühmten Artikel gefeiert hatte. Er nannte sie die drei „großen Figuren“, die drei „Parzen“, die die Fäden der modernen Literatur gesponnen und zerschnitten hätten[52] und die vor allem ein begeisterter Goethe-kult verband.


Die erste von ihnen, die Diana des Gedichtes, ist Charlotte von Stieglitz geb. Willhöft, die Protagonistin einer der typischsten und aufsehenerregendsten Episoden des damaligen literarischen Lebens. 1806 in Hamburg geboren und streng pietistisch erzogen, heiratete sie 1828 den Dichter Ludwig von Stieglitz, dem ein baldiger literarischer Ruhm vorausgesagt wurde. Der junge Dichter mußte aber, um die finanziellen Probleme der Ehe zu lösen, notgedrungen gewisse Verpflichtungen übernehmen, die ihn zeitlich sehr in Anspruch nahmen, seinen ohnehin schwachen Charakter lähmten und ihn hinderten, sich ganz der Dichtung zu widmen. Die Frau glaubte nun, sie allein habe diesen Zustand verschuldet und habe aus dem Gatten einen Ehemärtyrer gemacht und sein Dichtergenie zerstört. Eine aufkeimende Leidenschaft für Theodor Mundt machte die Situation noch komplizierter. So reifte in ihr der Entschluß, ihr Leben der Kunst und der Liebe zu opfern, den Gatten von den Verpflichtungen zu befreien, die ihm aus ihrer Gegenwart entstanden waren und ihn schließlich in einen Schmerz zu versenken, der — nach ihrem Verständnis der ästhetischen Lehren Goethes — die beste Quelle dichterischer Inspiration wäre. So ging sie im Dezember 1834 in den freiwilligen Tod[53]. Heine stellt sie als Göttin der Keuschheit, als Vestalin der Kunst dar,

---

50) IX, S. 206 (Dez. 1841).
51) VIII, S. 319—20.
52) J. PROELSS, *Das junge Deutschland,* Stuttgart 1892, S. 454.
53) Ebd., S. 495 ff., S. 513 ff.

bleich, kalt wie Marmor, edel, gelassen und streng, für den Tod Aktäons büßend
(d. h. das dichterische Scheitern des Gatten). Der Dichter ergänzt auf seine Weise
das phsychologische Porträt der Stieglitz und geht über die allgemeinen Vorstellungen von ihrer Person hinaus — mit einer Ironie, die verrät, wie wenig er sich für das
Opfer einer reingeistigen klassischen Heldin begeistern konnte, er, der sich die
anmutige, lustige und absolut ungebildete Mathilde zur Gefährtin erwählt hatte
und der es trotz vieler materieller Schwierigkeiten fertigbrachte, für sie zu sorgen
und zugleich seiner Dichtung zu leben. So schreibt er, trotz der strengen Züge
lodere ein neues Feuer in den Augen dieser Diana, in der — besser spät als nie! —
ein sinnliches Verlangen erwacht sei. Sie bereue nun die verlorene Zeit und tröste
sich in galanter Gesellschaft, die ihr vielleicht nicht das bieten könne, was sie einst
in dem Geliebten suchte, ihr die fehlende Qualität aber durch Quantität ersetze.
Heine sieht also in der Stieglitz eine kalte Natur, in der Stolz und Ehrgeiz ein
gesundes Eheverhältnis ersetzen, zu dem sie einfach nicht fähig war. Nachdem sie
so den Gatten unglücklich gemacht hatte, der ihren Ruhmestraum enttäuschte, und
dann die Leidenschaft für Mundt aufgekeimt war, wählte sie den Tod — und
versucht nun im Jenseits, Versäumtes nachzuholen. Ein moderner Psychologe wäre
wohl mit dieser Interpretation einverstanden. Das „neue Feuer", das in den Augen
Dianas brennt, ist wahrscheinlich auch eine Anspielung auf die Liebe zu Mundt, die
von den Zeitgenossen bei der Idealisierung des Selbstmordes der Stieglitz gern
übersehen wurde.

Die zweite Amazone, die Fee Abunde (in der altfranzösischen Dichtung bringt sie
als Dame Habonde den Menschen Glück und Gedeihen), stellt Bettina Brentano dar
(1785—1859), die Gattin Achim von Arnims, eine Frau von freiem, unabhängigem
Geist, die sich für Goethe beigeisterte und die berühmte Schrift „Goethes
Briefwechsel mit einem Kinde" verfaßte (1834). Enthusiastisch und optimistisch,
verkündete sie eine Lebenshaltung, die die geistigen Genüsse und die Freuden des
Lebens zu schätzen wußte[54]). So erscheint sie bei Heine fröhlich, gesund und
blühend, sanft und reizend. Und er fühlt sich so von ihr angezogen, daß er fast in
die Tiefe stürzt, um ihr in die Arme zu sinken. Wenn er es aber getan hätte, fügt er
hinzu, hätte Abunde nur wieder gelacht beim Anblick des Toten. Das ist ein
Hinweis auf die Kritik der Liberalen am Geist der Goetheaner, eine Kritik, die
schon Börne 1835 in seiner Rezension von Bettinas Buch geäußert hatte[55]) und die
auch Heine in den großen Werken von 1833, 1834 an Goethe übt. Ihr Optimismus
gründe sich auf eine egoistische Haltung und führe zu einer olympischen Gleichgül-
tigkeit gegenüber den sozialen Mißständen und den Leiden des Volkes. In diesem
Sinne hatten auch die *Jungdeutschen* Goethe und seine Anhänger angegriffen[56]).

Die dritte Gestalt ist die Herodias, ein Bild der Jüdin Rahel Levin, der Gattin von
Karl August Varnhagen von Ense. Die 1771 in Berlin geborene Tochter eines
reichen Kaufmanns hatte in ihrer Jugend viele Enttäuschungen erlebt wegen der

---

54) Ebd., S. 456 ff., S. 463 ff.
55) Ebd., S. 467—68.
56) W. DIETZE, *Junges Deutschland und deutsche Klassik,* Berlin 1958, pass.

Rassenvorurteile, die ihre Liebhaber davon abhielten, um ihre Hand anzuhalten. Sie wurde schließlich physisch und seelisch krank, lehnte sich innerlich gegen Vorurteile und Privilegien, gegen Heuchelei und Lüge auf und gelangte durch diese Einstellung zu einer linken Grundhaltung. Ihr Salon wurde zum vielleicht bedeutendsten Literatursalon Berlins, und Rahel, die ebenfalls Goethe und den Geist seiner Werke verehrte, wurde zur Vertrauten der wichtigsten damaligen Persönlichkeiten, die ihr ihren Liebesschmerz beichteten und sich von ihr trösten ließen. Eine begeisterte Anhängerin Fichtes und des Patriotismus der Befreiungskriege, vertritt sie in Wahrheit Positionen, die weit entfernt sind vom Indifferentismus des Weimarer Olympiers. Nachdem sie verschiedene Partien abgeschlagen hatte, heiratete sie 1814 den beträchtlich jüngeren Varnhagen (1785—1858). Sie war bis zu ihrem Tode (1833) eine der einflußreichsten Persönlichkeiten des Berliner literarischen Lebens, obgleich sie nie selbst etwas publiziert hatte. Ihre Briefe und Gespräche sammelte ihr Mann in „Rahel — ein Buch des Andenkens für ihre Freunde", das er 1834 herausgab und das die Kultur der Zeit entscheidend beeinflußte[57].

In der Berliner Zeit (1820—1823) verband Heine mit den Varnhagen eine tiefe Freundschaft[58], die viele Jahre anhielt und bestätigt wurde durch die Widmung der „Heimkehr" im *Buch der Lieder* an Rahel. Daß die Varnhagen mit dem progressiven Geist der *Jungdeutschen* sympathisierten, war das Fundament der Freundschaft mit Heine. Bei der heftigen Verurteilung der sozialen und geistigen Situation im damaligen Deutschland berief sich Rahel auf den abgöttisch verehrten Goethe; sie interpretierte seinen Geist allerdings etwas eigenwillig: im tragischen Schicksal vieler Goethescher Helden und Heldinnen sah sie eine bewußte Kritik an der Gesellschaftsordnung und an den Sitten der Zeit, die den glücklichen Ausgang einer starken, gesunden Leidenschaft verhinderten[59]. Als sie erlebte, wie der Patriotismus, für den sie sich selbst begeistert hatte, in den Nationalismus mündete, verteidigte sie das aufklärerische Humanitätsideal, brandmarkte den Nationalismus als Ausdruck reaktionärer Gesinnung und forderte politische und soziale Reformen, um die zwischen den europäischen Völkern bestehenden Spannungen friedlich zu lösen. Zunächst eine Anhängerin von Fichtes Idealismus, bekannte sie sich später zum Sensualismus (in dem Sinne, den Heine diesem Begriff gab), trat für die Rechte der Natur ein und forderte unter anderem eine Reform der Institution Ehe. 1832 gab sie in einem Brief an Heine ihrer Begeisterung für Saint-Simon Ausdruck. Trotz ihrer revolutionären Gesinnung lehnte sie jede Form der Gewalt ab und wünschte eine organische Entwicklung der Gesellschaft. Ein unruhiger Geist, ein von Problematik erfülltes Wesen, eine geistreiche und leidenschaftliche Frau, sollte sie mit den Jahren das Opfer einer zunehmenden Neurasthenie werden[60].

Es ist also nicht verwunderlich, wenn Heine beim Anblick der Herodias, die im Liebeswahn starb, zweifelt, ob sie nicht wie die anderen eine Teufelin sei (d. h.

---

[57] PROELSS, a. a. O., S. 455 ff., 471 ff., 475 ff.; H. H. HOUBEN, *Jungdeutscher Sturm und Drang*, Leipzig 1911, S. 549 ff.
[58] E. M. BUTLER, *H. Heine, A Biography*, London 1956, S. 23.
[59] PROELSS, a. a. O., S. 471 ff.
[60] Ebd., S. 481 ff.; DIETZE, a. a. O., S. 183.

eine wenn auch bezaubernde Reaktionärin). Engel oder Teufel, diese Jüdin ist eine wundervolle Gestalt, auf der der Fluch ihres Volkes lastet. Sie trägt auf einer Schüssel das Haupt Johannes des Täufers, den sie liebte und enthaupten ließ, und schleudert es zuweilen durch die Luft wie einen Ball, — eine deutliche Anspielung auf die Verehrung Rahels für Goethe und die Interpretation seines Geistes, die Heine nur als ein glücklicher Verrat an demselben erschien. Im Vorüberreiten nickt Herodias dem Erzähler freundlich zu, und er ist tief betroffen, — ein Symbol der langen, aufrichtigen Freundschaft, die ihn mit Rahel verbunden hatte.

+ + +

Am ersten Jagdtag (Kaput XX) läßt der Erzähler Laskaro allein weiterziehen; auf dem Moos ruhend, denkt er an die Phantasmen der vergangenen Nacht zurück. Eine starke Sehnsucht nach den Reiterinnen ergreift ihn, und er fragt sich, wo sie am Tage weilen mögen, wo sie sich vor „Christi Tagesherrschaft" verbergen: Diana, heißt es, verbirgt sich unter Tempeltrümmern irgendwo in der Romagna, die Fee Abunde flieht nach Avalon (Insel der sagenhaften Fee Morgana der Artussage), „ferne, in dem stillen Meere — Der Romantik", wo sie, sicher vor dem Läuten der verhaßten Kirchenglocken, glücklich mit dem Gefolge weltentrückter Paladine spazierengeht (Bettina lebte damals noch). Herodias hingegen ist tot, und am Tage ruht ihr Leichnam in einem Marmorsarg in Jerusalem, während sie nachts im Gespensterzug reitet. Wie gern würde der Dichter ihr zur Seite reiten, ihr Ritter sein, wenn sie nur den Kopf des Propheten wegwürfe, den sie immer mit sich herumträgt (die Goethe-Verherrlichung): tagsüber würde er weinend auf ihrem Grab sitzen, er, der selbst zuweilen zweifelt, ob er noch am Leben ist.

Die drei Erscheinungen stehen in deutlichem Gegensatz zum Christentum, das Heine vor allem mit dem Katholizismus gleichsetzt. Diana und Abunde vertreten hier die beiden Grundtendenzen im Werk Goethes, Klassik und Romantik, die sich in seiner pantheistischen, dem christlichen Geist zutiefst fremden Weltanschauung vereinigen. Schon früh findet sich bei Heine dieser Gegensatz von *Hellenentum* und *Nazarenertum*, wobei der Vergleich zugunsten des Hellenentums ausfällt, das später mit dem Saint-Simonismus gleichgesetzt wird[61]). Abunde vertritt außerdem das heidnische, das „wahre" Germanentum, frei von den Entstellungen der Romantiker. Dieses manifestiert sich für Heine in jener robusten Sinnlichkeit, in der er den Geist des „echten" Mittelalters erkennt und die er als einen Aspekt des angeblich im Charakter des deutschen Volkes verankerten *Pantheismus* betrachtet[62]). Neben der kulturellen Symbolik spielen hier auch reale Bezüge mit: Friedrich Wilhelm IV., der Patron der Berliner Gruppe, betrieb damals eine erklärt antikatholische Politik[63]). Natürlich übertreibt Heine hier stark die antichristlichen Tendenzen des damaligen Berliner Lebens. Er stützt damit die in den großen

---

61) Vgl. PUETZFELD, *H. Heines Verhältnis zur Religion*, Berlin 1912, S. 125—26.
62) Vgl. Kapl II u. G. MÜCKE, *H. Heines Beziehungen zum deutschen Mittelalter*, Berlin 1908, S. 51, 111, 138—39, 164.
63) CORNU, a. a. O., S. 163 ff.

Werken von 1833 und '34 gegebenen Interpretation des *Pantheismus*, als dessen Hauptvertreter in Deutschland er eben jene Berliner Kreise betrachtete (vgl. Kap. II). Herodias hingegen vertritt nicht ausdrücklich das Judentum, das Heine wohl als eine fundamental demokratische Religionsform eines dem deutschen Volk geistig verwandten Volkes betrachtete[64]), für das er aber keine besondere Sympathie hegte[65]). Herodias hat hier vor allem diese Bedeutung: Sie verhindert ein fortschrittliches Goetheverständnis, den „wahren" Pantheismus, der sich vom Kopf des Propheten (d. h. vom Goethe-Kult) befreien müßte, um konsequent zu sein. Dann wäre das einzige Hindernis für eine Ideengemeinschaft Heines mit der Gruppe um Rahel Varnhagen entfallen. Daher die leidenschaftliche Liebeserklärung, von dem Zweifel begleitet, nicht mehr unter den Lebenden zu sein, d. h. nicht mehr verstanden zu werden, die Katastrophe der Revolution nicht verhindern zu können und danach dem Zug der Gespenster der Vergangenheit anzugehören. Der Dichter sieht sich als Prophet einer Zukunft, die er vielleicht selbst nicht mehr erleben wird, weil er vorher zusammen mit den Schuldigen von der furchtbaren Gewalt des monströsen kommunistischen Giganten vernichtet worden ist.

Das ganze Kaput XX ist von einer Melancholie und einer Sehnsucht durchdrungen, die von den wechselnden Stimmungen des Dichters zeugen und vor allem für eine bestimmte Grundhaltung bezeichnend sind. Auch zu Diana und Abunde fühlt er sich hingezogen. Der *romantique défroqué* verweilt noch einmal bei dem klassisch-romantischen Jugenderlebnis, von dem er sich längst gelöst hat, das er aber immer noch als ein Grunderlebnis betrachtet, er huldigt noch einmal jenem Berliner Kreis, dem er so viel zu verdanken weiß. Zugleich will Heine uns zeigen, daß die Berliner Gemäßigten ihm im Vergleich zu den dummen, faden und niedrigen republikanischen und nationalistischen Bären noch sympathisch sind, zumal unter ihnen „Talente" blühen, die er in der linken Literatur vermißt. (Darin muß die Literaturgeschichte ihm recht geben.) Er war überzeugt, daß das republikanische Gleichheitsprinzip für die Kultur verhängnisvoll sein mußte. Außerdem war die Welt, in der sich die drei Berliner Musen bewegten, die Goethes, Schellings und Hegels — und diese bestimmten Heines politisch-religiöse Bildung, wie das in den großen Werken von 1833 und '34 entworfene Geschichtsbild zeigt. Von gewissen Zugeständnissen an die Reaktion abgesehen, findet sich also hier und nicht bei den Republikanern der geistige Boden der *neuen Doktrin*, des Zukunftsevangeliums. Hier hatte sich schließlich auch jener Pantheismus herausgebildet, der — nach Heine — das Christentum überwinden wird. Wenn die Welt der Goetheaner auch von einer revolutionären Katastrophe zerstört werde, so müsse die spätere *Transaktion* doch auf sie und ihre Erben zurückgreifen. Die *Jungdeutschen*, die Heine 1833 und 1834 als die wahren Erben dieser Tradition ansah, hatten ihn bald enttäuscht, da sie sich entweder der Reaktion oder dem Extremismus anschlossen. So betrachtete er sich selbst schließlich als den einzigen Vermittler dieser großen Vergangenheit.

---

[64]) Vgl. Kap. I.
[65]) Vgl. PUETZFELD' a. a. O., S. 119 ff.

Neben all diesen Komponenten deutet Heine vorsichtig seine Befürwortung der Linie des *juste milieu* an, die schon in der liebevollen Beschreibung der Töchter des Fährmanns zum Ausdruck kommt, während ihm die Gesellschaft des Laskaro immer verdächtig, wenn nicht unheimlich ist und er sie nur als ein notwendiges Übel hinnimmt.

Die Schlußwidmung des *Atta Troll* an August Varnhagen (Kaput XXVII), jenen treuen Freund, durch den Heine gehofft hatte, einen *modus vivendi* mit Preußen zu finden, beweist, daß die Szene der drei Reiterinnen nicht einfach irgendeine Episode ist. In ihr kommt der Grundton des ganzen Gedichtes zum Ausdruck, das auf seine Weise eine halb liebevolle, halb scherzhafte Huldigung an die romantischen Jugendträume sein soll, in denen der Dichter noch in der Distanz gewisse ewige Werte erkennt und bewahrt. Es ist zugleich eine Art „Triumph" der romantischen Dichtung über die jüngere, mittelmäßige *patriotische Dichtung*, wobei jedoch das Märchen durch das Medium der Ironie seinen konservativen Charakter verliert und progressiv wird. Es bleibt aber Märchen; und damit kann es (im Sinne der Polemik gegen die *Tendenzpoeten*) trotz des politischen Engagements jene Universalität erlangen, die für Heine der Hauptwesenszug des Dichterischen ist[66]). So betont der Dichter in den Strophen, die in der Originalfassung des *Atta Troll* Kaput II einleiteten, der Leser solle in diesem Werk keine „Vertretung — Hoher Vaterlandsinteressen" suchen; dafür, fügt er hinzu, eigne sich nur die Prosa: „Doch in Versen, doch im Liede — Blüht uns längst die höchste Freiheit". — Gemeint ist hier eine Freiheit der Ausdrucksformen des politischen Engagements, nicht aber eine Freiheit von jedwedem politischen Engagement.

Mit ganz ähnlichen Betrachtungen schließt das Gedicht (Kaput XXVII), das letzte „freie Waldlied der Romantik", übertönt vom Schnattern der Gänse, die irgendein Kapitol zu retten vermeinten.

Ein langer Abschnitt in *Über Börne*, in dem die Gespensterszene des *Atta Troll* schon im Entwurf enthalten ist, bestätigt unsere Interpretation. Auch dort wird von einem nächtlichen Traum berichtet: der Dichter hat in einem Wald die letzten Nymphen entdeckt, die der Verfolgung durch das Christentum entgangen sind, und er fühlt sich von ihnen seltsam angezogen. Besonders eine der Nymphen erweckt sein Mitgefühl und seine Zuneigung, — bis das Geschrei von rohen Pöbelstimmen und das Läuten der Glocken sie plötzlich vertreibt[67]). Hier hatte Heine bemerkt: „Für die Schönheit und das Genie wird sich kein Platz finden in dem Gemeinwesen unserer neuen Puritaner [der Gleichheitsrepublikaner], und beide werden fletriert und unterdrückt werden, noch weit betrübsamer als unter dem älteren Regimente. Denn Schönheit und Genie sind ja auch eine Art Königtum, und sie passen nicht in eine Gesellschaft, wo jeder, im Mißgefühl der eignen Mittelmäßigkeit, alle höhere Begabnis herabzuwürdigen sucht, bis aufs banale Niveau. — Die Könige gehen fort, und mit ihnen gehen die letzten Dichter ... Ohne Autoritätsglauben kann auch kein großer Dichter emporkommen"[68]).

---

66) Vgl. *Briefe*, II, S. 441—42.
67) VIII, S. 517.
68) VIII, S. 516.

Die Hoffnung auf eine künftige gemäßigte Lösung ist gewiß noch — wie die blühenden Töchter des Fährmanns — eine beruhigende Lebenswirklichkeit, der eigentliche Sinn des Lebens; doch ist sie in Wahrheit nur ein Wunschbild, von dem man sich befreien muß, um mit beiden Füßen auf der Erde zu stehen, die düstere Gesellschaft Urakas und Laskaros hinzunehmen und gegen den unheilvollen Bären zu kämpfen.

Ein Wolkenbruch entreißt den Dichter seinen Träumen und seiner melancholischen Stimmung und zwingt ihn und Laskaro, die beide völlig durchnäßt sind, in die Hütte Urakas zurückzukehren (Kaput XXI). Nach einem Halbschlaf voll seltsamer Phantasmen übermannt den fiebernden Dichter schließlich der Schlaf, und er hat einen sonderbaren Traum[69]): Er findet sich plötzlich in einem großen, leeren Ballsaal wieder, in dem ein damals beliebtes Musikstück gespielt wird, das Gespenstermotiv (die Nonnentänze) aus der Oper seines Freundes Meyerbeer, „Robert der Teufel" (1831). In dieser Atmosphäre, unter dem Zeichen dieses Helden, dessen dem Teufel verschriebene Seele den Körper schon verlassen hatte, öffnen sich plötzlich die Pforten, und feierlichen Schrittes kommen Gespenster und Bären herein, jedes Gespenst von einem Bären begleitet. Die Paare beginnen zu tanzen, ein furchtbarer und lächerlicher Anblick, denn die Bären können nur mühsam Schritt halten mit den sich drehenden, pirouettierenden weißen Gespenstern, so daß Tiere und Gespenster sich im allgemeinen Tanzgewühl gegenseitig stoßen und treten, ... bis schließlich ein Bär dem Dichter auf die Hühneraugen tritt, so daß er erschreckt aufwacht.

Hier wird das Motiv des geheimen Bündnisses der Rechten mit der Linken, das schon in der Gefangenschaft Atta Trolls anklang und in der Episode des Kinderdorfes durchgespielt wurde, feierlich wiederaufgenommen. Die republikanischen Bären und die reaktionären Gespenster tanzen zur gleichen Musik und sogar paarweise. Die Bären, die sehr viel weniger Talent besitzen, nehmen sich in so feiner Gesellschaft, neben den Aristokraten nicht allzu gut aus; und beide Parteien tanzen zwar im gleichen Schritt, hören aber nicht auf, sich gegenseitig Tritte zu versetzen und sich den Schleier vom Gesicht zu reißen.

+ + +

Als der Dichter spät am Morgen erwacht, findet er sich ganz allein, denn die Hexe und der Sohn sind schon auf die Jagd gegangen (Kaput XXII). In der Hütte leistet ihm nur der Mops Gesellschaft, der treue Diener der Hexe, den er schon am Abend zuvor bemerkt hatte. Jetzt ist er damit beschäftigt, die Suppe zu rühren, damit sie nicht überkocht. Auf einmal fängt er an, in echt schwäbischer Mundart Selbstgespräche zu führen. Er jammert und klagt: er sei ein Dichter der Schwäbischen Schule, der seine „Schulgenossen" verlassen habe und schließlich dem Zauber der Uraka verfallen sei.

---

[69]) Zur Bedeutung des Traums bei Heine vgl. K. WEINBERG, *H. Heine »romantique défroqué«*, New Haven, Paris 1954, S. 48 ff.

Der Dichter fragt ihn, nachdem er sich vom ersten Schrecken erholt hat, welches traurige Geschick ihn denn hierher verschlagen habe, und erfährt, daß der Unglückliche, dem der Legationsrat Kölle geraten hatte zu reisen, um sich zu bilden und gute Manieren zu lernen, in die Pyrenäen gekommen war mit einem Empfehlungsschreiben Justinus Kerners. (Kerner, 1786—1862, war ein Studienfreund Uhlands und *magna pars* des Schwäbischen Dichterkreises, mystischer Denker und Dichter mit okkulten Neigungen; von spiritistischen Erscheinungen handelt vor allem *Die Seherin von Prevorst*, 1831—39.) Das Empfehlungsschreiben war an Uraka gerichtet; diese „verliebte" sich aber in den Schwaben, und er wiederstand ihren Annäherungsversuchen im Namen jener strengen Moral, die für die Schwäbische Schule so bezeichnend und ihre einzige Stärke war. So verwandelte ihn die Hexe aus Rache in einen Mops und raubte ihn der Menschheit und der Dichtkunst. Der Zauber kann aber nur gelöst werden, wenn eine reine Jungfrau in der Silvesternacht die Gedichte Gustav Pfizers (1807—1890, ebenfalls ein Dichter des Schwäbischen Kreises) liest, ohne dabei einzuschlafen, was offensichtlich ganz unmöglich ist.

Mit dieser Episode soll nur die Polemik gegen die Dichter der Schwäbischen Schule fortgeführt werden, die schon 1839 im *Schwabenspiegel* Angriffen — bzw. Gegenangriffen — ausgesetzt waren. Dabei waren besonders Kerner und Pfizer aufs Korn genommen worden[70]. Hier hat es Heine nun auf Uhland abgesehen, den die Kritik in dem Hund dargestellt sieht. Das ist übrigens eine der ganz wenigen Anspielungen des *Atta Troll*, die wir früheren Studien entnehmen konnten, wobei die Kritik allerdings nicht erklärt, warum Uhland gerade diese Rolle zuteil wird.

Die Schwaben hatten Heine vor allem wegen des in der Romantischen Schule enthaltenen Urteils über Uhland angegriffen, das diesen als ein Talent, aber kein Genie bezeichnete, und hatten auch gemeinsame Sache gemacht mit dem „Denunzianten" Menzel[71]. Sie bezichtigten Heine vor allem des Atheismus und der Unsittlichkeit.

So nimmt Heine nun Uhland selbst, den Zankapfel, aufs Korn, nachdem er ihn aus taktischen Gründen im *Schwabenspiegel* verschont hatte[72]. Um die Darstellung Uhlands zu verstehen, muß man sich vor allem die politische Position des Schwäbischen Dichterkreises vergegenwärtigen, die den bürgerlichen Nationalismus mit einer zweifellos demokratischen, aber gemäßigten Haltung, mit einer soliden christlichen Religiösität und einem romantisch gefärbten Kunstideal verband. Wir haben es hier also weder mit „Bären", d. h. revolutionären, antiromantischen Republikanern zu tun, noch mit „Gespenstern", d. h. romantischen Reaktionären oder Goetheschen Indifferentisten. Die Schwaben bilden bei Heine eine Gruppe für sich: sie werden zu den ausgestopften Geiern, von denen die Hexenhütte voll ist und von denen der Erzähler im Fieberhalbschlaf verfolgt wird (Kaput XVII und

---

70) VIII, S. 308—309 (wo Heine über die spiritistische Manie Kerners herzieht); S. 315. Vgl. HOUBEN, a. a. O., S. 139 ff.
71) F. MEHRING, *Aufsätze*, a. a. O., S. 449.
72) VIII, S. 318—19.

XXI). Ein Geier war auch von Laskaro unter den Augen des Dichters geschossen worden (Kaput XVI): Auch mit dieser Gruppe wird der Kommunismus abrechnen, und es wird viel leichter sein, sie zu vernichten als einen Bären zu töten.

Heine behandelt also die Dichter des Schwäbischen Kreises als Demokraten, die aber — wie er in *Über Börne* bemerkt hatte[73]) und wie er in einem der Zeitgedichte, „Zur Beruhigung", wiederholt — nicht nur versäumen, konsequent zu handeln, sondern gewöhnlich auch in ihrem Protest nachlassen, — ebenso wie der Mops im Namen der Moral die Annäherungsversuche der Hexe zurückweist. (Schon im *Schwabenspiegel* hatte Heine auf gewisse, erfolglos an Ludwig I. von Bayern gerichtete Bittschriften angespielt, auf die er auch in einem später eliminierten Teil des *Atta Troll* zurückkommt.)[74]) Die schwäbischen Dichter werden nicht als „Bären", d. h. als Gleichheitsrepublikaner dargestellt, die die Menschenrechte leugnen und gefährliche Feinde der Menschheit sind, sondern als traurige Vögel, die sich mit vielen Vorbehalten auf die Seite des Fortschritts stellen, dabei aber unfähig sind, diesen wirklich zu fördern. So werden sie — genau wie die Bären — schließlich vernichtet.

Der sprechende Mops (das Bild vom Hund und der Suppe war schon in *Über Börne* aufgetaucht, wo es auf einen anderen gemäßigten Liberalen, von Raumer, ange-wandt wurde)[75]) befindet sich in einer ähnlichen, aber durchaus nicht in derselben Lage wie die Vögel: So hatte Heine auch im *Schwabenspiegel* betont, daß jener Uhland, den die Schwaben zu ihrem geistigen Vater ernannt hatten, mit diesen Dichterlingen nur sehr wenig gemein habe[76]). Die ihm auferlegte Strafe hat eine ganz andere, spezifische Bedeutung: In der *Romantischen Schule* hatte Heine das Versiegen der dichterischen Schöpferkraft auf die neue demokratische Haltung Uhlands zurückgeführt. Seine Dichtung sei ganz auf romantische Themen abge-stimmt, die sich nicht mit seiner neuen politischen Position vereinbaren ließen und die er deshalb schließlich aufgegeben habe[77]). Dank seiner offenen, „demokrati-schen und protestantischen [d. h. die Geistesfreiheit fördernden] Gesinnung", die Heine ihm dabei zugesteht, wird er nicht ausgestopft und darf lebend die Suppe der Hexe kochen. Er wird aber in einen Hund verwandelt — d. h. seiner dichterischen Schöpferkraft beraubt — , weil er seine Dichtung nicht seinen

---

[73]) VIII, S. 472—73.
[74]) VIII, S. 310 und das Kaput, das in der ursprünglichen Fassung des *Atta Troll* zwischen dem XXII und XXIII Kaput der späteren Fassung eingefügt war (die nach München fliegenden Raben).
[75]) VIII, S. 419: „Da ist mir doch tausendmal lieber der dumme Kerl von Raumer . . ., der ist ganz Hund, und wenn er liberal knurrt, täuscht er niemand, und jeder weiß, er ist ein untertäniger Pudel, der niemand beißt. Das läuft beständig herum und schnopert an allen Küchen und möchte gern einmal in unsere Suppe seine Schnauze stecken, fürchtet aber die Fußtritte der hohen Gönner. Und sie geben ihm wirklich Fußtritte und halten das arme Vieh für einen Revolutiǫnär. Lieber Himmel, es verlangt nur ein bißchen Wedelfreiheit, und wenn man ihm diese gewährt, so leckt es dankbar die goldenen Sporen der ukkermärkischen Ritterschaft".
[76]) VIII, S. 318—19.
[77]) VII, S. 163—64; vgl. auch Kap. II.

Überzeugungen anpassen konnte oder wollte und weil er eine Reihe von Positionen beibehielt, die für Heine nicht mit einer wirklich fortschrittlichen Gesinnung vereinbar sind.

Zum Schluß sei noch bemerkt, daß die Motivierung der Reise des Dichter-Mopses in das Land der Hexe eine boshafte Anspielung auf die provinzielle Mentalität ist, die Heine den Dichtern des Schwäbischen Kreises schon im *Schwabenspiegel* nachgesagt hatte[78]).

+ + +

Nachdem der Erzähler den Fieberanfall überstanden hat, steigt er am nächsten Tag mit Laskaro und Uraka in das Tal hinab, um die Bärenjagd wiederaufzunehmen, und läßt Gespenster, ausgestopfte Vögel und den sprechenden Mops zurück, um sich wieder auf den Boden der Wirklichkeit zu stellen (Kaput XXIII). So löst sich Heine sowohl von seiner mehr oder weniger ironischen romantischen Sehnsucht als auch von der Polemik mit der Schwäbischen Schule, die er keiner ernsthaften Auseinandersetzung für wert hält. Die eigentliche Aufgabe ist für ihn der Kampf gegen die größte reale Gefahr, die Tätigkeit der lärmenden, sektiererischen Extremisten, die einerseits mit der Reaktion kollaborieren (wobei sie in Frankreich die Fundamente des *juste milieu* unterhöhlen und in Deutschland dem Nationalismus Vorschub leisten) und andererseits eine verhängnisvolle Revolution herbeizuführen drohen, die im übrigen sie selbst verleugnen und verfolgen wird.

Der Dichter versetzt uns nun in die Höhle Atta Trolls, der, von seinen Sprößlingen umgeben, den Schlaf des Gerechten schläft. In der jüngsten Tochter des Bären ist eine geheime, sündige Leidenschaft erwacht: der berühmte Reaktionär Schnapphahnski, der beim Rückzug der karlistischen Truppen durch das Gebirge zog, hat ihr Herz erobert (Lichnowski war mehrmals von Espartero geschlagen worden und hatte bekanntlich nach Frankreich fliehen müssen). Wenn Atta Troll das Geheimnis erführe, würde er nicht zögern, die Tochter mit „eigener Tatze" zu erschlagen.

Nachdem Heine so von neuem die Korruption und die Kompromisse andeutet, auf die sich viele Vertreter der Linken einlassen, läßt er den Bären erwachen und seinen Kindern einen ominösen Traum erzählen: Es war ihm, als läge er unter einem Baum, von dem süßer Honig heruntertroff — ihm direkt ins Maul — und in dessen Wipfel sieben rosenrote, geflügelte Bärchen saßen, ein himmlisches Lied singend. Dabei war ihm, als ob er stürbe. — Der Baum, von dem Atta spricht, ist gewiß der Baum der Freiheit: Wenn die Republikaner nach Ausbruch der Revolution glauben, sie könnten deren Früchte ernten, wendet sich die Revolution gegen sie, und der Kommunismus vernichtet sie. Die sieben geflügelten Bärchen sollen wahrscheinlich an die berühmten „Göttinger Sieben" erinnern, die sieben Professoren der Universität Göttingen, die es gewagt hatten, offen zu protestieren,

---

[78]) VIII, S. 308.

als der neue Hannoversche König Ernst August 1837 die Verfassung aufhob. Sie wurden deshalb ausgewiesen, worauf Gemäßigte wie Radikale in Deutschland mit heftigen Protesten reagierten[79]).

Dann ahmt Urake, wie wir wissen, das Gebrumm der Bärin Mumma nach, und Atta Troll, der seiner geliebten Gattin entgegenzulaufen glaubt, verläßt die Höhle und wird am historischen Ort: im Tal von Ronceval getötet (Kap. XXIV)[80]).

+ + +

Im vorletzten Kaput (dem XXVI.), mit dem das Epos eigentlich schon endet, wird berichtet, wie es inzwischen der Bärin Mumma ergangen ist (der Mumm = Unhold, Gespenst, Bär, altes Weib), die wir in Kaput II verlassen haben, als sie gerade von dem karlistischen Bärentreiber geschlagen und beschimpft wurde: Aus Wut über die Flucht Atta Trolls bedachte er sie mit den Spottnamen „Königin Christine" und „Frau Muñoz". (Maria Christina, die bekanntlich von Gemäßigten und anfangs auch von Liberalen — also von Gegnern der Karlisten — unterstützt wurde, heiratete gleich nach dem Tod ihres Gatten Ferdinand VII. den Gardeoffizier Ferdinando Muñoz, der schon seit langem ganz offiziell ihr Liebhaber gewesen war.) Mumma blieb also eine Gefangene; und der Dichter erzählt, er habe sie eines Tages wiedergetroffen, als er mit Juliette im Jardin des Plantes in Paris spazieren ging. Sie war in einen Käfig eingesperrt, wo sie mit einem gewaltigen sibirischen Eisbären in Liebe und Eintracht zu leben schien. „Ach, die Weiber sind . . . gebrechlich."

Um zu erkennen, gegen wen sich hier Heines Polemik richtet, muß man jene Seiten von *Über Börne* nachlesen, auf denen oft nur allzu deutlich Jeannette Wohl beschrieben wird, Börnes Freundin der Frankfurter Zeit. In Frankfurt lernte sie auch Heine 1827 kennen. Er äußerte gewisse Zweifel über die Art ihres Verhältnisses zu Börne und verspottete diesen wegen seiner sentimentalen Verliebtheit und Eifersucht[81]). Als Börne nach Frankreich emigrierte, blieb Jeanette Wohl in Frankfurt; an sie sind die „Briefe aus Paris" gerichtet. Später heiratete sie den Frankfurter Kaufmann Salomon Strauß, einen Mann von offenem, liberalem Geist. Das Paar folgte Börne nach Paris und wohnte dort bei ihm. Dies lieferte Heine den Stoff für eine Seite scharfer, bissiger Kritik. Jedes Maß überschreitend, behauptet er, die drei hätten in Paris ein skandalöses *ménage à trois* geführt, wobei der Ehemann sich in die Rolle des dummen Dieners gefügt habe. Andererorts hatte er Börne nachgesagt, er sei nicht fähig gewesen, die Geliebte für sich zu gewinnen und zur Heirat zu überreden[82]). Heine verabscheute die Wohl nicht ganz ohne Grund, denn sie hatte den ohnehin feindselig gesinnten Börne immer gegen ihn aufgehetzt

79) P. RASSOW, *Deutsche Geschichte im Überblick,* Stuttgart 1953, S. 417.
80) Es scheint, daß der Dichter tatsächlich Roncesvalles besucht hat; vgl. *Briefe,* II, S. 394.
81) VIII, S. 362.
82) VIII, S. 458—59.

und intrigierte auch in Paris noch gegen ihn[83]). Daß er den Streit aber in aller Öffentlichkeit austrug, darüber entrüsteten sich sogar die Freunde des Dichters. Die Folge war ein Duell mit Salomon Strauß [84]): Heine, der mit einer Hüftverletzung davonkam, hatte mit dem Schlimmsten gerechnet und sich dazu bewegen lassen, sein Verhältnis mit Mathilde zu legalisieren und sie vor dem Duell zu heiraten. Er hatte gedacht, Mathilde zu seiner Witwe zu machen und fand sich nun als ihr Ehemann wieder; darüber dürfte er nicht allzu glücklich gewesen sein, vor allem, wenn er die sozialen Nachteile einer solchen „morganatischen Ehe" bedachte[85]).

Aus diesem Grunde erscheint Juliette (Mathilde) wohl auch im *Atta Troll.* Damit wollte der Dichter fast ein wenig herausfordernd zeigen, wie stolz er auf seine Ehehälfte war (so stolz, daß er ihr einen offiziellen Platz in seinem Werk einräumte) und sich auch ein wenig rächen (er schreibt, er habe Juliette das Fell des getöteten Bären geschenkt).

Mumma stellt also sehr wahrscheinlich Jeannette Wohl dar. Sie folgt Atta Troll nicht auf der Flucht. Und wie Maria Christina den Ehemann betrogen hatte, so betrog sie zuerst noch in Frankfurt den offiziellen Geliebten und heiratete dann nach seiner Abreise einen anderen.

Die Einzelheiten der Schlußszene stimmen allerdings nicht ganz mit dem realen Vorbild überein. Die Erinnerung an das böse Abenteuer hatte Heine wohl vorsichtig gemacht; er deutet das scherzhaft in einem posthumen Fragment an[86]). Der neue Gatte ist ein „sibirischer" oder „russischer" Eisbär. Doch ist das nur ein Mittel, um die wahre Zielscheibe der Kritik nicht direkt erkennen zu lassen. Als „Eisbären" werden nämlich in *Über Börne* die deutschen Nationalisten bezeichnet. Heine erzählt, daß er eines Tages, als er Börne besuchte, in seiner Wohnung eine „Menagerie von Menschen" fand, „wie man sie kaum im Jardin des Plantes finden möchte. Im Hindergrunde kauerten einige deutsche Eisbären, welche Tabak rauchten, fast immer schwiegen und nur dann und wann einige vaterländische Donnerworte im tiefsten Brummbaß hervorfluchten"[87]).

Die letzte Figur des langen *pageant* ist der Mohrenfürst Freiligraths, der dem Dichter im Jardin des Plantes begegnet und ihm von seinen jüngsten Abenteuern erzählt: nachdem er Deutschland verlassen hatte, wo sein Leben schwer und traurig war, hat er eine elsässische Köchin geheiratet, die ihm gutes Essen kocht, und ist nach Paris gezogen. Das ist eine neue ironische Anspielung auf Herwegh, der sich 1842 mit der Tochter eines reichen deutschen Kaufmanns verlobte und sie 1843

83) HIRTH, a. a. O., S. 27 ff. Privat äußerte sich Heine sehr wenig schmeichelhaft über die Wohl. Vgl. *Briefe,* II, S. 391: „Was das abgefeimte Luder von Wohl, die Exmaitresse von Börne, mit ihrem gehörnten Esel gegen mich gebraut hat, werden Sie wissen". (Brief an Campe vom 7. Juli 1841); vgl. PROELSS, a. a. O., S. 154 ff.
84) Zu den turbulenten Ereignissen, die dem Duell vorangingen, vgl. *Briefe* II, S. 369 ff.
85) DRESCH, a. a. O., S. 88–89; u. *Briefe,* II, S. 414.
86) IX, S. 477 ff. (1843).
87) VIII, S. 423–24.

heiratete, wodurch seine finanziellen Probleme gelöst waren. Seine baldige Rückkehr nach Paris war zu erwarten und war vielleicht schon angekündigt worden[88]).

+ + +

Nach dieser langen Analyse des *Atta Troll* wollen wir den phantastischen Weg des Dichters noch einmal im Überblick betrachten. Die Reise in die Pyrenäen hat einen rein symbolischen Charakter. Auch daß Atta Troll in diese Gegend und nicht nach Deutschland versetzt wird, ist rein symbolisch zu verstehen. Die Reise ist in Wahrheit ein „Ausflug" in die politische Zukunft Europas, der ausdrücklich als Hypothese, d. h. als Traum erscheint. Mit der Wirklichkeit kommt der Dichter zum letztenmal in Berührung, als er sich davon überzeugt, daß die rotblonden Töchter des Fährmanns durchaus keine Gespenster, sondern von Fleisch und Blut sind. Die Wirklichkeit, in der der Dichter lebt, ist eben die des *juste milieu,* das zwar gefährdet ist, das aber als der einzige Schutz gegen eine Katastrophe erscheint, die nicht nur über Frankreich, sondern über ganz Europa hereinzubrechen droht. Doch führt nicht gerade diese Politik des *juste milieu* unweigerlich zu einer solchen Katastrophe? Der Dichter befürchtet das zuweilen, sieht aber andererseits in einer bestimmten Ausrichtung dieser Politik die einzige Möglichkeit, dem drohenden Unheil zu entgehen. So bringen die Mädchen den Dichter und seinen Gefährten in das Land der Hexe, der Revolution, d. h. sie setzten gewisse Kräfte in Bewegung, die zur Katastrophe führen können. Doch können sie ihn auch zurückbringen, wenn sie keine Gespenster sind.

Nach der Überfahrt über den symbolischen See befinden wir uns im Reich des Märchens. Da sind zunächst die Kinder, die noch ganz „wirklich" erscheinen: die Gegner des *juste milieu,* die mit ihren Machenschaften eine legitimistische Lösung vorbereiten, welche die Gegensätze verschärft und so zur revolutionären Katastrophe führen muß. Dann begegnen wir den Cagoten-Juden, die, einsam und verstoßen, nur auf die Revolution hoffen können, um eine bessere Zukunft zu erleben. Dann der Schnee, der tugendhafte Republikaner, der zurückgezogen und frei von Kompromissen lebt, ehrbar, aber nutzlos und fade. Schließlich die Hütte Urakas, ein Ort der Alpträume und gespenstischer Gesichte, wo diejenigen erscheinen, die von der Revolution vernichtet werden: die Geister — einige recht verführerische Geister! — der deutschen Konservativen und die täppischen Bären: Traumgestalten, korrupte Republikaner, die durch das Zusammengehen mit den Gespenstern der Reaktion ebenfalls untergehen müssen; dazu die ausgestopften Vögel und der sprechende Mops, die alle auf irgendeine Weise der Revolution zum Opfer fallen werden. *Revolution* bedeutet hier: eine *allgemeine* Revolution, aber auch: die *deutsche* Revolution. Deshalb erscheint sie so fern und unwirklich. Abgesehen von der Möglichkeit einer allgemeinen Aufstandsbewegung, die durch einen Krieg ausgelöst würde oder von Frankreich ausginge, wo die Gefahr unmittelbarer erscheint, betrachtete Heine eine autochthone deutsche Revolution ja als ein noch fernes, nicht aktuelles Ereignis[89]).

---

[88]) MEHRING, *Aufsätze,* S. 398—401.
[89]) Vgl. Kap. IV.

So empfindet man es als eine Rückkehr zur Wirklichkeit, als der Dichter ins Tal hinabsteigt, um der Spur Atta Trolls, des Tanzbären zu folgen, dieses korrupten Republikaners, der in einem Gewissenskonflikt plötzlich sein Joch abgeschüttelt und zu einer radikalen Haltung, zu seiner Revolutionsbegeisterung zurückgefunden hat, die ebenso töricht sind, wie die frühere knechtische Gesinnung feige gewesen war. Einen ähnlichen Kampf gegen Bären-Republikaner führte in Wirklichkeit Heine selbst — von *Über Börne* bis *Atta Troll* und auch später noch. Die schließliche Bestrafung des Bären übernimmt aber Laskaro, der Kommunismus, jener gespenstische Sohn der Hexe, der vielleicht — wie sie selbst — nur eine Legende, eine Reliquie der jakobinischen Vergangenheit ist, der vielleicht aber auch — wie Heine immer befürchtet — wirklich und lebendig ist, eine drohende, im Dunkeln lauernde Gefahr.

Wirklichkeit oder Traum? Reale oder imaginäre Gefahr? Gerade diese Ungewißheit ist eine Mahnung zum Handeln: noch kann etwas getan werden, um diese Schatten ins Totenreich zu bannen; doch muß *bald* gehandelt werden, sonst verwandelt sich dieses furchtbare „Märchen" in eine noch furchtbarere Wirklichkeit.

Dennoch ist *Atta Troll* ein „Märchen", in seinem symbolischen, verschlüsselten Handlungsablauf wie in seinen ständigen Stimmungswechseln. Handlung und Stimmungen sind scheinbar willkürlich; in Wahrheit folgt aber die erste einem klar umrissenen doktrinären Weg und entsprechen die zweiten einer vielfältigen Spiegelung der Wirklichkeit und ihrer Zukunftsperspektiven, wodurch das Grinsen vieler Ungeheuer sich — aus einer anderen Sicht — in ein Fata Morgana-Lächeln verwandeln kann.

Das Epos bleibt aber immer „Märchen": Die Gestaltung der individuellen wie der symbolischen Figuren vollzieht sich stets durch eine Umsetzung von Realem in dichterische Phantasie. Die Bezüge zwischen den Figuren, den Symbolen des Epos und ihren früheren oder gleichzeitigen Entsprechungen in anderen Werken sind nicht nur aufschlußreich für die Bestimmung des realen Hintergrundes, sondern auch höchst bedeutsam für das dichterisch-schöpferische Verfahren, das sich in ihnen ausdrückt. So verbinden sich bei der Gestaltung der „typischen" Figur eine Reihe von Charakterzügen verschiedener Individuen, überlagern sich, ergänzen sich und verstärken einander (das wichtigste Beispiel dafür ist der Bär); oder: ein Bild entsteht, nimmt verschiedene Gestalten an, wird allmählich klarer und konkreter, bis es schließlich auf eine bestimmte Person bezogen wird, die es eindeutig charakterisiert (dies gilt etwa für den Uhland-Mops oder den Herwegh-Mohrenfürsten); oder aber: es bildet sich ein reines Symbol, das sich entwickelt und wächst, Gestalt annimmt und fast zur Person wird (das gilt für Laskaro und Uraka, den Kommunismus und die Revolution).

Der letzte Traum der Romantik? Vielleicht — wenn man an jene märchenhafte Stimmung und viele sorgfältig gewählte, damals schon archaisch anmutende Arabesken denkt. Es ist aber ein poetischer Traum, dessen Dichtung durch die beständige Ausrichtung auf klare Ziele die *forma mentis* und oft auch die Sprache und das technische Instrumentarium des frühen Realismus aufweist, — jener am stärksten ideologischen bestimmten Phase des Realismus.

Dieser letzte romantische Traum ist auch ein äußerster Versuch zur Rettung einer Kunstauffassung, die die „Republikaner" verworfen hatten, — und zugleich ein neues Bekenntnis zur strategischen Opportunität einer gemäßigten, vom Gebot der Stunde diktierten Politik. Er ist aber *vor allem* eine Herausforderung an Heines politische Gegner, begleitet von der allerdings etwas sibyllinisch klingenden Drohung einer Vernunftheirat mit noch weit extremistischeren Radikalen . . . Und dieses sublime Gewirr von polemischen Intentionen gibt sich für einen „unschuldigen Traum" aus! Auch hier wird Heine von seinem allzu scharfen Verstand verraten; diesmal — welche Ironie des Schicksals! — in dem Sinne, daß seine Intentionen ganz wörtlich ausgelegt werden. Abgesehen von den üblichen Protesten der Republikaner (sie brauchten gar nicht provoziert zu werden, gegen Heine loszuziehen; sie taten es prinzipiell schon seit langem — mit Recht oder Unrecht) erregte der *Atta Troll* kaum Anstoß. Die verschiedenen Zensurbehörden ließen ihn ohne allzu große Schwierigkeiten durchgehen. Und so nannte Heine dieses Werk später mit schlecht verhohlener Enttäuschung den „zahmen Atta Troll".[90]). Als er es verfaßte, hegte er noch gewisse Hoffnungen auf eine Aussöhnung mit Preußen; noch bevor er es freigab, sollte er aber erkennen, daß er sich darin geirrt hatte und sollte so zur Abwechslung einmal seine allzu gemäßigte Sprache bereuen, die ihm — wie immer — gewiß nicht leichtgefallen war[91]).

---

[90] *Briefe,* II, S. 559.
[91] Vgl. Kap. VI (am Ende)

# KAPITEL VI

## POETISCHER AUSDRUCK:
## „DEUTSCHLAND EIN WINTERMÄRCHEN"

*Allgemeines — Das Lied der Grenze — Der Zoll. Die Preußen in Aachen — Der Kölner Dom. Vater Rhein — Der Henker — Reiseetappen. Der Teutoburger Wald und die Episode der Wölfe — Das Kruzifix — Volkslieder und Märchen: die Hoffnung auf Befreiung — die Barbarossasage — Der alte Kaiser und der wahre Messias: Konstitutionalismus und Zäsarismus — Struktur, Moral und Bedeutung der Sage — Skizzen Hamburger Lebens — Das Abenteuer mit Hammonia — Die Prophezeiung der Zukunft Deutschlands — Schlußrede an den Preußischen König — Allgemeine Bedeutung des Gedichtes — „Atta Troll" und „Deutschland": Kohärenz und Entwicklung — Motive und Resonanz des Epos.*

Die Beziehungen zwischen Heine und dem reichen Onkel Salomon hatten sich durch die Vermittlung des gemeinsamen Freundes Meyerbeer allmählich etwas gebessert; seit 1837 empfing der Dichter von dem Hamburger Bankier sogar regelmäßig eine bescheidene Unterstützung[1]. In der Hoffnung, das Verhältnis zur Familie noch weiter zu verbessern, reiste Heine im Oktober 1843 nach Hamburg, auch weil er eine wichtige Angelegenheit, die Veröffentlichung seiner gesammelten Werke, persönlich mit dem Verleger Campe besprechen mußte. Man bereitete ihm einen festlichen Empfang[2]. Die praktischen Erfolge des kurzen Aufenthaltes waren recht befriedigend; noch wichtiger war die Reise aber wegen ihrer Bedeutung für das Werk des Dichters, denn sie regte Heine zu seinem zweiten politischen Epos, *Deutschland. Ein Wintermärchen*, an[3]. Das Gedicht, das nach der Rückkehr nach Paris verfaßt wurde, war schon im Januar 1844 recht weit gediehen, wurde aber erst am 17. April 1844 an Campe abgeschickt. Im Juni sandte Heine jedoch Campe ein neues Manuskript des Werkes mit wichtigen Korrekturen zu[4]. Bei der nächsten Hamburgreise im Juli 1844 konnte Heine den Druck des Werkes überwachen, das Ende September als Schlußteil der *Neuen Gedichte* erschien.

Das Epos hatte einen solchen Erfolg, daß die zweite Auflage, die nur *Deutschland* enthielt, schon im Oktober erschien. Abgesehen von der Auslassung einiger von der Zensur beanstandeter Strophen brachte sie keine Textänderungen, war aber durch das *Vorwort* erweitert. Ein drittes Mal erschien das Gedicht 1852 in einer überarbeiteten Form als Einzelwerk. Ein Originalmanuskript blieb erhalten; es weicht in einigen Varianten von den Drucktexten ab[5].

---

[1] E. M. BUTLER, *H. Heine. A Biography,* London 1956, S. 148—50.
[2] Ebd., S. 174.
[3] Ebd., S. 174.
[4] Brief an Campe vom 5. Juni 1844.
[5] H. Heine, *Werke und Briefe,* hg. v. H. Kaufmann, Bd. 1, Berlin 1961, S. 562 ff.

Heine bot sein Gedicht durch die Vermittlung von Marx auch dem Pariser *Vorwärts* an. Es erschien dort am 19. Oktober 1844, etwa zwei Monate vor dem Verbot der Zeitung.

Dies ist der äußere Rahmen der Entstehung von *Deutschland. Ein Wintermärchen*. Bevor wir uns den inneren Komponenten zuwenden, bedarf es einer ausführlichen Textanalyse.

+ + +

Die Einführung des Epos, „Abschied von Paris" stellte die Reise, die vor allem praktischen, geschäftlichen Zwecken diente, als eine aus Sehnsucht nach Heimat und Familie unternommene Pilgerfahrt dar. Diese Gefühle werden etwas abgeschwächt durch die warmen, herzlichen Worte, die der Dichter an Frankreich und an seine in Paris zurückgebliebene Frau richtet (die so zum erstenmal ausdrücklich in einer offiziellen Schrift erwähnt wird). Wie in *Atta Troll* ist die Überschreitung der Grenze von einem Lied begleitet, das hier von einem Harfe spielenden Mädchen gesungen wird. „Sie sang mit wahrem Gefühle — und falscher Stimme". Der Dichter ist ganz gerührt von ihrem Spiel (Kaput I); der Text des Liedes aber mißfällt ihm: er spricht von der Entsagung aller irdischen Freuden und der Hoffnung auf himmlischen Lohn für die auf Erden erduldeten Leiden. Die Verfasser dieses Liedes kenne er wohl, fährt der Dichter fort; die predigten den anderen Wasser, tränken aber selbst heimlich Wein und wollten mit diesen Versen das Volk in seinen Leiden einlullen.

Der Dichter bezieht das offensichtlich auf das Christentum, das er wie alle anderen Offenbarungsreligionen als „Opium für das Volk" betrachtet, als eine Erfindung der Mächtigen und der Pfaffen, mit deren Hilfe sie das Volk desto besser unterjochen könnten, indem sie es durch eine entsprechende ideologische Propaganda unter Druck setzten (vgl. Kap. II). Das singende Mädchen ist ein Symbol für das arme, hilflose Volk, das sich von solchen Lügen täuschen läßt und sie durch das echte, unmittelbare Gefühl, mit dem es sie aufnimmt, in rührende Wahrheiten verwandelt; dieses Gefühl drückt sich hier vor allem in der Weise des Liedes aus. Wir werden noch sehen, daß der Dichter alles schätzt, was den Stempel des Volksgeistes oder der Volkskunst trägt, auch wenn es sich im Sinne der Reaktion auslegen läßt oder reaktionären Intentionen entsprungen ist.

An die Stelle dieses Liedes soll nun ein neues Lied des Dichters treten. Es sagt uns, daß wir das Glück auf Erden suchen und nicht vom Jenseits erhoffen sollen und daß wir es erringen können, wenn wir vor allem die soziale Gerechtigkeit verwirklichen („Verschlemmen soll nicht der faule Bauch — Was fleißige Hände erwarben"); eine soziale Gerechtigkeit, die sich nicht darauf beschränken darf, nur das unerläßlich Notwendige zu sichern, sondern darüber hinaus den Menschen, seinen Körper wie seinen Geist, mit reichen Gaben ausstattet: „Auch Rosen und Myrten, Schönheit und Lust".

Damit erneuert der Dichter sein pantheistisches Credo, sein Bekenntnis zu einer Harmonie von Körper und Seele, zu einer sozialen Religion, die nicht etwa die von Republikanern und Sozialisten angestrebte graue elende Gleichheit, sondern eine angemessenere Belohnung der Verdienste bringt, die über das Existenzminimum hinausgeht. Auf diesem Wege soll die Menschheit zu Reichtum und Wohlstand gelangen. Es ist die alte These Heines, die in einer zäsaristisch gefärbten Abwandlung saintsimonistischer Theorien neu formuliert und noch 1843 in einem posthumen Fragment bekräftigt wird[6]).

Europa, heißt es weiter in Kaput I, hat sich mit dem Genius der Freiheit „verlobt"; und das Lied des Dichters soll ein „Hochzeitskarmen" sein. Die Freiheit oder besser: die *wahre* Freiheit ist der höchste Ausdruck der hier verfochtenen *neuen Doktrin*. Bemerkenswert ist aber der deutlich kosmopolitische Akzent dieses Passus.

Bedeutsam ist auch, daß dieses Motiv als erster Gruß des Vaterlandes an den Dichter erscheint. Frankreich ist für Heine, wie wir sahen, vom Geist des „Materialismus" durchtränkt, auf dem zumindest tendentiell der Kult der Freiheit und der Gleichheit gründet, wie sie von den Republikanern konzipiert werden und für den fanzösischen Volksgeist typisch sind. Dieser Geist des Materialismus bestimmt eine entscheidende Phase der Menschheitsentwicklung, die die 89er Revolution hervorgebracht hat. Doch gilt es jetzt, zum nächsten Stadium überzugehen, das eine Rückkehr zur Religion — in der neuen gefühlsbestimmten, pantheistischen Form — bringen wird. Und der Protagonist dieses Stadiums wird das deutsche Volk sein mit seiner ursprünglichen Religiösität, die sich jetzt vielleicht noch in der alten christlichen Form äußert, die aber Heine selbst erneuern soll, indem er durch die Verkündung des neuen Wortes ihr wahres Wesen enthüllt.[7]).

+ + +

Da sind nun die preußischen Zollbeamten, die das Gepäck des Dichters durchwühlen, nach Schmuggelware und verbotenen Büchern suchen! Die gefährlichen, verbotenen Dinge hat der Dichter aber im Kopf, nicht in den Koffern versteckt: es sind die Kultgeräte des neuen, unbekannten Gottes (Kap. II). Ein Reisegefährte rühmt indessen den Zollverein und preist seine materiellen Vorteile: er wird Deutschland einigen, wie die Zensur schon die geistige Einheit schafft. — Das ist eine Spitze gegen gewisse Revolutionäre, die sich auch von einer deutschen Einheit, die von den Regierungen unter dem Druck materieller Interessen vollzogen würde, noch einen sozialen Fortschritt versprachen. Besonders richtet sie sich gegen Hoffmann von Fallersleben, der schon kurz vorher ironisch erwähnt wurde und an anderer Stelle als Philister kritisiert wird[8]). Er hatte 1840 den Zollverein in einem berühmten Gedicht gefeiert:

---

[6]) IX, 485.
[7]) Vgl. Kap. I u. II.
[8]) H. KAUFMANN, *Politisches Gedicht und klassische Dichtung, H. Heine, „Deutschland. Ein Wintermärchen"*, Berlin 1958, S. 162.

Schwefelhölzer, Fenchel, Bricken,
Kühe, Käse, Krapp, Papier,
Schinken, Scheren, Stiefel, Wicken,
. . . . . . . . . . . . . . . . . . . . . . .
Ei, das habet *ihr* gemacht:
Denn ihr habt ein Band gewunden
Um das deutsche Vaterland,
Und die Herzen hat verbunden
Mehr als unser Bund dies Band[9]).

Heine sah im Zollverein dagegen — nicht zu Unrecht — ein reaktionäres Instrument Preußens und behauptete — und das grenzte damals an Utopie — die Einheit müsse vor allem im Bewußtsein der Menschen verwirklicht werden, um auch Freiheit zu bringen.

Der Dichter kommt nach Aachen (Kaput III), wo sich das Grab Karls des Großen befindet, — welcher nicht zu verwechseln sei mit Karl Mayer[10]); es sei aber immer noch besser, als kleiner Poet in Stuttgart zu leben, wie Karl Mayer, als tot und begraben zu sein . . . — Das ist wieder ein lässiger Seitenhieb gegen die Schwäbische Dichterschule. — In Aachen hält sich der Dichter nur eine Stunde auf, so langweilig ist die Stadt: überall preußisches Militär, hölzern, dünkelhaft, autoritär, auch wenn sich die Offiziere im preußischen Heer inzwischen mit „du" und nicht mehr mit „Sie" anredeten. Ihr Schnurrbart sei nur eine neue Variante des alten Zopfes, der jetzt unter der Nase hänge. Nicht übel sei jedoch die vom König selbst entworfene neue Pickelhaube der Kavalleristen, die an das Mittelalter, die „Glaubenszeit" gemahne, bemerkt der Dichter spöttisch, obgleich dieser schwere Helm auch einige Nachteile habe: er könne z. B. Blitze auf das romantische Haupt herabziehen oder beim Laufen hinderlich sein . . .Selbst auf dem Postschild thront der Preußische Adler, dieser gräßliche Vogel, den man töten müsse, um Deutschland zu befreien. Vielleicht würden das die rheinischen Schützen besorgen (das Rheinland war damals eine Hochburg der liberalen Opposition).

+ + +

Die Ankunft in Köln (Kaput IV) gibt Anlaß zu einer Reihe von neuen, kritischen Betrachtungen über den Katholizismus, den Erben jenes mittelalterlichen Christentums, das den Bau des Kölner Doms begonnen hat, der dann in der Reformationszeit unterbrochen wurde. Wir kennen schon die Auffassung vom mittelalterlichen Christentum als einem „Kerker der deutschen Vernunft" (vom Dom versinnbild-

---

[9]) *Um Einheit und Freiheit, 1815—1848, hg. v. E. Volkmann,* Leipzig 1936, S. 132. S. auch „Deutsche Einheit (1843)" v. H. MARGGRAFF, ebd., S. 202.
[10]) Der Dichter nimmt hier eine frühere ironische Bemerkung auf: „Herr Karl Mayer, welcher auf Latein *Carolus Magnus* heißt, ist ein anderer Dichter der schwäbischen Schule und man versichert, daß er den Geist und den Charakter derselben am treuesten offenbare; er ist eine matte Fliege und besingt Maikäfer." VIII, 309.

licht) und von der Reformation als einer Befreiung des Geistes[11]). Der berühmte Dom hatte aber eine noch weit wichtigere symbolische Bedeutung als Wahrzeichen des deutschen Nationalismus und der deutschen Einheit. Mit der Vollendung des Domes wurde 1842 begonnen. Unter der Schirmherrschaft der preußischen Regierung wurde ein „Domverein" gegründet und mit Spenden finanziert, die aus allen Teilen Deutschlands hereinflossen. Friedrich Wilhelm IV. hatte zu diesem Anlaß eine berühmte Rede gehalten, und das Ereignis wurde zu einem Lieblingsthema der nationalen Dichter. Es sei nur an die Hymnen erinnert, die Prutz, Uhland, die Droste-Hülshoff und Herwegh darauf anstimmten[12]). Die Auflehnung gegen die bürgerliche, nationale Romantik verband sich in Heine mit der Abwendung von der Gothik und der Verurteilung des gothischen Geistes[13]).

Der Dichter sagt voraus, daß nicht nur der Bau unvollendet bleiben wird, sondern der Dom einmal als Pferdestall dienen wird und die Heiligen Drei Könige (die mit der Jungfrau auf dem berühmten Altar dargestellt sind) dann in die festen, eisernen Käfige gesteckt werden, die hoch am Turm der Kirche St. Lambertus in Münster hängen und in denen einst die Verbrecher aufgehängt wurden. In einer später gestrichenen Strophe bezeichnet Heine die Drei Könige als die „Heil'ge Allianz des Morgenlands"; eine durchsichtige Verwendung des Dreiersymbols, um auf den österreichischen Kaiser, den Zar und den preußischen König anzuspielen.

Der Erzähler kommt dann zur Rheinbrücke (Kaput V) und beginnt ein langes Zwiegespräch mit dem Fluß, das ein hervorragendes Beispiel für jene differenzierte, nuancierte Verwendung der Symbole ist, die den Interpreten soviel Kopfzerbrechen bereitet hat.

Der Rhein war wie der Kölner Dom (und auch, wie wir bald sehen werden, die Barbarossasage) ein zentrales Symbol des deutschen Nationalismus um 1840[14]). In Frankreich hatten sich unter der Kriegspolitik Thiers'[15]) gewichtige Stimmen erhoben, die den Rhein als deutsch-französische Grenze forderten. Das hatte bei den deutschen Nationalisten heftige Reaktionen hervorgerufen. Heine dachte hier vor allem an N. Becker, der das Gedicht „Der deutsche Rhein" verfaßt hatte, aber auch an E. M. Arndt, R. E. Prutz, Th. Körner, Herwegh und an den Verfasser der berühmten „Wacht am Rhein", Max Schneckenburger[16]), die 1840 alle mit wütenden Attacken auf die französischen Provokationen reagiert hatten.

---

11) Vgl. Kap. II.

12) *Um Einheit und Freiheit,* a. a. O.: R. E. PRUTZ, „Dem Könige von Preußen", S. 173; A. VON DROSTE-HÜLSHOFF, „Die Stadt und der Dom" (1842), S. 177; L. UHLAND, „Dompfennige" (1842), S. 187; G. HERWEGH, *Werke,* ed. Tardel, Berlin etc. o. J., I, S. 105.

13) Vgl. G. MÜCKE, *H. Heines Beziehungen zum deutschen Mittelalter,* Berlin 1908, S. 37 u. 86—88, u. VII, 16 (1833), VII, 202 (1834).

14) Zu den Motiven „Rhein" und „Kölner Dom" s. auch: „Zeitgedichte", „Bei des Nachtwächters Ankunft zu Paris".

15) Vgl. Kap. IV.

16) *Um Einheit und Freiheit,* a. a. O., S. 141—147, u. TH. KÖRNER, *Werke,* Berlin, Leipzig, Wien, Stuttgart, o. J., I, S. 29: „Lied der schwarzen Jäger"; u. G. HERWEGH, *Werke.* a. a. O., I, S. 31, „Rheinweinlied" (1840).

De Musset antwortete allen mit Versen, die er als Entgegnung auf das Rheinlied Beckers dichtete und die gewiß nicht weniger mittelmäßig waren als die seiner Gegner. Dem Ungestüm und der Entrüstung der deutschen Dichter begegnete er mit Spott. Er erinnerte an Condé und Cäsar (der bei dieser Gelegenheit zu »notre César« erhoben wurde) und erklärte, ohne ausdrücklich Napoleon zu erwähnen -- das hätte dem Juliregime mißfallen können —: »Où le Père a passé, passera bien l'enfant«, und:

> Nous l'avons eu, votre Rhin allemand;
> Si vous oubliez votre histoire,
> Vos jeunes-filles, sûrement,
> Ont mieux gardé notre mémoire[17]).

Bei Heine erscheint der Rhein als brummender, alter Mann, der den Dichter nach dreizehn Jahren väterlich begrüßt und eine lange Klage anhebt über die erlittenen Mißhandlungen. Er erklärt, die Verse Beckers lägen ihm noch schwerer im Magen als die Steine, mit denen die rheinhessische Regierung das Becken eines seiner Arme erhöht hätte, um die Durchfahrt zum Mainzer Hafen zu blockieren. Seine Klage bezieht sich deutlich auf die Verse De Mussets: „Daß ich keine reine Jungfrau bin, — Die Franzosen wissen es besser . . .". Wenn nun die lieben Franzosen an seine Ufer zurückkehrten, so würden ihn die dummen Verse der deutschen Nationalisten schmählich blamieren, und De Musset könnte ihn endlos verspotten. Heine spielt hier auf die franzosenfreundlichen katholischen Liberalen des Rheinlandes an, die den Anschluß des Rheinlands an Frankreich wünschten, da sie sich noch gut an die Freiheit erinnerten, die sie unter der französischen Herrschaft in der napoleonischen Ära genossen hatten. Der Dichter selbst dachte zwar ebenfalls mit Sehnsucht an die Zeit zurück, in der es ihn als Kind begeistert hatte, daß die Franzosen die Freiheit gebracht und den Juden die Bürgerrechte gewährt hatten; doch hatte er sich schon 1839 heftig gegen die neuen Annexions-bestrebungen Frankreichs gewandt, das dazu von Bayern ermutigt wurde. Dazu bemerkt Heine, den Münchener Katholiken komme es nur darauf an, mit anderen Katholiken zusammen lateinisch die Messe zu singen, auch wenn sie deshalb das Vaterland verraten müßten. So sei in diesem Fall trotz allem zu wünschen, daß das verhaßte Preußen siege[18]). Was die rheinischen Liberalen angehe, die sich von der Rückkehr Frankreichs auch eine Rückkehr zur Freiheit erhofften, so müsse man ihnen diese gefährliche Illusion nehmen. In diesem Sinne ist auch die Antwort des Dichters zum Vater Rhein zu verstehen: Die Franzosen hätten sich seit der Zeit Napoleons sehr geändert, sie beschäftigten sich jetzt mit deutscher Philosophie, hätten die alte Sorglosigkeit und Unbefangenheit verloren und seien nachdenklich und heuchlerisch geworden. Sie seien keine Voltairianer mehr, sondern Hengsten-berger (Hengstenberg war ein reaktionärer protestantischer Theologe, der Goethe angegriffen hatte). Und De Musset sei wohl noch ein Franzose vom alten Schlag, doch werde Heine selbst ihn schon daran zu hindern wissen, Vater Rhein zu verspotten, — notfalls werde er ihm mit gleicher Münze heimzahlen. Von dieser

---

17) A. DE MUSSET, *Poésies nouvelles,* Paris, s. a., S. 215, „Le Rhin Allemand, réponse a la chanson de Becker" (1841).
18) VIII, 480.

Wandlung ·des französischen Nationalcharakters hatte Heine schon oft gesprochen[19]). Das *juste milieu* als ein vorwiegend bürgerliches Regime mache aus den
freien Franzosen lauter Philister. Bei der Anspielung auf die Mode der deutschen
Philosophie in Frankreich denkt Heine an die Version, die Cousin davon verbreitet
hatte, der offizielle Philosoph des *juste milieu*, gegen den sich Heine oft gewandt
hatte[20]). (In diesem Sinne schreibt Heine auch, wenn er die deutschen Modephilo-
sophen erwähnt, in Nachahmung der französischen Aussprache „Fischte".)

Abgesehen von diesem patriotischen, nicht nationalistischen Wunsch nach einem
deutschen Rheinland betrachtete Heine die politische Lage in Frankreich als
gefährlich und bedrohlich und glaubte deshalb, daß die rheinischen Liberalen kaum
davon profitieren könnten, wenn sie in ein Regime eingegliedert würden, das zwar
noch lebensfähig war, das aber tausend Klippen zu umschiffen hatte, auf einem
Pulverfaß immer mächtiger werdender revolutionärer Kräfte sitzend, — ein Regime,
das sich jedenfalls nicht auf den Volkswillen stützte.

+ + +

Als der Erzähler nachts durch die Straßen Kölns schlendert (Kaput VI), merkt er,
daß ihm eine seltsame Erscheinung folgt, eine furchtbare, vermummte, untersetzte
Gestalt mit leuchtenden Augen, die etwas unter dem Mantel verbirgt, ein Beil,
scheint es. Dieses Gespenst hat der Dichter schon früher oft gesehen, wie es
unbeweglich hinter ihm stand, wenn er nachts schrieb. Nachdem es sich jahrelang
nicht gezeigt hat, erscheint es jetzt wieder hier in Köln. Schließlich ist er es leid, so
verfolgt zu werden, er dreht sich um und spricht den Schatten an, fragt ihn, wer er
sei und was er wolle:

> Ich treffe dich immer in der Stund,
> Wo Weltgefühle sprießen
> In meiner Brust und durch das Hirn
> Die Geistesblitze schießen.

Die Antwort läßt nicht auf sich warten: „Ich bin die Tat von deinen Gedanken";
der Schatten wird — auch wenn Jahre darüber vergehen — die Urteile vollstrecken.
die der Dichter gefällt hat, seien sie gerecht oder ungerecht.

Hier erscheint nun ganz plastisch der Mythos des Henkers, der vielleicht ursprünglich von einem Ausspruch Joseph de Maistres angeregt wurde[21]). Verschiedene
Züge der neuen Figur entsprechen denen, die früher Laskaro charakterisier-

---

19) Vgl. Kap. I.
20) Vgl. Kap. IV
21) J. DE MAISTRE glaubte — natürlich in einem ganz anderen Sinne als Heine — an die
    Notwendigkeit des Blutbades als eines von Soldaten (durch Kriege) oder von einem Henker
    vollzogenen göttlichen Strafgerichtes. S. *Les Soirées de Saint-Pétersbourg*, Paris 1924, II,
    S. 2 ff., u. M. LEROY, *Histoire des idées sociales en France*, Bd. II, Paris 1950, S. 130.

ten[22]): „Immer schweigsam und ruhig" (Kaput VI), „schwarzer, vermummter Begleiter" (Kaput VII); er kann den Erzähler, der sich mit einemmal furchtbar müde fühlt (Kaput VII), (wie damals, als er zur Hütte Urakas emporstieg oder als er im Fieberhalbschlaf dort lag) zwar nicht beeinflussen („Er störte mich im Schreiben nie", Kaput VI), ist aber sein unbeirrter Begleiter und schließlich sein geschichtlicher Vollstrecker.

Wenn der Dichter erklärt, er habe diesen Geist, der immer erscheint, wenn „Weltgefühle" in seiner Brust „sprießen", seit Jahren nicht mehr gesehen, so verleugnet er damit in gewisser Weise das Werk der unmittelbar vorausgegangenen Periode. Mit *Deutschland* geht Heine, wie wir noch sehen werden, zu einem entschiedeneren Radikalismus über; während er in den Jahren zuvor eher damit beschäftigt war — das gilt auch für den *Atta Troll* —, Vertreter der extremen Linken zu attackieren. Heine lehnt diese Polemik nicht grundsätzlich ab, sondern stellt sie nun auf die Ebene der Tagespolitik. *Deutschland* aber bedeutet für ihn die Rückkehr zu den großen prophetischen Konzeptionen der Geschichtswerke von 1833–34. Deshalb ist auch der Schatten des Henkers nicht mit der Gestalt Laskaros identisch, sondern eine unbestimmtere — und damit auch „universalere" Verwirklichung der gleichen Geschichtskraft, die sich hier darstellt als eine schlechterdings unumgängliche Katastrophe, als Revolution, Krieg oder ähnliches, ohne die klaren Konturen des Kommunismus anzunehmen, den Heine nicht als eine unmittelbar drohende, reale Gefahr für Deutschland betrachtete (vgl. Kap. IV).

In Kaput VII wird das Thema des Henkers weiter entwickelt, jetzt aber in das neue Motiv des Traumes übertragen. Heine sagt von sich, er sei — wie alle Deutschen — ein Träumer. (In *Atta Troll* träumte der Erzähler mit offenen Augen, auf dem Moos ruhend, während Laskaro damit beschäftigt war, die Spur des Bären zu verfolgen.) Hier sieht er sich nun in einem nächtlichen Traum müde und erschöpft durch die Straßen Kölns laufen, verfolgt von dem Geist. Aus seinem klaffend aufgeschnittenen Herzen quellen Blutstropfen hervor; mit diesem Blut bezeichnet er die Schwelle einiger Häuser und hört dabei jedesmal eine Totenglocke läuten. Diese symbolische Geste scheint hier das Gegenteil des Osterbrauchs der Juden zu bedeuten, sie kommt einem Verdammungsurteil gleich.

Zuletzt gelangt der Erzähler zum Dom, geht hinein und kommt zur Dreikönigs-kapelle; dort findet er die Heiligen Drei Könige, wie sie aufrecht auf ihren Sarkophagen sitzen, mit königlichen Insignien versehene Totengerippe. Einer hält ihm sogar eine Rede und verlangt von ihm Respekt, erhält aber eine verächtliche Antwort. Der Erzähler entfernt sich, nachdem er dem Henker ein Zeichen gegeben hat. Während Blutströme aus seinem aufgeschnittenen Herzen schießen, zerschmettert der Geist mit dem Beil die drei „Skelette des Aberglaubens".


Der Traum soll natürlich die künftige Weltrevolution andeuten; sie wird alle ausmerzen, die der Dichter gebrandmarkt und mit dem Blut der ihm zugefügten

---

22) Vgl. Kap. V.

Wunden gezeichnet hat (Reaktionäre wie Republikaner). Sie wird aber vor allem die Kräfte der Reaktion beseitigen, auch wenn dieses Gericht das Herz des Dichters bluten läßt, weil es vieles von dem, was dem Dichter lieb ist, vernichten und jene Schönheit zerstören wird, die wohl nur im Schatten der Könige blühen kann.

+ + +

Der Erzähler setzt die Reise fort (Kaput VII) und kommt durch Mülheim, das er seit dem Mai 1834 nicht mehr gesehen hat. Damals hofften die Mülheimer noch unter dem Eindruck der Julirevolution, daß bald ein neuer Bonaparte die Preußen verjagen und über der Stadt die Trikolore der Freiheit hissen werde. Doch die Preußen sind immer noch da, in Paris hängt die Trikolore traurig von den Türmen herab, und Napoleon ist nur auferstanden, um mit großem Pomp unter der Kuppel des Invalidendoms begraben zu werden. — Das ist eine Anspielung auf die Überführung der Leiche Napoleons von Sankt Helena nach Paris, die das Juliregime 1840 aus Gründen des politischen Prestiges vornahm, was nichts an seiner Untätigkeit und seinem bürgerlichen Charakter änderte; und es ist zugleich eine Absage an den Bonapartismus „des Blutes", dem Heine das nicht an eine bestimmte dynastische Tradition gebundene zäsaristische Ideal entgegenhielt[23].

Nachdem sich der Erzähler zum Mittagessen in Hagen aufgehalten hat (Kaput IX) — die Beschreibung des Essens gibt Anlaß zu boshaften Anspielungen auf gewisse typisch deutsche Eigenschaften — macht er später noch in Unna Station (Kaput X), wo der westfälische Tonfall der Kellnerin gemütvolle, wenn auch leicht ironische Erinnerungen an die Göttinger Studienfreunde wachruft. (Heine war 1824—25 in Göttingen Mitglied der Burschenschaft „Westfalia" gewesen.) Hier huldigt der Dichter dem Geist seines aufrichtigen, wenn auch noch „bürgerlichen" jugendlichen Liberalismus.

Die Postkutsche fährt nun durch den Teutoburger Wald (Kaput XI), eine heilige Stätte des deutschen Nationalismus, für den Hermann der Held war, der die Romanisierung Deutschlands verhindert und so dessen wahren Geist gerettet hatte. Heine macht sich einen Spaß daraus, sich die Folgen einer solchen Romanisierung vorzustellen und verwandelt dabei viele Zeitgenossen in Römer. Er kommt zu dem Schluß, daß der Sieg Hermanns nur den Keim einer Situation in sich trägt, die man sich schlimmer gar nicht vorstellen könnte, — auch wenn die Römer gesiegt hätten. Diese historische Theorie ist natürlich nur burlesk gemeint, sie wäre auch für einen Liebhaber von Verallgemeinerungen, wie Heine es war, eine allzu gewagte These.

In der Nacht zwingt ein Schaden an der Postkutsche den Postillon, Hilfe zu holen, während der Erzähler allein im Wald zurückbleibt (Kaput XII). Eine Horde hungriger Wölfe nähert sich. Mit feurig glimmenden Augen und wildem Geheul, bemerkt der Dichter ironisch, beleuchten sie ihm den Wald und bringen ihm ein Ständchen dar. Der Erzähler hält eine lange Ansprache mit deutlichen Anspielungen, in der er ihnen, nachdem er sie mit „Mitwölfe" angeredet hat, für ihren herzlichen Empfang, für ihr unerschütterliches Vertrauen und ihre tiefe Zuneigung

---

[23] Vgl. Kap. IV.

dankt, die sie ihm auch in der Stunde bewahrt hätten, als böse Stimmen das
Gerücht verbreiteten, er sei zu den „Hunden" übergelaufen, ein Gerücht, dem zu
widersprechen unter seiner Würde gewesen sei. Er gibt zu, er habe sich zuweilen
den Schafspelz umgehängt, um sich „zu wärmen", beteuert aber, er sei weder ein
„Schaf" noch ein „Hund", sondern ein „Wolf" und werde stets mit den Wölfen
heulen:

> Ja, zählt auf mich und helft euch selbst,
> Dann wird auch Gott euch helfen!

Die „Wölfe" sollen hier, wie leicht zu erraten ist, die radikalen Linken in
Deutschland darstellen[24]); und die Bedeutung der Ansprache des Erzählers erschließt sich aus dem ausgesprochen sarkastischen Ton, der aus den Worten des
Dankes für das „Vertrauen" und die „Zuneigung" klingt. – Bekanntlich waren es
gerade die Republikaner gewesen, die Heine am erbittertsten persönlich angefeindet
hatten. Der Dichter versichert natürlich, die Linke nie verraten zu haben, nie zum
„Hund" geworden zu sein (d. h. zum Schergen der Reaktion, wie die „Hunde", die
in Kaput XI erscheinen) oder zum „Schaf" (d. h. zum gefügigen Sklaven der
reaktionären Kräfte). Wenn er aber einräumt, er habe sich eine Zeitlang „den
Schafspelz umgehängt", und wenn er das mit dem Argument rechtfertigt: „um
mich zu wärmen", so ist das ein halbes Geständnis, daß ihn finanzielle Gründe zum
Kompromiß bewogen hatten. Wir haben hier ein weiteres Element, das neben der
Bemerkung in der „Henker"-Episode Heines damaliges Urteil über seine Tätigkeit
der unmittelbar vorausgegangenen Jahre bestätigt.

Der sarkastische Ton tritt wieder ganz deutlich in der Ermahnung am Schluß
hervor: „Ja, zählt auf mich und helft euch selbst", die einer Aufforderung an die
Republikaner gleichkommt, nicht an ihm zu zweifeln, sondern sich lieber um die
eigenen Angelegenheiten zu kümmern; denn er hat in Wahrheit nichts mit den
anderen Wölfen gemein: Ihre politischen Bestrebungen sind grundverschieden von
den seinen. Sie sind eine Plage des Teutoburger Waldes, der geweihten Stätte des
Nationalismus, d. h. sie sind fanatische Nationalisten, während er nur einen
humanitären, kosmopolitischen Patriotismus vertritt. Außerdem sind sie Republikaner, während Heine noch ein Anhänger der Monarchie und des Zäsarismus
ist[25]).

Der Schlußvers von Kaput XII, in dem es heißt, diese nächtliche Rede habe
Chefredakteur Kolb in der Augsburger *Allgemeinen Zeitung* verstümmelt abge-

---

24) Diese These vertritt auch H. KAUFMANN, a. a. O., S. 194. Sie wird außerdem bestätigt
durch einen Passus von *Über Börne*, wo auch dieses Bild schon vorgeformt ist. Dort heißt
es: „Ein armseliger Schriftsteller, der ein bißchen liberalen Demagogismus treibt und den
Tagesenthusiasmus ausbeutet, um die große Menge zu gewinnen, um seinen schlechten
Büchern Absatz zu verschaffen, um sich überhaupt eine Wichtigkeit zu geben. Der ist halb
Fuchs, halb Hund und hüllt sich in ein Wolfsfell, um mit den Wölfen zu heulen." VIII,
419–20. Eine brillante Definition, die Börne in den Mund gelegt wird. Heines Gegner
hätten übrigens meinen können, sie treffe haargenau auf den Autor selbst zu.
25) Siehe zu dieser Distanzierung Heines von den Revolutionären das Zitat von Anmerkung 89.

druckt, deutet eines der Argumente an, mit denen sich Heine gern verteidigte: Auf den Vorwurf des Kompromisses mit den konservativen Kräften, der vor allem seine in der *Allgemeinen Zeitung* über Frankreich erschienenen Artikel betraf, entgegnete Heine unter anderem, viele Mißverständnisse seien durch die willkürlichen redaktionellen Änderungen an seinen Manuskripten entstanden[26]).

+ + +

Als der Wagen in der Nähe des katholischen Paderborn angelangt ist, geht die Sonne auf (Kaput XIII). Am Wege sieht der Erzähler ein Kreuz, wie es sie damals in Deutschland häufig an den Straßen gab und wie man sie heute noch in Süddeutschland und Österreich sehen kann. Die Betrachtungen, die der Dichter bei diesem Anblick anstellt, setzen in gewisser Weise die in Kaput XII begonnene Selbstverteidigung fort.

Heine hat immer klar unterschieden zwischen dem Christentum und der Gestalt Christi. Während er das Christentum vor allem in seiner römischen und späteren katholischen Form als ein bloßes *instrumentum regni* der Reaktion betrachtet, dessen positive Funktion allenfalls darin bestanden hat, für gewisse unvermeidliche Leiden einen Scheintrost geliefert zu haben, sieht er in Christus hingegen den Feind der Pfaffen und der Mächtigen, der eine Religion der Freiheit und der Gleichheit gepredigt hat und für politische und soziale Reformen in demokratischem Sinne eingetreten ist[27]).

So wird verständlich, daß Heine ihn hier blasphemisch-großmütig „mein armer Vetter" nennen kann und ihn dann sogar behandelt als „Du Narr, du Menschheitsretter!". Er habe den Fehler begangen, daß er eine allzu deutliche Sprache gesprochen habe — und dazu am falschen Ort — und daß er die Reichen und Pfaffen offen angegriffen habe; deshalb sei er schließlich ans Kreuz geschlagen worden. Er hätte etwas vorsichtiger sein sollen:

> Besaßest ja Geist und Talent genug
> Und konntest schonen die Frommen!

Christi Fehler sei also gewesen, daß er neben dem „Talent" allzu viel „Charakter" gezeigt habe: „unglücklicher Schwärmer!" Das Kreuz wird so zu einer Mahnung und Warnung für alle, die allzu lauten Protest erheben. Um ein Reformwerk zu vollbringen, bedürfe es vielmehr einer vorsichtigen, elastischen Taktik, wie sie Heine selbst anzuwenden meint. Seine Kompromisse, die von den ungestümen, naiven Revolutionären als Verrat verurteilt wurden, seien nur dem eigentlichen Ziel, dem Triumph der Menschenrechte angepaßte, taktische Schritte.

---

26) Vgl. dazu Heines Bemerkung von 1855: HEINE, *Werke und Briefe,* hg. v. H. Kaufmann, Bd. 6, Berlin 1962, S. 236. Kurios ist, daß der Dichter sich mit genau demselben Argument gegen den Vorwurf verteidigt hatte, er sei ein Revolutionär: vgl. *Briefe,* II, S. 128 (1836).
27) C. PUETZFELD, *H. Heines Verhältnis zur Religion,* Berlin 1912, S. 137 ff.

Der blasphemische Ton dieser Worte über Christus erklärt sich aus einer anderen-orts von Heine vertretenen Theorie, wonach der entmystifizierenden Ironie eine wesentliche propagandistische und ideologische Funktion zukommt[28]).

+ + +

Wir kommen nun zur zentralen Episode des Gedichtes. Die Chaise „wackelt im Schlamm" (Kaput XIV), ein Ausdruck, der schon mehrmals aufgetaucht ist; er soll die politische Situation in Deutschland charakterisieren, die Heine als ein einziger großer Sumpf erschien. Im Dichter werden Erinnerungen an die Kindheit wach: rührende, symbolische Erinnerungen an Volkslieder und Märchen, die ihm einst die alte Amme gesungen und erzählt hat. „Sonne, du klagende Flamme", das ist der Refrain des ersten Liedes, der leitmotivartig in Kaput XIV wiederholt wird. Das Lied erzählt von dem Mädchen Ottilie, das von dem Geliebten im Wald umgebracht wird und sterbend die Sonne bittet, den Mörder anzuklagen und ihn bestrafen zu lassen. Die Sonne entdeckt den Brüdern Ottiliens den Übeltäter, und sie hängen ihn[29]). Das Motiv der Sonne, wie es hier erscheint, kontrastiert mit den traurigen Betrachtungen am Anfang des Kaput XIII. Dort heißt es: die Sonne beleuchtet immer wieder die Erde, Tag folgt auf Nacht und Nacht auf Tag, doch vergeblich, denn nichts ändert sich auf der Welt, und die Guten, Unschuldigen und Wehrlosen wie Christus erdulden ihr Leid, während ihre Mörder der verdienten göttlichen Strafe entgehen.

Dies ist die harte Wirklichkeit. Dem Leser soll klargemacht werden, daß die Hoffnung auf die rächende Sonne, auf eine Gerechtigkeit, die wie ein Wunder von oben herabkommt, dem Reich des Märchens angehört und nur eine edle, aber leere Hoffnung des leidenden Volkes ist.

Indes gibt sich Heine selbst einen Augenblick dieser Illusion hin, um uns einzuführen in die Stimmung der Barbarossasage und in die Grundhaltung, von der sie ausgeht und deren Wert sich uns bald erschließen wird.

Diese sehnsuchtsvolle Rückwendung zur Welt des Märchens hat eine doppelte Bedeutung. Grundsätzlich hat Heine die Volkskunst immer von seiner antiromanti-schen Polemik ausgeschlossen. Was er angreift, ist die verfälschte Version, die die romantischen Literaten von den alten Volkssitten und mittelalterlichen Sagen gaben. Die Blüten der Volksdichtung, die in ihrer ursprünglichen Form, als Ausdruck der Volksseele und der einzelnen Nation wesenhaft demokratisch waren, verwandelten sich bei ihnen stets in reaktionäre Legenden. Heine will sie nun in ihrem demokratischen Sinn auslegen und in sein Werk aufnehmen, wobei er oft die Versionen der Brüder Grimm und Arnims verwendet, die er als die ursprünglichsten betrachtet[30]).

---

28) Ebd., S. 135.
29) KAUFMANN, a. a. O., S. 179.
30) K. WEINBERG, H. Heine „romantique défroqué", héraut du symbolisme français, New Haven, Paris 1954, S. 207 ff.; KAUFMANN, a. a. O., S. 169; PUETZFELD, a. a. O., S. 20; H. A. KORFF, Geist der Goethezeit, Bd. IV. Leipzig 1956, S. 194 ff. Zu Arnim s.: R. WELLEK, A History of Modern Criticism, II, New Haven 1955, S. 289.

Außerdem huldigt Heine hier den liberalen Illusionen seiner Jugend und dem Geist der romantischen Kreise, die ihn so stark beeinflußt hatten. Schon im *Atta Troll* dachte er voll Sehnsucht, aber aus kritischer Distanz daran zurück; und auch diese wehmütig-liebevolle Erinnerung soll schon bald in einer neuen Dimension, in ihren Grenzen gesehen werden, — soll als ein sehr gefährlicher Traum erscheinen.

Die zweite Geschichte, die Heine in Kaput XIV andeutet, variiert die symbolische Bedeutung der ersten; es ist die „Gänsemagd" aus Grimms Märchen[31]): Es war einmal eine Königin, die ließ ihre Tochter mit Falada, dem sprechenden Pferd und einer Kammerfrau zu ihrem künftigen Gemahl fortziehen. Die Magd aber befahl der Königstochter unterwegs, ihr das Pferd zu geben und die königlichen Kleider und den Schmuck abzulegen, und ließ sie bei Todesstrafe schwören, keinem Menschen etwas davon zu sagen. Dann gab sie sich am Hofe des Prinzen für die Braut aus und befahl gleich, daß die wahre Königstochter, die sie als ihre Magd hinstellte, die Gänse hütete und Falada getötet wurde. Die unglückliche Gänsemagd bat aber den Knecht, der das Pferd tötete, den Kopf Faladas über ein Tor zu nageln, durch das sie jeden Morgen die Gänse treiben mußte. Und so sprach sie jeden Morgen zu dem Pferdekopf, und dieser antwortete ihr traurig. Von diesem seltsamen Geschehen hörte der König, und er entdeckte die ganze Wahrheit, ließ die ungetreue Magd hinrichten, setzte die wahre Königstochter in ihren Rang ein und vermählte sie mit seinem Sohn. Und der junge König und seine Gemahlin lebten von nun an vergnügt bis an ihr Ende ... — So wird auch hier die Rettung durch ein Wunder herbeigeführt, durch das sprechende Pferd.

Die dritte Geschichte der Amme, die Sage vom schlafenden Barbarossa, liefert das entscheidende Element, das unsere Interpretation der beiden ersten Geschichten bestätigt. Der alte Kaiser wird gewiß die Mörder bestrafen —

> Die Mörder, die gemeuchelt einst
> Die teure, wundersame,
> Goldlockigte Jungfrau Germania — !

Die Mädchen der ersten beiden Geschichten stellen also das deutsche Volk dar, wie zuvor das kleine Harfenmädchen, das mit seinem traurigen Lied den Dichter an der Grenze empfangen hatte. Jenes Lied der Entsagung und der Jenseitshoffnung entspricht im Wesen den frommen Märchen der Amme: sie vertrauen auf eine Rettung von oben und bringen so die ohnmächtigen, wirklichkeitsfernen Wünsche und Hoffnungen des Volkes zum Ausdruck.

+ + +

In der Barbarossasage nimmt Heine das dritte Hauptsymbol des deutschen Nationalismus — neben Kölner Dom und Rhein — aufs Korn.

---

31) Heine zitiert hier wörtlich einige Stellen des Märchens, die er jedoch leicht verändert. Bei den Brüdern Grimm heißt es: „o du Falada, da du hangest", „o du Königsjungfer, da du gangest"; und das Pferd antwortet: „wenn das deine Mutter wüßte", und: „das Herz thät ihr zerspringen".

Der Mythos des schlafenden Kaisers diente zunächst als Banner der Befreiungskriege, dann als Symbol der Rückkehr Deutschlands zur Würde des Kaiserreichs
nach dem Wiener Kongreß und schließlich mit unterschiedlichen Nuancen — je
nach der jeweiligen politischen Einstellung der Autoren — als Wahrzeichen der
deutschen Einigung unter preußischer Führung oder aber der Befreiung des Volkes
von der Tyrannei des Absolutismus.

So hatte Görres die Sage schon 1807 wiederentdeckt[32]), W. Müller griff sie in
einem Gedicht von 1825 auf[33]); es folgten Pfizer[34]), Rückert[35]), Giebel[36]) und
Gottschall[37]) und schließlich Hoffmann von Fallersleben, von dem die berühmten
Verse stammen: „Wenn der Kaiser doch erstände! — Ach er schläft zu lange
Zeit"[38]). Abgesehen von diesen direkten *revivals* der Sage hatten Immermann,
Grabbe und Raupach die Hohenstaufen zum Gegenstand ihrer Dramen gemacht,
und von Raumer hatte 1823 eine „Geschichte der Hohenstaufen und ihrer Zeit"
verfaßt[39]). Weiding und Herwegh hatten eine Zeitlang eine deutsche Einheit unter
einem konstitutionellen Kaiserreich gefordert[40]).

Die Grundzüge der Barbarossasage, wie wir sie in *Deutschland* finden,   wurden
größtenteils der entsprechenden Sage der Brüder Grimm entnommen[41]), in einigen
Punkten bei Görres entlehnt (den Heine besonders zu parodieren scheint)[42]) und
vielleicht auch von einer irischen Sage beeinflußt[43]).

Heines Haltung zu diesem Mythos ist klar vorgezeichnet in *Über Börne*, wo der
Autor vom Messias spricht, der Deutschland befreien wird; denn es „erwartet einen
Befreier, einen irdischen Messias..., einen König der Erde, einen Retter mit
Szepter und Schwert ... — O teurer, sehnsüchtig erwarteter Messias! — Wo ist er
jetzt, wo weilt er? Ist er noch ungeboren, oder liegt er schon seit einem
Jahrtausend irgendwo versteckt, erwartend die große rechte Stunde der Erlösung?
Ist es der alte Barbarossa, der im Kyffhäuser schlummernd sitzt auf dem steinernen
Stuhle und schon lange schläft ...?" Und er schließt: „Nein, es ist nicht der
Kaiser Rotbart, welcher Deutschland befreien wird, wie das Volk glaubt, das

---

32) MÜCKE, a. a. O., S. 160.
33) *Kommersliederbuch,* 1926, I, S. 6: „Der Adler auf Ancona".
34) Ebd., S. 86: „Einst und Jetzt".
35) TIEDEMANN, *Der deutsche Kaisergedanke vor und nach dem Wiener Kongreß,* Breslau
    1932, S. 143: „Das Reich und sein König".
36) Ebd., S. 147: „Friedrich Rotbart".
37) *Um Einheit und Freiheit,* a. a. O., S. 183: „Barbarossa".
38) TIEDEMANN, a. a. O., S. 147: „Sehnsucht".
39) Ebd., S. 143.
40) Ebd., S. 144 u. 147.
41) KAUFMANN, a. a. O., S. 167.
42) A. H. KRAPPE, *Notes sur „Deutschland. Ein Wintermärchen".* „Neophilologus", XVII,
    1932.
43) L. L. HAMMERICH, *Eine Nebenquelle der Barbarossaszene...,* „Neophilologus", XVI,
    S. 98 ff.

deutsche Volk, das schlummersüchtige, träumende Volk, welches sich auch seinen Messias nur in der Gestalt eines alten Schläfers denken kann!"[44]). Später (1852) soll der schlafende Kaiser nicht mehr den Befreier, sondern das Volk selbst versinnbildlichen, das in der Unterdrückung dahindämmert. Doch das entfernt sich schon weit von der Stimmung dieses Epos[45]).

Die Beschreibung der Kyffhäuserhöhle (Kaput XIV) malt ein Bild in bunten Details aus, die oft keiner klaren Anspielung dienen. Man denke nur an die Liste der Waffen, die auch Feuerwaffen enthält, welche zur Zeit Barbarossas noch unbekannt waren: „Altfränkische Feuergewehre" und ein paar Kanonen, die nur als schmückende Trophäen dienen; daraus ragt eine schwarz-rot-goldne Fahne hervor, — die Farben der Jenaer Burschenschaft, die 1818 zur deutschen Fahne, zum Emblem des nationalistischen Liberalismus wurden[46]). Das ist ein deutlicher Hinweis auf die Bedeutung der Sage: Heine will hier die Ideologie des bürgerlichen und monarchistischen Liberalismus der Burschenschaften darstellen, die sich im Kult des vaterländischen Ruhmes verausgabt, aber keine wirksamen Mittel und Waffen besitzt, ein harmloser Verein von Träumern, den Kräften der absoluten Monarchien ausgeliefert, die sich auf schlagkräftige Armeen stützen können.

Und doch ist es ein hohes Ideal, eine verführerische Hoffnung, die das „abergläubische Herz" des Dichters einen Augenblick betört und erwärmt: „Sonne, du klagende Flamme". Die Stunde der Gerechtigkeit ist nahe. Doch Begeisterung und „Aberglauben" müssen vor der kühlen Vernunft weichen.

+ + +

Und so führt uns Kaput XV zur Wirklichkeit, zur Reise des Dichters zurück: Keine Sonne, sondern Regen und Eis ... Das Lied des Postillons ruft wieder Erinnerungen an die Volksdichtung wach, ein Gegenstück zu den süßen Hoffnungen, denen sich der Erzähler zuvor hingegeben hat. „Es reiten drei Reiter zum Tor hinaus!", die Ballade von Abschied und Tod, die Arnim und Brentano in Des Knaben Wunderhorn aufgenommen haben: Die Reiter ziehen fort, während die Liebste zurückbleibt und auf ihre Rückkehr wartet; doch bald muß sie sterben[47]).

Darüber schläft der Dichter ein, und nun hat er wieder einen Traum: Er befindet sich im Zauberberg und geht mit Barbarossa durch die Säle. Der Kaiser ist ganz wach und sieht gar nicht so ehrwürdig aus, wie er immer dargestellt wird. Der Alte zeigt dem Gast mit der Sammlerleidenschaft eines Antiquars die Schätze seiner Höhle und reibt zuweilen mit seinem Hermelinmantel den Rost von den alten Waffen. Auf die Fahne zeigend, erklärt er, sein größter Stolz sei, daß der Wurm

---

44) VIII, 489.
45) VII, 189.
46) P. RASSOW, Deutsche Geschichte im Überblick, Stuttgart 1953, S. 399.
47) Die Ballade findet sich in Des Knaben Wunderhorn, Leipzig 1906, S. 167 unter dem Titel „Drei Reiter am Tor". Heines Version weicht jedoch etwas von dem Text der Sammlung ab; dieser lautet: „Es ritten drei Reiter zum Tor hinaus".

noch nicht das Holz zerfressen habe. Als sie in den Saal kommen, wo die schlafenden Soldaten liegen, bittet er, keinen Lärm zu machen; denn wenn die Leute erwachten, könnten sie ihren Sold fordern. Indessen steckt er jedem einen Dukaten in die Tasche, den Lohn, den sie alle hundert Jahre bekommen. Im nächsten Saal zählt er die Pferde; er zählt und zählt, aber es scheinen ihm noch nicht genug. Er sagt, er habe seine Boten ausgeschickt, um ihm noch mehr Pferde zu kaufen; und wenn die rechte Zahl erreicht sei, könne er mit der Befreiung Deutschlands beginnen. Der Dichter mahnt ihn zur Eile: Er solle sich ohne Zögern ans Werk machen; wenn er nicht genug Pferde habe, solle er eben stattdessen Esel nehmen. Der Kaiser erwidert aber weise lächelnd, man müsse sich Zeit lassen, und was man heute nicht tun könne, das werde eben morgen geschehen: »chi va piano, va sano«, — eine klare Anspielung auf den „Fatalismus", den Heine der typisch konservativen Historischen Schule vorgeworfen hatte[48]).

Schließlich fragt ihn Barbarossa, was es Neues in der Welt gäbe (Kaput XVI): Seit dem Siebenjährigen Krieg hat er nichts mehr erfahren (d. h. die Monarchie ist nicht über die Idee vom aufgeklärten Absolutismus hinausgekommen). So erzählt der Dichter das Ende Ludwigs XVI. und erwähnt die Guillotine, worüber sich der alte Kaiser sehr erbost. Solchermaßen einen König und eine Königin zu töten, scheint ihm doch gegen jeden Respekt und jede Etikette. Im übrigen zieme es sich auch keineswegs, daß sein Gegenüber es wage, ihn zu „duzen"; das sei ein sicheres Indiz für Hochverrat und Majestätsverbrechen. Hier spielt der Dichter gewiß auf die Hoffnungen an, die man bei der Thronbesteigung Friedrich Wilhelms IV. von Preußen gehegt hatte, von dessen liberalen Allüren sich viele Vertreter der Linken täuschen ließen und der sich nur allzu bald als Reaktionär entlarven sollte. Eben das war bei dem berüchtigten Abenteuer Herweghs geschehen[49]). Wie üblich, überlagern sich hier wohl verschiedene Motive und Elemente, und Heine weist gleichzeitig noch auf ein anderes Mißgeschick hin, dessen Opfer De Musset war. Dieser beglückwünschte Louis Philippe nach dem mißglückten Attentat Meuniers (1836), daß er der Gefahr entgangen war, und widmete ihm ein Sonett, in dem er ihn dichterisch mit „du" anredete, was ihm der Bürgerkönig sehr übel nahm[50]).

---

48) Vgl. Kap. II.
49) Vgl. Kap. IV.
50) KRAPPE, a. a. O., S. 114.

Da habe er aber die Geduld verloren, erzählt der Dichter, und habe diesem alten „Fabelwesen" die Meinung gesagt:

> Geh', leg' dich schlafen, wir werden uns
> Auch ohne dich erlösen.
> . . . . . . . . . . . . . . . . . . . . . . . . . . . . . .
> Auch deine Fahne gefällt mir nicht mehr,
> Die altdeutschen Narren verdarben
> Mir schon in der Burschenschaft die Lust
> An den schwarz-rot-goldnen Farben.
> . . . . . . . . . . . . . . . . . . . . . . . . . . . . . .
> Bedenk' ich die Sache ganz genau,
> So brauchen wir gar keinen Kaiser.

Dieser Passus wird gewöhnlich als Bekenntnis zum Republikanismus ausgelegt. Der Dichter hat aber vorher auch erklärt:

> Die Republikaner lachen uns aus,
> Sehn sie an unserer Spitze
> So ein Gespenst mit Zepter und Kron',
> Sie rissen schlechte Witze.

Heine identifizierte sich also nicht mit den Republikanern. Er verurteilt hier lediglich das Ideal der konstitutionellen Monarchie, das die alten Burschenschaften vertraten, ein Ideal, das in Frankreich auf so enttäuschende Weise von der Julirevolution verwirklicht worden war, die ein konservatives, bürgerliches Regime an die Macht gebracht hatte.

Dies bedeutet jedoch keineswegs eine Übernahme der so oft kritisierten republikanischen Thesen. Die Lösung wird vielmehr, wie immer, in dem „wahren" Zäsarismus gesehen[51]), den der „wahre Messias" verkörpert. In dem schon erwähnten Text aus *Über Börne* beschreibt Heine — in bezeichnendem Gegensatz zur Barbarossasage — Gestalt und Verhalten des Messias als grundverschieden von denen des alten Kaisers: „Er ist ein schöner, sehr schlanker, aber doch ungeheuer kräftiger Mann; blühend wie die Jugend". Er schläft nicht, sondern betet, lacht und scherzt mit seinen Dienern; er kleidet sich in fürstliche Gewänder; er studiert und verfolgt die Tagesereignisse. „Wenn er aber hört, wie man unten sein Volk mißhandelt, dann gerät er in den furchtbarsten Zorn und heult, daß die Himmel erzittern." Dann müssen sich seine Staatsräte alle Mühe geben, ihn zurückzuhalten, damit er seine Botschaft nicht vor der Zeit verkündet, und das gelingt ihnen nur, weil seine Hände immer mit goldenen Ketten gefesselt sind: „Man beschwichtigt ihn auch mit sanften Reden, daß jetzt die Zeit noch nicht gekommen sei, die rechte Rettungsstunde, und er sinkt am Ende aufs Lager und verhüllt sein Antlitz und weint . . .[52]).

---

51) Vgl. Kap. II u. IV.
52) VIII, 490—91.

Der Messias ist also weder ein kindischer Greis, stolz und untätig wie Barbarossa, noch ein Jüngling, der sich hingibt, dabei aber verzichtet und unbesonnen handelt, wie Christus. Der Messias ist jung, stark, in Purpur gekleidet, und wenn ihn der Zorn über das Unrecht, das sein Volk erleidet, zu einem unüberlegten, übereilten Handeln verleiten könnte, dann zwingen ihn das Schicksal oder die ihn umgebenden Kräfte, die rechte Stunde abzuwarten um einzugreifen. Vor ihm muß wahrscheinlich ein anderer kommen, der gespenstische Henker, der seinem Werk den Boden bereitet; denn es ist kaum möglich, daß die große *Transaktion* auf der Grundlage der *neuen Doktrin* vollzogen wird, ohne daß ihr eine Revolution vorausgeht. Dieses Motiv des — sagen wir — „immanenten" Messias (der eben nicht transzendent ist wie die mythischen *dei ex machina*) ist nicht bloß ein Bild für ein „wahres" Wiedererwachen des Volkes, sondern entspricht sehr wahrscheinlich der wirklichen Erwartung einer außergewöhnlichen Gestalt, die den triumphierenden Geist der Erneuerung inkarniert. Wir sahen schon in Kapitel II, wie die größten deutschen Geschichtsphilosophen unter dem Eindruck des napoleonischen Meteors früher eine ganz ähnliche Theorie vertreten hatten, die Immermann (den Heine sehr schätzte und mit dem er befreundet war) in einer demokratischen, für die Linke annehmbaren Form wiederaufnahm.

Zu einem ähnlichen Schluß wie Heine gelangte Herwegh in „Barbarossas letztes Erwachen", das mit der Aufforderung schließt:

> Stirb du auch, alter Kaiser!
> Es hilft sich selbst, dein Land[53]).

+ + +

So endet der Traum (Kaput XVII); und der Dichter fügt hinzu, nur im Traum könne man es wagen, sich mit einem Kaiser zu streiten, — ein Hinweis auf die dumpfe Resignation der Deutschen und zugleich eine neue Rechtfertigung der eigenen Kompromisse, vor allem mit der Julimonarchie. Das wird noch von der folgenden Aufforderung zu einer realistischen Haltung unterstützt: ein Barbarossa sei immer noch besser als die Tyrannei der Junker oder die Anarchie (wie ein Louis Philippe dem Absolutismus oder der Revolution vorzuziehen ist). Allerdings dürfe dieser „Kompromiß-Retter" nicht mit den Preußen oder den Romantikern paktieren. Die letzteren werden als Zwitterwesen, als eine Kreuzung von mittelalterlichem Wahn und moderner Heuchelei bezeichnet.

Es sei sogar noch besser, die „Carolina", die Gerichtsordnung Karls V., wiedereinzuführen[54]) und zum wahren Mittelalter zurückzukehren, als die unwürdige Farce der

53) HERWEGH, *Werke*, a. a. O., II, S. 131—34.
54) „die peinliche Karls des Fünften": Anspielung auf die Constitutio criminalis Carolina (Peinliche Gerichtsordnung) Karls V. (1532), die große Strafrechtsreform des Kaiserreichs im Sinne einer Vereinheitlichung der Gesetzgebung der verschiedenen Länder und einer Einführung der Prinzipien des Römischen Rechts. Sie war noch bis weit ins 18. Jahrhundert für die deutsche Gesetzgebung bestimmend. Die darin vorgesehenen Strafen waren für moderne Begriffe sehr grausam. Heine denkt vielleicht an seinen Jugendplan, ein Buch über „Historisches Staatsrecht des germanischen Mittelalters" zu schreiben. Vgl. MÜCKE, a. a. O., S. 67.

Gegenwart ertragen zu müssen. Das Mittelalter mit all seinen Schrecken habe den Erfordernissen der damaligen historischen Epoche entsprochen und sei zumindest eine Zeit starker, robuster Naturen und heftiger Leidenschaften gewesen, in der der Körper zu seinem Recht kam[55]); es habe nichts gemein gehabt mit dem Spiritualismus der philisterhaften Romantiker, die als Paladine verkleidet, unter dem Mantel der Vergangenheit ihr reaktionäres Gesicht verbergen wollten. Wenn wirklich ein Barbarosse wiederkäme, würden gerade sie ein schweres Stündchen erleben. Der Dichter will damit sagen, daß es nicht realistisch wäre, die Hoffnungen auf eine Befreiung, die das Volk hegt, zu zerstören; denn trotz aller Wirklichkeitsferne sind sie der einzige Trost der Gegenwart und der einzige Keim künftiger Erneuerungsbestrebungen. Man muß nur verhindern, daß Preußen und die Romantiker von diesem Mythos Besitz ergreifen und ihn für sich ausnutzen, indem sie sich mit den im Bewußtsein des Volkes noch lebendigen Werten zu identifizieren suchen und sie so entstellen und ihres fortschrittlichen Geistes berauben.

Die Barbarossasage ist gewissermaßen die geistige Mitte des Epos; in ihr überlagern sich nach dem üblichen Schema vielfältige Motive, die alle ähnlich gestaltet werden. Der allmähliche Übergang von einer fast uneingeschränkt positiven Haltung am Anfang zu einer völlig ablehnenden Haltung erfolgt gewöhnlich nach einem Schema, das im publizistischen Werk des Dichters vorgezeichnet ist[56]). Am Anfang gibt der Autor vor, eine bestimmte These im Prinzip zu befürworten, und gewinnt so das Vertrauen der Leser, die eine solche These vertreten. Dann höhlt er sie aber aus und stellt sie regelrecht auf den Kopf. Es ist das berühmte rhetorische Mittel, das Antonius in seiner Leichenrede auf Zäsar in Shakespeares „Julius Zäsar" anwendet. Hier hat dieses Verfahren auch eine autobiographische Bedeutung, denn es entspricht dem realen Weg des Dichters vom jugendlichen Liberalismus zum Cäsarismus des reiferen Alters. Hinzu kommt die Pointe der besonnenen Rückkehr zu einer Haltung des Ausgleichs zwischen den beiden Extremen. Die erste Stufe ist das Märchenreich der Amme, die zweite ist nur ein Traum, die dritte aber entspricht der harten Wirklichkeit.

So überschneiden sich in der Sage verschiedene Themen: das naive, passive Warten des Volkes auf eine wunderbare Befreiung (die Märchen der Amme) und die Hoffnungen der konstitutionalistischen Liberalen, die zwar aktiv, aber machtlos sind, dem Mythos des nationalen Ruhms anhängen und sich der Illusion hingeben, in der Tradition Wege der Erneuerung zu finden (der Anfang des Traumes, in dem Heine noch einmal, wenn auch schon mit deutlicher Ironie, seine Burschenschaftsideale erlebt).

Beide Illusionen werden entmystifiziert: Zunächst wird gezeigt, daß der revolutionäre Elan der Liberalen sich erschöpft hat und abgelöst wurde von einer passiven, abwartenden und fatalistischen Haltung, wie sie für die Historische Schule typisch ist; dann wird der wesentlich konservative Charakter der Politik der pseudolibera-

---

55) MÜCKE, a. a. O., S. 164—66
56) Vgl. Kap. IV.

len oder gar konstitutionellen Monarchen — eines Friedrich Wilhelm IV. etwa oder eines Louis Philippe — entlarvt. Es folgt die heftige Reaktion des Dichters (letzter Teil des Traums) und schließlich die Rückkehr zur Wirklichkeit und die Moral des Märchens: Da es voreilig wäre, die eigenen Bestrebungen uneingeschränkt verwirklichen zu wollen, kann eine konstitutionelle Regierung vorläufig als die beste Lösung gelten. Außerdem darf man nicht gewisse Volksmythen zerstören, denn das Volk ist noch nicht bewußt geworden und noch nicht bereit, sie durch ein zeitgemäßeres Ideal zu ersetzen. In diesen Mythen glüht ein Funke, der eines Tages Flammen schlagen und zum Brand der Revolution auflodern kann. Es muß aber unbedingt verhindert werden, daß Romantiker und Preußen diesen Funken einfangen und in ihrem Herd anfachen, um damit ihr Süppchen zu kochen. Man muß ihn vielmehr rein erhalten, um ihn eines Tages auf dem Altar des wahren Ideals zu einer hellen Flamme aufleuchten zu lassen. So spielt Barbarossa auch im Schlußteil der Episode noch eine Doppelrolle, als Symbol der Bestrebungen des Bürgertums (konstitutionelle Monarchie) und des Volkes (messianische Befreiung als Erbe der mittelalterlichen Geisteshaltung).

Wenn sich Heine also in der Episode der Wölfe von den anderen Radikalen distanziert hat, setzt er sich nun in dieser Szene klar von den Konstitutionalisten und den traditionellen deutschen Konservativen ab, von jener Bewegung, deren Wortführer ein Dahlmann war[57]). Während er im ersten Fall aber seine demokratischen Überzeugungen bekräftigt, schließt er im zweiten mit einer Rechtfertigung des eigenen taktischen Bündnisses mit dem *juste milieu* und der Respektierung vieler Mythen, die noch nicht zerstört werden dürfen. Dabei unterscheidet er jedoch klar zwischen seinem eigenen Patriotismus, der sich in der Übernahme des im deutschen Volk noch lebendigen kaiserlichen Ideals ausdrückt, und dem reaktionären Nationalismus jener Romantiker und jener Preußen, die von der Linken und einem Teil der Gemäßigten so erbittert bekämpft wurden[58]).

+ + +

Ein neuer Abschnitt der Reise beginnt mit der Übernachtung in der preußischen Festung Minden (Kaput XVIII). In verschlungenen, klassischen Reminiszenzen erscheint der Dichter zunächst als Odysseus, dazu bestimmt, den reaktionären, preußischen Zyklopen zu blenden, und sieht sich dann in der Nacht im Traum — von den Gespenstern der Zensoren und preußischen Gendarmen verfolgt — als Prometheus, der den Menschen das Feuer, die Flamme des Wissens, bringt und an einen Fels geschmiedet wird, wo ihm der preußische Adler die Leber zerfleischt.

Der Erzähler kommt durch Hannover und sieht sich den Königspalast an, in dem Ernst August regiert, der arme englische Edelmann, dem das Leben durch die allzu zahme Gesinnung seiner Untertanen langweilig wird. Heine spielt hier auf die Ereignisse von 1837 an, als Ernst August, Herzog von Cumberland, zum König von

---

[57]) RASSOW, a. a. O., S. 419.
[58]) G. LUKÁCS, *Heine e la preparazione ideologica della rivoluzione del 1848* „Società", 1956, S. 229; u. TH. K. BROWN, *Young Germany's Views of Romanticism*, New York 1941.

Hannover wurde, nachdem die Thronbesteigung Viktorias zum Ende der Personal-union England-Hannover geführt hatte. Der neue König beeilte sich, die Hannover-sche Verfassung aufzuheben, was seine Untertanen passiv und gleichgültig hinnah-men. Nur sieben Göttinger Professoren, voran Dahlmann, wagten es, öffentlich gegen den Verfassungsbruch zu protestieren und wurden sofort abgesetzt und vertrieben[59]), was in linken und gemäßigten Kreisen große Entrüstung hervorrief.

Endlich in Hamburg angekommen (Kaput XX), kann der Dichter die alte Mutter in die Arme schließen, die ihm viele verfängliche Fragen stellt: ob ihn seine französische Frau sorgsam pflege, ob er lieber in Frankreich oder in Deutschland lebe, zu welcher Partei er jetzt gehöre. Die Antworten des Dichters sind betont ausweichend: Er will damit vor allem zu verstehen geben, daß die politische Stellungnahme zu bestimmten Tagesereignissen eine ganz private Angelegenheit sei, in die sich niemand einzumischen habe. Außerdem will er vor allem durch die Schlußbemerkung:

> Verschlucke ich den süßen Saft,
> Und ich lasse die Schalen liegen.

ausdrücken, daß die verschiedenen politischen Parteien nur die vorläufigen, vergänglichen Hüllen eines Ideals sind, das über sie hinausgeht: Ihm geht es aber um das Ideal, und die Parteien kümmern ihn wenig; er kann sich vorübergehend der einen oder anderen von ihnen nähern, doch das hat im Grunde keine Bedeutung. Diese Betrachtungen stehen ganz im Zeichen der Polemik gegen die *Tendenz-poeten.*

Es folgen ironische Bemerkungen über den großen Brand, der Hamburg im Mai 1842 verheert hatte (Kaput XXI). Dabei läßt sich Heine über den Charakter der Hamburger aus und stellt sie als geldgierige, kleinkarierte Geschäftsleute dar, deren Seele in den Banktresoren verwahrt ist und die die Mitmenschen nach ihrem Bankkonto („Bankowert") beurteilen, immer bereit, Armut und Elend vorzutäu-schen, wenn sie sich davon irgendeinen Vorteil versprechen, jedes Almosen annehmend, dem Mammon und dem Kult des guten Essens frönend[60]). Der Dichter deutet auch die Manöver Preußens an, das Hamburg in den Zollverein hineinbringen wollte. Der häßliche preußische Vogel habe sogar in des Bürgermei-sters Perücke ein Ei gelegt.

Kaput XXII und XXIII enthalten private Notizen über das Hamburger Leben, über Freunde und Gegner des Dichters. Es fehlt nicht eine leicht ironische Huldigung an den Verleger Campe und später (Kaput XXIV) eine respektvolle Bemerkung über

---

[59]) RASSOW, a. a. O., S. 417.
[60]) Vgl. Kap. I, u. „Aus den Memoiren des Herrn von Schnabelewopski" (1831), Kaput III u. IV.

Onkel Salomon, mit dem er sich inzwischen versöhnt hatte; zwei Menschen, die Heine duldete, aber gewiß nicht liebte[61]).

Nach einem lukullischen Abendessen mit Campe ist der Dichter druch die Straßen geschlendert, in der Absicht, das Fest mit einem nächtlichen Abenteuer zu beschließen. Er wird bald von einer Matrone angesprochen, die sich dann als Hammonia, Hamburgs Schutzgöttin, herausstellt. Hier beginnt nun die letzte Episode des Epos.

+ + +

Wir finden zunächst (Kaput XXIII) eine ausführliche Beschreibung der etwas üppigen Vorzüge dieser Dame, die an die Darstellung der Hamburgerin erinnert, die Heine schon Jahre vorher geliefert hatte[62]). Dazu passen auch die anfänglichen moralischen Beteuerungen der Göttin, die sich dann aber nicht lange bitten läßt, dem Dichter ihre Gunst zu schenken.

So vergeht die Nacht mit Liebespiel und süßem Geplauder (Kaput XXIV). Die Göttin gesteht dem Dichter ihre Zuneigung, und er erklärt ihr, warum er nach Hamburg gekommen ist: Die Vaterlandsliebe habe ihn dazu getrieben, an den Ort seiner Jugend zurückzukehren, — eine Liebe, die im Grunde nur eine Krankheit sei und die entweiht werde von falschen Patrioten wie Menzel und den schwäbischen Dichtern, die sie zu Markte trügen, um sich billig Ruhm und Reichtümer zu erwerben.

Hammonia will diese sentimentale Stimmung des Dichters nützen, um ihn zu überreden, in Hamburg zu bleiben und nicht mehr zu diesen frivolen, sittenlosen Franzosen zurückzukehren, die ihn auf die schlechte Bahn brächten, zumal ihm

---

61) Die Auseinandersetzung mit dem berühmten Onkel Salomon behandelt jede Heinebiographie in solcher Breite, daß es hier keiner beonderen Hinweise bedarf. Was Campe anbelangt, so betrachtet ihn Heine als einen Erzgauner, eine Meinung, die ja die meisten Erfolgsautoren von ihrem Verleger haben. Man lese dazu nur einige Briefe Heines an Campe, in denen finanzielle Fragen behandelt werden; z. B. *Briefe,* II, S. 90—91, 96, 153, 176, 284, 294, 295. An seine Frau schreibt er im selben Jahr (1843): „Mein Buchhändler ist der größte Schelm von der Welt" (Ebd., S. 483). 1835 apostrophiert er ihn in einem Brief ironisch mit: „Edelster Citoyen der Republik Hamburg!" (Ebd., S. 100). Der Vergleich dieser beiden Charakterisierungen Campes, von denen die zweite besonders gut zur Darstellung des Hamburger Milieus in *Deutschland* paßt, erschließt uns die Grundstimmung, in der Heine diese letzte Begegnung mit Campe beschrieb.

62) „Schnabelewopski", Kaput III, (1831): „Letztere fand ich durchaus nicht mager, sondern meistens sogar korpulent, mitunter reizend schön, und im Durchschnitt, von einer gewissen wohlhabenden Sinnlichkeit, die mir bei Leibe! nicht mißfiel. Wenn sie in der romantischen Liebe sich nicht allzuschwärmerisch zeigen und von der großen Leidenschaft des Herzens wenig ahnen: so ist das nicht ihre Schuld, sondern die Schuld Amors, des kleinen Gottes, der manchmal die schärfsten Liebespfeile auf seinen Bogen legt, aber aus Schalkheit oder Ungeschick viel zu tief schießt, und statt des Herzens der Hamburgerinnen nur ihren Magen zu treffen pflegt."

dort nicht ein tüchtiger deutscher Verleger als Mentor zur Seite stehe (Kaput XXV). Die Gestalt Hammonias enthüllt sich nun als Personifizierung jener Kreise in Deutschland — und besonders in Hamburg —, die, gemäßigt liberal und antipreußisch gesinnt (Hamburg hatte sich nicht dem Zollverein angeschlossen), sich im allgemeinen passiv verhielten und beunruhigt waren über die in der extremen Linken erkennbaren politischen und sozialen Fermente, die sie nicht weniger fürchteten als die preußische Vorherrschaft. Die Interessen von Handel und Finanz, die in vielen Teilen Deutschlands antipreußisch orientiert waren, berührten sich in diesen Kreisen mit der Haltung gewisser gemäßigter Revolutionäre und deckten sich auch mit der Verlagspolitik Campes. So machte dieser glänzende Geschäfte mit der Veröffentlichung der Werke von Linksintellektuellen, war aber immer ängstlich darauf bedacht, im Rahmen der Legalität zu bleiben, denn er versuchte natürlich — wenn er auch auf Skandalerfolge setzte —, jede extreme Provokation zu vermeiden, die unweigerlich ein Verbot der preußischen Zensur zur Folge gehabt hätte. Dadurch wäre ja ein guter Teil des deutschen Marktes für den Absatz des Buches gesperrt worden[63]).

Das ist im wesentlichen die Position der enttäuschten Konstitutionalisten, der einzigen Kreise, zu denen Heine noch Zugang hatte, nachdem er sowohl mit der Rechten als auch mit der Linken gebrochen hatte. Und so wird die Gestalt Hammonias aus einer ironischen und doch wohlwollenden Sicht dargestellt, mit einem freundschaftlichen, unsentimentalen Unterton, halb liebevoll, halb nachsichtig.

Das klingt letztlich an die Moral der Barbarossasage in Kaput XVII an; hier wird das Thema wiederaufgenommen und weiterentwickelt: Von allen bestehenden Parteien ist die konstitutionalistische, obgleich sie weit davon entfernt ist, das wahre Ideal des Dichters zum Ausdruck zu bringen, immer noch die vernünftigste, wenn sie nur nicht den Preußen, den Romantikern und Nationalisten Zugeständnisse macht. Genau das verkörpert Hammonia mit ihrer gutmütigen Vaterlandsliebe, ihren bequemen bürgerlichen Tugenden, ihrem Realismus und ihrem antipreußischen Pathos. Man kann sich gut vorstellen, daß Heine dieser Figur viele Worte in den Mund gelegt hat, die er bei seinem Aufenthalt in Hamburg tatsächlich gehört hatte.

So preist Hammonia zunächst die Vorzüge des friedlichen, sittsamen Lebens des deutschen Bürgertums („Hier herrschen noch Zucht und Sitte"). Ihre Ermahnungen an Heine, sich nicht vom frivolen Paris verführen zu lassen, haben nichts mit nationalistischem Fanatismus zu tun, sondern sind eine vorsichtige Anspielung auf die Gruppe des „Vorwärts", bei der der Dichter gewisse Sympathien gefunden hatte.

---

[63]) J. DRESCH, *Heine à Paris,* Paris 1956, S. 105.

185

Die Göttin fährt fort mit einer Diagnose der politischen Situation in Deutschland, wie sie die Gemäßigten damals eben anstellen konnten: Man könne nicht leugnen, daß ein gewisser Fortschritt stattgefunden habe; die Zensur sei nicht mehr so streng. Außerdem hätte sich ja auch das Ungestüm des Dichters mit den Jahren gelegt (eine neue versteckte Anspielung auf den Weg, den Heine in den letzten Jahren gegangen war). Wenn er jetzt die Vergangenheit betrachte, müsse er doch zugeben, daß er früher etwas übertrieben habe mit der Verurteilung von Übeln, die im Grunde gar nicht so schlimm gewesen seien: „So übel war es in Deutschland nie". (Allerdings läßt die Ironie des Dichters die Göttin dann Dinge sagen, die ihre eigene Behauptung indirekt widerlegen.) Die Gründe für diese Einstellung werden auch gleich genannt: Die neue Gefahr, die auf der Linken entstanden ist, hat die Liberalen vorsichtiger und milder werden lassen gegenüber der Rechten. Hammonia ist in der Tat sehr pessimistisch im Hinblick auf die Zukunft Deutschlands; und was die Gegenwart anbelangt: „Jetzt herrscht nur Zweifel, Verneinung", und die materielle Freiheit werde bald das reine Ideal der geistigen Freiheit vertilgen, an das die Liberalen glaubten, mit ihm werde auch die Poesie sterben. Wir wissen schon, daß Heine das Ideal des alten Liberalismus zwar auf der politischen Ebene ablehnte, daß er aber davon überzeugt war, daß auf der Ebene der Kunst eine Gleichheitsordnung für die Poesie verhängnisvoll wäre[64]).

Die Göttin schaudert, wenn sie an die Zukunft denkt. Und erst als der Dichter ihr durch eine groteske biblische Formel feierlich geschworen hat, Verschwiegenheit zu wahren, entschließt sie sich, ihm die ganze Wahrheit über das künftige Schicksal Deutschlands zu enthüllen.

+ + +

Hierzu bedient sich Hammonia eines magischen Gegenstandes; es ist nichts Geringeres als der *chaise percée* Karls des Großen, des Vaters der Göttin (Kaput XXVI). Die Erwähnung Karls des Großen (der der Überlieferung zufolge eine Festung an der Elbemündung bauen ließ, aus der sich dann die Stadt Hamburg entwickelte) hat eine klar antiromantische, antinationalistische Bedeutung. In der deutschen Literatur galt Karl der Große nämlich schon seit Voß und Herder als ein Symbol der Unterwerfung des deutschen Volkes unter die romanische Welt, als ein Feind des wahren deutschen Wesens und als der Verbreiter des mitteralterlichen Christentums[65]. Heine selbst betrachtete Karl den Großen nach einer damals sehr verbreiteten Meinung als den Begründer des Feudalsystems[66]).

Die Gründe für die Erwähnung Karls des Großen erschließen sich also aus dem Inhalt von Kaput XI, in dem Heine sich ironisch über die vorstellbaren Folgen einer Romanisierung Deutschlands zur Zeit des Augustus ausläßt und dabei zu dem

---

[64]) Vgl. Kap. II u. V.
[65]) J. H. VOSS, *Sämtliche poetische Werke*, Leipzig 1853, Bd. IV, S. 13—16; M. ROUCHÉ, *La philosophie de l'histoire de Herder*, Paris 1940, S. 53 u. 468.
[66]) MÜCKE, a. a. O., S. 69.

Schluß kommt, daß alle Übel Roms nicht an die des damaligen Deutschlands heranreichten, das die Nationalisten doch so sehr priesen. Außerdem ist auch wieder Kaput XVII heranzuziehen, in dem Heine erklärt, er ziehe das „wahre" Mittelalter und die *Carolina*, d. h. das Heilige Römische Reich deutscher Nation, dem falschen Deutschtum der Romantiker vor. Und schließlich ist auch bedeutsam, daß Hammonia äußerlich als eine römische Göttin erscheint (wie aus der Beschreibung ihres Gewandes in Kaput XXIII hervorgeht) und nicht als Fee oder nordische Nixe oder Elfe.

Wir können daraus schließen, daß wir den Hinweis auf Karl den Großen richtig interpretiert haben und daß hier jene Orientierung an der Antike angedeutet wird, die Heine als das Fundament eines ehrlichen Konstitutionalismus betrachtete, der von den Idealen von 1789 ausging, kosmopolitisch war und sich an den Prinzipien des öffentlichen Römischen Rechtes, bzw. an dessen republikanischer Repräsentativstruktur ausrichtete, die — wenn auch nur formal — von der Gesetzgebung der Kaiserzeit übernommen, kodifiziert und verbreitet wurde.

Der Erzähler steckt nun den Kopf in die runde Öffnung des ehrwürdigen Stuhles (Kaput XXVI) und kann die Zukunft Deutschlands erblicken... Um sein Versprechen zu halten, will er nicht verraten, was er da gesehen hat; er beschreibt nur, welche entsetzlichen Düfte aus diesem schicksalhaften Ort aufstiegen. Der furchtbare Anblick war wohl das entsetzliche Blutbad der deutschen Revolution. Es ist aufschlußreich, daß er bei der Beschreibung der üblen Gerüche den vermeintlichen Ausspruch Saint-Justs zitiert, man heile die große Krankheit nicht mit Moschus und Rosenöl. (In *Über Börne* war der Satz „Man macht keine Revolution mit Lavendelöl" dagegen Mirabeau zugeschrieben worden).[67] Unsere These wird auch bestätigt durch die Bemerkung:

> Doch dieser deutsche Zukunftsduft
> Mocht' alles überragen
> Was meine Nase je geahnt —

denn wir wissen, daß Heine prophezeit hatte, die künftige deutsche Revolution werde fruchtbarer sein als alle früheren, so daß die Erinnerung an die Schreckensherrschaft der französischen Revolution darüber verblassen müsse[68].

Vom Schrecken überwältigt und vom Duft betäubt, schwinden ihm die Sinne. Die Göttin nimmt sich seiner an und singt, den Dichter bacchantisch umschlingend, eine Parodie des Liedes „Es war ein König in Thule", die auf Friedrich Wilhelm IV. und die Konservativen der Historischen Schule gemünzt ist. Sie warnt den Dichter davor, sich je in diese Gegenden zu wagen, und ermahnt ihn, in Hamburg zu bleiben. Dort könne er über den Freuden des Lebens die düstere Zukunft vergessen, die Lieder des Nachtwächters hören (eine durchsichtige Anspielung auf

[67] VIII, 433.
[68] VII, 352—53 (1834).

die revolutionären „Lieder eines kosmopolitischen Nachtwächters" von Dingelstedt, der sehr bald einen bequemen Kompromiß mit den Mächtigen gefunden
hatte und zu Amt und Würden gelangt war[69]); die Nachtwächter sangen also
inzwischen recht harmlose Liedchen) und die Ehrungen der Hamburger Honora-
tioren entgegennehmen, — auch die des Zensors Hoffmann, der dem Dichter zu
Ehren die besten Stellen seines Werkes schneiden würde.
Mit dieser letzten Bemerkung, die wie immer doppeldeutig ist, schließt die
eigentliche Fabel des Epos.

+ + +

Das abschließende Kaput XXVII geht über den Rahmen der Reisebeschreibung
hinaus und dient als Epilog. Der Dichter kündigt an, er werde ein andermal
erzählen, was er noch weiter mit Hammonia erlebt habe, — „in warmen
Sommertagen". Der Winter ist hier das Symbol für die Lethargie, in der Deutschland damals verharrte. In halb ernstem Ton bemerkt Heine, in Deutschland wachse
schon eine neue, offenere und freiere Generation heran, die sein Lied verstehen
könne. Sein Lied sei rein, keusch und edel wie das seines „Vaters" Aristophanes,
der ihn mit dem Schluß der „Vögel" zu dem vorangegangenen Kaput angeregt
habe[70]). (Ruge hatte Heine mit Aristophanes verglichen.)[71]) Die „Frösche" des
Aristophanes würden nun in Berlin „zu königlicher Ergetzung" (in der Bearbeitung
von Tieck) aufgeführt[72]). Wenn Aristophanes aber noch lebte und am preußischen
Hof erschiene, dann wäre er bald von preußischen Gendarmen umgeben.

Der Dichter schließt mit einer feierlichen, an Friedrich Wilhelm IV. gerichteten
Rede, in der er den König mit eindringlichen Worten davor warnt, die Dichter zu
verfolgen, welche politische Meinung sie auch immer verträten. Sonst könnte er
sich eines Tages unverhofft in jener Hölle wiederfinden, aus der es kein Entrinnen
gäbe, die Hölle der unvergänglichen Schmach, die der Zorn eines Dichters schaffen
könne, die Hölle eines Dante, der Unterdrücker und Übeltäter zu ihrer ewigen
Schande hinein verbannte.

---

69) Vgl. Kap. IV, u. in „Zeitgedichte", „An den Nachtwächter": „Die Fortschrittsbeine hätten
sich — In Rückschrittsbeine verwandelt. Oh, sprich, — Reitest du wirklich auf schwäbischen
Krebsen? — Augelst du wirklich mit fürstlichen Kebsen? ..." S. auch den Brief Heines
an Campe vom 6. Januar 1842, in dem Dingelstedt scharf kritisiert wird.
70) Damals war noch die später aufgegebene These Süverns verbreitet, Aristophanes habe in
den „Vögeln" versucht, die Athener Bevölkerung vor den Ränken des Alkibiades und des
Gorgias zu warnen; Aristophanes wurde so als ein Verteidiger der Demokratie hingestellt
und war zum Prototyp des nonkonformistischen Dichters geworden; in diesem Sinne
spricht auch Hegel von ihm. Vgl. K. LÖWITH, Von Hegel bis Nietzsche, Zürich, New York
1941, S. 53. Heine bezieht sich hier wahrscheinlich vor allem auf die Verse 1719 ff. der
„Vögel", an die ein Teil der Schlußrede Hammonias anklingt.
71) F. MEHRING, Aufsätze zur deutschen Literatur von Klopstock bis Weerth, Berlin 1961,
S. 655.
72) Bei der Wiederaufführung 1843—44 wurde die Version A. Kopischs verwandt.

So schließt eines der berühmtesten Werke Heines. Der Weg dieser dichterischen Reise ist keineswegs imaginär, er wurde nur verändert. In Wirklichkeit fuhr der Dichter auf der Hinreise über Brüssel, Amsterdam und Bremen nach Hamburg; auf der Rückreise kam er durch Hannover, Bückeburg, Minden, Paderborn, den Teutoburger Wald, Köln und Aachen[73]. Die Umkehrung der Reiseroute ergab sich zwingend aus der symbolischen Bedeutung, die der Reise gegeben wurde: die Begegnung mit dem Hamburger Milieu erscheint als Ziel einer geistigen Wanderung durch die damalige politische Landschaft Deutschlands.

Im Lied der Grenze klingt ein erstes Nebenmotiv an, die antichristliche Polemik, und wird zugleich ein Zentralmotiv eingeführt: die Unterdrückung des deutschen Volkes, das hier von dem Mädchen verkörpert wird. Gleich darauf kündigt sich der spätere „Generalbaß" des Gedichtes an, die Polemik gegen Preußen, die bei dem Aufenthalt in Aachen ihren ersten Stoff findet. Diese Polemik entwickelt sich und wird allgemeiner, um mit der Kölner Dom-Episode und dem Vater Rhein-Dialog den ganzen deutschen Nationalismus, besonders aber den rechtsorientierten, zu erfassen. Und damit wird auch die Romantik und der Kult des Mittelalters miteinbezogen. Hinzu kommen einige antikatholische Akzente. In der Henker-Episode wird das Feld noch erweitert: von der Polemik gegen den Nationalismus führt der nächste Schritt zu Drohungen gegen die gesamte Reaktion (in die vielleicht auch jene Linken einbezogen werden, die gewollt oder ungewollt der Rechten Vorschub leisten). Die Reaktion wird in der Episode der Heiligen Drei Könige schon in einem internationalen Zusammenhang gesehen; sie hat hier die Gestalt der Heiligen Allianz. Nach dem neuen Anklingen antipreußischer Akzente (Mülheim) wird ein neuer Abschnitt des Epos eingeleitet, der die Haltung Heines zur Linken und zur Mitte umreißen soll.

So dient der Aufenthalt in Unna zur Einführung der leicht wehmütigen Erinnerungen an den jugendlichen Liberalismus, während die Betrachtungen über die vaterländischen Bilder, die der Teutoburger Wald wachruft, das antinationalistische Motiv verstärkt wiederaufnehmen, das sich wieder darstellt als eine Folge von Anspielungen auf Vertreter der Rechten oder ganz allgemein auf Diener der Macht. Die Wiederkehr dieses Motivs gerade an dieser Stelle hat aber eine ganz präzise Bedeutung: durch die bezeichnende Nähe im Handlungsablauf soll die Verwandtschaft der nationalistischen Positionen der Liberalen und Republikaner mit denen der Reaktionäre angedeutet werden. So wurde bewußt der Teutoburger Wald als Schauplatz der berühmten Begegnung mit den Wölfen gewählt, bei der Heine seine Haltung gegenüber der Linken klärt, von der er sich trotz eines neuen Bekenntnisses zur Demokratie deutlich absetzt. Die Bedeutung dieses Unterschiedes erhellt sich aus den Betrachtungen über das Kruzifix, die ein weiteres Hauptmotiv des Epos einführen, das schon mehrmals flüchtig angedeutet wurde: die Rechtfertigung der eigenen Kompromisse im Namen eines politischen Realismus, der unerläßlich ist für die Erreichung der eigenen höheren Ziele, da die deutsche Revolution nach wie vor[74] als ein noch fernes Ereignis erscheint.

---

[73] HEINE, *Werke und Briefe,* hg. v. Kaufmann, a. a. O., Bd. I, S. 562. Vgl. S. S. PRAWER, *Heine, the Tragic Satirist,* Cambridge 1961, S. 119.
[74] VI, 228—29 (1832).

Dieses Motiv erreicht seine höchste Entfaltung und erfährt zugleich seine Krise in der Erinnerung an die Lieder und Märchen der Amme. Auch hier erscheinen Mädchengestalten, in denen das Symbol des leidenden deutschen Volkes wiederkehrt. In der liebevollen Hinwendung zum naiven Volksglauben, der diese Geschichten erfüllt, äußert sich die Achtung vor der geistigen Kraft gewisser Mythen, die zwar nur unfruchtbare Phantasiegebilde sind, die aber noch nicht durch konkretere Konzepte ersetzt werden können. Das Motiv triumphiert in der Barbarossasage, in der es von einem zweiten überlagert wird, dem schon vorher angeklungenen Motiv der konstitutionellen Ideale des alten deutschen Liberalismus und der damaligen Konservativen. Hier kommt es nun zur Krise, die am Ende der Episode, im Streit mit dem alten Kaiser dargestellt wird. Dabei werden einerseits die inneren Grenzen des traditionellen Konstitutionalismus — auch in seiner besten Form — bloßgelegt und wird andererseits die große Gefahr aufgezeigt, der sowohl dieser Konstitutionalismus als auch der naive Glaube des Volkes an eine Befreiung ausgesetzt sind: Beide können zu bloßen Instrumenten in der Hand Preußens und zu einer Beute der Berliner Romantiker werden.

Indem sich der Dichter so auch von einer gemäßigten Lösung distanziert, enthüllt er das Äußerste, was er in diesem Epos von seinen wahren Vorstellungen zeigen will. Er revidiert das aber sogleich, indem er vom „Traum" zur „Wirklichkeit" zurückkehrt und wieder das Thema des Kompromisses mit den Konstitutionalisten und den naiven Bestrebungen des Volkes in den Vordergrund stellt, allerdings mit einer eindeutig antiromantischen und antipreußischen Ausrichtung. Heine klärt und bestätigt diese Position in dem '44er Vorwort zu Deutschland: „Pflanzt die schwarz-rot-goldne Fahne auf die Höhe des deutschen Gedankens, macht sie zur Standarte des freien Menschentums, und ich will mein Herzblut für sie hingeben." Wenig später schreibt er, seine politische Konzeption könne nur Erfolg haben, „wenn wir das arme, glückenterbte Volk und den verhöhnten Genius und die geschändete Schönheit wieder in ihre Würde einsetzen, wie unsere großen Meister gesagt und gesungen".

Die Nacht in Minden und der Aufenthalt in Hannover nehmen die Polemik gegen Preußen und die Reaktion wieder auf; die Hamburger Schlußszene aber stellt den Höhepunkt und zugleich den Ausklang des Motivs der Gemeinsamkeit mit den antipreußischen Gemäßigten dar. Über die geistige Beschränktheit Hammonias, die ja diese Gemäßigten darstellen soll, läßt sich der Dichter spöttisch genug aus. Die Grundeinstellung ist jedoch wohlwollend und versöhnlich, wenn die Begegnung auch getrübt wird durch die düsteren Zukunftsahnungen. Völlige Einmütigkeit herrscht schließlich bei der antipreußischen Polemik am Ende des Gedichtes (und der gemeinsamen antiromantischen Haltung).


Es ist allerdings bemerkenswert, daß der Dichter hinzufügt, er wolle den letzten Teil des Abenteuers mit der Göttin noch nicht erzählen, und daß er nicht sagt, ob er ihren Rat, im Vaterland zu bleiben, statt zu so schlechter Gesellschaft (den Freunden der neuen extremen Linken) nach Paris zurückzukehren, befolgen will oder ob er ihn ablehnt. Eine Rückkehr nach Frankreich wird gar nicht erwähnt; in der Welt des Gedichtes findet sie nicht statt. Diese Ungewißheit ist offensichtlich beabsichtigt. Hat die Göttin sich unter dem Eindruck der furchtbaren Prophezeiung über die Zukunft Deutschlands vielleicht überzeugen lassen von dem, was ihr der Dichter gesagt haben mag? Mit anderen Worten: kann man vielleicht den

Gemäßigten die Augen öffnen und sie zu einer vernünftigen Politik bringen, die eine Änderung ihrer Ideale impliziert? Und wenn dem so ist, hat sich der Dichter dann entschlossen, in Hamburg zu bleiben (d. h. offen mit den so bekehrten Gemäßigten zusammenzuarbeiten) oder hat er sie davon überzeugt, daß er trotzdem nach Frankreich zurückkehren muß (d. h. daß er zwischen den Gemäßigten und der neuen extremen Linken vermitteln muß)? Dies konnte uns der Dichter nicht sagen, denn er konnte in diesem Augenblick nicht die Entwicklung der politischen Lage voraussehen, deren Perspektiven die Möglichkeiten eines Ausgleichs, die ihm die Kontakte mit den Hamburger Freunden boten, weit überstiegen. Die Antwort auf diese Frage mußte sich unter anderem gerade aus der Reaktion auf die Veröffentlichung dieses Epos ergeben, das letztlich den deutschen Gemäßigten entgegenkommen wollte; und wir wissen schon, daß diese Reaktion keineswegs positiv war.

Insgesamt enthält *Deutschland* kaum Ansätze für ein langfristiges strategisches Programm. Trotz der Betonung des Universalen und der Ablehnung der früheren „taktischen" Positionen beschränkt sich seine „Universalität" faktisch auf die Ebene der Polemik. Sie besteht in wilden Attacken gegen Preußen und die Romantiker, die jetzt als die wahren, ewigen Feinde gebrandmarkt werden. An positiven Gegenvorschlägen findet sich nur der Vorschlag und die Rechtfertigung einer in Wahrheit rein „taktischen" Position, des Bündnisses mit den Gemäßigten. Und so wird „ein neues Lied, ein besseres Lied", das in Kaput I angekündigt wurde, schließlich in Kaput XXVII auf eine ganz unbestimmte Zukunft verschoben. Eine Hymne auf die zäsaristische Lösung wäre zudem äußerst unangebracht gewesen, da keine reale Aussicht bestand, in der gegebenen politischen Situation dafür Anhänger zu gewinnen. Im übrigen soll das Gedicht nicht nur angreifen (nämlich die Rechte), sondern auch verteidigen (gegen den von der Linken erhobenen Vorwurf des Kompromisses); bei dieser doppelten Funktion kann es sich nicht allzu weit vorwagen und Positionen vertreten, die für die damalige deutsche Situation zumindest unzeitgemäß gewesen wären.

+ + +

Es ist interessant, daß trotz der Verlagerung der polemischen Front, die sich bei dem Übergang von der Position des *Atta Troll* zu der in *Deutschland* vertretenen Haltung abzeichnet, die Grundeinstellung Heines unverändert geblieben ist. Wir finden in *Deutschland* das gleiche zäsaristische Ideal wieder (das nicht ausdrücklich formuliert wird, aber durch Dokumente dieser Zeit belegt ist)[75]) und die gleiche taktische Befürwortung des bürgerlichen Konstitutionalismus.

Die polemische Front hat sich aber, wie gesagt, völlig verlagert. Die Feinde, die in *Atta Troll* angegriffen werden, sind vor allem Anhänger der Linken und der linken Mitte: die Bären-Radikalen, der schwäbische Dichterkreis. Die Gespenster-Episode enthält zwar auch eine Polemik gegen Reaktionäre und Romantiker, diese wird

---

[75]) S. z. B. IX, 485 (Herbst 1843).

aber gemildert durch eine aufrichtig gemeinte, liebevolle, wehmütige Beschreibung gewisser Figuren der gemäßigten Berliner Kreise, deren Position immer noch vertretbarer erscheint als die der unverantwortlichen, fruchtlos polemisierenden Jakobiner.

Der realistischeren, aufrichtiger empfundenen Sympathie für den Fährmann des *Atta Troll* entspricht in *Deutschland* die Darstellung der Hammonia und in gewisser Weise auch die Interpretation der Barbarossafigur; dabei wird aber die Befürwortung der gemäßigten Position sehr viel klarer als in *Atta Troll* als ein taktisches Mittel herausgestellt, das zudem von ganz bestimmten Bedingungen abhängig gemacht wird.

Wie wir schon sagten, richtet sich die polemische Intention in *Deutschland* vor allem gegen die Rechte. Der Attacke gegen den Linksnationalismus im *Atta Troll* entspricht in *Deutschland* der Angriff auf den reaktionären Nationalismus. Preußen und besonders Friedrich Wilhelm IV. (der auch in dem gleichzeitig erschienenen „Der Kaiser von China" verspottet wird)[76]) sind die „schwarzen Schafe" des Gedichtes; und auch die Romantiker werden nicht „mehr verschont. Von der Linken distanziert sich der Dichter durch die Episode der Wölfe. Unter den Vertretern der Linken werden aber nur zwei Namen ausdrücklich genannt — und auch diese nur ganz flüchtig —, die das Banner der Rebellion eingezogen hatten: Hoffmann von Fallersleben und Dingelstedt. Im 1844er Vorwort zu Deutschland findet sich gewiß ein Angriff auf die Linke; es wird ihr aber nur vorgeworfen — ein altbekanntes Argument —, daß sie mit der Rechten Hand in Hand gehe: eine Attacke gegen „das Zeter jener Pharisäer der Nationalität, die jetzt mit den Antipathien der Regierungen Hand in Hand gehen, auch die volle Liebe und Hochachtung der Censoren genießen und in der Tagespresse den Ton angeben können, wo es gilt, jene Gegner zu befehden, die auch zugleich die Gegner ihrer allerhöchsten Herrschaften sind".

Außerdem ist hervorzuheben, daß die Polemik gegen den Nationalismus in *Deutschland* zwar verschärft wird, daß sie aber begleitet ist von wiederholten Beteuerungen der Vaterlandsliebe, die sich im Thema des Heimwehs und in der Verteidigung des deutschen Rheins manifestieren und sich in den fast gleichzeitig verfaßten „Nachtgedanken" wiederfinden[77]). Sie sollen die Stimmen widerlegen, die den Dichter als einen Vaterlandsverräter, einen Agenten des Auslands hinstellen[78]).

Der Patriotismus Heines ist, wie er selbst im Vorwort zu *Deutschland* erklärt, vor allem ein Ausdruck seines bekannten Glaubens an die Universalsendung Deutschlands. So sind die Familienbande, die ihm eine starke, echte Bindung an die Heimat bedeuten, das einzige Motiv für die Reise, neben den noch gewichtigeren materiellen Gründen. Die eigentliche Sehnsucht nach dem Vaterland, die ihn einst erfüllt

---

[76]) „Zeitgedichte", N. 17 (1844).
[77]) „Zeitgedichte", N. 24.
[78]) Vgl. das 44er Vorwort zu *Deutschland*. Man beachte, welche Lösung dabei für Elsaß-Lothringen vorgeschlagen wird.

hatte[79]), war inzwischen ganz verschwunden[80]). Das schloß aber nicht aus, daß er aufrichtigen Herzens Deutschland verteidigte, sobald sich in den Pariser Salons irgendeine Stimme erhob, um es zu schmähen[81]).

Zum Schluß sei noch darauf hingewiesen, daß die Katastrophe der Revolution, die der Dichter im Stuhl Karls des Großen erblickt, jetzt einfach als ein unausweichliches Verhängnis erscheint, obgleich sie keine so deutlichen Konturen annimmt wie in *Atta Troll*; der gespenstische Henker in Kaput VI und VII hat keine klare kommunistische Gestalt. Wenn Heine dadurch, daß er in *Deutschland* nur die Rechte unter Beschuß nimmt und die Linke insgesamt ausspart, zweifellos beweist, daß er tatsächlich nach links gerückt ist, so konnte es ihm doch leichtfallen, bei dieser Gelegenheit wieder einmal seine eigene Kohärenz hervorzuheben. Er fühlte sich nämlich wie immer als Mittler zwischen zwei Jahrhunderten, die sich gegenseitig befehdeten. Genau in der Mitte stehend, konnte er meinen, behaupten zu dürfen, er selbst habe sich nicht von der Stelle bewegt; es könne lediglich vorkommen, daß er seine Geschütze vom linken zum rechten Flügel wende — und umgekehrt —, je nachdem, wo die Gefahr gerade am drohendsten sei.

+ + +

Heine legt immer Wert darauf, öffentlich die eigene lineare Kohärenz zu unterstreichen. Das tut er auch 1855 wieder, als er im Vorwort zur französischen Ausgabe von *Lutezia* schreibt: »Celui qui ne s'attache qu'aux mots, trouvera aisément dans mes correspondances, à force de les éplucher, bon nombre de contradictions, de légèretés, et même un manque apparent de conviction sincère. Mais celui qui saisit l'esprit de mes paroles, y reconnaîtra partout la plus stricte unité pour la cause de l'humanité, pour les idées démocratiques de la révolution«[82]). Wir wissen auch, daß rein theoretisch betrachtet ein solcher Anspruch des so geschickten Begriffsjongleurs Heine nicht ungerechtfertigt war, obgleich wir uns dessen bewußt sind, daß es sich damit in der Praxis ganz anders verhielt.

Heine präsentierte sich jedenfalls wie immer als Sprecher einer über der Bedingtheit des Augenblicks stehenden Konzeption. So schrieb er an Campe, seine Dichtungen jener Jahre würden „eine höhere Politik athmen als die bekannten politischen Stänkerreime"[83]).

---

79) Vgl. H. H. HOUBEN, *Gespräche mit Heine*, Potsdam 1948, S. 307 (1836).
80) Vgl. *Briefe*, II, S. 459: „Nach Deutschland gehe ich nie und nimmer zurück. Ich lebe hier umfriedet, wenigstens in Bezug auf äußere Beziehungen" (Brief an den Bruder Max, vom 12. April 1843); S. 473: „Demain à 6 heures, je pars. Depuis trois jours toute ma pensée est déjà en Allemagne, et je vous avoue qu'elle commence déjà à s'y ennuyer; je serai bientôt de retour" (Brief an F. Mignet vom 20. Oktober 1843); S. 481: „Ich reiste hierher in der Absicht, nur meine Verwandten zu besuchen, durcheilte Deutschland so rasch als möglich und wollte eben so rasch und direkt wieder nach Paris zurückkehren . . ." (Brief an Varnhagen vom 9. Nov. 1843).
81) H. H. HOUBEN, *Gespräche mit Heine*, Potsdam 1948, S. 363, 385.
82) Vgl. HEINE, *Werke und Briefe*, a. a. O., Bd. 6, S. 236.
83) Brief an Campe vom 20. Februar 1844.

In der Praxis hatte dieser neue Kampf gegen die Rechte jedoch einen ganz präzisen Zweck: Jede Hoffnung auf die Gunst Preußens war geschwunden[84]). Die Proteste, die sich auf der Linken gegen Heine erhoben — Proteste, die der *Atta Troll* gewiß nicht zum Schweigen gebracht hatte — gefährdeten seinen Ruf eines Progressiven endgültig und ohne jeden Gegenwert. Schon 1842 schrieb er an Campe, auf dessen kritische Äußerungen über Preußen eingehend: „ich rathe zu einem offenen Krieg mit Preußen auf Tod und Leben. In der Güte ist hier nichts zu erlangen. Ich habe, wie Sie wissen, die Mäßigung bis zum bedenklichsten Grade getrieben, und Sie werden meinen Rath keiner aufbrausenden Hitzköpfigkeit zuschreiben. Ich verachte die gewöhnlichen Demagogen und ihr Treiben ist mir zuwider, weil es zunächst immer unzeitig war; aber ich würde dem schäbigsten Tumultuanten jetzt die Hand bieten, wo es gilt, den Preußen ihre infamen Tücken zu vergelten und ihnen überhaupt das Handwerk zu legen"[85]). Heine gibt hier seine eigenen Interessen für diejenigen Campes aus und läßt sich dabei indirekt zu sehr bedeutsamen Geständnissen verleiten: Noch vor der Vollendung des *Atta Troll* mußte er also feststellen, daß er einen falschen Weg eingeschlagen hatte; denn von der preußischen Regierung „ist in der Güte nichts zu erlangen". Allerdings, Friedrich Wilhelm IV. war nicht Metternich und noch weniger Guizot. Deshalb wird Preußen der erbittertste Kampf angesagt, und dabei wird auch ein Bündnis mit den „schäbigsten Tumultuanten" in Kauf genommen. Marx hätte sich gewiß nicht sehr geschmeichelt gefühlt, wenn er eines Tages diese Zeilen zu lesen bekommen hätte, von denen schwer zu sagen ist, ob Heine sie aus Überzeugung schrieb oder nur, um sich bei Campe wegen der neuen „schlechten Gesellschaft" zu entschuldigen, in die er in Paris geraten war.

Die zu erwartende, ja bewußt provozierte Reaktion der preußischen Regierung auf *Deutschland*[86]) und die Veröffentlichung des Epos im *Vorwärts* allein konnten dem Dichter aber noch nicht jenen Ruf des Radikalismus einbringen, der ihm damals für seinen Ruhm unerläßlich erschien und den er auch durch eine Verherrlichung des schlesischen Weberaufstandes zu festigen versucht hatte[87]). Wieder einmal war er zu abstrus und gleichzeitig zu polemisch gewesen, sein allzu scharfer Intellekt hatte nicht den Mangel an moralischen Skrupeln ausgleichen können.

---

84) S. auch, was Heine am 12. April 1844 an Kolb schreibt: *Briefe,* II, S. 504.
85) Brief an Campe vom 28. Februar 1842. In einem Brief an Laube schrieb Heine am 7. November 1842: „Wir dürfen nicht die preussischen Doktrinäre spielen, wir müssen mit den Hallischen Jahrbüchern [die Zeitschrift Ruges] und mit der Rheinischen Zeitung [die größte liberale Zeitung, an der damals auch Marx mitzuarbeiten begann] harmonieren, wir müssen unsere politischen Sympathien und socialen Antipathien nirgend verhehlen, wir müssen das Schlechte beim rechten Namen nennen und das Gute ohne Weltrücksicht vertheidigen, wir müssen das wahrhaft seyn was Herr Gutzkow nur scheinen will — Anders geht es uns noch schlimmer — schlecht geht es uns auf jeden Fall." Diese mutigen Vorsätze kommen vielleicht etwas spät — doch besser spät als nie. Die Beweggründe scheinen allerdings nicht allzu edel: „anders geht es uns noch schlimmer". Doch wir wollen dem Dichter nicht irgendwelche Absichten unterstellen . . .
86) *Briefe,* II, S. 507, 510.
87) BUTLER, a. a. O., S. 177.

Die deutschen Emigranten in Paris beschuldigten ihn wieder als falschen Revolutionär[88]), und es mußte wirklich nach wie vor schwerfallen, die altbekannte These Heines, der wahre Revolutionär sei nur er allein, mit ihren praktischen Implikationen zu akzeptieren[89]). Auch in Frankreich nahm man an dem Gedicht Anstoß[90]), und der Autor hätte der letzte sein sollen, der sich darüber wunderte, hatte er doch schon früher geklagt, die Franzosen seien keine „Voltairianer" mehr, es sei ihnen wieder der Zopf gewachsen.

Nachdem Heine so feststellen mußte, daß sein Versuch politisch gescheitert war, blieb ihm noch der Trost — gar nicht so mager übrigens, wie man meinen könnte — eines ganz beachtlichen literarischen Erfolges, der gerade auf dem Skandal beruhte. Das Gedicht wurde noch im selben Jahr in einer gesonderten Ausgabe neu gedruckt, und in Deutschland sprach und schrieb jeder davon, wenn auch selten im Ton überschwenglicher Begeisterung[91]). Hierin sollten sich Heines Erwartungen einmal bestätigen. Wenn *Über Börne* ein ausgesprochen schlechtes Buchgeschäft gewesen war[92]) und wenn der gemäßigte *Atta Troll*, der doch gewiß kein allzu harter Brocken für die deutsche Zensur war[93]), nur einen geringen Erfolg gehabt hatte, so versprach sich Heine weit mehr von *Deutschland*: „Wird das Buch [die *Gedichte*] nicht zu streng verboten", schrieb er am 5. Juni 1844 an Campe, „so gibt ihm dennoch das neue Gedicht einen Zug, wodurch es mit dem Buch der Lieder gewiß rivalisieren kann und Tausende werden es kaufen, die gewiß für den zahmeren lyrischen Inhalt kein Interesse gefühlt hätten"[94]). Der Dichter hatte also eine auch kommerziell gültige Formel gefunden: Nachdem er es mit allem versucht hatte, von den persönlichen Anspielungen in *Über Börne* und der „Mäßigung" des *Atta Troll* bis zum „Universalismus" und den „radikalen" Tönen in *Deutschland*,

---

88) Ebd., S. 183.
89) „Zugleich habe ich hier oben insinuiert, in wie fern zwischen mir und jenen Revolutionären, die den französischen Jakobinismus auf deutsche Verhältnisse übertrugen, eine gewisse Verbündung statt finden mußte . . . Trotz dem, daß mich meine politischen Meinungen von ihnen schieden im Reiche des Gedankens, würde ich mich doch jederzeit denselben angeschlossen haben auf den Schlachtfeldern der Tat . . . Wir hatten ja gemeinschaftliche Feinde und gemeinschaftliche Gefahren! — Freilich, in ihrer trüben Befangenheit haben jene Revolutionäre nie die positiven Garantien dieser natürlichen Allianz begriffen. Auch war ich ihnen so weit vorausgeschritten, daß sie mich nicht mehr sahen, und in ihrer Kurzsichtigkeit glaubten sie, ich wäre zurückgeblieben." VIII, 454 (1839).
90) DRESCH, a. a. O., S. 103.
91) BUTLER, a. a. O., S. 177.
92) *Briefe*, II, S. 504.
93) *Briefe*, II, S. 519, 559.
94) *Briefe*, II, S. 516.

hatte sich der Erfolg auch ganz konkret eingestellt. Man beachte, daß Heine auch in diesem Werk sehr darauf bedacht gewesen war, nicht allzu scharfe Töne anzuschlagen. In verschiedenen Briefen an Campe beteuert er seinen guten Willen, die gebotene Vorsicht walten zu lassen, und zwar — das versteht sich fast von selbst — im Interesse des ehrenwerten Campe[95]). So nehmen wir mit großem Vorbehalt die in einem Brief nach Detmold enthaltenen Erklärungen auf, die offensichtlich *ad personam* geschrieben wurden: „*Deutschland*“, heißt es, sei „nicht bloß radikal revolutionär, sondern auch antinational“[96]). Der Dichter hatte es also verstanden, den richtigen Ton zu treffen, der gerade jakobinisch genug war, um Aufsehen zu erregen, und doch in vielen deutschen Ländern durch die Maschen der Zensur schlüpfen konnte.

---

[95]) *Briefe*, II, S. 510 u. 522.
[96]) *Briefe*, II, S. 538 (14. September 1844).

# SCHLUSSWORT

Heines Auffassung von der historischen Aufgabe und den politischen Möglichkeiten Deutschlands und Frankreichs fußt auf dem Begriff des *Volksgeistes*, des fast unveränderlichen, ursprünglichen Charakters der beiden Völker, der sich aus der Rolle bestimmt, die ihnen in der Menschheitsgeschichte zugedacht ist. Deshalb haben wir diese Abhandlung mit einer vergleichenden Analyse der deutschen und französischen Nationalbesonderheiten begonnen, wie der Autor sie sieht (Kap. I). Dabei konnten wir feststellen, daß sich Heines Beurteilung des deutschen Volksgeistes — von einigen nicht unwesentlichen Details abgesehen — kaum von dem traditionellen Bild unterscheidet, das sich im Laufe der vorangegangenen hundert Jahre entwickelt hatte. Dieses Bild hatte seinen reinsten Ausdruck im Werk Mme de Staëls gefunden, der Heine zwar ablehnend gegenüber steht, deren Thesen er aber in diesem Bereich weitgehend übernimmt.

In Kapitel II beschäftigten wir uns mit dem recht komplexen Thema der historischen, politischen und religiösen Anschauungen Heines und seiner Auffassung von der Aufgabe des Künstlers und der Funktion der Kunst. Die Grundhaltung des Dichters wurde noch unlängst von Autoren wie M. A. Clarke (1927), A. Paul (1931) und H. Kaufmann (1958)[1] als inkohärent und widersprüchlich beurteilt. Wir sind aber zu ganz anderen Ergebnissen gelangt: Heine entwirft mit einer geschickten, graduellen Methode Prinzipien, die zunächst ganz vage sind, dann aber bei verschiedenen Stellungnahmen des Dichters, die von den jeweiligen Umständen diktiert sind, klarer und präziser werden. Diese Positionen sind zwar äußerlich sehr unterschiedlich, lassen sich aber immer ausgezeichnet mit den betreffenden Prinzipien vereinbaren, die im allgemeinen als konstant und kohärent gelten können.

Hier stellt sich nun ein subtiles Problem psychologischer und zugleich ethisch-sittlicher Natur. Heine erklärt die deutlichen Schwankungen seiner Haltung in den politischen Tagesfragen mit verschiedenen Gründen: einmal seien seine Schriften von den Verlegern verstümmelt und ihr Gehalt dadurch entstellt worden; zum anderen seien in vielen Fällen die Umstände daran schuld gewesen, daß er seine Ideen nur unvollständig und verhüllt zum Ausdruck bringen konnte; und schließlich sei seine Position zwar unerschütterlich fest und kohärent geblieben, doch

---

[1] M. A. CLARKE, *Heine et la monarchie de Juillet*, Paris 1927, Vorw.: A. PAUL, *H. Heines „Atta Troll"*, „Zeitschrift für deutsche Philologie", LVI, 1931; H. KAUFMANN, *Politisches Gedicht und klassische Dichtung, H. Heines „Deutschland. Ein Wintermärchen"*, Berlin 1958, S. 55.

habe ihn die Änderung der objektiven politischen Lage gezwungen, verschiedene „Taktiken" anzuwenden und seine Geschütze von einem Flügel des gegnerischen Lagers zum anderen zu wenden, um jeweils dort zu kämpfen, wo die Gefahr gerade am drohendsten war.

Daß eine „ehrliche Überzeugung" hinter solchen Worten stand, wurde natürlich von all jenen bezweifelt, die Heine der Inkohärenz und Wankelmütigkeit beschuldigten. Und was die Heineforschung über den Opportunismus, ja die Korruption dieses politischen Schriftstellers festgestellt hat, kann diese Zweifel gewiß nur bestätigen. Das schließt jedoch nicht aus, daß Heines allgemeine Theorien zumindest auf der rein formalen Ebene unverändert blieben und daß die verschiedenen spezifischen Positionen jeweils mit bewundernswertem, wenn auch moralisch zweifelhaftem Geschick darauf abgestimmt wurden. Dies hatte schon einer anerkannt, der zu unserem Autor ein ebenso nahes wie feindseliges Verhältnis hatte: Ludwig Börne schrieb 1835 in seiner Rezension zur französischen Ausgabe von De *l'Allemagne:* »La critique la plus agile, la plus rusée, la plus chatte ne réussira pourtant jamais à attraper M. Heine, qui est encore plus souris que la critique n'est chatte. Il s'est ménagé des trous dans tous les coins du monde moral, intellectuel, religieux et social, et tous ces trous ont des communications souterraines entre eux. Vous voyez sortir M. Heine d'une de ces petites opinions, vous le pourchassez, il y rentre: vous l'assiégez; attrapé vous-même, voilà qu'il s'échappe d'une opinion tout opposée. Résignez-vous, vous perdez vos peines et vos ruses. Vous lisez telle page de M. Heine, où vous trouvez une assertion fausse, absurde, ridicule; ne vous pressez pas à la réfuter, tournez la feuille, M. Heine a tourné et se réfute lui-même. Si vous ne savez pas apprécier ces esprits chatoyants, tant pis pour vous, vous n'êtes pas à la hauteur de la cuisine rhétorique; il n'y a rien de plus délicieux que des macédoines d'opinions«[2].

Der Haß läßt Börne ungerecht, aber klar und scharf urteilen. Es sei völlig sinnlos, Heine auf der theoretischen Ebene anzugreifen; er finde immer einen „Ausweg", der es ihm erlaube, die eigene Kohärenz nach außen hin zu wahren oder eine andere Interpretation vorzuschlagen, als er sie zuvor gegeben hatte. Auf der formalen Ebene gäbe es also keine Widersprüche. Hierin stimmen unsere Schlußfolgerungen mit der Meinung Börnes überein; doch meinen wir, daß man sich nicht mit einem solchen Urteil begnügen darf.


Die Zeiten sind wohl vorüber, in denen geschichtliche Schwarzweißmalerei, unwiderrufliche Verdammungsurteile oder vorbehaltslose Rehabilitationen gültig erscheinen konnten. Wenn Heine — wie schon gezeigt wurde — sehr wohl wußte, wie wenig moralisch manche seiner konkreten, taktischen Positionen waren, so berechtigt das noch nicht dazu, jenes festgefügte Ideengebäude, an dem er lange Zeit hartnäckig festhielt, zu einer rein ideologischen Konstruktion, zu einem konkret irrelevanten und durch und durch verlogenen, bloßen „Blendwerk" zu erklären.

---

[2] L. BÖRNE, *Gesammelte Werke,* Leipzig, o. J., III, S. 602.

Es sind aber noch andere wichtige Beschuldigungen zu entkräften: die allgemeinen Prinzipien, heißt es, dienten Heine nur dazu, eine sterile, rein negative Kritik an allen Theorien zu üben, die sich damals das Feld streitig machten; oder: sein positives Konzept sei vage, verschwommen und jedenfalls völlig utopistisch, so daß man zu der Annahme berechtigt sei, es handele sich hier im Grunde nur um eine ohne jede Überzeugung vorgebrachte Scheinargumentation.

In Kapitel II wurde dagegen gezeigt, daß das auf dem zäsaristischen Ideal aufbauende politische Programm Heines fest umrissen und klar konzipiert war, soweit man das überhaupt von jemandem erwarten kann, der vor allem Dichter und gewiß kein Spezialist in solchen Fragen ist und der kein Interesse daran haben kann, Detaillösungen auszuarbeiten. Und wir haben in Kapitel IV herausgestellt, daß ein solches Bekenntnis, an den politischen Forderungen der Stunde gemessen, gewiß inaktuell erscheinen mußte (Heine war sich dessen sehr wohl bewußt), daß es aber auf weite Sicht durchaus realistisch war, wie die geschichtliche Entwicklung der darauffolgenden Jahrzehnte zeigen sollte. Man könnte hier vielleicht sogar von einem bemerkenswerten politischen Weitblick unseres Autors sprechen.

Heines effektive politische Wandlungen können nur auf der Ebene des allzu Menschlichen abgelehnt oder gerechtfertigt werden. Sie wurden übrigens in sich selbst und in ihrem genialen Verhältnis zu der untadeligen Grundkonzeption mit Recht durch ihren ständigen Mißerfolg widerlegt, an dem gerade die allzu geschickte und subtile Argumentation schuld war. Wir meinen aber behaupten zu können, daß die Grundkonzeption für Heine sehr viel mehr war, als ein bloßes Aushängeschild. Sie war im Gegenteil ein aufrichtig empfundenes und leidenschaftlich erträumtes Ideal, das allerdings aus Opportunismus nur allzuoft verdeckt oder gar verraten wurde. Zudem wissen wir, daß Heine diese Wankelmütigkeit mitunter auch bereute. Alles weitere — die Identifizierung des „wahren" Heine als „Reaktionär" oder „Republikaner" oder gar „Sozialist" — wird hinfällig angesichts dieser seiner grundsätzlichen Überzeugung, die er oft verschwiegen hat, die in Wahrheit aber unerschütterlich war.

Zu dieser Beurteilung psychologischer und ehtisch-sittlicher Aspekte der Persönlichkeit Heines ist hinzuzufügen, daß wir auf der geistesgeschichtlichen Ebene neben der unbestreitbaren Kohärenz der Heineschen Grundkonzeption klären konnten (Kap. II), daß Heines sehr persönliche Ideen zumindest in einem Punkt eine starke Originalität erreichen, die zu späteren wichtigen Entwicklungen geführt hat: Wir meinen seinen Versuch — der erste in der Geschichte der Literaturkritik — auf der Grundlage gewisser saintsimonistischer Anregungen ein großes Bild soziologischer Interpretation der Literatur- und Geistesgeschichte zu entwerfen, das verblüffend moderne Züge aufweist. Und in Kapitel III konnten wir feststellen, daß die Entstehung des Heineschen Theoriengebäudes zwar tief in der deutschen Tradition verwurzelt ist, daß sie aber in viel stärkerem Maße vom Saint-Simonismus beeinflußt wurde, als gemeinhin angenommen wird. Unabhängig von all dem, oder zumindest daneben schien uns das außerordentliche Talent Heines als publizistischer Schriftsteller besondere Beachtung zu verdienen, das ihn zweifellos zu einem der größten Journalisten seiner Zeit machte.

+ + +

Nachdem so im ersten Teil dieser Abhandlung die theoretischen Elemente gesammelt und geklärt wurden, die die Voraussetzung boten für die Interpretation der beiden in unserer Untersuchung behandelten Epen, und nachdem im einleitenden Kapitel des zweiten Teils (Kap. IV) die faktischen Daten und biographischen Elemente gesichtet wurden, um die Motive der Entstehung und die konkreten polemischen Objekte in *Atta Troll* und *Deutschland* herauszuarbeiten, konnten wir zu der ausführlichen Analyse und zur Interpretation dieser Dichtungen übergehen (Kap. V und VI). Die ideologische Position, die darin zum Ausdruck kommt — ein gemäßigter Konstitutionalismus als ausdrücklich taktische Ausformung des hier gewiß nur implizit fortbestehenden „zäsaristischen Ideals" — ist zwar sehr bezeichnend für die Entwicklung der verschiedenen konkreten politischen Positionen des Autors, ist aber vor allem von grundlegendem literarischen Interesse, weil sie den Schlüssel liefert für die geistig-schöpferische Einheit der beiden Epen. Und so erlangen diese Dichtungen die Bedeutung einer — aus zwei verschiedenen Perspektiven gesehenen und auf verschiedene Ziele gerichteten — Wanderung durch die politische und kulturelle Landschaft der damaligen Zeit, die sich in einer sorgfältig ausgefeilten Symbolik ausdrückt und auf einer hohen erzählerischen Ebene abspielt, welche sie über die „Prosa" der Ereignisse erhebt.

Und doch erwachsen die Bilder aus eben dieser „Prosa" der Ereignisse. Nur wenige Figuren der beiden Epen haben nicht ihren Ursprung im historischen oder journalistischen Œurvre Heines, in einer politisch engagierten „Prosa", die dennoch von einem lyrischen Ton durchzogen ist, der manchmal ganz verhalten ist und manchmal anschwillt im Pathos einer großen Ansprache oder im plötzlichen, kraftvollen Aufbrechen eines Bildes.

So entstehen die Figuren der beiden Epen entweder durch eine Überlagerung oder Verbindung verschiedener Züge, die Heine in realen Personen erkennt, und die er so kombiniert, daß sie sich zu einer neuen Wirklichkeit verdichten, dem dichterischen Individuum; oder sie ergeben sich aus einer graduellen Typisierung und schließlichen Personifizierung von realen Situationen, Tendenzen und Kräften, die auf diese Weise die Universalität des Symbols erreichen.

Nur wenn der reale und theoretisch-ideologische Hintergrund der Figuren und Abenteuer bloßgelegt wird, fügen sie sich also zu einer organischen poetischen Erzählung, die über das Episodische hinausweist und sich zu einer geschlossenen, vollendeten Darstellung des *gran teatro del mundo* erhebt, mit reizvoll verschlungenen Motiven, reich an angespielten, durchgeführten, aufgelösten und wiederaufgenommenen Themen, an symphonischen Zusammenklängen, von Generalbässen verstärkt, an polyphonen Kontrasten, an grandiosen Finalen und Kodas, die unwillkürlich an Heines Erfahrungen als Musikkritiker erinnern. Und wer hier die geschlossene Komposition und den poetischen Grundton leugnen wollte, der müßte sie noch eher — *si parva licet componere magnis* — einer „Göttlichen Komödie" oder einem „Faust" absprechen, deren geistige Inspiration noch sehr viel komplexer ist und deren imaginärer Weg eine weit gewagtere Heterogenität aufweist.

+ + +

Diese Werte, die heute nur eine geduldige historisch-philologische Rekonstruktion zugänglich machen kann, welche nicht davor zurückschreckt, in den verwickelten Komplex der abstrakten Ideen und politischen Kämpfe jener Zeit einzudringen, wurden vom zeitgenössischen Publikum fast unmittelbar verstanden, wenn sie auch oft — gerade wegen ihrer Subtilität — einseitig und negativ ausgelegt wurden.

So erklärt sich der Ruhm und bestätigt sich der Rang eines Dichters, dessen Schriften dem unvorbereiteten, nüchternen Leser von heute, der einfach keine Beziehung mehr hat zu den damaligen politischen Kämpfen und zu gewissen Bedeutungswerten, zum großen Teil uninteressant und veraltet erscheinen mögen.

Doch sei eine letzte Bemerkung gestattet: Der Erfolg Heines, wie der vieler anderer, weit unbedeutenderer politischer Dichter seiner Zeit beruhte auf einer Situation, die an sich zeitgebunden war, die aber durch ihren Einfluß auf die Literatur eine ganz entscheidende geistesgeschichtliche Funktion hatte.

Wir meinen hier — *horribile dictu* — die vielgeschmähte deutsche Zensur. Durch die Unterdrückung der publizistisch-propagandistischen politischen Willensäußerungen der progressiven Gruppen ließ die Zensur — zumindest darin ein *felix crimen* der deutschen Geschichte — nur eine symbolische Andeutung der Reformbestrebungen zu und förderte so die Anspielung, die Ambivalenz und die Vieldeutigkeit, ließ das Bild hervortreten und gab dadurch, daß sie zur poetischen Distanz zwang, den Anstoß zur Form des Fabulierens. Es war eine Zeit, in der die politische Dichtung eine außergewöhnliche Blüte erlebt, in der sie als Mittel des kulturellen und sozialen Kampfes einen unersetzlichen Wert gewann, einerseits von brennender Aktualität war, andererseits durch ihr subtiles intellektuelles Spiel reizte, mit dem es ihr häufig gelang, durch das grobe Netz der nicht immer strengen Zensoren zu schlüpfen, die ihr trauriges Amt „väterlich" verwalteten. So gelang es ihr, mit lautem Protest und Spottlust ihre erneuernden Lehren zu verbreiten und sich zugleich über die Beschränktheit der Mächtigen lustig zu machen. Die Leser verschlangen dies geradezu, begierig nach jedem Wort, das einen anderen Klang hatte als die Sprache der offiziellen Barden, und geduldig bereit, doppelsinnige, dunkle Symbole aufzulösen, um sich durch die geheime Jagd nach dem Skandal etwas vom herrschenden Konformismus zu erholen.

Es ist nicht leicht für uns hier im Westen, wo wir — abgesehen von einigen zum Glück seltenen Ausnahmen — eine gewisse Meinungsfreiheit genießen, die die Dichtung in ein höheres, aber fernes Reich verwiesen hat, das lebendige Interesse der damaligen Dichter und Leser nachzuempfinden. Unsere Vorstellung kann vielleicht angeregt werden durch das ganz aktuelle Beispiel der „nonkonformisti-schen" Dichtung im heutigen Rußland, der es in unserer prosaischen Zeit gelingt, ein politisches Forum zu sein und weite Schichten des Publikums zu begeistern und mitzureißen, — und dies gewiß nicht nur durch ihren dichterischen Wert.

A) *Bibliographien*

ARNOLD, A., *H. in England and America. A Bibliographical Check-List*, London 1959.
ELSTER, E., *Die Heine-Sammlung Strauß. Ein Verzeichnis*, Marburg 1929.
MEYER, F., *Verzeichnis einer H.-H.-Bibliothek*, Leipzig 1905–10.
WILHELM, G. und GALLEY, E., *Heine-Bibliographie*, Weimar 1960–61.
*H. H., Dichter der Nation. Katalog zur Wanderausstellung des Min. f. Kultur der DDR*, Erfurt, o. J.


B) *Gesamtausgaben*

*H. H., Sämtliche Werke*, hsg. v. E. Elster, Leipzig und Wien 1887–90 (die ersten vier Bände erschienen unverändert in einer Neuauflage, Leipzig 1925).
*H. H., Sämtliche Werke*, hsg. v. O. Walzel, H. Fränkel . . ., Leipzig 1910–15 (Indexband 1920) (Die Zitate wurden dieser Ausgabe entnommen).
*H. H., Sämtliche Werke*, hsg. v. H. Hermann . . ., Berlin und Leipzig 1921.
*H. H., Gesammelte Werke*, hsg. v. W. Harich, Berlin 1954–56.
*H. H., Werke und Briefe in zehn Bänden*, hsg. v. H. Kaufmann, Berlin 1961 ff.
*H. H., Deutschland. Ein Wintermärchen.* Faksimiledruck nach der Handschrift des Dichters, hsg. v. F. Hirth, Berlin 1915.
*H. H., Aus der Werkstatt des Dichters. Faksimiles nach Handschriften . . .* hsg. v. E. Galley, Düsseldorf 1956.
*H. H., Briefe. Erste Gesamtausgabe*, hsg. v. F. Hirth. (Dieser Ausgabe wurden Zitate entnommen), Mainz 1950–56.
*Gespräche mit H.*, hsg. v. H. H. Houben, Frankfurt a. M. 1926[1], Potsdam 1948[2].


C) *Biographien und Gesamtdarstellungen*

ATKINS, H. G., *Heine*, London 1929.
BIANQUIS, G., *H. H., L'homme et l'oeuvre*, Paris 1948.
BOTTACCHIARI, R., *Heine*, Turin 1927.
BRINITZER, C., *H. H., Roman eines Lebens*, Hamburg 1960.
BROD, M., *H. Heine*, Berlin 1956.
BUTLER, E. M., *H. H., A Biography*, London 1956.
HIRTH, F., *H. H., Bausteine zu einer Biographie*, Mainz 1950.
LEHRMANN, C. C., *H. H., Kämpfer und Dichter*, Bern 1957.
MAIONE, I., *Profili della Germania romantica (Z. Werner-Heine)*, Neapel 1954.
MARCUSE, L., *H. H., Ein Leben zwischen Gestern und Morgen*, Berlin 1932.
MARCUSE, L., *H. H. in Selbstzeugnissen und Bilddokumenten*, Hamburg 1960.
STRODTMANN, A., *H.s Leben und Werke*, Berlin 1867–69.
WENDEL, H., *H. H., Ein Lebens- und Zeitbild*, Dresden 1916.
WOLF, M. J., *H. Heine*, München 1922.

D) *Einzeldarstellungen*

BUTLER, E. M., *H. and the Saint-Simonians*, „Modern Language Review", XVIII, 1923.

BURKHARD, A., *Presenting the Rivals Uhland and H.*, „The German Quarterly", IV, 1931.

CHIARINI, P., *Dolore e grandezza di H. H.*, „Belfagor", 1958, Heft Nr. 1.

CHIARINI, P., *H. tra decadentismo e marxismo*, „Società", 1960.

CHIARINI, P., *Letteratura e società*, Bari 1959.

CLARKE, M. A., *H. et la monarchie de Juillet*, Paris 1927.

DRESCH, H., *Heine à Paris (1831—1856)*, Paris 1956.

HAMMERICH, L. L., *H. H.: Deutschland. Ein Wintermärchen*, Kopenhagen 1921.

HAMMERICH, L. L., *Eine Nebenquelle der Barbarossa-Sage in H.s Wintermärchen*, „Neophilologus", XVI, 1931.

HARTWIG, Th., *H. H. und die Religion*, „Der Freidenker", 1948, Sept.—Okt.

HARTWIG, Th., *H. und die Engländer*, „Monatshefte der Comenius-Ges.", N. F., X, 1918.

HESS, J. A., *H's Views of German Traits of Character*, New York 1929.

HESS, J. A., *H. H's Appraisal of John Bull*, „Modern Language Journal, XIX, 1934.

HIRTH, F., *Heine und seine französischen Freunde*, Mainz 1949.

FUHRMANN, A., *Recht und Staat bei H. H.*, Bonn 1961.

JALOWICZ, H., *H. H. und die deutsche Turnerei*, „Jüd. Turn-Zeitung", III, 1902.

JANTZEN, G. H., *H. H's Attitude Towards Germany*, New York 1927.

KARPELES, G., *H. H. und Charlotte Stieglitz*, „Berliner Tagesblatt", 1906, N. 126.

KAUFMANN, H., *Politisches Gedicht und klassische Dichtung, H. H.s „Deutschland. Ein Wintermärchen"*, Berlin 1958.

KRAPPE, A. H., *Notes sur „Deutschland. Ein Wintermärchen", de H. H.*, „Neophilologus", XVI, 1931.

LAAGEL, R., *Contribution à l'étude de la pensée politique de H.*, Paris 1954.

LOMMATSCH, H. F., *Maßmann und H. H.*, „Leibesübungen", V, 1929.

LUKÁCS, G., *H. H. als nationaler Dichter*, in: *Deutsche Realisten des 19. Jhs.*, Berlin 1951.

LUKÁCS, G., *H. e la preparazione ideologica della rivoluzione del 1848*, »Società«, 1956, Nr. 2°.

MILLER, P. S., *H. H. and Christianity*, „Crozer Quarterly", XXVI, 1949.

MÜCKE, G., *H. H.s Beziehungen zum deutschen Mittelalter*, Berlin 1908.

OTT, B., *La querelle de H. et de Börne*, Lyon 1935.

PAUL, A., *H. H.s „Atta Troll", eine literarisch-politische Satire*, „Ztsch. f. dt. Philologie", LVI, 1931.

PRAWER, S. S., *H., the Tragic Satirist. A Study of his Later Poetry 1827—1857*, Cambridge 1961.

PUETZFELD, C., *H. H.s Verhältnis zur Religion*, Berlin 1912.

REYNAUD, L., *La source française d'Atta Troll*, »Revue germanique«, X, 1914.

ROSE, W., *H. H., Two Studies in his Thought and Feeling*, Oxford 1956.

SCHMITZ, G., *Über die ökonomischen Anschauungen in H.s Werken*, Weimar 1960.

SCHWEIG, G., *Die poetische Dichtung H. H.s im französischen Urteil*, Saarbrücken 1952.

SPATH, A., *Pour connaître la pensée de H.*, Paris 1947.

VERMEIL, E., *H. H., ses vues sur l'Allemagne et les révolutions européennes*, Paris 1939.
VICTOR, W., *Marx und H.*, Berlin 1951.
WADEPUHL, W., *H. and Campe*, „Modern Language Quart.", I. 1940.
WEIDEKAMPF, I., *Traum und Wirklichkeit in der Romantik und bei Heine*, Leipzig 1932.
WEINBERG, K., *H. H.* »romantique défroqué«, Yale, Paris 1954.
WERNER, H. G., *H., seine weltanschauliche Entwicklung und sein Deutschland-bild*, Bukarest 1958.
WIEGAND, Th., *H. H. und A. de Musset*, Werdau 1912 (Progr.).

# II – GEISTESGESCHICHTLICHER HINTERGRUND*)

A) *Literaturgeschichtliche Gesamtdarstellungen*

ACKERMANN, O., *Schwabentum und Romantik*, 1939.
BIEBER, H., *Der Kampf um die Tradition*, Stuttgart 1928.
BURGER, H., Q., *Schwäbische Romantik*, 1928.
BUTLER, E. M., *The Tyranny of Greece over Germany*, Cambridge 1935.
CELLIER, L., *L'épopée romantique*, Paris 1954.
DIETZE, W., *Junges Deutschland und deutsche Klassik*, Berlin 1958².
DOERK, B., *Reiseroman und -Novelle in Deutschland von Hermes bis Heine*, Münster 1926.
ERMATINGER, E., *Deutsche Dichter, 1700–1900*, Bd. V, Bonn 1949.
HEUSLER, A., *Deutsche Versgeschichte*, B. III, Leipzig u. Berlin 1925.
HÖLLERER, W., *Zwischen Klassik und Moderne*, Stuttgart 1958.
JUNK, V., *Der Tannhäuser in Sage und Dichtung*, München 1911.
KAYSER, W., *Geschichte der deutschen Ballade*, Berlin 1936.
KAYSER, W., *Das Groteske. Seine Gestaltung in Malerei und Dichtung.* Oldenburg 1957.
KILLY, W., *Wandlungen des lyrischen Bildes*, Göttingen 1958.
KLEINMAYR, H. v., *Welt- und Kunstanschauung des „Jungen Deutschland"*, Wien 1930.
KORFF, H. A., *Geist der Goethezeit*, Bd. I–V, Leipzig 1953.
MARKWARDT, B., *Geschichte der deutschen Poetik*, Bd. IV, Berlin 1959.
MUSTARD, H. M., *The Lyric Cycle in German Literature*, New York 1926.
PETZET, C., *Die Blütezeit der deutschen politischen Lyrik von 1840 bis 1860*, München 1903.
VAN TIEGHEIM, P., *Le romantisme dans la littérature européenne*, Paris 1948.
VIAL, F., und DENISE, L., *Idées et doctrines littéraires, XIX siècle*, Paris 1918.
WIESE, B. v., *Politische Dichtung Deutschlands*, Berlin 1931.

(*) Wir verzichten darauf, die Ausgaben von zeitgenössischen oder früher erschie-nenen Werken anzuführen. Besonders herangezogene Werke wurden in den Anmerkungen belegt.

B) *Literarische Untersuchungen und historische und geistesgeschichtliche Analysen*

ARIS, R., *History of Political Thought in Germany from 1789 to 1815*, London 1936.
BACHEM, C., *Vorgeschichte und Geschichte der Politik der Zentrumspartei*, Köln 1927–30, 3 Bde.
BAJOHR, H., *Die Idee „Volk" und ihre literarische Sprache bei Immermann*, Königsberg 1941.
BARRÈRE, F., *La fantaisie de V. Hugo*, Paris 1950.
BEGUIN, A., *L'âme romantique et le rêve. Essai sur le romantisme allemand et la poésie française*, Marseille 1937.
BELLESORT, A., *Sainte-Beuve et le XIX siecle*, Paris 1927.
BERNY, A., *Reichstradition und Nationalgedanke*, „Historische Zeitschrift", CXL, 1929.
BLOESCH, H., *Das Junge Deutschland in seinen Beziehungen zu Frankreich*, Bern 1903.
BROWN, TH. K., *Young Germany's View of Romanticism*, New York 1941.
BURY, J. B., *The Idea of Progress*, New York 1955.
BUTLER, E. M., *The Saint-Simonian Religion in Germany*, Cambridge 1926.
CALMETTE, J., *Les révolutions*, Paris 1952.
CHARLÉTY, S., *Histoire du Saint-Simonisme (1825–1864)*, Paris 1931.
CHARLÉTY, S., *La monarchie de Juilett*, Paris 1921.
CORNU, A., *Marx e Engels dal liberalismo al comunismo*, Milano 1962.
DESCHAMPS, J., *La légende de Napoléon*, »Revue de Littérature Comparée«, IX, 1929.
DESLANDES, M., *Histoire constitutionelle de la France de 1789 à 1870*, Paris 1932.
DEMETZ, P., *Marx, Engels und die Dichter*, Stuttgart 1959.
DITTMANN, F., *Der Begriff des Volksgeistes bei Hegel . . .*, Leipzig 1909.
DRAEGER, O., *Th. Mundt und seine Beziehungen zum Jungen Deutschland*, Marburg 1909.
DRESCH, J., *Gutzkow et la Jeune Allemagne*, Paris 1949.
DUVERGIER DE HAURANNE, P., *Histoire du gouvernement parlementaire en France (1814–1848)*, Paris 1857–72, 10 Bde.
FEIST, L., *Rahel Varnhagens Stellung zwischen Romantik und Jungem Deutschland*, München 1926.
FISCHER, H., *Bonapartism*, Oxford 1903.
FLEURY, V., *Le poète G. Herwegh*, Paris 1912.
FLINT, R., *Historical Philosophy in France, Belgium and Switzerland*. New York 1894.
FLINT, R., *La philosophie de l'histoire en Allemagne*, Paris 1878.
FLITNER, W., *Goethe im Spätwerk: Glaube, Weltsicht, Ethos*, 1947.
FOSTER, M. B., *Die Geschichte als Schicksal des Geistes in der Hegelschen Philosophie*, Tübingen 1929.
FREIBURG-RUTER, K., *Der literarische Kritiker K. Gutzkow*, Leipzig 1930.
FREYER, H., *Die Bewertung der Wirtschaft im philosophischen Denken des 19. Jhds.*, Leipzig 1921, Nachdruck: Hildesheim 1966.
FUETER, E., *Storia della Storiografia moderna*, Napoli 1954, 2 Bde.
GALLEY, E., *Der religiöse Liberalismus in der deutschen Literatur von 1830 bis 1850*, Rostock 1934.
GASTINEL, P., *Le romantisme d'A. de Musset*, Paris 1933.

GERATEWOHL, K., *Saintsimonistische Ideen in der deutschen Literatur,* München 1920.

GOOCH, G. P., *History and Historians in the XIX Century,* London 1952.

GORGE, P. DE LA, *La Restauration,* Paris 1926—28, 2 Bde.

GOUHIER, H., *La jeunesse d'Auguste Comte, II, Saint-Simon jusqu'à la Restauration,* Paris 1936.

GUILLEMIN, H., *Lamartine et la question sociale,* Paris 1946.

GUNDELFINGER, G. F., *Caesar in der deutschen Literatur,* Berlin 1904.

HASHAGEN, J., *Deutsches Rheinland und die französische Herrschaft,* Köln 1908.

HARSING, E., *W. Menzel und das Junge Deutschland,* Düsseldorf 1909.

HENNING, I. A., *L'Allemagne de Mme de Staël et la polémique romantique,* »Bibliothèque de la Revue de littérature comparée«, N. 58.

HEYCK, E., *Die „Allgemeine Zeitung" 1798—1898,* München 1898.

HAYM, R., *Hegel und seine Zeit,* Hildesheim 1962.

HAYM, R., *Die romantische Schule,* Hildesheim 1961.

HIRSCH, E., *Geschichte der neuern evangelischen Theologie,* Bd. V, Gütersloh, 2. Auflage 1960.

HOUBEN, H. H., *Jungdeutscher Sturm und Drang,* Leipzig 1911.

HUBER, E. R., *Deutsche Verfassungsgeschichte seit 1789,* Stuttgart 1960.

HYPPOLITE, J., *Introduction à la philosophie de l'histoire de Hegel,* Paris 1948.

JANET, P., *V. Cousin et son oeuvre,* Paris 1885.

JAURÈS, J., *Histoire socialiste de la République française,* Paris 1901—08, 11 Bde.

JOLLES, M., *Das deutsche Nationalbewußtsein im Zeitalter Napoleons,* Frankfurt a. M. 1936.

KLEIN-HATTINGEN, O., *Geschichte des deutschen Liberalismus,* Berlin 1917, 2 Bde.

KLEINMAYR, H. v., *Welt- und Kunstanschauung des „Jungen Deutschland",* Wien, Leipzig 1930.

KNITTERMEYER, H., *Schelling und die romantische Schule,* München 1929.

KOHN, H., *L'idea del Nazionalismo,* Florenz 1956.

KRONES, F. v., *Österreichische Geschichte,* Bd. IV, Berlin 1923.

LEMPICKI, S. v., *Immermanns Weltanschauung,* 1910.

LEROY, M., *Histoire des idées sociales en France,* Paris 1947—54, 3 Bde.

LOUIS, P., *Histoire du socialisme en France,* Paris 1946.

LOUVANCOUR, H., *De H. de Saint-Simon à Charles Fourier,* Chartres 1913.

LÖWITH, K., *Von Hegel bis Nietzsche,* New York 1941.

MANUEL, F. E., *The New World of H. de Saint-Simon,* Cambridge, Mass. 1956.

MARCEAU, N., *L'Allemagne et la Révolution française,* Paris 1939.

MARCUSE, L., *Revolutionär und Patriot. Das Leben L. Börnes,* Leipzig 1929.

MARCKS, E., *Der Aufstieg des Reiches,* Stuttgart 1938, 2 Bde.

MAUTHNER, F., *Der Atheismus und seine Geschichte im Abendlande,* Stuttgart, Berlin 1920—23, Nachdruck: Hildesheim 1963. 4 Bde.

MEHRING, F., *Aufsätze zur deutschen Literatur von Klopstock bis Weerth,* Berlin 1961.

MEHRING, F., *Storia della Socialdemocrazia tedesca,* Roma 1961, 2 Bde.

MEINECKE, F., *Weltbürgertum und Nationalstaat,* München, Berlin 1908.

MEINECKE, F., *Die Entstehung des Historismus,* München, Berlin 1936, 2 Bde.

MENKE-GLÜCKERT, W., *Goethe als Geschichtsphilosoph,* 1907.

MOMMSEN, W., *Die deutsche Einheitsbewegung,* Berlin 1930.

MONCHOUX, A., *L'Allemagne devant les lettres françaises de 1814 à 1835,* Paris 1953.

MUCKLE, F., *Saint-Simon und die ökonomische Geschichtstheorie, ein Beitrag zu einer Dogmengeschichte des historischen Materialismus,* Jena 1906.

MÜLLER, H., *Geschichte der Gewerkschaftsbewegung bis 1878,* Berlin 1918.

OMODEO, A., *La cultura francese della Restaurazione,* Verona 1946.

PENSA, M., *Il pensiero tedesco. Saggio di una psicologia della filosofia tedesca,* Bologna 1928.

PINSON, K. S., *A bibliographical Introduction to Nationalism,* New York 1934.

POLLAK, V., *Die politische Lyrik und die Parteien des deutschen Vormärz,* 1911.

PROELSS, *Das Junge Deutschland,* Stuttgart 1892.

REHNE, W., *Griechentum und Goethezeit, Geschichte eines Glaubens,* Bern 1952.

ROUCHÉ, M., *La philosophie de l'histoire de Herder,* Paris 1940.

RUYSSEN, Th., *Les sources doctrinales de l'internationalisme,* Bd. III, Paris 1961.

SANTOLI, V., *Filologia, storia e filosofia nel pensiero di F. Schlegel,* »Civiltà Moderna«, 1930.

SAURAT, D., *V. Hugo et les dieux du peuple,* Paris 1948.

SCHIEDER, Th., *Das Problem der Revolution im 19. Jahrhundert,* „Historische Zeitschrift", CLXX , 1950.

SCHNABEL, F., *Deutsche Geschichte im neunzehnten Jahrhundert,* Freiburg 1949—55, 4 Bde.

SCHRAEPLER, E., *Quellen zur Geschichte der sozialen Frage in Deutschland,* Göttingen 1957—1960. 2 Bde.

SÉE, H., *La notion de classes sociales chez les Saint-Simoniens,* Paris 1925.

SPERLING, H., *F. Dingelstedts Lyrik auf ihre Quellen und Vorbilder untersucht,* Münster 1927.

SPENLÉ, J. E., *Rahel Mme Varnhagen von Ense, histoire d'un salon romantique en Allemagne,* Paris 1910.

SRBIK, H. v., *Deutsche Einheit. Idee und Wirklichkeit . . .,* München 1942, 4 Bde.

STADLER, P., *Geschichtsschreibung und historisches Denken in Frankreich 1789—1871,* Zürich 1959.

STEIN, L. v., *Geschichte der sozialen Bewegung in Frankreich von 1789 bis auf unsere Tage,* 3 Bde., Hildesheim 1959.

STILLICH, O., *Die politischen Parteien in Deutschland, I Die Konservativen, II Die Liberalen,* Leipzig 1908—11.

STROWSKI, S., *Béranger,* Paris 1913.

SUHGE, W., *Saint-Simonismus und Junges Deutschland,* Berlin 1935.

THIBERT, M., *Le rôle social de l'art d'après les Saint-Simoniens,* Paris 1926.

THOMPSON, J. W., *A History of Historical Writing,* New York 1954, 2 Bde.

THUREAU-DANGIN, *Histoire de la Monarchie de Juillet,* Paris 1887—92, 7 Bde.

TIEDEMANN, H., *Der deutsche Kaisergedanke vor und nach dem Wiener Kongreß,* Breslau 1932.

VALJAVEC, F., *Die Entstehung der politischen Strömungen in Deutschland, 1770—1815,* München 1957.

VAUGHAN, C. E., *Studies in the History of Political Philosophy before and after Rousseau,* Manchester 1939, 2 Bde.

VOEGT, H., *Die deutsche jakobinische Literatur und Publizistik,* Berlin 1955.

VOLBERT, A., *Freiligrath als politischer Dichter,* Münster 1907.

VOSSLER, O., *Der Nationalgedanke von Rousseau bis Ranke,* München 1937.

WEILL, G., *L'éveil des nationalités et le mouvement libéral,* Paris 1930.

WEILL, G., *L'école Saint-Simonienne,* Paris 1896.

WEILL, G., *Histoire du parti républicain en France, 1814—1870,* Paris 1928.

WEILL, G., *Histoire du catholicisme libéral en France,* Paris 1909.

WELLEK, R., *A History of Modern Criticism, 1750—1950,* Yale 1955, 2 Bde.
WÜRTENBERG, G., *Goethe und der Historismus,* 1929.
ZWIEDINECK-SÜDENHORST, H. v., *Deutsche Geschichte von der Auflösung des alten bis zur Gründung des neuen Reichs,* Stuttgart 1897—1905, 2 Bde.

# NAMENREGISTER

| | |
|---|---|
| Fischer, H. | 111 |
| Flint, R. | 24, 25, 71, 73, 74, 76, 77, 78, 85, 87, 89, 90, 91 |
| Fouqué, F. de la Motte | 148 |
| Fourier, Ch. | 76, 88, 92 |
| Freiligrath, F. | 82, 102, 103, 115, 129, 130, 132, 136, 159 |
| Friedrich Wilhelm IV. | 102, 104, 147, 151, 167, 178, 182, 188, 194 |
| Fueter, E. | 71, 72, 75, 76, 77, 78, 79, 89 |
| Fuhrmann, A. | 120 |
| | |
| Gans, E. | 103 |
| Gautier, Th. | 94 |
| Geibel, E. | 176 |
| Gellert, Ch. F. | 133 |
| Gentz, F. von | 73, 88, 106 |
| Gervinus, G. G. | 79 |
| Görres, J. J. v. | 89, 176 |
| Goethe, J. W. v. | 45, 68, 73, 74, 78, 80, 84, 129, 147, 148, 149, 150, 151, 152 |
| Goldfriedrich, J. | 77 |
| Gorgias | 188 |
| Gottschalk, R. | 102, 176 |
| Gouhier, H. | 79 |
| Grabbe, Ch. D. | 176 |
| Grimm, Brüder | 174, 175, 176 |
| Grün, A. (Pseud. f. A. A. Graf v. Auersperg) | 103, 130 |
| Guizot, F. P. G. | 76, 77, 122, 125, 126, 141, 142, 144, 194 |
| Gutzkow, K. | 73, 82, 84, 88, 89, 90, 100, 101, 103, 114, 115, 148 |
| Halévy. L. | 96 |
| Hall, R. | 18 |
| Haller, A. v. | 71 |
| Hammerich, L. L. | 176 |
| Hammonia | 184, 185, 186, 187, 188 |
| Hartmann, M. | 102 |
| Haym, R. | 21, 84 |
| Hegel, G. W. F. | 51, 61, 68, 72, 73, 74, 75, 76, 78, 80, 84, 89, 90, 91, 94, 97, 104, 121, 152, 188 |
| Heine, S. | 163, 184 |
| Herder, J. G. | 20, 64, 71, 73, 74, 90, 91, 186 |
| Herodias | 149, 150, 151, 152 |
| Herwegh, G. | 82, 102, 103, 104, 115, 121, 130, 131, 135, 145, 146, 159, 160, 167, 176, 178, 180 |
| Hess, M. | 121 |
| Hirth, F. | 98, 99, 115, 120, 121, 122, 123, 135, 137, 159 |
| Hoffmann, F. L. | 188 |
| Hoffmann von Fallersleben, A. H. | 102, 115, 165, 176 |
| Holz, A. | 65 |
| Horn, F. | 147, 148 |
| Houben, H. H. | 100, 107, 111, 113, 115, 122, 150, 155 |
| Hugo, V. | 80, 82, 94, 111 |
| Humboldt, W. von | 20, 73, 77 |